대만의 역사와
정체성을 찾아서
대만의식과 대만문화

04
다시보는
동아시아

대만의 역사와
정체성을 찾아서
대만의식과 대만문화

臺灣意識與
臺灣文化

황준걸 지음 | 정선모 옮김

성균관대학교
출판부

한국어판 서문

『대만의식과 대만문화』는 2000년 중국어판이 대만대학출판사에서 처음 출판된 뒤로 여러 차례 재쇄되었으며, 2008년에는 도쿄 동방서점東方書店에서 일본어 번역본이 출판되었다. 이번에 중국 난징대학 정선모鄭墡謨교수 덕분에 이 책의 한국어 번역본이 출판되어 한국의 독자들과 만날 수 있게 된 것을 진심으로 기쁘게 생각한다. 한국어판 출판에 즈음하여 필자가 이 책을 쓰게 된 취지와 현실적인 의의에 대해서 간략하게나마 설명하고, 한국 독자들에게 가르침을 청하고자 한다.

한국과 대만의 관계는 20세기 중화민국中華民國과 대한민국 임시정부의 관계까지 거슬러 올라갈 수 있겠다. 1925년 대한민국 임시정부 제2대 총통 박은식(朴殷植, 1859~1925)과 당시의 중화민국정부는 아주 긴밀한 관계를 유지했다. 박은식이 지은 『한국통사韓國痛史』는 1919년 중국 상하이에서 출판되기도 했다. 대한민국의 국부 김구(金九, 1876~1949) 선생 또한 중화민국과 관계가 매우 깊었다. 그의 아드님이신 김신(金信, 1922~2016) 선생은 1962년부터 1970년까지 8년 동안 타이베이에서 중화민국 주재 한국대사도 지냈다. 그가 창립한 '김구기금회金九基金會'는 2016년 국립대만대학에 기부금을 기탁하고, 대만대학 사회과학원에 '김구강좌金九講座'와 '김신논단金信論壇'을 설립함으로써 한국과 대만의 학술교류를 추진하기도 했다.

알다시피 한국과 대만은 20세기 전반기에 비슷한 역사의 길을 걸어왔다. 일본제국주의의 통치를 받았으며, 식민의 고통을 당해야만 했다. 제2차 세계대전이 끝난 뒤 두 지역 사람들은 식민지시대의 피눈물을 서로 닦아주면서 민간 차원에서 깊은 우정을 맺었다.

다만 한국과 대만의 민간사회에는 큰 차이가 하나 있다. 한국사회는 '정체성identity'에 관한 문제가 거의 없지만, 대만사회는 그 분열이 아주 심하다는 것이다. 요컨대 민주화 이후 중화민국의 대통령 선거는 그 정체성 분열의 양상을 선명하게 드러내 보여주곤 한다. 보편적으로 민주국가에서 최고 지도자 선거의 결과는 정권교체로 이어지지만, 대만에서는 통치권의 교체 외에도 항상 '국가정체성'의 교체이기도 했다. 사람들은 서로 다른 '정치정체성' 사이에서 그리고 '문화정체성'과 '정치정체성'의 분열 사이에서 전전긍긍하면서 신음했다. 이는 대만의 비극이자 대만역사의 숙명이기도 하다. 지난 수년간 치러진 대통령 선거 또한 필연적으로 이렇게 서로 다른 정체성의 대립을 또다시 선명하게 드러내고 말았다.

대만사회의 정체성 문제는 시간과 공간의 상호작용의 산물이므로, 필자는 먼저 대만의 지리적 배경과 인문적 풍토부터 다루고자 한다. 세계 근대사 차원에서 보면, 섬나라 대만의 지리적 위치와 인문적 풍토는 모두 심원한 특수성을 갖추고 있다. 먼저 대만은 지구에서 최대 대륙판인 유라시아와 최대 해양인 태평양의 접경지에 위치하고 있다. 지정학적으로나 국제 전략상으로 매우 중요한 역할을 맡고 있을 뿐만 아니라 최근 삼백 년간 동서 문명교류의 중요한 토대로 기능했다. 동서 문화교류의 '세계도世界島'이자 동남아와 동북아 두 지역 문화가 상호 교차하는 지점인 셈이다. 중국사의 입장에서 보면, 대만은 한족의 가장 큰 해외 이주민의 섬이고, '대륙중국'과 '해양중국'이 만나는 토대이며, 더욱이 21세기 중국대륙이 '일대일로一帶一路' 정책을 전개하며 해양문화권으로 다가가는 데 있어서 가장 중요한 핵심지인 섬이다.

　이러한 지리상의 우월성을 바탕에 둔 대만의 인문적 풍토도 매우 특수하다. 17세기 이후 대만문화의 발전사는 마치 한 편의 잡음 많은 교향곡과 같다. 네덜란드(1624~1661)부터 명정(明鄭, 1661~1683), 만청(滿清, 1683~1895), 일본(1895~1945)을 거쳐 중화민국정부(1945~)에 이르기까지 통치의 주체가 계속 교체되었다. 즉, 삼백여 년간 대만을 통치한 정부들은 모두 서로 다른 문화가치와 생활방식을 가지고 섬으로 와서 교향곡의 서로 다른 악장을 연주한 것이다. 더구나 정치사의 각도에서 보면, 역대 대만의 통치자들은 모두 이전의 통치자가 남긴 역사의 흔적들을 열심히 지워내면서 동시에 새로운 역사를 구축하는 데에만 관심을 쏟았다. 결국 대만이 정치정체성과 문화정체성이 분열된 사회가 될 수밖에 없었던 이유다.

　총평하건대 대만은 한漢문화를 바탕으로 하는 다원적인 사회라고 할 수 있다. 한족 이주민들이 대만에 도달하기 전에 남도어족(南島語族, Austronesian, 일반적으로 원주민족으로 불림)이 수천 년 동안 이 섬에서 살아왔다. 17세기 한족 이주민들이 가져온 문화는 민남閩南문화와 객가客家문화가 주류였으며, 1949년 국공내전이 끝나면서 중국대륙 각 성 사람들이 단기간에 대량으로 대만에 유입되었다. 일제가 대만을 식민지로 삼았던 20세기 전반기에는 일본문화가 대만에 유입되고, 동시에 일본을 통해 근대 서양문화가 들어왔기 때문에 대만은 다원적인 문화교류와 융합의 섬이 되었다.

역사 차원에서 거시적으로 보면, 대만은 17세기 이후 동서 문화교류의 토대였다. 예컨대 네덜란드어의 '차茶, Thee' 발음은 민남어의 '차' 발음과 아주 비슷한데, 이는 바로 대만어의 '차' 발음을 차용했기 때문이다. 현재 대만에서 토지를 측량할 때 사용하는 단위인 '갑甲'도 네덜란드인이 대만을 통치할 때 남긴 유산으로, 그 어원은 네덜란드어의 'Akker'이다. 네덜란드어 'loempia', 'mihoen', 'tauge' 모두 각각 대만어의 '윤병潤餅', '미분米粉', '두아豆芽'의 발음을 차용한 것이다. 동서 가치관의 융합이라는 또 다른 차원에서 보자면, 대만은 대중화권大中華圈에서 최초로 서양 민주주의 등의 가치관을 접한 화인華人사회다. 물론 전통적인 중화문화의 가치관인 자비와 '왕도王道' 등을 가장 잘 보존하면서 최대로 발휘한 지역이기도 하다. 정리하자면 대만문화 발전의 첫 번째 특질은 이렇게 동서의 문명교류와 융합의 토대라는 데 있다고 할 수 있다.

19세기 중엽부터 동서 문화교류는 기본적으로 양쪽의 과학기술과 정치경제 및 문화의 수준이 매우 불균형한 상황에서 '서풍西風이 동풍東風을 압도'하는 교류였다. 1850년 1월, 32세의 마르크스(Karl Marx, 1818~1883)는 오래된 중국에서 태평천국혁명太平天國革命이 발발했다고 듣고 흥분한 나머지 「농민 기의起義와 태평천국혁명」이라는 짧은 글을 지어 신문에 투고하기도 했다. 그는 이 글에서 앞으로 유럽의 자본가 계급이 유럽에서 쫓겨난 후에 중화제국으로 유랑하여 만리장성에 높이 걸려 있는, 프랑스어로 씌어진 '중국공화국: 자유, 평등, 박애République Chinoise: Liberté, Egalité, Fraternité'라는 표어를 보게 될 것이라고 상상했다.[1] 하지만 마르크스는 지나치게 낙관적이었다. 아편전쟁 이후 백 년 동안 중국은 제국주의 국가의 침략과 능멸로 현대중국을 향해 가는 길에서 많은 좌절과 고난을 겪었다.

근대 중국대륙은 현대중국을 추구하는 과정에서 먼저 기술의 현대화에 힘을 기울였다. 증국번(曾國藩, 1811~1872)과 좌종당(左宗棠, 1812~1885) 그리고 이홍장(李鴻章, 1823~1901) 등이 '자강운동(自强運動, 1865~1895)'을 이끌었다. 하지만 자강운동의 가장 중요한 성과였던 북양함대北洋艦隊는 1894년 발발한 청일전쟁에서 신흥 강국으로 떠오른 일본제국에 패배하면서 기술 측면에서 현대화운동의 실패를 선고해야만 했다. 이어서 캉유웨이(康有爲, 1858~1927)와 량치차오(梁啓超, 1873~1923)가 추진한 '유신변법운동維新變法運動'은 정치제도의 현대화에 매진했지만, 보수파의 반격을 받고 두 인물이 일본으로 망명하면서 막을 내렸다. 또한 1920년대 후스(胡適, 1891~1962)와 천두슈(陳獨秀, 1879~1942) 등을 비롯한 '5·4운동'의 지식인들이 '민주'와 '과학'을 목표로 삼는 사상 현대화운동을 주도하기도 했지만, 항일전쟁과 국공내전 그리고 1949년 이후의 혼란 때문에 중국민주화의 길은 하늘의 구름처럼 요원하기만 했다. 게다가 1949년 이후 중국대륙은 계속되는 혁명에 빠져들었다. 1950년 10월부터 진행된 반혁명분자 진압운동, 1957년부터 1958년까지의 반우익운동, 1958년부터 1962년까지의 대약진운동으로 인해 많은 사람들이 사망했다. 여기에 1966년부터 1976년까지 10년에 걸쳐 진행된 문화대혁명은 전통문화에 커다란 상처를 남겼다.

그러다 1978년부터 감행된 개혁개방정책으로 대륙은 경제발전과 국력상승을 발판 삼아 세계의 주목을 받기 시작했다. 이후 성장세는 놀라웠다. 21세기로 접어들어선 일부 서구인들이 "중국이 세계를 통치할 시대"[2]의 가능성을 언급하기 시작했고, 구미 지식계에 '중국대변인

Sino-speak'들이 나타나기 시작했다.[3] 그러나 경제번영 뒤에는 빈부격차 심화, 사회 불안정, 자금과 인재의 외부 유출 그리고 대기와 수질오염 등 많은 문제들이 급성장의 이면에 어두운 그림자를 드리우고 있다.

중국대륙에 비하면 20세기 전반기 대만은 일본제국의 식민지로 전락해 많은 고난을 겪었다. 이 와중에 1927년 설립된 대만민중당臺灣民衆黨은 현대 서양식 민주정당이 대만에서 출현했음을 의미했다. 그리고 1921년부터 1934년까지 지식인들이 추진한 의회설치운동도 대만인들의 서구식 민주정치에 대한 갈망을 보여준다. 광복 이후 1968년에 실행된 '9년 국민교육제도'는 교육권의 평등을 더욱 확실하게 실행할 수 있도록 했다. 2000년, 2008년, 2016년에는 세 번의 정당교체를 경험했는데, 이는 화인역사에 있어 커다란 이정표라고 할 수 있다.

그러나 1987년 계엄령이 폐지된 후 진전되어온 대만 민주화의 물결 속에도 숨길 수 없는 그림자는 드리워져 있다. 특히 대만정치는 정당이 주체가 되는 대의민주주의가 효력을 잃고, 그저 정당이 조종하는 포퓰리즘정치와 재벌정치로 전락해버렸다. 무엇보다도 심각한 문제는 정치정체성의 대립과 분열로, 정당이 교체될 때마다 국가적 방향성이 총체적으로 재조정을 강요받는다는 점이다.

따라서 대중화大中華문화권에서 대만문화 발전의 두 번째 특질은 서구식 근대 민주정치를 화인사회에서 어떻게 실천하는가에 놓여 있다. 아시다시피 근년에 세계 각국에서 민주정치가 실패하고 포퓰리즘정치가 대두함에 따라, 19세기 정치사상가 토크빌(Charles Alexis de Tocqueville, 1805~1859)이 당시 미국의 민주정치를 고찰할 때 걱정했던, 미국식 민주주의에 숨어 있는 '다수폭력Tyranny of majority'의 폐단[4]이 많은 민주국가에서

10

현실상황이 되어버렸다. 따라서 어떤 학자들은 '정부의 통치능력'이 '민주의 형식'보다 더 중요하다고 주장하기 시작했다. 이제까지 대만 민주정치의 전개과정에서도 상당한 정도로 토크빌이 지적한 다수폭력의 문제가 나타나곤 했다. 이렇게 대만의 민주정치에는 빛과 그림자의 양면이 공존한다고 말할 수 있다.

대만문화 발전의 세 번째 특질과 중요한 의의는 대만이 중화문화의 수호자라는 데 있다. 유교·불교·도교를 비롯한 전통 중화문화의 가치관과 생활방식은 대만에서 가장 잘 보존되고 있다. 저명한 미조구치 유조(溝口雄三, 1932~2010) 선생은 중국문화를 둘로 구분한 바 있다. 하나는 복건, 광동, 홍콩, 대만, 동남아 및 구미의 화인사회를 주로 하는 '해로의 중국권'이다. 다른 하나는 중원을 주체로 하여 몽골, 중앙아시아 그리고 실크로드를 포함한 '육로의 중국권'이다.[5] 미조구치 선생이 말한 두 종류의 중국문화에서 바로 대만이 그 교차점이 된다. 이에 21세기 중국대륙이 일대일로라는 거시적인 정책을 전개함에 따라 대만의 전략적인 지위는 날로 중요해지고 있다.

중국역사상 한漢민족은 북방 유목민족의 압박과 남방개발에 대한 관심으로 인해 끊임없이 남쪽으로 이동했다. 장지아쥐(張家駒, 1914~1974) 선생은 중국역사상 경제와 문화의 중심이 남쪽으로 이동하는 과정을 세 단계로 구분한 바 있다. 첫째, 상고부터 서진西晉시대까지는 중국역사의 중심은 북방에 있었는데, 311년 '영가永嘉의 난'이 분수령이 되었다. 둘째, 서진부터 당唐대 중기까지는 남북균형의 시대로, 755년 '안사安史의 난'이 분수령이 되었다. 셋째, 북송北宋 말년부터는 남방중국의 전승시대로, 1126년 '정강靖康의 난'이 역사의 중심이 남쪽으로 옮겨가는 전환점이 되었다.[6] 대만은 이렇게 역사상 한족이 남쪽으로 이동해온 최고점에 등극함으로써, 위잉스(余英時, 1930~) 선생이 말한 '해양중국의 첨단'으로 여겨진다.[7] 17세기 이래 대만은 남도한 문인의 마음속 낙원이었다. 원래 강소성江蘇省 화정(華亭, 현재 상하이) 출신이었던 서부원(徐孚遠, 1599~1665)은 시에서, "천년 전에 진나라를 피해 이른 곳이 바로 이 땅이라. 그대에게 묻노니, 어찌 반드시 무릉으로 돌아가려고 하는가?〔千載避秦真此地, 問君何必武陵回〕"라고 읊었는데,[8] 이는 17세기 이후로 끊임없이 대만으로 이주하는 한족의 마음을 매우 적절하게 토로한 것이었다.

대만이 중화문화의 수호자로서 역사적 역할을 정리해보면, 전후 대륙의 지식인들이 바다 건너 대만에 들어옴에 따라 유가사상과 불교문화가 유입되었으며, 유학과 불교가 전후 대만에서 크게 발전하게 되었다. 머우쭝싼(牟宗三, 1909~1995)과 쉬푸관(徐復觀, 1904~1982)[9] 등 전후 대만학술계에서 당대 신유가의 걸출한 학자들이 각 대학에서 강학하면서 저작을 발표했으며, 또한 대만불교계의 법고法鼓, 자제慈濟, 중대中臺, 불광佛光 등 4대 단체가 모두 불교의 법맥을 계승했다. 문화대혁명이 중국대륙을 석권하던 시기, 대만은 비록 정치상으로는 일당독재였지만, 문화와 교육 차원에서는 중화문화에 대한 교육을 추진하면서 전통문화의 가치를 수호하고 발양했다. 이로써 대만은 중화문화의 등대가 될 수 있었다.[10]

21세기 대만과 양안(대만과 중국대륙) 관계에 대해 전망하고자 한다면, 필히 대만문화에서 활력과 동력을 갖춘 '대만의식'에 대한 회고부터 시작해야 한다. 사상사적 시각에서 말하면, 대만의식이란 대만에서 살고 있는 사람들의 인식과 그들이 생존하는 시간과 공간, 정황을 해석하는 사조나 정신 그리고 그들이 이와 같이 세계를 인식하는 방식으로 인해 생기는 각종 사상을 가리킨다. 21세기 세계화와 탈세계화의 사상이 충돌하고 있는 시대적 환경 속에서 대만의식은 가장 근본적인 핵심 문제와 관련되는데, 이것이 바로 정체성 문제다.

정체성 문제는 그 자체로 많은 층위를 가지고 있지만, 주로 정치 차원의 정체성과 문화 차원의 정체성으로 구분될 수 있다. 그리고 늘 '나는 누구인가?', '대만의 현상황에 대해 어떻게 이해하는가?', '미래의 대만은 어디로 갈 것인가?', '대만의 역사를 어떻게 이해하는가?' 등의 구체적인 문제들로 드러난다. 그런데 이런 정체성 의식은 매우 쉽게 여러 정치경제 요소의 영향을 받아 변동되기 때문에, 결코 시종일관하고 고정불변한 것이 아니다. 따라서 대만의식은 시간성과 공간성 그리고 계급성의 특징을 가진다.

시간 차원에서 보면, 명청시대의 대만의식과 일제강점기 이후의 대만의식은 많이 다르며, 일제강점기와 전후시대, 계엄령시대 이후의 대만의식도 많이 다르다. 공간 차원으로 보자면, 서로 다른 지역에서 살고 있는 대만 사람들에게선 서로 다른 경향의 대만의식이 나타난다. 예컨대 탁수계(濁水溪, 대만 중부와 북부의 경계선) 이남과 이북의 대만의식 사이에는 많은 차이가 있다. 아울러 서로 다른 계급에 속한 사람들 간에도 대만의식의 차이는 존재한다. 예컨대 일제강점기 황민(皇民, 일본인)의 대만의식과 일반 노동자 및 농민들의 대만의식은 그 의미가 매우 다르다.

대만의식은 기본적으로 일종의 사상이자 일종의 '정체성의 정서'이다. 그것의 심원한 사상사적 의미는 17~20세기 대만의 역사과정 속에 존재하며, 크게 네 단계로 발전해왔다(20세기 이전 대만의식의 발전에 대해서는 이 책의

제1장에서 상세히 다루고 있다).[11]

역사적 차원에서 보면, 근 4백 년 동안 대만의식의 발전은 늘 정치사와 긴밀한 관계를 유지해왔다. 그렇기에 대만의식은 기본적으로 '항쟁논술'이었다. 일제강점기 대만의식의 형성과 존재는 일본제국주의에 반항하기 위한 것이었고, 광복 이후의 대만의식은 국민당의 통치에 반항하기 위한 것이었다. 또한 계엄령시대 이후의 대만의식은 중국공산당의 대만 탄압에 반항하기 위한 것이었다. 지금도 대만의식은 기본적으로 여전히 하나의 항쟁논술이다.

그런데 이 한가운데 심각한 문제가 놓여 있다. 즉, (제1장에서 다뤄질) 대만의식의 발전단계상 제4단계 이후에는 정치가의 농락으로 인해 대만의식이 뿌리 깊은 '자아도취'와 '자기중심주의'의 심리를 내포하게 되었기 때문이다. 이는 선거와 밀접한 관련을 가지는데, 왜냐하면 투표를 고려할 때 어느 당파의 정치가도 자기중심주의적인 언술을 피할 수 없기 때문이다. 이런 이유로 대만의식의 자아도취 성향은 시간이 지날수록 날로 심해지고 있다.

21세기 진입 후, 한편으로는 눈부신 정보통신기술의 발전에 따라 세계화 추세가 급속도로 진전되고 있지만, 다른 한편으로는 이에 맞선 탈세계화의 분위기 또한 등등하여, 사태는 두 기세가 충돌하고 있는 양상이다. 또한 중국의 부상으로 아시아 전체가 흥기하는 기류가 조성되고 있으면서도, 경제부흥이란 화려한 불빛 아래 드리워진 우려 역시 여전히 도사려 있다. 일례로 아시아 각국에 민족주의가 맹렬히 대두하면서 동중국해와 남중국해 상에서 야기되는 영토분쟁 탓에 국가 간 긴장은 수그러들 기미가 보이지 않는다.

이렇게 급변하는 21세기 국제정세에 맞춰 대만의식도 제5단계로 진입했다. 이 새로운 단계인 '신대만인의식'의 재구축과정에서 '중국'은 예의 가장 중요한 역할을 담당하고 있다. 경제적 차원에서 보면, 21세기 중국대륙과 대만은 높은 불가분성을 공유한다. 2015년 대만을 다녀간 대륙관광객은 총 410만 명, 대만과 대륙(홍콩과 마카오 포함)의 무역총액은 1,882억 달러에 달하며, 이는 미국과 일본 양국과 대륙의 무역총액 1,936억 달러에 조금 못 미치는 수준이다. 그러나 정치적 차원에서 보면, 2016년 5월 이후 대륙과 대만 사이에도 커다란 긴장감이 맴돌고 있다. 따라서 21세기 신대만인의식을 재구축하는 데 염두에 두어야 할 가장 중요한 관건은 양안의 경제적 불가분성과 정치적 긴장 사이에서 일종의 동태적 균형관계를 발전시키고 유지하는 것이다.

역사를 되돌아보며 미래를 전망해볼 때, 21세기 신대만인의식은 반드시 그 문화적 깊이와 높이 그리고 폭을 확대해나가야만 한다. 대중화문화권에서 대만이라는 섬은 큰 동란을 겪지 않고 전통적인 중화문화를 보존해왔기 때문에, 21세기 새로운 국제질서 속에서 중국대륙이 부상할수록 대만의 위상은 더 중요해진다.[12] 바로 이때 대만이 스스로 중요한 지위를 점유해나가기 위해서는 과거 수백 년간 항쟁의식으로 유지되어왔던 대만의식을 문화의식으로서의 신대만인의식으로 전환해야 한다.

그렇다면 21세기 신대만인의식은 어떻게 이 시대 새로운 문명과 교류하며 그에 기여할 수 있을까? 필자가 보건대 21세기 대만은 필히 '상호주체성inter-subjectivity'의 중요성을 정확하게 인식해야 한다. 사실 상호주체성의 가치관은 곧 자기중심주의를 치료하는 묘약이기도 하다. 우리는 이 이념을 통해 문화가치로서의 신대만인의식에 새로운 동력을 불어넣을 수 있다.

앞서 언급했듯이 대만 민간사회에는 한漢문화와 그 가치관이 온전하게 보존되어 있다. 대만인은 선량하고 자비심이 있다. 따라서 이 한문화를 토대로 삼는 신대만문화의 잠재력을 점차 확장해나간다면, 21세기 대중화大中華의 진정한 부흥을 이끌어낼 수도 있을 것이다. 상호주체성의 이념은 바로 이 과정에서 중요하게 작동한다. 20세기의 위대한 철인哲人 마르틴 부버(Martin Buber, 1878~1965)는 사람들에게 '자아-타자'라는 경험의 세계를 버리고 '나-너'라는 관계의 세계로 돌아가라고 주창한 바 있다. 이 관계의 세계는 '사람과 자연', '사람과 사람' 그리고 '사람과 정신적 실체' 모두가 서로 관련된 경지이다.[13] 바로 이것이 21세기 대만이 발전시켜 가야 할 상호주체성의 가치다. 마르틴 부버가 사망했을 때 많은 아랍 청년들이 그의 장례식장을 찾은 것도 이 이념이 이스라엘과 아랍국가들 사이에 대대로 쌓여간 원한과 역사적 상처를 초월할 수 있음을 증명한 것이다.

21세기 대만과 중국대륙이 각자 진정한 마음이 바탕이 된 상호교류를 통해 그간의 역사적 상처와 분열감을 치유할 수만 있다면, 양안 민중 간 관계는 다시 따뜻하게 회복될 수 있을 것이다.[14] 그리고 이때 요청되는 것이 바로 상호주체성이다. 맹자孟子도 언급한다. "오직 인자仁者만이 대국으로 소국을 섬길 수 있습니다. (…) 오직 지자智者만이 소국으로 대국을 섬길 수 있습니다."[15] 상호주체성의 이념에 바탕을 둔, '인'과 '지' 이 두 가지 유가의 핵심가치야말로 앞으로 양안관계의 회복은 물론, 인류문명의 발전에까지 기여할 열쇠가 되어줄 것이다.

마지막으로 이 책의 한국어판이 출판되어 한국인들이 대만과 양안관계를 이해하는 데 도움이 될 수 있기를 진심으로 기원하며, 이 책을 번역해준 정선모 교수와 출판을 위해 아낌없는 노력을 기울여준 성균관대학교출판부에도 진심으로 감사드린다.

2020년 겨울
문덕(文德)서원에서

黃俊傑

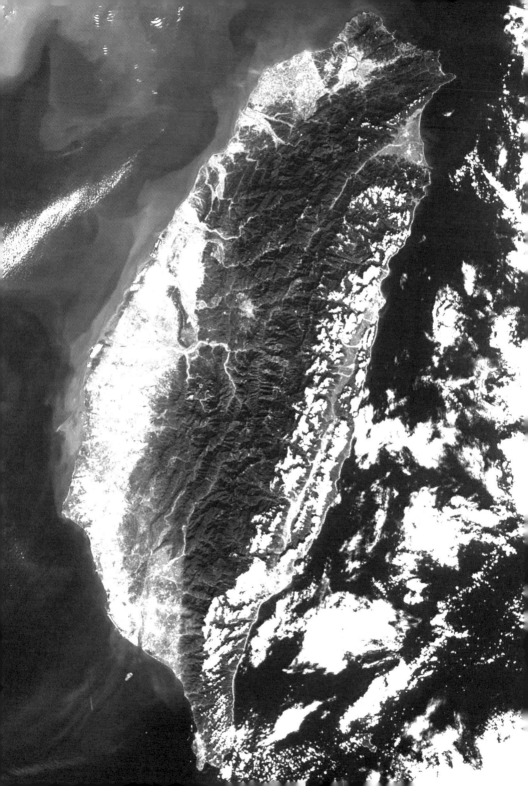

대만의 역사와
정체성을 찾아서
대만의식과 대만문화

臺灣意識與臺灣文化

일러두기

1. 이 책은 황준걸, 『臺灣意識與臺灣文化』(臺北: 臺灣出版中心, 2011)를 완역한 것이다.
2. 중국과 대만의 인명은 신해혁명 이전에 주로 활동한 인물의 경우 한국식 한자음으로, 그 이후 주로 활동한 인물의 경우에는 중국식 발음으로 표기했다. 일본 인명은 일본식 발음 그대로 표기했다.
3. 원서의 각주는 가독성을 고려해 전부 미주로 처리했다.
4. 간단한 역자 주는 본문 중에 내각주 형태로 정리했다.
5. 책에 수록된 사진이나 그림 자료들은 한국 독자의 이해를 돕기 위해 편집 과정에서 추가된 것이다.

목차

제1장

대만의식의 발전과 특징

역사적 회고와 미래 전망

1. 머리말

1987년 7월 대만에서 계엄령이 해제되자 그때까지 잠재해 있던 '대만의식臺灣意識'이 마치 화산이 폭발하듯 분출하기 시작했다. 그리고 이러한 대만의식은 계엄령 해제 이후 대만에서 가장 주목받는 현상 중의 하나가 되었다.

대만의식이란 대만에 살고 있는 사람들의 인식, 그리고 그들이 살아가는 시간과 공간의 상황을 해석하는 방식과 그 사상을 가리킨다. 대만의식의 핵심은 곧 정체성의 문제로, '나는 누구인가?', '대만은 어떤 존재인가?'라고 묻는 형식으로 나타난다. 대만의식의 형성과 발전은 대만사상사의 중요한 현상으로, 내용이 매우 복잡하며 역사적으로도 그 변화가 분명하게 구분되는 변천과정을 보이고 있다.

그렇다면 대만의식의 사상적 내용은 도대체 무엇인가? 그리고 어떠한 발전단계를 거쳤으며, 또한 미래 전망은 어떠한가? 이러한 문제는 모두 계엄령 해제 이후 10여 년 사이 대만의식이 밖으로 표출되는 과정에서 두드러지게 나타난 것이다. 본고에서는 대만의식의 발전과정에 초점을 맞춰 분석하고, 더불어 미래에 대한 전망을 제시하고자 한다.

본문은 네 부분으로 구성되었다. 제1절은 머리말이다. 제2절에서는 대만의식이 발전해온 네 단계 및 매 단계의 사상 내용에 대해서 분석했다. 제3절에서는 대만의식이 발전하는 과정 중에 드러난 특징에 대해서 분석하고, 이러한 논의가 기본적으로 일종의 항쟁抗爭의식에서 비롯되었다는 사실을 지적했다. 제4절은 결론으로 대만의식에 대한 논의가 미래에는 문

화에 대한 논의로 발전해가야 하며, 대만의 사례가 21세기 새로운 국제질
서 속에서 상호인식과 대화의 기초가 될 수 있음을 지적했다.

2. 대만의식의 발전단계 : 역사적 회고

하나의 사상사적 현상으로서 대만의식의 내용은 풍부하고 다방면에 걸쳐 있다. 그 단면을 잘라보면 서로 다른 사회·정치·경제의 각 계급에 속한 사람들이 그들 나름대로 서로 다른 대만의식을 가지고 있다. 일제강점기(1895~1945)에 일본 국적을 가진 계급의 대만의식은 결코 대만 일반 서민의 대만의식과 같지 않다. 또한 대만의 광복 이후 자산계급의 대만의식 또한 농민이나 공장 노동자계급의 대만의식과는 전혀 다르다. 그 구성요소에 대해서 말하자면, 대만의식은 비록 '향토정회鄕土情懷'를 그 감정의 기초로 하고 있지만, 그렇다고 해서 정치적 의미의 '대만독립의식'과 동일시할 수 없다. 본고에서 필자는 대만의식이 역사적으로 발전해가는 과정에 대해서 분석하고자 한다.

역사적 맥락에서 보면 대만의식의 발전은 네 단계로 나눌 수 있다. 첫 번째, 명·청시대 대만에는 단지 중국의 지방의식으로서의 '장주(漳州, 장저우)의식', '천주(泉州, 취안저우)의식', '민남(閩南, 민난)의식', '객가(客家, 하카)의식' 등이 존재했다. 두 번째, 일제강점기에 이르러 피통치자가 된 대만인의 집단의식으로서 대만의식이 비로소 출현했다. 이 시기 대만의식은 이미 민족의식이었으며 또한 계급의식이기도 하였다. 세 번째, 1945년 대만 광복 이후의 대만의식은 기본적으로 일종의 '성적의식(省籍意識, 대만 본토인(內省人)과 광복 이후 대륙에서 건너온 중국인(外省人) 세력 간의 대립의식—역자 주)'이다. 특히 1947년 2·28사건(1947년 2월 28일, 국민당정부가 인수위원회의 실정에

타이중에 위치한 2·28기념공원

항의하는 대만인들을 무차별적으로 학살하고 탄압한 사건—역자 주) 이후에는 대부분 대륙에서 건너온 외성인外省人으로 구성된 국민당정권에 대항하는 대만 내성인內省人의 항쟁의식으로 급속도로 발전했다. 네 번째, 1987년 계엄령이 해제되자 대만은 민주화의 길을 걷기 시작했지만 중국의 대만에 대한 각종 압력으로 인해 대만의식은 점차 중국 공산당정권에 반항하는 정치의식으로 변했다. 신대만인新臺灣人 논의는 이와 같은 새로운 시대적 분위기 속에서 배태된 사유방식이라고 할 수 있겠다. 이제 역사적 발전단계 속에서 네 가지 대만의식의 변천과정을 순서에 따라 논증해보고자 한다.

1) 명·청시대

정성공鄭成功시대(1661~1683, 청나라에 저항하여 명나라 부흥운동을 이끈 인물—역자 주) 및 청조통치기(1683~1895)에는 대만인 대부분이 중국대륙의 복건(福建, 푸젠)과 광동(廣東, 광둥)지역에서 이주해온 한인漢人이었다. 따라서 당시 이들 이주민들에게는 특별한 대만의식이 없었으며, 장주나 천주 등과 같이 이주자들의 고향을 중심으로 하는 지방의식만이 존재했다. 그리고 이러한 지방의식은 19세기 중엽 이후에 비로소 변화하기 시작한다.

이러한 지방의식이 형성된 중요한 요인으로는 두 가지 사실을 들 수 있다. 첫째, 복건과 광동 두 지역에서 대만으로 건너온 이주민들의 거주지 분포가 같지 않았다. 둘째, 각지의 이주민들이 서로 다른 방언의 차이에 따라 모여 살면서 언어군의 정체성을 형성했다.

정성공 초상화

(1) 거주지에 따른 지방의식의 형성

중국인의 대만 이주는 그 기원이 아주 오래되었으나 비교적 대규모 이민이 시작된 것은 1630년대 이후이다. 당시 대만을 지배하고 있던 네덜란드가 중국에서 건너온 이주민들에게 농업에 종사하도록 적극적으로 장려하자 대규모 이민이 시작된 것이다. 학자들의 추정에 의하면, 1650년을 전후하여 대만에는 중국대륙으로부터 건너온 이주민이 약 2만5천~3만 호, 총인구가 약 10만 명 정도였다고 한다.[1] 이들 초기 이주민들의 직업은 주로 어업·무역·농업·수렵이었다.[2] 이주민들은 원래 중국대륙의 본적지에 따라 무리지어 모여 살았다. 『중찬복건통지重纂福建通志』 권58에는 다음과 같은 기술이 보인다.

> 급수계急水溪 유역에서부터 군치郡治와 거리가 멀지 않은 곳은 풍속 또한 거의 비슷하다. 하가동下加冬에서부터 두육문斗六門에 이르는 곳은 객가인客家人과 장주인漳州人, 천주인泉州人이 섞여 살고 있다. 이곳은 다소 변방지역이긴 하지만 현縣의 근교에 있으므로 사람들이 법을 두려워한다. 두육문 이북 지역은 객가인이 더욱 많은데, 여러 원주민들 속에 섞여 살면서 각자의 풍속을 유지하고 있다. 지위가 높은 자는 부유하고, 지위가 낮은 자는 가난하며, 다른 사람을 비방하기를 좋아하고, 도박에 빠진 것을 호탕하다고 여기며, 관혼상제는 군치와 비슷하다. 무슨 일이 있으면 들고일어나고 호전적이면서 목숨을 가볍게 여기며, 가축의 피를 입에 바르는 것으로 약속을 하는 풍습이 있다.[3]

이 역사자료에서 말하는 것처럼 대만 남부지역에는 중국대륙에서 건너온 이주민들 중에 객가인과 민남인이 대략 반반씩 섞여 살았으며, "두육문 이북지역은 객가인이 더욱 많다"라고 하는 것이 초기 이주민의 주거 상황이었다.

선행연구에 의하면 복건 사람들이 먼저 건너와서 평원의 비옥한 토지를 점거한 것에 비해 광동 사람들은 비교적 늦게 대만에 건너왔기 때문에 산간지역에 모여 살게 되었다고 한다. 객가인은 대개 위험을 무릅쓰고 법망을 피해 대만으로 건너왔는데, 그들이 개간한 지역은 대부분 전염병이 만연하던 담수淡水 하류지역 및 오늘날의 창화(彰化, 장화) 이북에 있는 담수 북쪽의 산간지대였다. 이들 이주민들이 산간지역을 택해서 생활하게 된 데에는 고향 광동에서의 생활방식이 영향을 끼쳤다.[4] 이처럼 초기 이주민들이 중국대륙의 본적지에 따라 집단으로 거주한 것은 당시 객가 및 장주, 천주 등의 지방의식이 발전하게 된 중요한 요인이 되었다.

(2) 언어군 정체성

이른 시기의 이주민들은 종종 그들이 사용하는 언어정체성(곧 방언)을 중심으로 취락을 형성했다. 일제강점기인 1903년에 대만총독부에서 비교적 상세한 호구조사를 실시한 바 있다. 이때 조사에서는 장주어·천주어·객가어 및 기타 중국어계 인구로 분류하여 각각 통계숫자를 열거하고 있다. 이 통계에 따르면 장주어를 사용하는 사람은 120만 명, 천주어를 사용하는 사람은 110만 명, 객가어를 사용하는 사람은 50만 명, 기타 중국어를 사용하는 사람은 4만 명이었다고 한다.[5] 이처럼 서로 다른 언어를 사용하는 집단들의 주거지는 종종 지명에도 반영되었다.[6] 언어가 달라서 같은 언어를 사용하는 사람들끼리 서로 모이게 되는데, 이것이 바로 명·청 시기 대만에서 객가·장주·천주 등의 지방의식이 형성된 요인의 하나가 되었던 것이다.

그렇다면 명·청 시기 대만에서 본적지를 정체성의 대상[7]으로 여겼던 각종 지방의식은 어떻게 구체화되었던 것일까? 보편적인 역사현상으로 보건대, 각종 지방의식이 구체적으로 드러난 것은 집단적 무력충돌[械鬥] 및 종교신앙이었다.

(3) 집단적 무력충돌과 지방의식

대만은 이주민의 섬이다. 본적지가 다른 각 지역에서 이주한 사람들이 취락을 형성하였으므로 집단적 무력충돌이 끊이지 않았다. 『대만채방책臺灣采訪冊』에는 장주·천주의 무력충돌에 대해서 다음과 같이 생생하게 묘사하고 있다.[8]

> 장주와 천주의 분화는 건륭 47년(1782) 가을과 겨울 사이에 처음 일어났다. 창화지역의 자동각장刺桐腳莊의 백성이었던 임아갱林阿鏗이 도박 일로 동전 몇 냥 때문에 싸움을 일으켰다가 구타를 당해 목숨을 잃었는데, 이때 마을의 문지기가 탐욕을 부려 공갈 및 사기미수 사건을 일으켰다. 그리고 무뢰한들이 이러한 기회를 틈타서 거짓말을 퍼트리면서 격한 분노를 부채질하여 인심이 미혹되었다. 이때 마을에 서로 섞여 살고 있던 백성들 중에 장주에서 왔거나 장주 본적을 가진 사람들은 장주인들이 모여 사는 마을로 옮겨갔으며, 천주인 또한 천주인들이 모여 사는 마을로 옮겨갔다. 그리고 서로 무리를 지어 신불대기神佛大旗라고 하는 깃발에 천주인은 '천흥泉興'이라는 두 글자를 크게 쓰고, 장주인은 '흥장멸천興漳滅泉'이라는 네 글자를 크게 썼다. 양 진영은 나

무로 깎아 만든 곤봉, 대나무로 깎아 만든 죽창, 낫과 농기구를 손에 들고 서로 죽고 죽이기에 이르렀다. 그리고 이러한 화는 가의嘉義지역에까지 미쳤으며 날이 갈수록 점점 심해졌다. 생산에 종사하는 자는 식량을 제공하고, 인적 자원을 가진 자는 전투 인원을 제공했다. 강탈, 살인, 방화가 횡행하여 백성들의 생활은 도탄에 빠져 곤궁함이 극에 달했으며 정부도 통제할 수 없게 되었다.

결국 복건성 하문廈門의 제독提督 황공黃公과 안찰사按察使 양공楊公이 군대를 이끌고 대만에 상륙하여 안정시켰다. 생원 시빈施彬, 무사 허국량許國樑, 직원 옹운관翁雲寬 등은 모두 엄벌에 처해지고 재산도 몰수되었다. 창읍彰邑의 군수 초복법焦伏法과 제읍諸邑의 군수 냉염명冷廉明은 민심을 얻고 있었지만, 또한 책임을 물어 면직되었다. 그 대신 대진臺鎮의 김씨金氏, 서안평협署安平協의 정씨鄭氏, 대도臺道의 목씨穆氏, 대부臺府의 소씨蘇氏가 각각 참의參議에 임명되어 파견되면서 드디어 사태가 평정되었다. 하지만 임상문林爽文이 반란을 일으키자 장주인과 천주인은 다시 무기를 손에 들고 서로 방어했다. 장주인과 천주인 사이의 시기는 날이 갈수록 심해졌다.

'홍장멸천興漳滅泉', '천홍泉興' 등 집단적 무력충돌 때의 표어는 바로 본적지가 분류의 지표가 되었음을 말하는 것으로, 이러한 지방의식은 당시 사람들의 마음속에 깊이 뿌리를 내리고 있었다. "북쪽 길로 제라산諸羅山의 염수항鹽水港에서부터 위로는 창읍彰邑에 이르는 지역은 독특한 풍속과 인심을 간직하고 있다. 예를 들어, 평소 모르는 사람을 만나면 그 사람의 성명을 묻는 것이 아니라 그 본적지를 물어 같은 고향에서 온 사람이면 서로 친해진다. 그러나 만약 장주인이 천주인을 만나게 되면 '귀천貴泉'이라고 부르고, 반대로 천주인이 장주인을 만나면 '귀장貴漳'이라고 부른다"[9]라고 할 정도로 초기의 이주민은 모르는 사람에 대해서 성명을 묻지 않고 먼저 그 본적지를 물었다. 이러한 예는 당시 지방의식이 개인의식을 압도할 정도로 강했던 사실을 생생하게 보여주고 있다. 『담수청지淡水廳志』의 저자는 "복건과 광동은 서로 다른 점이 있으며, 장주와 천주도 서로 다른 점이 있다. 복건과 광동은 출신 성省에 따라 구별되고, 장주와 천주는 출신 부府에 따라 구분된다. 그러나 어느 쪽이나 중국대륙에서 이주해온 사람들인 이상 모두 대만인일 뿐이다. 그럼에도 불구하고 오늘날에는 출신 성과 부에 따라 무리하게 나누고 있다"[10]라고 하면서 당시의 지방의식이 얼마나 강했던가를 탄식하고 있다. 명나라와 청나라 대부분의 통치기간 동안 대륙에서 대만에 건너온 중국인들에게는 아직까지 '다 같은 대만인'이라는 집단의식은 없었던 것이다.

(4) 종교 신앙과 지방의식

이른 시기의 대만의 지방의식은 또한 종교 신앙에 있어서도 명확하게 드러나고 있다. 예를 들면 『중수대만현지重修臺灣縣志』에는 다음과 같은 기록이 보인다.[11]

> 살펴 보건대, 진인묘우真人廟宇는 장·천주 사람이 살고 있는 곳에 많이 있다. 네덜란드가 대만을 지배할 때 장·천주 사람들과 무역을 했는데 이때 이미 광저동리廣儲東里에 신주를 모시는 사당을 세웠으며, 이어서 건너온 정성공鄭成功 및 많은 장수와 병사가 모두 장·천주 사람이었기 때문에 사당에 진인真人을 제사 지내는 것이 더욱 성대해졌다. 이에 대한 명칭 또한 보생대제묘保生

大帝廟, 대도공묘大道公廟, 진군묘真君廟, 개산궁開山宮 등과 같이 다양하며, 『통지通志』에 보이는 자제궁慈濟宮이라는 것도 사실은 모두 진인묘우였던 것이다.

이 사료에서 말하고 있는 것은 장주와 천주 이주민들이 보생대제(保生大帝, 대만에서 인기가 높은 의료의 신—역자 주)를 믿고 있었다는 점이다. 이처럼 서로 다른 본적지에 따라 형성된 제사권祭祀圈은 곧 대만 한인漢人사회의 큰 특징이었다. 한 인류학자는 이러한 현상이 대만의 독특성을 매우 잘 나타내고 있다고 보고 있다.[12]

종교 신앙에서 신봉하는 신주는 각지 이주민의 지방의식을 나타내고 있다. 그리고 사당에의 배향 또한 항상 그 신봉자 세력의 성쇠에 따라서 변화해왔다. 객가인이 신봉하는 삼산국왕묘三山國王廟가 그 두드러진 예이다. 인장이尹章義의 연구에 의하면, 대북현臺北縣 신장新莊에 있는 삼산국왕묘의 성쇠와 변화가 대북臺北평원에 있어서의 복건과 광동지역 이주민 사이의 상호 용인과 안정에서 모순·충돌·대립으로 발전해가는 과정을 보여주고 있다고 한다.

삼산국왕묘는 객가에 속하는 조주潮州인들의 '집단의식'이 최고조에 달했음을 보여주고 있는 상징적 존재이자 동시에 또한 복건과 광동의 대립이 고조된 구체적 표현이었다. 청나라 건륭乾隆 말·가경嘉慶 연간에서부터 도광道光 연간에 이르는 장기간의 분쟁 끝에 광동인은 마침내 복건인의 힘 앞에 굴복하고 다른 장소로 옮겨 갔다. 객가의 조주인들이 다른 곳으로 떠나간 후 신장의 삼산국왕묘는 참배하러 오는 사람이 줄어들어 쇠퇴하게 되었다. 대북평원이 복건인의 천하가 된 후 곧바로 삼산국왕묘

삼산국왕묘

는 황폐해졌으며 심지어는 불에 타 소실되었다.[13]

홍리완洪麗完의 청대 대중臺中지방의 청수清水평원에 있는 삼산국왕묘의 성쇠에 대한 연구에서도 또한 대북평원과 비슷한 상황이었음이 밝혀졌다. 이에 따르면 청수평원에 있는 두 곳의 삼산국왕묘는 객가에 속하는 사람들이 지금의 동세東勢 · 풍원豐原 일대로 이주함에 따라 성쇠의 변천이 생겼다고 한다. 사록보안궁沙轆保安宮이 복건화 경향에 의해서 더욱 발전했던 것은 말할 필요가 없다. 혹은 우매두牛罵頭의 삼산국왕묘가 원래의 신주였던 삼산국왕의 제사를 유지했기 때문에 그 발전이 도리어 보안궁의 발전에 미치지 못했다.

이러한 사실은 모두 삼산국왕묘의 성쇠가 복건지역과 광동지역에서 건너온 사람들 사이의 관계변화와 밀접한 관련을 가지고 있음을 반영하는 것이다.[14] 객가인의 신주를 모시는 사당인 삼산국왕묘의 성쇠에 대한 이상의 선행연구를 통해서 명·청 시기 대만의 제사권의 변화가 일종의 지방의식의 표출이었음을 알 수 있다.

그런데 여기서 주목할 점은 명·청 시기에 나타나는 지방의식으로서 대만의식은 1860년대부터 점차 변화하기 시작하는 것이다. 즉, 본적지를 정체성의 대상으로 하는 지방의식은 점차로 약해져간다. 천치난陳其南이 말한 것처럼, 1683년부터 1899년에 이르는 2백여 년간의 청대 대만사회는 대륙에서 건너온 중국인이 이민사회immigrant society에서 '토착화 indigenization'의 방향으로 나아가 토착사회native society로 변화되는 과정이었다. 초기 대만에 건너온 중국인 이민사회는 중국대륙 전통사회의 연속이거나 혹은 연장이었다고 말할 수 있으며, 그 성격은 곧 원래 전통 사회의 이식 및 재건과정이었다.[15] 대만의 중국인 사회가 점차 토착화된 뒤로 사회집단의 분류 원칙 또한 그에 따라 변화하기 시작했다. 본거지의 신명神明 신앙과 새로 일어나는 각 종족의 조직이 점차 정체성의 대상으로 간주되어 갔다. 특히 본적지 관념의 영향을 받은 이식형移植型 종족으로부터 대만에 건너온 개척자를 그 기원으로 하여 본거지에서 형성된 새로운 종족으로 변화했다.[16]

이러한 대만 거주민의 집단의식의 변화에 있어서 중요한 지표가 되는 것이 바로 집단적 무력충돌〔械鬥〕 사건의 존재에 있었다. 천치난에 의하면, 청대 대만에서 중국인 사이의 집단적 무력충돌은 강희康熙 60년(1721) 주일귀朱一貴의 난으로 소급해 올라가며, 동치同治 연간(1860)에 이르러서야 겨우 사라졌다. 그 사이 건륭 말년에서 함풍咸豊 연간에 가장 격렬했다. 1768년에서 1860년에 이르는 약 93년 동안, 기록에 남아 있는 중국인 사이의 집단적 무력충돌 사건은 거의 30회로, 평균 3년에 한 번 꼴이었다. 하지만 대략 1860년대 이후에는 본적지 집단을 분류 단위로 하는 대규모 집단적 무력충돌 사건은 거의 보이지 않게 되었다.[17] 이와 같은 변화는 매우 상징적인 의의를 갖는다. 이는 곧 1860년대 이후로 대만에 살고 있는 사람들이 점차로 대만을 정체성의 대상으로 하는 집단의식을 형성하게 되었음을 의미한다. 이렇게 성장하고 있었던 집단의식은 일본인이 대만을 통치하게 되면서 급속하게 발전하게 된다.

2) 일제강점기(1895~1945)

1895년 대만은 일본에 할양되어 일본제국의 식민지가 되었다. 이러한 역사적 정세 변화는 대만의식을 새로운 발전단계로 돌입하게 만들었다. 일본제국주의자의 대만 식민통치는 대만인을 본적지에 따라 분류하지 않고 균일하게 피통치자의 지위에 두었다. 이 때문에 일제강점기 반세기 동안 대만인은 일본인의 상대화된 맥락 속에서 하나의 사회·정치적 집단이 되었으며, 따라서 장주·천주·객가 등 각종 지방의식은 부차적인 지위로 퇴보했다. 즉, 일제강점기 51년간 대만의식은 민족의식으로 나타났으며, 또한 계급의식으로도 나타났다. 이제 사료를 인용하면서 이 시기 대만의식의 두 가지 측면에 대해서 설명하고자 한다.

(1) 민족의식으로서의 대만의식

일본의 대만 식민통치 기간에 통치자는 일본인이고, 피통치자는 대만인〔漢人〕 및 원주민이었다. 따라서 일제강점기의 이른바 대만의식의 중요한 일면은 곧 민족의식이었다. 이 시기 대만에서는 민족의식으로서 대만의식이 대만인들의 문화생활 다방면에 걸쳐 나타났다. 그중 가장 두드러진 것은 한문서당漢文書堂과 시사詩社였다.

  일본은 대만을 점령한 이후 곧바로 언어 동화정책을 수립하고 추진했지만, 그 효과는 그다지 크지 않았다. 일제강점기 초기에 대만인의 대다수 중·상류 계층의 가정에서는 여전히 전통적 한문서당 교육을 견지하고 있었다. 대만 전역의 서당 수는 1895년 정권의 교체와 전란으로 인해 한때 거의 반수까지 줄어들기도 하였지만, 그 이후로 점차 증가하는

일본 할양 이후 대만에 진주한 일본군

추세였다. 우원싱吳文星에 의하면, 1897년 3월 대만 전역의 서당은 모두 1,224곳, 학생 수는 19,022명이었는데, 1898년 3월에는 서당이 1,707곳, 학생이 29,941명으로 증가하였다. 전통적 서당의 숫자와 학생 수는 절대치뿐만 아니라 증가율에서도 일본어학교를 크게 앞질렀다. 서당이 쉽게 폐지될 것 같지 않음을 보고 일본인들은 앞다투어 서당을 '개량하자'는 의견을 내놓았다. 공금으로 서당의 교사를 모집하여 훈련을 받게 하고 서당에 일본어 과정을 증설하는 규정을 만들었으며, 일본인을 서당 교사로 파견하자고 총독부에 건의하거나 새롭게 한문 교과서 등을 편찬하여 간행했다. 하지만 기대했던 정도의 효과는 얻지 못했다.[18] 일제강점기 대만의 전통적 서당과 일본어학교 교육의 대립은 곧 민족의식의 선명한 표출이었다.

다음은 일제강점기 대만의식의 민족적 정감이 전통 시사詩社에서 두드러졌다는 측면이다. 약 2백 개의 시사가 모두 전통적 한문화漢文化의 보존 및 발양을 그 사명으로 하고 있었다. 천자오잉陳昭瑛의 연구에 의하면, 1911년 이후 량치차오梁啓超(1873~1929)의 고무를 받아 역사櫟社에서는 많은 구성원이 반일적인 문화 계몽운동과 정치운동에 몸을 바쳤다. 그 중견 인물로는 린셴탕林獻堂(1881~1956)·린요춘林幼春(1880~1939)·차이후이루蔡惠如(1881~1929)가 있고, 신참 중에서 뛰어난 사람으로는 예룽중葉榮鐘(1900~1978)·좡추이성莊垂勝(1897~1962)이 있었다.

그들은 청조에게 버려진 대만의 한인漢人으로, 감상에 빠져 스스로를 자해하던 상태에서 벗어났으며, 중국 고전시의 역사 속에서 현대정신이 넘치는 새로운 한 페이지를 쓰게 되었다.[19] 역사櫟社에 속한 롄헝連橫(1878~1936)은 『대만통사臺灣通史』(1921~1922년에 출판)에서 전통적 유학에서의 엄격한 화이華夷 구별의 정신을 한층 더 드러내고 있다.『대만통사』에서는 정성공의 대만 정복, 중화문화의 이식, 반청·반일 사업에 대해서 크게 선양하는 역사를 기록하는 것으로 민족정체성을 이어가고자 했다.[20] 이 밖에도 일제강점기에 대만 민간사회에 퍼진 난당鸞堂과 사당祠堂도 유학의 영향을 기반으로 한 민간종교로서, 이 또한 전통을 계승한 것이다. 난당에서는 신도神道의 설교 방식으로 유교사상을 선양했으며, 사당은 조상을 숭배하는 방식으로서 유교의 효도와 조상에 대한 제사 등 가정윤리를 선양했다.[21] 이러한 것은 모두 민족의식을 발양하는 중요한 수단이었다.

일제강점기의 대만의식은 민족의식에 깊이 빠져 있었다. 따라서 당시 대만의 지식인들은 물론 일반인들도 중화문화의 보존에 주목했다. 예를 들어 타이난臺南의 명의名醫 우신룽吳新榮(1906~1967)에 의하면, 그의 부친은 의사로 일하면서 평생 모은 돈을 모두 문화사업에 투자했으며, 또한 『대남현지臺南縣誌』 및 『남영문헌南瀛文獻』의 편집 작업에 모든 정력을 쏟아 부었다. 그는 부친의 이와 같은 행위가 모두 강렬한 민족의식에 의한 것이었다고 말한다.[22]

우신룽 또한 1940년 4월 10일자 일기에서 평생의 '사명使命'은 중국대륙에 자신의 뼈가 묻히기를 희망하는 것이라고 말하고 있다.[23] 그는 1946년 9월 13일 다섯째 아들이 태어나자 그 이름을 '샤퉁夏統'이라고 지었다. 이는 곧 '대하일통大夏一統'의 뜻에서 취한 것으로, 그 아들이 '한민족 천하의 진정한 자손'이 되기를 희망한다는 것이다.[24] 사실 우신룽만이 특별한 예는 아니다. 마음에 고국을 품고 있는 것은 바로 일제강점기 대만인들의 공통된 염원이었다. 대만의 저명한 작가 우융푸巫永福(1913~2008)는

2·28 사건의 피해자 천신陳炘(1893~1947)을 추도하는 문장에서 일제강점기의 생활을 다음과 같이 회상했다.[25]

당시 대만의 교육문화 및 현대문명의 생활수준은 중국대륙을 월등히 앞서 있었지만, 우리들은 오히려 피는 물보다 진하다는 감정을 품고 있었다. 중국이 매번 일본에 패하는 것을 볼 때마다 선생의 "고국의 산하를 생각하면서 평생 남몰래 눈물을 흘렸다[平生暗淚故山河]"라는 시구를 읊으면서 한탄했다. 일본이 요구하는 창씨개명의 압력을 두려워하지 않았으며 성명을 고치는 일은 하지 않았다. 황민화皇民化운동이 한창이던 때에도 우리들은 선생의 적극적인 지지로 소련 작가의 원작 '울부짖어봐라! 중국'의 현대극을 공연하면서 우리들의 심정을 토로했던 것이다.

우융푸는 중일전쟁 기간에 대만에서 일본의 황민화운동이 가장 고조되고 있던 상황에서도 '울부짖어봐라! 중국'이라는 현대극 공연을 추진했다. 이러한 용기와 행동은 강렬한 민족의식을 정신적 기반으로 하지 않고서는 절대 이룰 수 없었던 것이다.

이러한 강렬한 민족의식은 일본이 개최한 만국박람회에서 가이드로 일했던 양자오자楊肇嘉(1891-1976)가 중국대륙에서 온 사람들을 만났을 때 그를 매우 흥분시키기도 했다. 그는 일본에서 일했던 경험을 다음과 같이 회상했다.[26]

대부분 지위가 있는 중국 사람들은 나의 처지를 동정해서 그런지 나에게 적지 않게 부조해줬으며, 기회가 되면 조국 대륙에 한번 다녀오라고 권하였다.

그들은 "조국은 바로 자네와 같은 대만청년이 가서 일하며 국가건설에 참여하는 것이 필요하다네"라고 말했다. 이런 말들은 나에게 깊은 인상을 주었다. 그렇다! 우리는 모두 황제의 자손이다. 조국에 돌아가서 조국의 건설을 위하여 노력해야 한다. 일본제국주의를 위해서 소와 말처럼 일하는 것은 수치스러운 일이며, 일본제국주의의 노예가 되는 것은 더욱 비참한 일이다. 민족주의에 대한 자각은 순식간에 나를 분발케 했다.

여기서 양자오자가 일본에 있었을 때 가졌던 민족의식은 사실 그 당시 대만 민간에서의 사상적 분위기의 한 단면이었다. 그는 또한 일제강점기에 대해서 다음과 같이 말했다. "대만인은 줄곧 자기 언어와 문자를 사용하였고, 많은 시사가 계속해서 활동하고 있었으며, 공개되지 않은 서당도 여전히 유지하고 있었다. 각지에는 남관南管·북관北管과 같은 음악단체가 여전히 존재하였고, 심지어 술집 기생도 여전히 중국노래를 부르고 있었다. 뿐만 아니라 그들은 노래만 팔고 몸을 팔지 않는다고 주장하면서 일본인한테 모욕당하는 것을 싫어했다. 극소수 사람들이 일본인을 상대로 돈을 벌었는데 이런 사람들을 '판자이지(番仔雞: '番仔'는 일본인, '雞'는 몸을 파는 여자의 비유로, 일본인에게 몸을 파는 여자를 가리킴—역자 주)'라고 불렸다. 그리고 아주 극소수가 일본인한테 시집가서 그들의 처가 되었는데, 이런 사람은 '판자이주간(番仔酒矸: '酒矸'은 술병으로 여기에 섹스의 의미를 부여한 매우 감정적인 속어—역자 주)'이라고 불리며 무시 당하는 등 대만에서 발을 붙일 수가 없었다. 내가 호적부 자료를 수집하여 개략적으로 통계한 적이 있는데, 50년간 일본인한테 시집간 대만여성은 두 손가락 안에 든다는 사실을 알게 되었다."[27]

도쿄제국대학을 졸업한 양지찬楊基銓(1918~2004)이 의란宜蘭의 군수로 부임했을 때 의란 사람들의 열렬한 지지를 받게 된 것은 바로 일제강점기 민간사회에 가득 찬 민족문화의식 때문이다. 양지찬은 다음과 같이 회상했다. "의란에는 이와 같은 민족의식이 있었다. 그리하여 내가 군수로 부임하게 되자 그들은 한 젊은 대만인이 대만을 통치하고 있는 일본인의 위에 올라가 자신들이 미워하는 일본인, 특히 일본인 경찰의 상사가 되어 대신 맺힌 한을 풀어줄 것이라 생각했다. 그들은 오랫동안 이민족의 통치 및 억압을 당하면서 답답하여 풀 수 없었던 원한을 털어놓을 수 있는 경로를 내게서 찾았다고 생각했던 것이다."[28] 이러한 민족의식으로 인해 군수로 부임한 양지찬은 군민들로부터 열렬한 지지를 받을 수 있었다.

뿐만 아니라 1925년 중국의 어떤 이가 일본과 함께 '일화공수동맹日華攻守同盟'을 조직하자고 제안했을 때 『대만민보臺灣民報』가 이에 대해 특별 기고문을 보도하면서 상당한 기대를 나타내기도 했다.[29] 1947년 2·28 사건 때에 27부대를 이끌고 국민당정부군과 싸운 중이런鍾逸人(1921~)은 일찍이 항일운동으로 일본의 감옥에 수감된 적이 있었다. 그런데 이때 그는 감옥에서 중국인 죄수에 대해서 특별한 감정을 가졌었다면서 이렇게 말했다. "그가 중국인이라는 사실을 알게 되었을 때 내 가슴속에 일종의 동포애와 연민의 감정이 자연스럽게 일어났다. 자주 그를 데리고 나가 '수리修理'와 고문을 행하는 그 '특고特高'에 대한 분노와 증오 때문에 나는 오랫동안 마음의 평정을 찾을 수가 없었다."[30] 이러한 역사적 사실은 일제강점기 일본인에게 반항했던 대만의식 가운데 중요한 요소가 민족의식이었다는 사실을 다시 한 번 설명해주고 있다.

이 절에 대한 토론을 마치기 전에 한 가지 사실에 대해서 좀 더 보충하여 설명할 필요가 있겠다. 일제강점기 대만의식 가운데 민족의식의 기본적인 내용은 '문화정체성'의 요소가 '정치정체성'의 요소보다 한층 높은 비중을 차지하고 있었다는 점이다. 바꿔 말하면, 당시 대만인들의 정체성은 그 당시 중국대륙을 통치하고 있던 정권이 아니라 오랜 역사와 전통을 자랑하는 한문화漢文化였던 것이다. 대만작가 우쭤류吳濁流(1900~1976)는 어린 시절 할아버지로부터 항일운동 이야기를 들었던 것을 회상하면서 다음과 같이 말했다. "대만인들은 이처럼 열렬한 향토애를 가지고 있는 동시에 조국애도 가지고 있었다. 조국을 사랑하고 그리워하는 애국심은 누구나 가지고 있었다. 하지만 대만인들의 조국애란 청나라를 사랑하는 것이 아니었다. 청나라는 만주인의 나라이지 한인漢人의 나라가 아니다. 청일전쟁은 만주인이 일본인과 싸우다가 패배한 것이지 한인이 패배한 것이 아니다. 대만이 일시적으로 일본에게 점유되었더라도 언젠가는 수복될 것이고, 한민족漢民族은 반드시 다시 부흥해서 자기 나라를 건설할 것이다. 언젠가는 한군漢軍이 와서 대만을 구제해줄 것이라고 노인들은 굳게 믿고 있었다. 대만인들의 마음속에는 '한漢'이라는 아름답고 위대한 조국이 존재하고 있었던 것이다."[31]

우쭤류의 이러한 회상은 우리들에게 당시 대만인들의 민족의식 속에 존재하고 있었던 '문화정체성'의 본질을 구체적으로 전해주고 있다.

(2) 계급의식으로서의 대만의식

그런데 일제강점기의 대만의식은 계급의식이라는 다른 측면도 지니고 있다. '계급의식으로서의 대만의식'이란, 정치·경제의 맥락에서 일본인이 식민통치자로 지배계급의 위치에 있었음에 반하여 대다수 대만인은 모두 피통치계급의 위치에 있었음을 말한다. 따라서 일제강점기 대만인들의 민족운동과 계급운동은 중첩되는 요소를 가지고 있다.

이 문제를 가장 깊이 있게 분석한 이가 곧 야나이하라 타다오矢內原忠雄(1893~1961)이다. 야나이하라는 그의 명저『일본제국주의 하의 대만日本帝國主義下的臺灣』에서 다음과 같이 지적했다.

일본은 대만을 점유한 다음 대만을 점차 자본주의로 전환하고자 하였다. 이러한 자본주의화의 과정은 대만사회에서의 계급관계를 자본주의 전前단계인 봉건적인 관계에서 근대적 자본주의관계로 전환시켰다.

또한 식민지배자인 일본인이 대만에서 대만인 및 원주민과 같이 살기 때문에 대만사회의 계급관계는 민족의 대립과도 서로 얽히고 상호 경쟁하는 등 식민지 특유의 복잡한 양상을 띠고 있었다. 대체적으로 관리공무원, 자본가 및 종속인원(회사직원, 은행원 등)은 모두 일본인에 의해서 독점되었으며, 그들의 배후에는 일본정부 및 대자본가의 강력한 지지가 있었다. 이에 비해 농민·노동자계급은 대부분 대만인이었다. 그리고 중산계급의 상공업은 일본인과 대만인이 서로 경쟁하는 양상이었다. 자유직업 영역에서는 양자가 병존했는데 대만인들도 군건한 세력을 형성하고 있었다. 일본인이 총독부나 대자본가 기업을 독점하고 있었기 때문에 정치와 경제 영역에서 대만인의 지배자가 되었다. 농민 및 노동자계급은 대만인 세력이어서 이 계급에서 일본인의 지위는 미약했다. 그렇지만 일본인들은 자연스럽게 일본의 독점세력(정부 및 대자본가)에 의지했으며, 마찬가지로 대만인들은 노동계급과 합류하여 농민·노동자계급의 지도자가 되었다. 일본인과 대만인의 민족 대립, 동시에 정치적으로는 통치자와 피통치자의 대립, 아울러 자본가와 농민·노동자의 계급 대립이 하

나가 되어 서로 경쟁하는 것이었다.[32]

바꿔 말하면, 문화에서 '민족의 모순'과 정치·경제에서 '계급의 모순'이 일제강점기의 대만에서는 하나가 되었던 것이다. 이러한 연유로 일제강점기 대만인의 일본 통치당국에 대한 저항은 민족의식의 발로인 동시에 계급적 반항이었다. 구체적인 예를 들어 설명하고자 한다. 1925년 2월에 대만총독 이자와 타키오伊沢多喜男(1924년 9월~1926년 7월 재임)는 "대만통치의 대상은 360만의 도민島民에 있다"라고 주장했다. 이러한 견해는 결국 대만에 있는 일본인들의 맹렬한 비판을 받았다. 그들은 총독의 견해를 대만에 있는 10여만 일본인들의 권익을 무시한 것으로 생각했다. 『대만민보』는 오사카大阪 『조일신문朝日新聞』의 기사를 전하면서, 대만에 있는 일본인들의 항의는 실은 그들이 대만에서 통치계급의 지위를 유지하려는 사심에서 유래하고 있다고 지적했다.[33]

1924년 일본 중의원 간다 마사오神田正雄(1879~1961)가 대만인을 동정하는 발언을 했다. 그는 대만인들이 단지 대만의 정치업무에 참여하고 싶어서 반일을 행하는 것일 뿐이라는 견해를 피력했는데, 『대만민보』는 이에 대해서도 특별히 보도했다.[34] 같은 해 대만에 있는 일본인을 중심으로 한 대북실업학회臺北實業學會가 진정서를 제출하여 총독이 대만에 있는 일본인들을 안정시키도록 요구했다. 『대만민보』는 이에 대해 "당국이 대만에 있는 일본인들을 다시 배로 우대하도록 요구한 것으로, 이는 대만인들을 더욱 억압하고 차별하는 것"이라고 비판했다.[35] 『대만민보』는 심지어 천황 손자의 탄생 경축사를 빌려서 "새로 일본 국적이 부여된 우리 대만 380만 도민은 평소 차별대우와 정치적 소외로 고통을 받고 있지만

[……]"[36]이라며 하소연했다. 이상의 여러 현상은 모두 당시의 대만의식을 설명하고 있으며, 사실 여기에는 상당히 강한 계급의식이 내포되어 있다.

이상의 검토를 요약하면, 일제강점기는 대만의식이 발전하는 두 번째 단계이다. 이 시기의 대만의식은 민족의식의 표현인 동시에 또한 계급의식이었으며, 이는 주로 당시 대만이 일본제국의 식민지였다는 역사적 사실에서 비롯된 것이었다.

3) 광복 후(1945~1987)

1945년 8월 15일 제2차 세계대전의 종결과 일본의 무조건적 항복 선포로 대만이 광복되면서 대만의식은 세 번째 단계로 진입했다. 이 단계의 대만의식은 기본적으로 대만인臺灣人 대 외성인外省人이라는 상대적인 맥락에서 형성되고 발전된 것이다. 따라서 이는 기본적으로 '성적의식省籍意識'이라고 할 수 있다.

당시 사람들이 남긴 자료에 의하면, 광복 초기 성적의식에 의한 대만의식의 형성은 51년간 일제식민지의 역사적 단층이 야기한 대만인과 중국대륙인과의 장벽에서 비롯되었음이 틀림없다. 하지만 더 중요한 것은 광복 이후 권력분배의 불균형이 대만인의 조국에 대한 기대를 물거품으로 만들었다는 사실이다. 다음은 이 두 가지 요인에 대해서 분석하고자 한다.

(1) 역사적 단층이 가져온 장벽

1945년의 대만 광복은 대만인들의 마음을 흥분시켰다. 사람들은 이제 다른 민족의 통치에서 벗어나 자유와 평등을 회복한 것이라 여겼다. 당시 타이베이臺北시에서 광복을 경축하면서 내건 플래카드의 "처참하고 고통에 찬 세상이 물러가서 기쁘고 중화민국의 세상이 오는 것을 보게 되어 통쾌하다[喜離淒風苦雨景, 快睹青天白日旗]"라는 시구는 당시 대만인의 심정과 기대를 반영하고 있다.

광복 이후 중국대륙에서 대만을 방문한 각계각층 인사들은 대만의 발전된 모습에 대해서 한결같이 칭찬했다. 중국농촌부흥연합위원회(中國農村復興聯合委員會, '農復會'로 약칭)의 농업전문가들은 모두 대만농업 토대의 진보성, 농산품의 우수성, 농민지식의 발전성 등에 대해서 칭찬해 마지않았다.[37] 복건지역 교육계 인사는 대만에 와서 보고 대만인의 소박함과 친절함 그리고 기차의 신기함에 대해서 칭찬했다.[38] 경호평곤京滬平昆의 기자단은 대만을 방문하고 대륙의 내전·혼란과는 크게 대비되는 대만사회의 안전한 치안에 대해서 깊은 인상을 받았다.[39]

당시 『대공보大公報』 기자였던 작가 샤오첸蕭乾(1910~1999)은 "상하이에서 대만으로, 다시 대만에서 광저우廣州로의 타원형 비행은 나에게 매우 크나큰 자극을 주었다"[40]라고 말하면서, 대만의 사회·경제·민생 등 각 방면에 대해서 극찬했다.[41] 하지만 반세기의 역사적 단층이 오랜만에 다시 만난 흥분과 낭만적인 희열에 의해서 곧바로 치유되는 것은 아니었다. 민간사회 및 공적·사적기구에서 대만인과 외성인 사이의 장벽이 곳곳에 존재했다. 당시 대륙에서 건너온 외성인들은 자주 이러한 경험을 하게 되었다.[42]

대만 광복

극장, 다방, 거리에서 사람들을 만날 때 '중국인', '중국관원', '중국병사'와 같은 단어들이 여러 차례 우리 귀에 들어왔다. 이럴 때마다 우리는 의아해했으며, 다른 나라에 와 있다는 착각에 빠졌다. 하지만 여기는 분명히 중국 안이며, 눈에 보이는 것은 똑같은 국부[孫文] 사진과 중화민국 국기이고, 귀에 들리는 소리는 아주 익숙한 민남어閩南語가 아닌가? 그런데 왜 어투가 이렇게 생소한 것일까? 이는 우리의 마음을 답답하게 만들었다.

우리는 억제할 수 없는 호기심으로 민감하게 이런 말을 하는 사람들을 주시하게 되었으며, 그들이 중국인인지 자세히 관찰하게 되었다. 우리는 당돌함을 무릅쓰고 기회가 있을 때마다 그들을 찾아가 "당신의 나라는 어디냐?"고 물었다. 상대방은 우리가 같은 언어를 사용하는 것을 듣고서 곧바로 이상한 눈빛을 하면서 "우리는 중국인이다"라고 대답하였다. 그러자 모두가 "우리 모두 중국인이다"라고 웃으면서 친절한 정감을 느끼게 되었다. 우리가 방금 왜 당돌하게 물어보게 되었는지에 대해서 설명하자, 그들은 곧 눈을 휘둥그레 뜨면서 마치 무언가를 문득 깨닫게 된 것처럼 갑자기 사과하였다.

이러한 상황은 광복 초기의 대만사회에서 아주 일반적으로 연출되었다. 어느 외성인도 비슷한 경험을 다음과 같이 회상했다.[43]

무의식적인 담화 속에서 대만동포는 습관적으로 "'너희 중국'은 어떠하고 '우리 대만'은 어떠하며, '너희 중국인'은 어떠하고 '우리 대만인'은 어떠하다"라고 말한다. 한 번은 손님이 모 기관에 와서 외성인인 어떤 직원을 찾고 있었는데, 한 대만인 경비가 그에게 "선생님은 안 계십니다. 이미 돌아가셨습니다"라고 알려줬다. 손님이 "어디로 돌아가셨습니까? 댁이 어디십니까?"라고 묻자 경비는 "그분은 중화민국으로 돌아가셨습니다"라고 답하였다. 이는 물론 의식적으로 답한 것이 아니라 일종의 잠재의식의 표현일 뿐이다. 사실 그들이 여기서 말하는 '중국'은 '국내' 또는 '외성'이라는 뜻이고, 그들이 말하는 '중국인'은 '내지인' 또는 '외지인'이라는 뜻이다.

대만 민간사회의 일상 담화에 보이는 이러한 '잠재의식의 표현'은 주로 역사적 단층에서 비롯된 것이다.

(2) 권력분배의 불공평

광복 후 성적의식인 대만의식이 빠르게 성장할 수 있었던 것은 대만인에게 극단적으로 불공평한 권력분배와 직접적인 관계가 있다. 권력분배 문제 배후에는 광복 초기에 대만에 건너온 일부 외성인의 우월감이 존재하고 있다. 어느 외성인은 1946년의 상황을 다음과 같은 보았다. "일본인이 통치하는 시대에 일본인은 어느 곳에서나 '우수민족'으로 자처하고 반대로 대만인을 '열등민족'으로 간주했다. 이는 대만동포가 가장 분해하고 불평해온 것이었다. 하지만 지금은 국내에서 건너온 동포가 가끔 이러한 우월감을 가지고 그들을 대하기도 한다. 어쩌면 대만동포는 직감적으로 이러한 대접이 일본의 식민통치시대와 별 차이가 없다고 느꼈을 것이다. 때문에 국내동포를 '새로운 통치자'로 오해하고, 이러한 죄명을 무분별하게 정부에게 덮어씌우고 있는 것이다."[44]

대만의 작가 장량저張良澤(1939~)는 타이난臺南사범대에서 공부할 때 다음과 같은 경험을 했다. 교내 교사들은 학생들이 '대만인'으로 자칭하는 것을 금지하고 대신 '민남인'이라고 말하도록 했는데, 학생들을 욕할 때는 곧바로 '너희 대만인'이라고 하면서 학생의 자존심에 상처를 주었다.[45] 정부기관에서 근무한 양지촨楊基銓도 외성인이 가지고 있었던 이러한 우월감을 깊이 통감했는데 당시 상황을 다음과 같이 전하고 있다. "정부관원의 행위는 언제나 그들이 대만의 구제자이자 통치자임을 드러냈으며, 대만인은 피통치자로서 대륙에서 건너온 사람의 지위는 이들의 지위보다 높았다. 하지만 정부관원들은 대부분이 탐관오리로 직권을 함부로 남용하여 친인척을 끌어들이거나 지위를 이용하여 사적인 이익을 추구하였다. 정부의 행정은 규율이 없을 뿐만 아니라 법도도 없고 효율성이 극히 떨어졌으며, 게다가 관존민비官尊民卑의 태도까지 더해져 대만인을 참을 수 없게 만들었다."[46] 이처럼 광복 초기의 대만사회에는 외성인이 대만인을 멸시하는 분위기가 가득 차 있었으며, 이것이 광복에 대한 기대에 부풀어 있었던 대만인들을 깊은 실망의 늪으로 빠져들게 했다.

광복 후에 대만인들이 기대했던 것은 무엇이었던가? 한 마디로 말하면 정치적 자유와 평등이었다. 1947년 1월에 대만에 온 기자 겸 작가 샤오첸蕭乾은 공업, 군사교육, 공장복지, 현대생활 등 다방면에 있어서 대만이 대륙을 능가했다고 칭찬하면서 "대만인들이 조국의 품으로 돌아온 것은 다른 요구가 있어서가 아니라 단지 자유를 갈구했기 때문이다"라고 결론지었다.[47] 그는 또한 다음과 같이 예언했다.[48]

전통적인 중앙집권 관념은 대륙중국에서 이미 약간 치명적인 병리현상을 유발했다. 따라서 문화·정치·경제에서 51년이나 벗어나 있었던 대만에서 이를 통용시키기는 더욱 어렵다. 대만이 장래에 중국의 아일랜드가 될 것인지, 아니면 내부로 향하여 중국의 일부가 될 것인지는 대륙의 정치적 품위에 달려 있다. 대만인들이 마음속으로 현재와 과거에 대해서 수시로 비교하고 있다는 사실을 잊어서는 안 된다. 그들이 원하는 것은 쇠사슬을 다른 손으로 옮겨 채우거나 갈수록 더욱 심하게 옭아매는 것이 아니라는 사실을 잊어서는 안 된다.

샤오첸의 예언은 불행하게도 적중했다! 대륙에서 건너온 새로운 통치자의 정치적 품위는 확실히 대만인들을 실망시켰다. 천이陳儀(1883~1950) 행정장관 관서, 즉 행정장관, 비서장, 주임비서에서부터 각 부처의 처장, 부처장까지 21개의 요직 가운데 20개를 외성인이 차지했다. 반면 대만인으로는 유일하게 베이징대학 교수를 역임했던 '반산(半山, 대륙에서 돌아온 대만—역자 주)' 송페이루宋斐如(1903~1947)만이 교육부의 부처장에 임명되었다. 대만 전체 현縣과 시市의 수장 가운데 대만인으로는 타이베이시 시장 황차오친黃朝琴(1897~1972)·유미젠游彌堅(1897~1971), 신주新竹현 현장 류치광劉啟光(1905~1968), 가오슝高雄현 현장 세둥민謝東閔(1908~2001) 등이 있을 뿐이다. 대만인들은 일반적으로 광복과 함께 대륙에서 건너온 인수위원에 대해서 다음과 같이 느꼈다.

그들의 교양 정도는 아주 차이가 심하고 옥석이 섞여 있는데 학식이 없는 이도 있다. 그들은 오만에 빠져 관료적인 태도를 취하며, 친인척의 편의를 도모하고 사적인 당파를 결성하였다. 뇌물을 받고 법을 준수하지 않았으며, 남의 물건을 강제로 탈취하는 등 '인수'가 아닌 '약탈'을 감행하여 '오자등과(五子登科, '五子'란 금·집·차·배우·여자이고, '登科'는 과거시험 합격으로, 곧 인수위원이 이들 다섯 가지를 약탈하는 자격을 갖춘 존재라는 비유—역자 주)'를 연출하는 존재였

안도 요시토시로부터 항복문서를 전달받는 천이

다. 그들의 존재는 일본의 식민통치 아래서 이미 준법정신이 몸에 배어 있던 대만인들을 아연실색케 했다. 그들은 일반인이 도저히 이해할 수 없는 존재로, 그 때문에 대만인들의 원망의 목소리가 넘쳐나고 분노 또한 부글부글 끓어올랐다.[49]

대만인들은 이러한 권력구조 아래서 온갖 억압을 다 받았기 때문에 분노와 불만의 목소리가 드높았다. 심지어는 「화위선생유대기華威先生遊臺記」라는 풍자적인 글이 『공론보公論報』에 실렸다. 이는 당시 대만에 건너온 외성적의 관료가 세도를 누리는 모습에 대해서 신랄하게 풍자한 글로,[50] 성적의식으로서의 대만의식을 여과 없이 드러내고 있다. 당시 대만인들은 일반적으로 외성인을 '아산阿山'이라고 불렀는데,[51] 이는 성적의식을 내포하는 대만의식의 구체적 표현이라고 할 수 있겠다.

이상의 검토 내용을 요약하면, 광복 후 대만의식의 기본적인 내용은 성적의식이다. 이 의식의 형성은 광복 후 권력의 분배가 대만인들에게 불공평했던 것과 직접적인 관계가 있다. 이후 이러한 성적의식은 수십 년에 걸쳐 동창생, 동료라는 인간관계 그리고 통혼이라는 방법에 의해서 점점 융합되어 가고 있다. 하지만 1987년 계엄령이 해제된 후 10여 년간 민주화의 조류 속에서 조야의 일부 정치인들이 성적의식을 가지고 표를 사취하고자 그 불씨를 되살리는 우려할 만한 경향이 나타났다. 더욱 주의해야 할 점은, 이 단계의 대만의식에는 대만인 대 외성인, 본토 대 외래, 피통치자 대 통치자라고 하는 일종의 이분법적 사유방식이 잠재하고 있다는 것이다. 이 세 가지 이분법적 대립구조 속에서는 첫 번째 유형에 속한 사람들이 같은 범주로 인식되며, 두 번째 유형에 속한 사람들 또한 같은 범주로 간주된다. 바로 이러한 배경을 염두에 두면서 다음은 네 번째 단계의 대만의식의 발전에 대해서 검토하고자 한다.

4) 계엄령 해제 후(1987~1999)

1987년 7월에 계엄령이 해제된 후 대만은 비로소 역사의 새로운 단계에 진입하게 되었다. 계엄령의 해제되고 마치 압력솥의 덮개가 갑자기 열리는 것처럼 과거 40여 년간 억눌렸던 사회·경제력이 한꺼번에 넘쳐 흘렀다. 그리고 이른바 '민주화'라는 역사적 흐름 속에서 그에 상응하는 정치적 영향력이 요구되었다. 따라서 계엄령 해제 이후 대만은 놀라운 속도로 민주화를 향해 질주했다. 이전과 다르게 개인의 자유와 단체의 의사를 모두 펼칠 수 있는 기회를 얻은 대만의 민주화는 전체 중국인 사회의 영광이 되었다. 하지만 다른 한편으로는 사회·경제적 영향력이 정치에까지 미치게 되면서 대만의 민주화는 '검은 돈의 정치'라는 색채도 띠었다. 사상사적 영역에서는 대만의식이 네 번째 발전단계로 진입하였다.

위에서 언급했듯이 광복 후 대만의식의 주요 내용은 성적의식이었다. 하지만 이 단계는 1988년 1월 13일 리덩후이李登輝(1923~)정권의 출현과 함께 종말을 고하게 된다. 1987년 이후, 그 이전에 존재했던 이른바 '대만인 대 외성인', '본토 대 외래', '피억압자 대 억압자'의 이분법적 사유는 민주화의 급속한 발전에 따라 갈수록 그 설득력을 잃어가게 되었다. 계엄령 해제 후 대만에서는 이른바 대만의식에 새로운 의미가 부여되었다.

그리고 1998년 연말 타이베이시장 선거가 한창인 때에 리덩후이 총통이 시장 후보인 마잉주馬英九(1950~)의 손을 잡고, 큰 소리로 '나는 신대만인이다'라는 구호를 외침에 따라 완전한 형식을 갖추게 되었다. 계엄령 해제 후 십여 년간 '신대만인'이라고 외치는 대만의식은 대내적으로는 대만을 하나의 전체로서 말하는 것으로, 서로 다른 시대에 대만에 이주해 온 다양한 부류의 주민을 포함한 것이다. 대외적으로는 중국대륙 전체와 대비시켜 대만의 독자성과 선진성을 강조하는 것이다. 이러한 '신대만인의식'은 일제강점기 대만 지식인의 사상으로 거슬러 올라갈 수 있다. 하지만 현 단계의 신대만인의식은 실은 내용이 없고 '자성自性'이 결여된 단지 일종의 '부호符號'로, 항상 입장이 다른 사람들에 의해 서로 다른 내용이 주입되곤 할 뿐이다. 이상의 두 가지 논점에 대해서 분석하고자 한다.

(1) 신대만인의식의 정신구조

네 번째 단계 '신대만인의식'에서 이른바 '신대만인'이란 대만을 중국대륙과 대비되는 하나의 전체로 간주하는 것으로 민남인, 외성인, 객가인, 원주민 등 역사적으로 서로 다른 시기에 대만에 건너와 거주하는 모든 사람들을 가리킨다. 이처럼 대만에 거주하는 모든 주민을 하나로 간주하는 심리는 50년 이래 역사발전의 자연스런 결과이다. 1998년 11월 2일 오후, 대만성의회 제8차 정기대회 제34차 회의에서 성의 운영에 대한 종합 질의를 마친 후, 당시의 성장 쑹추위宋楚瑜(1942~)는 다음과 같이 밝혔다.[52]

저는 과거 5년 남짓의 세월을 잊을 수 없습니다. 저는 성정부의 동료들과 함께 차로 대만성의 모든 성도省道·현縣·시市·향도鄕道를 돌아보았습니다. 지구를 여섯 바퀴 돌 수 있는 24만 킬로미터의 노정입니다. 우리들이 함께 방문했던 대만의 토지는 악비岳飛가 전투를 위해 밤낮으로 분주하게 다녔다는 8천 리보다도 훨씬 요원했던 것입니다.

지역민이 해결해야 할 생존과 생활, 심지어 발전의 문제에 빨리 대응하기 위해 나와 성정부의 동료들은 280번 이상 헬리콥터 비행을 했고, 수백 번이나 비행기로 하늘을 날면서 대만의 금수강산과 바닷가를 내려다보았습니다. 대만 땅에서 가장 높은 지점인 위산[玉山]에 올라가 수려하고 웅대한 대만의 산천을 내려다볼 때는 마음속의 감동을 말로 다 표현할 수가 없었습니다.

이상의 말은 정치가의 겉치레 말이지만, 여기에는 다음과 같은 메시지가 담겨 있다. 장기간에 걸쳐 함께 대만이라는 섬에서 생활하고 일하면서 대만인이든 외성인이든 점차 모두가 하나의 전체를 형성하게 되었다는 것이다. 이러한 일체감은 90년대 들어 국제외교에서 중국 공산당정권의 대만에 대한 압력이 증가되고, 1996년 3월 대만의 총통선거기간 중 중국으로부터 미사일 위협을 받으면서 더욱 강화되었다.[53] 따라서 신대만인의식은 대외적으로 강권에 대항하는 새로운 의미를 담게 되었다.

신대만인의식을 가장 명쾌하게 설명하고 있는 사람은 역시 리덩후이이다. 그는 1998년 10월 25일 광복절 전야 연설에서 아래와 같이 설명했다.[54]

오늘 이 땅에서 같이 성장하고 생활하고 있는 우리는 원주민이든 수백 년 전이나 수십 년 전에 건너온 사람이든 모두 대만인입니다. 또한 진정한 대만의 주인입니다. 우리는 과거 대만의 발전에 대해서 똑같은 기여를 해왔습니다. 그리고 대만의 미래에 대해서 똑같은 책임을 지고 있습니다. 대만에 대한 사랑과 동포에 대한 정을 어떻게 구체적인 행동으로 나타내고, 더 큰 대만의 발전을 개척해나갈 것인가는 남에게 전가할 수 없는 우리 '신대만인' 모두의 사명입니다. 또한 후대 자손들을 위하여 아름다운 미래의 설계도를 만드는 것도 우리 모두가 책임져야 합니다.

그는 1999년 5월 20일에 출판된 『대만의 주장』이라는 책에서도 다음과 같이 설명했다.[55]

몇 세기 이래 대만은 심혈과 노력을 기울여 다원적인 문화의 전통을 융합해내었으며, 이를 바탕으로 자유·민주·번영의 신대만인을 만들어내어 당당하게 21세기를 맞이하고 있다. 신대만을 만들어낸 신대만인은 원주민, 4백년 전에 대만에 건너오기 시작한 대륙의 이주민, 50년 전에 대만에 건너오기 시작한 새로운 이주민을 모두 포함한다. 다시 말하면 대만에서 거주하며, 마음이 대만에 있고, 대만을 위하여 희생하고 분투하기를 바라는 사람 모두가 곧 신대만인이다.

신대만인에 대한 이러한 논의의 핵심은 대만에 대한 정체성을 확립하는 데 있다. 즉, 대만인이 자유의지를 가지고 자기정부를 건립하고, 대만인 의지에 맞는 정치체제를 실행하여 성적省籍 구별 없이 모든 대만인이 포함되는 사회를 건설하는 것이다.[56] 이러한 논의는 대만을 중국대륙과 대비되는 전체로 간주한 것이다.

그런데 사상적 연원으로 볼 때 신대만인의식이 계엄령 해제 후에 새롭게 출현한 것은 아니다. 이는 일제강점기 대만 지식인의 언론에서 이미 보인다. 1925년 1월 1일 황청충黃呈聰은『대만민보』에 글을 실어 대만 특색의 문화를 건설해야 한다고 호소하였다. 그는 대만신문화란 고유문화의 기초 위에 외래문화를 통합하고 융합시켜 대만의 환경에 적합한 신문화로서 구축된 것이라고 주장했다.

같은 해에 간원팡甘文芳도 신대만을 건설하자고 주장했다.[57] 즉, 신대만으로 합리적인 개조를 하여 새로운 형태의 대만정치와 사회를 건립하자고 했다. 특히 구대만에서 흔히 보이는, 시야가 좁고 역사 지식이 결여되어 도리道理가 만세토록 변하지 않는다고 여겨지는 사상적 습관을 제거해야 한다고 주장했다.[58]

중일전쟁 와중이던 1941년 8월 1일 우신룽吳新榮은 일기에서, 대만을 중심에 두고 세계 및 중국대륙을 바라보게 되면 "대만이 동남아시아에서 가장 중심에 있기 때문에 지리적으로 성지聖地라고 할 수 있다"라고 하는 '대만중심설'을 제기했다.[59] 이렇게 광복 이전 대만 지식인의 신대만문화론 혹은 대만중심설은 모두 오늘날 신대만인의식의 사상 확립에 기초가 되었다.

(2) 공백의 주체로서의 신대만인의식

하지만 주의해야 할 점은 현 단계에서 이른바 신대만인의식은 그저 공백 상태이며, 충분하고 구체적인 사상 내용이 결여되어 있다는 사실이다. 이로 인해 현 단계의 신대만인의식은 구호로서의 의미가 실체로서의 의미보다 훨씬 크다. 신대만인의식이 하나의 '부호'이기 때문에 정치적 입장이나 사회계급이 서로 다른 사람들이 모두 신대만인을 서로 다른 내용으로 해석할 수 있다. 1994년 9월에『원견잡지遠見雜誌』가 신대만인 특집을 펴

내면서 신대만인이라는 단어에 대한 서로 다른 인사들의 서로 다른 해석을 열거하였다.[60]

"신대만인은 대중국 콤플렉스에서 벗어나 철저하게 대만의 운명공동체에 대한 정체성을 가지고 있는 사람이다"—펑밍민彭明敏

"신대만인은 대만의 비극적인 역사에서 탈피하고 대만과 중국대륙간의 화해에 직면하여 민족 내의 소모를 멈추게 할 수 있는 적극적인 사람이다"—왕진핑王津平

"구대만인은 아주 비극적이고 배타성이 강하다. 신대만인은 포용력이 있어 족군族群과 융합하며 스스로 대만인이라는 정체성을 가진 사람이다"—어우슈슝歐秀雄

"신대만인은 성적 콤플렉스가 없고 역사적인 짐이 없으며 앞을 바라보는 진취적인 사람이다"—양타이쉰楊泰順

　　서로 입장이 다른 통일파와 독립파 사람들이 신대만인이라는 명사에 대해서 서로 다른 해석을 하고 있다. 이를 통해 신대만인이라는 단어가 실은 하나의 빈 그릇에 지나지 않으며, 거기에는 서로 다른 정치나 사회 사상을 담을 수 있다는 사실을 알 수 있다.

　　필자가 이른바 신대만인의식이 공백의 주체로 '자성自性'이 결여되었으며[61] 구체적인 내용이 없다고 했는데, 이는 국민당 중앙문화회의에서 등

장한 신대만인이라는 단어에 대한 다음과 같은 해석에서도 엿볼 수 있는 내용이다.[62]

신대만인은 더 이상 어떤 족군族群을 가리키지 않는 하나의 새로운 개념이다. 이는 포용과 관심을 통해서 전체의 힘을 응집 또는 통합하는 새로운 인문관이다. 따라서 장벽을 걷어내고 이 땅에 사는 한 사람 한 사람 모두가 21세기를 함께 맞이하는 신대만인이다. 현실 또한 그렇다. 몇 십 년 이래 여기에 있는 모든 사람이 손에 손을 잡고 함께 대만 건설에 투입되었고, 대만의 발전을 함께 목격했으며, 모든 사람이 생명공동체에서 정착하고 성장해왔다. 이 단체에서 어느 하나만 결여되었어도 오늘과 같은 공동체를 이룰 수 없었을 것이다.

하지만 영웅주의나 개인숭배는 없다. 왜냐하면 '대만기적'의 공적은 집단창작의 성취로서 우리들 한 사람 한 사람에게 그 몫이 돌아가기 때문이다. 우리 한 사람 한 사람이 모두 단체 내에서 독자적인 가치가 있으므로 칭찬받아야 하고, 모든 사람이 공평하게 대접을 받아야 하며, 모든 것을 공유할 수 있는 권리를 가져야 한다. 그리고 공헌에 대한 의무와 책임을 가지고 함께 더 큰 도전을 향해 새로운 세기를 맞이해야 하는 것이다.

이처럼 신대만인이라는 단어에 대한 설명은 일련의 형용사일 뿐이고, 구체적인 내용이 결여되었기 때문에 다양한 입장을 가진 사람들에게 폭넓은 해석의 여지를 남겨두었다.

예를 들면, 어떤 사람은 신대만인을 다음과 같이 해석하고 있다. "시대와 함께하는 '신'경제인은 더 이상 저가로 주문을 강요하지 않고, 정부의 비호를 바라지 않으며, 법망을 피해서 이윤을 추구하거나 환경공해를 무시하면서 생산하지 않고, 자기 가족의 발전만을 바라지 않는다. 이 밖에도 '신'경제인은 반드시 연구와 발전을 중요시하고, 기업인의 양심을 발휘하여 사회적 책임을 다하며, 나아가 이윤을 직원들과 함께 공유하고, 사회와 함께 진보해가는 것을 중시해야 한다.'[63] 이는 자산계급의 관점에서 신대만인을 해석한 것이라고 말할 수 있겠다. 이처럼 유사한 해석이 끊임없이 계속되어져 신대만인이라는 단어는 '언어적 팽창' 효과를 갖게 되었다.[64] 신대만인이라는 단어가 공백의 주체라고 하는 것은 분명한 사실이다.

3. 대만의식의 특질

대만의식의 발전을 네 단계로 구분하는 것은 연구방법론에 대한 의문을 불러일으킬 수도 있겠다. 즉, 대만의식의 발전은 사상사적 현상인데, 어떻게 정치사의 시대구분 방식으로 나눌 수 있는가, 하는 의문이다. 이러한 문제제기는 방법론적으로는 합리적으로 보이지만, 실은 불필요한 지적이다. 왜냐하면 대만의식의 발전은 대만정치사의 발전과정과 상호작용하는 관계를 가지고 있기 때문이다.

　바꿔 말하면, 대만의식은 각 역사단계의 정치적 맥락에서 형성된 것이고, 이러한 맥락성은 각 단계의 정치적 배경에 깊이 뿌리를 내리고 있기 때문이다. 더욱 주목해야 할 것은 각 단계의 역사적 맥락에서 대만의식은 기본적으로 모두 어떤 항쟁논술로서의 역할을 발휘해왔다는 점이다. 이제 이 두 가지 논점에 대해서 설명하고자 한다.

1) 대만의식과 정치사의 관계

근 백년 대만의식의 발전과 정치사의 발전은 서로 호응해왔다. 1895년 일본제국주의가 대만을 점령한 이후 백 년 동안 대만의식은 구체적이면서 특수한 역사적 맥락에서 배양·형성·발전 그리고 변화되어왔으며, 여기에는 강력하고 뚜렷한 '맥락성'이 있다.

　일제강점기 대만의식은 '대만인 대 일본인'이라는 민족모순 및 '피통치자 대 통치자'라는 계급모순의 두 가지 맥락에서 형성 및 발전한 것이다. 따라서 일제강점기 51년간의 대만의식은 민족의식이자 계급의식이었으며, 양자가 합쳐져 하나가 된 것이었다. 일제강점기에 태어난 예룽중葉榮鐘은 자신의 경험을 회상하면서 다음과 같이 말했다. "일본인들의 멸시와 모욕은 마치 대만인들의 조국관념과 민족의식의 싹에 가장 효과적인 화학비료를 주어 그 싹이 왕성하게 자라서 흔들리지 않도록 한 것과 같았다."[65] 예룽중의 체험은 일제강점기 대만의식이 일본의 식민통치에 의한 억압이라는 맥락에서 발전했다는 것을 분명하게 설명해주고 있다.

광복 이후 대만의식이 성적의식을 주요 내용으로 하게 된 것은 광복 초기에 대만에 건너온 국민당의 정치군사요원들이 '인수'가 아닌 '약탈'을 행하여 대만인들의 조국에 대한 희망을 깨뜨렸기 때문이다. 대만이 광복되었을 때, 예룽중은 「8월 15일」이라는 칠언율시의 수련首聯에서 "굴욕과 수치를 인내한 지 50년, 오늘아침 광복을 맞았지만 오히려 쓸쓸하네"[66] 라고 읊었다. 이것은 광복초기에 대만인들의 실망감을 그대로 드러내고 있다. 이어서 1947년에 일어난 2·28사건 및 그 이후의 청향(淸鄉 : 국민당 정부가 2·28사건 관련자 체포를 구실로 반대파를 숙청하도록 지시한 명령—역자 주) 등의 공포정치는 새로운 역사적 맥락을 형성했다.

이러한 역사적 맥락에서 대만인은 피통치자와 같고 외성인은 통치자와 같은 존재가 되었다. 통치 지위에 있는 외성인은 1949년 대만에 건너온 외성인의 소수에 불과하며, 광복 이후 대만 공포정치의 수난자 가운데는 외성인도 적지 않았다. 하지만 이러한 역사적 맥락이 일단 형성되자 민간사회에서 습관적 사유방식으로 정착되었다. 광복 이후 대만의식은 바로 이러한 역사적 맥락에서 성적의식을 주된 사상적 내용으로 한 것이다.

계엄령 해제 이후에는 민주화의 성취와 권력구조의 변화에 따라 이전의 '대만인 대 외성인'이라는 이분법적 사유구조가 점차 해체되거나 재구성되었다. 소수 대만인은 권력의 재구성에 따라 새로운 통치자가 되고, 외성인이 새로운 피통치자가 되었다. 때문에 90년대 이후로 대만의 정치영역에서 권력투쟁이 매우 격렬해져 사회불안을 부채질하게 되었다. 이른바 신대만인의식은 계엄령 해제 이후 특수한 역사적 맥락에서 형성되고 발전된 것이며, 그 목적은 권력구조의 재구성이 가져온 사회적 족군의 긴장관계를 해소하는 데 있었다. 여기에 신대만인의식의 목적이 있었기 때문에 신대만인의 개념은 구체적인 실체가 결여된 공백의 논술이 되었으며, 여기에는 입장이 다른 사람들에 의해서 서로 다른 내용이 주입되었던 것이다.

2) 항쟁논술로서의 대만의식

과거 역사를 돌이켜보면 1895년 이후 대만의식의 발전에는 뚜렷한 대상과 목표가 존재했다는 사실을 알 수 있다. 예를 들면, 일제강점기의 대만의식은 일본제국주의와 식민주의를 상대로 일어난 것으로 일본인의 억압에 반대하는 것이었다. 광복 후의 대만의식은 당시 국민당정권의 대만 본토인들에 대한 멸시와 억압 그리고 권력분배의 불공평을 상대로 일어난 것이다.

계엄령 해제 후의 신대만인의식은 대내적으로는 각 족군으로 이루어진 대만 전체 거주민의 단결을 추구한 것이며, 대외적으로는 중국 공산당

정권의 무력적인 탄압에 대항하기 위한 것이었다. 전체적인 역사현상으로 볼 때 근 백 년 동안에 있었던 각 단계 대만의식은 본질적으로는 일종의 항쟁논술이었으며, 대내적으로는 민심의 단결력을 강화하는 역할을 했다. 예를 들면, 일제강점기 대만의식은 이민족통치 아래서 한漢민족의 단결의식을 고무시켰고, 광복초기의 대만의식은 '대만인 대 외성인'의 구별을 강조하여 당시 국민당정권에 대해 정의를 요구했으며, 계엄령 이후의 신대만인의식은 대내적으로 각 족군의 상호평등과 단결을 통해 외부로부터의 모욕을 막아내고 중국의 탄압에 저항하도록 요구했다.

　이처럼 근 백 년 동안의 대만의식이 기본적으로 하나의 항쟁논술이었다는 관점에서 보면, 최근 중국이 외교·군사적으로 대만에 자주 압력을 가하는 것이 오히려 역효과를 가져올 것이라는 점은 이미 예상된 결과였다. 중국의 외교적 압력이 '전체 대만인을 적으로 만들었다'고 해석된다면, 이는 곧 신대만인의식의 성장에 도움을 준 역사적 필연이라고 할 수 있다.

　대만의식을 항쟁논술이라는 차원에서 보면 다음과 같이 말할 수 있다. 즉, 21세기 다원문화 및 국제정치질서 속에서 대만의식은 마땅히 과거의 항쟁논술에서 일종의 문화논술로 전환하여 중국대륙 및 세계와 유익한 대화를 진행할 수 있는 바탕이 되어야 한다. 이른바 '문화논술로서의 대만의식에 대한 논술'은, 대만의식에 대한 논술이 대만과 중국대륙의 상호작용이라는 맥락에서 '문화정체성'과 '정치정체성' 사이에 하나의 유동적인 균형을 취하려는 것이다. 또한 대만과 세계의 상호관계에 있어서 그 논술은 국제정치질서 안에서 '차이의 정치politics of difference'를 추구해 21세기 새로운 세계질서에 대만의 문화·정치적 지위와 가치를 드러내려는 것이다.[67]

4. 맺음말

이상의 분석을 통해 다음과 같은 점을 밝힐 수 있었다. 이른바 '대만의식'은 복잡한 관념의 집합체로 다층적일 뿐만 아니라 범위도 넓은데, 이것을 세분하면 '문화정체성'과 '정치정체성'의 두 부분으로 나뉜다. 그리고 대만의 수백 년 역사 속에서 대만의식의 문화정체성과 정치정체성은 매우 복잡하게 얽혀 있으며, 양자는 서로 의존관계에 있으면서도 긴장관계를 유지하고 있다. 어떤 면에서 보면 추상적인 문화정체성은 반드시 정치활동에서 비로소 구체화되어 나타날 수 있는 것이지만, 다른 각도에서 보면 정치정체성 또한 반드시 문화정체성을 기초로 해야만 한다. 중국인 사회의 대만에서는 더더욱 이와 같다.

본 논문의 분석을 통해 다음과 같은 점을 지적할 수 있다. 명·청 시기, 일제강점기 그리고 광복 후부터 1990년대에 이르기까지 대만의식은 변화를 겪어왔는데, 어디까지나 정치사의 구체적이고 특수한 맥락 속에서 발전해왔다. 이른 시기 대만에서는 단지 지방의식으로서 장·천의식만이 존재했으며, 일제강점기에 이르러서 식민지배의 지위에 있던 일본제국주의자들의 압박으로 인해 대만의식이 점차로 형성되었다. 일제강점기 대만의식은 일본민족에 반항하는 한漢민족의식이었으며, 또한 식민통치자에 반항하는 계급의식이었다.

광복 후 특히 1947년 2·28사건 이후에는 당시 국민당정부의 권위적이고 위협적인 통치체제 하에서 대만의식은 성적의식과 결합했다. 또한 성적의식에 세뇌되어 중국대륙에서 건너온 인사들이 주도한 당시의 국민당정부에 반대하는 것을 그 주요 내용으로 하고 있었다. 1987년 7월 계엄령이 해제된 이후에는 대만의식의 내용이 더욱 확대되었으며, 또한 크나큰 변화를 겪었다. 대만사회의 민남인·객가인·외성인 및 원주민을 모두 포함하고 중국대륙을 상대로 말하는 새로운 정치의식이 형성되었다. 이 새로운 정치의식 가운데 반공反共·반전제反專制가 그 중요한 내용이 되었다.

최근 백여 년간 대만의식의 우여곡절을 보면, 역사적 맥락에서 대만의식은 기본적으로 일종의 항쟁논술이었음을 알 수 있다. 즉 일본제국주의에 대한 반항, 국민당의 강권통치에 대한 반항, 중국의 압력에 대한 반항이었다. 미래를 전망해보면, 대만의식은 마땅히 항쟁논술에서 문화논술로 전환해야만 비로소 바람직한 방향으로 발전하게 되거니와 21세기의 새로운 세계질서 및 대만과 중국과의 관계 속에서 건설적인 작용을 발휘하게 될 것이다.

제2장

19세기 말 일본인의 대만에 관한 논술

우에노 센이치, 후쿠자와 유키치,
나이토 코난의 예를 중심으로

1. 머리말

1894년 청일전쟁에서 중국이 일본에 패하고 이듬해 시모노세키조약을 체결하면서 중국은 일본에 영토를 할양하고 전쟁비용을 배상했다. "중국 7개성의 문호이자 해외에 있으면서 2백여 년 동안 중국에 속했던 대만"[1] 은 이로써 신흥 일본제국의 식민지가 되어 반세기에 이르는 일제의 지배를 받는다.

1895년 대만 할양은 대만의 "4백만 백성들을 일시에 통곡"하게 했을 뿐만 아니라 중국 근대사에서 하나의 전환점이 되었다.[2] 이 사건의 영향은 오늘날까지 미치고 있으며, 그 역사적 상처는 아직도 치유되지 못하고 있다. 대만 할양이라는 천지개벽과 같은 역사적 전환을 전후하여 일본정부 및 일본의 지식인들이 대만에 대해 조사하거나 대만 처리 문제를 두고 논한 중요한 사료가 많이 남아 전한다.

본고에서는 당시 주중 외교관이었던 우에노 센이치(上野專一, 생몰 연대는 미상, 1891년에 대만에 가서 조사한 적이 있음), 계몽사상가인 후쿠자와 유키치(福澤諭吉, 1834~1901), 한학자인 나이토 코난(內藤湖南, 1866~1934), 이렇게 세 일본인이 19세기 말에 대만에 대해 논한 글을 중심으로 일본인의 대만인식을 분석하고자 한다. 아울러 그들의 대만에 관한 논술 중에 반영된 일본 지식계의 '탈아입구脫亞入歐'의 사상적 경향과 그 속에 내재된 문제점에 대해 검토해보고자 한다.

시모노세키조약 체결

2. 일본인의 대만인식

대만 할양을 전후하여 일본인과 서양인의 대만에 대한 조사연구 및 그들의 대만통치에 대한 구체적인 의견에 대해서는 이미 당대 학자들의 약간의 연구논저가 보인다. 그중 우원싱吳文星은 일본이 대만을 점령하기 직전의 대만에 대한 조사 내용들을 검토하여[3] 일제강점기 초기 서양인의 대만인식에 대해서 연구했다.[4] 우미차吳密察는 후쿠자와 유키치의 대만론에 대해 연구했다.[5] 그러나 일본인의 대만론에 관련된 선행연구들은 일제강점기 당시 일본인이 대만을 통치하는 데 활용한 각종 구체적인 책략과 정책을 주로 해명하는 데 그쳤다.

이에 본고는 일본인의 대만에 관한 각종 논술에 드러난 사상적 경향에 초점을 맞추어 논의해보고자 한다. 이러한 시도는 종전의 선행연구 논저들과 시각이 다르면서도 서로 보충이 된다고 생각한다. 이제 구체적인 분석을 진행하기에 앞서 먼저 본고에서 다루고자 하는 세 일본인과 그들의 대만에 대한 인식에 대해 간략하게 살펴보고자 한다.

1) 우에노 센이치와 『대만시찰복명』

우에노 센이치上野專一는 19세기 말 중국 푸저우福州 영사로 주재하던 중 1891년에 대만에 건너가 조사했다. 그는 임무를 만료한 후에 『대만시찰복명臺灣視察復命』(원제는 『臺島視察復命』) 1·2·3·4호 총 4편의 글을 작성했다. 이 자료들은 일본이 대만을 점령하기 직전에 일본 관방에서 대만을 조사한 중요한 사료 가운데 하나로 지금 도쿄 보에이防衛대학 부속도서관 등에 소장되어 있다.

『대만시찰복명』은 대만의 지리·물산·경제·풍속·정치 등 폭넓은 분야를 세밀하게 다루었으며, 이에 대해서는 일찍이 우원싱 교수가 간략하게 소개한 바 있다.[6] 청일전쟁 이후 우에노 센이치는 일본에서 이들 보고서 자료를 엮어 책으로 출판했다. 렌헝連橫(1878~1936)은 1908~1918년에 『대만통사臺灣通史·경영지經營志』를 편찬할 때 이 책을 참고하고 그중의 요점을 인용했다.[7] 우에노 센이치의 책은 당시 일본정부나 민간 인사들이 대만을 인식하는 데 중요한 영향을 끼쳤다.

『대만시찰복명』은 1985년에 타이베이의 성문成文출판사에서 다시 영인 출판되었지만,[8] 여기에는 제2·3·4호만 수록되고 제1호는 누락되었다. 이 책에 수록된 제2호는 부府·현縣의 설치와 물산 및 풍속을 포함한 대만의 지리를 소개했고, 제3호는 대만 각지 물산의 교역상황을 소개했으며, 제4호는 대만 원주민 사회의 생활습관 및 한족과의 관계에 대해서 소개했다. 그런데 이 책에서 누락된 제1호의 내용이 본고의 논지와 관련이 있다.

우에노 센이치는 당시 일본의 전문직 외교관으로 직위는 이등영사二等領事였다. 『대만시찰복명』 제1호에 수록된 유명전劉銘傳(1836~1895. 청나라 말기 군인·정치가로 대만성 초대 문무를 지냈다—역자 주)과의 대화 중에 보이는 자기소개에 따르면, 그는 1889년 푸저우에 파견되어 영사를 담당했는데 주로 샤먼廈門, 단수이淡水 및 대만부의 업무를 주관했다고 한다. 그는 유명전에게 "이번 영사로서의 임무는 통상通商을 위해서 대만을 순회·시찰하

유명전

는 것입니다. 특히 대만의 설탕은 줄곧 우리나라가 필요로 하는 물자이므로 이것의 교역상황을 조사하러 오게 되었습니다"[9]라고 말했다. 이 보고서가 바로 대만 조사 임무를 완료한 후 편찬된 것이다. 제1절에서 밝혔듯이 본고의 초점은 대만에 대한 일본인의 구체적 주장을 남김없이 서술하는 게 아니라 일본인의 대만인식을 통해 그들의 사상적 경향을 분석하는 것이다. 따라서 여기서는 분석의 근거로 도쿄 보에이대학 부속도서관에 소장되어 있는『대만시찰복명』제1호의 필사본을 사용하고자 한다.

이 보고서 제1호는 다음과 같은 몇 가지 내용을 포함하고 있다. 먼저 우에노 센이치는 대만인과 원주민이 유명전의 가혹한 정치와 지나친 세금정책을 미워하여 민심이 흔들리고 반란이 도모되며, 대만 백성들은 다른 외래 정부가 청나라의 악정을 대체해주기를 희망한다는 점을 지적했다. 그 다음 대만, 특히 타이난臺南과 가오슝高雄 연해의 포대砲臺 설치와 그 내력에 대해서 상세히 고찰했으며, 대만 장뇌樟腦의 거래상황을 조사했다. 이어서 대만에서의 선교사 포교활동에 대해서도 언급했는데, 유명전의 대만정치에 관련된 많은 정보는 모두 선교사를 통해 확보했다. 우에노는 또한 유명전이 대만에서 서학西學에 열중하고 서구식 학교를 설치하여 인재를 육성하고 있는 상황을 조사했다. 아울러 유명전 및 임비원林維源(1840~1905)과의 철로 설치에 관한 대화도 기록했는데, 두 사람 모두 철로 설치의 편리성에 대해서 언급했다. 마지막으로 우에노는 유명전이 곧 사직하게 되는데 후임자와 청조정부는 대만을 유명전처럼 다스리지는 않을 것이라고 했다. 더불어 물산이 풍부한 대만은 하늘이 내려준 보배로운 땅이라고 강조하면서 일본당국이 마땅히 대만의 미래 발전에 적극적인 관심을 가져야 한다고 호소했다.

이 문헌은 일본제국의 외교관에 의해 편찬된 조사보고서이므로 모두 구체적인 정치·경제·사회적 사무에 대해서 언급하고 있지만, 곳곳에서 상당히 뚜렷한 제국주의사상을 드러내고 있어 자세히 탐구해볼 필요가 있다.

2) 후쿠자와 유키치의 대만에 관한 논술

후쿠자와 유키치福澤諭吉는 근대 일본의 계몽사상가로 오가타 코안(緒方洪庵, 1810~1863) 밑에서 난학(蘭學, 일본 나가사키長崎에 상주한 네덜란드 상인들을 통해 들어온 서학—역자 주)을 배웠으며, 세 번 구미 유학을 다녀왔다.[10] 귀국한 후에 '문명개화론'을 제창하고 자유와 민권 및 개인의 독립정신을 고취했으며, 가토 히로유키(加藤弘之, 1836~1916)·츠다 마미치(津田真道, 1829~1903)·나카무라 마사나오(中村正直, 1832~1891)·니시 아마네(西周, 1829~1897) 등 개명 지식인들과 '메이로쿠사明六社'를 조직했다. 후쿠자와 유키치의 저술은 약 60여 권으로 양이 매우 방대하다.

그중 19세기 말 전통에서 근대로 이행하던 일본사회에 가장 큰 영향을 끼쳤던 저술로는 1872년 2월부터 1876년 11월까지 연속적으로 발표한 『권학편勸學篇』이다. 후쿠자와 유키치는 『권학편』 합편 교정본의 서문에서 이 책의 1880년까지 발행량에 대해서 다음과 같이 언급했다. "총 발행량이 약 70만 부에 달했으며, 그중 제1편의 발행량만 20만 부를 넘었다. 게다가 이전에는 저작권법이 엄격하지 못했으므로 해적판이 많이 유포되고 있었는데 그 양도 10여만 부에 달했을 것이다. 가령 제1편이 해적

후쿠자와 유키치

판을 포함해 총 22만 부를 초과했다고 치고 이 수량을 일본 3천5백만의 인구수와 비교한다면, 국민 160명 중에 한 사람이 이 책을 읽은 셈이다. 이는 예로부터 보기 드문 발행 부수로, 이것을 보면 최근 학문이 신속히 발전하는 추세를 엿볼 수 있겠다."[11] 이처럼 이 책이 당시 일본사회에 끼친 영향은 매우 컸다. 후쿠자와 유키치가 1875년에 편찬한『문명론개략文明論槪略』[12]이라는 책도 일본 전역에서 잘 팔렸다. '탈아脫亞'론을 제창한 이 책은『권학편』처럼 근대 일본의 계몽에 중요한 역할을 했다.

후쿠자와 유키치는 1882년에『시사신보時事新報』를 창간하면서 '어느 한쪽이나 당파에 치우치지 않는 관점'[13]이라고 자임하면서 시국에 대해 논평했다. 1894년 12월부터 후쿠자와 유키치는『시사신보』에 여러 편의 사설을 지속적으로 발표하면서 대만 문제에 대한 다양한 관점을 제기했다. 이러한 대만에 관한 논술들은 한편으로 후쿠자와 유키치의 제국주의 사상을 여과 없이 드러내고 있으며, 다른 한편으로는 아시아의 근대 지식인들이 서양문명을 받아들일 때 보편적으로 드러나는 것과 동일한 문제점들을 내포하고 있다.

3) 나이토 코난의 대만에 관한 논평

나이토 코난内藤湖南은 20세기 일본 한학연구의 대가이며, 중국사 분야에서 '교토학파京都學派'의 창시자이다. 그는 교토제국대학의 교수가 되기 전에『대동신보大同新報』,『삼하신문三河新聞』,『대판조일大阪朝日』등의 신문사 기자를 역임했다. 1899년 9월 5일에 일본 고베神戶에서 출

나이토 코난

발하여 산둥山東·톈진天津·베이징北京·항저우杭州·상하이上海·한커우漢口·우창武昌·전장鎭江 등 중국 각지를 두루 돌아보고, 옌푸(嚴復, 1853~1921) 등 중국학자들과도 교유했다.[14] 그리고 중국 동북지역에 가서 학술 조사연구를 한 적도 있었다.[15] 나이토 코난은 중국대륙을 여행하기 전 1897년 4월부터 타이베이에서 창간된 『대만일보』의 주필을 맡았다. 『대만일보』는 나중에 『대만신보臺灣新報』와 합병하여 『대만일일신보臺灣日日新報』가 되었는데, 당시 일본 식민지정부의 대변인 역할을 했다. 그는 1898년 4월까지 대만에 체재한 1년여 동안 『대만일보』에 여러 편의 사설을 발표하면서 대만의 정치·교통·재정 등 각 분야의 문제에 대해 두루 논평했는데, 여기에는 당시 일본 지식인들의 대만인식이 잘 반영되어 있다.

나이토 코난은 중국역사연구에 정통하고 학문으로 일가를 이루어 사학계에서는 그의 학문을 '나이토사학內藤史學'이라 일컫는다. '나이토사학'의 기본 관점에 의하면, 중국의 역사발전이 당·송 즈음에 이르러 문화와 경제가 극변하는 시대를 맞이하게 되었다고 한다. 그는 당나라가 중세사회의 종말이고, 송나라는 근세사회의 시작이며, 당말에서 오대五代까지는 당·송 교체의 과도기라고 여겼다. 당·송의 역사적 변화는 주로 다음과 같이 몇 가지로 나타나고 있다고 했다.[16]

(1) 귀족정치의 쇠락과 군주 독재의 강화
(2) 군주 지위의 변화
(3) 군주 권력의 확립
(4) 인민 지위의 변화

(5) 관리 임용법의 변화

(6) 붕당 성격의 변화

(7) 경제생활 면에서 당의 '실물경제'에서 송 이후의 '화폐경제'로 변화

(8) 문화면에서 경학·사학·문학의 변화 및 서민문화의 흥기

나이토 코난의 저술에 보이는 이와 같은 중국사 '근세'의 지표들은 실은 모두 근대 유럽사를 참고해서 수립된 것이었다.

나이토 코난의 학술 세계에서 또 하나 주목할 만한 것은 그의 '문화중심이동설文化中心移動說'이다. 그는 청일전쟁 이후 일본이 이미 새로운 문명의 중심이 되었다고 주장하면서 다음과 같이 말했다.[17]

> 황하黃河와 낙수洛水가 마르자 관내(關內, 장안長安지역을 가리킴—역자 주)의 교화가 성해졌고, 북방의 문물이 쇠락하자 남방의 인문이 번영하게 된 것은 시대의 운명이었던 것이다. 이집트·시리아·인도·페르시아·그리스·로마가 연이어 흥기한 것도 각각 그 시대의 운명이었던 것이다. 모두 그 시대에 인간의 도리와 문명을 선양하는 가장 유력한 나라들로, 또한 그 유적에서 각각 이러한 임무를 완수했음을 알 수 있다. 문명의 중심이 시대의 변천에 따라 이동하는 것이 이와 같다. 지금 다시 크게 이동할 것인데, 식견이 있는 자는 실로 오래전에 이러한 기미를 알아차린다.

나이토 코난의 주장에 의하면, 문명의 중심에 사는 일본국민은 "이 나라에서 하늘이 부여한 인도를 다해야"[18] 했다. 나이토의 이런 주장은 그가 대만에 있었을 때 발표한 대만에 대한 논평과도 서로 상응하고 있다.

86

3. 일본인의 대만인식에 나타난 사상적 경향 : 제국주의사상

19세기 말 우에노 센이치, 후쿠자와 유키치, 나이토 코난 등 이 세 일본인은 각각 신분이 다르고 전공 분야도 같지 않다. 우에노는 전문직 외교관이고, 후쿠자와는 '탈아입구'를 주장하는 서양 예찬론자이면서 계몽사상가였다. 나이토는 중국문화의 진보성을 숭상하고 중국의 근세가 당·송 즈음에 시작되었다고 주장한 인물이자 중국사 연구에서 교토학파의 창시자였다. 하지만 그들이 대만에 대해 발표한 글들을 자세히 분석해보면 오히려 제국주의사상에 꽤 가까운 경향이 나타나고 있다.

이른바 '제국주의imperialism'라는 단어는 광의의 명사로, 세계사에서는 시대와 지역에 따라 각각의 표현방식도 다르다. 여기서 말하는 제국주의는 "병합 또는 침략 등의 방식을 통해 어느 한 국가의 권력을 타국의 영토와 인민에 연장하거나 확장함"[19]이라는 의미로 쓰였다. 앞에서 서술한 사상이 바로 일종의 제국주의사상이다. 이와 같은 정의를 전제로 본고에서 검토하고자 하는 19세기 말 세 일본인의 대만인식에는 모두 제국주의사상의 경향이 드러나고 있다.

1) 우에노 센이치

먼저 일본 외교관이었던 우에노 센이치의 관점을 살펴보도록 하자. 우에노는 『대만시찰복명』 제1호에서 다음과 같이 말했다.[20]

現今外國商人ノ臺灣ニ在テ重ナル貿易事業ヲ
見ルニ臺南部ニ於テハ輸出品ノ砂糖輸入品ノ
阿片煙ナリ又臺北部ニ於テハ輸出品ノ茶業輸
入品ハ同ク阿片ノ両頂ニ止リ其餘ノ諸雜貨類
ハ全ク支那貿易商ノ手裡ニ掌握スルモノト云
ワテ可ナリ亡メ外國金中及ヒ羅紗等ノ如キ重
要ノ物貨ハ七八年前近ハ悉ク外國商人ノ營業
ナリしモ近來ニ至テハ支那商人自ラ其代理ヲ
香港或ハ上海厦门等ニ送リ直接ニ取引ヲ始ル
其需用地方ノ景況如何ニ依テ貸物ノ撰擇ニ注
意スルヲ以テ右需用者ハ従前ヨリ却テ其適意
ノ品ヲ精ヤ安價ニ買ヒ得ル姿トナリ加之其代

臺島視察復命第四號

臺島生蕃風俗

蓋ニ臺島視察復命第二號ヲ以テ申上置候通リ
該島後住支那人ノ風俗ハ其本土ノモノト敢テ
懸隔魚之大抵福建廣東省ノ習俗ト見レハ大
差ナカル可ク毛生蕃ノ風習ニ至テハ割然特色
ノ事ノミナレハ此先キ誠キ島ハ稍住或ハ土人ト
交易等ヲ為スニ付ハ其等ノ蕃俗ヲ一通リ心
得置候事モ必要ト被存候ニ到リ彼等ト會合致
ノ機會ヲ以テ親シク蕃界ニ此度巡回
シタルノ景況ヲ縷述シテ以テ蕃俗ノ記事ニ代
ヘントス
卑官ノ割りシ処ハ生蕃ノ最モ大部分ヲ占ムル

기왕의 사정으로 추론해보면 알 수 있듯이 만약 이번에 유명전劉銘傳이 대만에서 물러나면 필연적으로 대만에 대한 청조의 관심이 날로 줄어들 것이다. 이렇게 된다면 향후 대만의 사업들은 외국자본을 들여와 계속할 가능성이 있다. 따라서 외부의 역량을 빌려 사업을 전개하지 않는다고 단언하기 어렵다.

이 섬의 미래는 우리가 앞으로 가장 주목할 필요가 있는데 이번에 이 섬 내부를 방문조사하고 또 다른 일들을 시찰하면서 이 섬의 풍족함에 참으로 놀랐다. 예컨대 금·은·동·철에서 백성의 생활필수품에 이르기까지 구비하지 않은 것이 없으니 실로 하늘이 부여한 보물창고라고 이를 만하다. 토지 문제에 있어서는 힘을 내어 내지로 개척해나가는 것에 좀 더 유의해야 하겠지만, 동양에서 가장 부유하고 번영한 세상을 이 섬에 만드는 것은 어려운 일이 아닐 것이다. 하지만 중국의 인순고식因循姑息한 정책 아래 이 섬은 하늘이 부여한 보고를 영원이 땅 속에 묻어두고 있다. 이는 결코 세계의 공익이 될 수 없으니 정말 안타까운 일이라 하겠다.

대만부의 성터를 시찰할 때 네덜란드 사람이 설치한 포대의 유적을 보면서 250여 년 전 우리 일본인들이 대만을 할거하여 청국 남쪽에서 위력을 떨치고, 이 섬 원주민에게 명성을 드날렸던 일에 생각이 미쳤다. 옛일을 회상하면서 오늘날 우리나라의 통상무역이 동양에서 부진함에 생각이 미치자 탄식을 금할 수 없었다.

이 대만 조사보고서의 결론에서 우에노는 과거 일본이 대만을 점령한 것에 대해 "청조 남쪽에서 위력을 떨치고, 이 섬 원주민에게 명성을 드날렸다"라고 했는데, 이러한 표현 속에 제국주의자의 성정이 넘친다고 할 수 있다.

우에노는 가오슝高雄에서 20년 동안 대만에 거주해오던 영국 의사와 대화를 나눈 적이 있는데 이 영국 의사의 말을 다음과 같이 인용하고 있다.[21]

근래 내부 토착민들의 심정은 외국인을 부러워한다. 비밀리에 외국인을 유도해서 대만의 보호·간섭을 도모하고자 했는데 아직 실현하지 못하고 있다. 만약 지금 어떤 외국이 대만의 원주민지역을 점거하고 토착민의 의향을 자세히 살펴가면서 관대한 정치를 실시하고 정부의 악정으로부터 벗어나도록 해주면 그들은 자연히 양팔을 벌려서 환영할 것이다.

그렇다면 지금 중국의 관리들이 왜 일반 백성들의 환심을 이렇게까지 상실한 것일까? 원래 대만 남쪽은 물론 북쪽에서도 미곡을 비롯한 잡화 등에 별도의 세금을 징수하지 않았다. 단지 지세의 조세제도만 있었으므로 사실 세금이 매우 적었고 심지어는 기타지역에서 세수를 면제하는 경우도 있었다. 그러나 유명전이 대만에 건너온 후로 내지의 개척을 모색하기 위해 매우 가혹한 세금을 부과한 것이 대만 백성들의 민심에 어긋났다고 할 수 있다. 미곡은 물론이고 설탕 및 기타 실용품과 자잘한 식품에 이르기까지 다 세금을 징수했다.

또한 관직을 구하러 대만에 건너와서 유명전에 영합하고 그의 관아에서 시중하는 청나라 후보 관원들의 수가 수백여 명에 달한다. 그들이 만약 하루아침에 은총을 받아 임명되면 내지의 빈부 여하를 막론하고 도처에서 자기의 지갑을 채우는 일에만 급급하여 임의대로 백성의 고혈을 짜내는 짓을 하는데 이것이 실로 청나라 관리들의 특기이다. 대만의 관리 수는 계속 증가할 것이며 백성들의 불만의 소리는 더욱 높아지게 될 것이다.

객가인 같은 경우도 날마다 원주민 부락에 출몰하지만 앞에서 말한 이들과 똑같은 심정으로 모두 이를 갈면서 지방 관리들에게 저항하고자 한다. 그렇다면 앞으로는 어떤 기대를 할 수 있을까? 만약 다른 나라가 이러한 빈틈을 이용해서 원주민 부락을 점령하고 권면해서 원주민의 신뢰를 얻고 점차 덕정을 베푼다면 대만 전도를 약탈하는 것은 아주 쉬운 일이 될 것이다.

우에노와 영국인의 대화는 대만을 주인이 없는 섬으로 간주한 채 토론의 대상으로 삼았다. 어떻게 하면 '대만 전도를 약탈할 수 있을지'가 이 대화의 핵심이므로 농후한 제국주의자의 사상을 드러내고 있는 것이다.

2) 후쿠자와 유키치

이런 제국주의사상은 계몽사상가인 후쿠자와 유키치의 대만에 대한 논술에서도 두드러지게 나타난다. 후쿠자와는 1894년 12월에서 1898년 5월 사이 『시사신보時事新報』에 대만 사무에 대해서 지속적으로 자신의 관점을 발표했다. '사설[社論]'이라는 제목을 붙인 이 글들은 이미 천이슝陳逸雄이 중국어로 번역 간행했는데, 매우 사료적 가치가 높다. 이들 자료에 포함된 구체적인 정치·경제적 주장에 대해서는 이미 선행연구자들이 소개한 바 있으니,[23] 여기서는 그중에 보이는 사상적 경향에 초점을 맞춰 검토하고자 한다.

후쿠자와의 대만에 관한 논술은 그의 제국주의의 사상적 경향을 충분히 드러내고 있어 그가 근대 일본의 계몽사상가로서 제기했던 각종 진보적인 주장들과 철저히 배치된다. 그의 제국주의사상은 대만에 대한 논술에서 두 가지로 드러나고 있다.

(1) 대만의 토지에 관한 주장

후쿠자와 유키치는 대만을 일본제국의 해외식민지로 여겼다. 그는 1894년 5월에 발표한 사설에서 다음과 같이 일본이 청일전쟁의 전승국이므로 오키나와沖繩의 안전을 계속 유지하기 위해 대만 할양을 요구할 충분한 이유가 있다고 말했다.[24]

청나라정부의 연보에는 오키나와현을 명확하게 자기 판도에 포함시키고 있는데, 이는 우리나라의 주권을 온통 무시한 행위로 참으로 어이없는 일이다. 청나라가 지금까지 사단을 일으키지 못한 것은 실로 국내의 상황이 절박한 곤경에 빠져 있어 정부가 여기까지 돌아볼 여유가 없기 때문이다. 만약 여력만 생긴다면 청나라의 야심은 대만을 군사기지로 하여 우리나라의 변경을 침범할 것이다. 이는 누구나 다 알고 있는 사실이다.

그럴 경우 대만은 옆에서 우리를 방해할 수 있는 존재가 될 수 있으니, 영구적인 평화를 유지하기 위해서 이 섬을 우리의 것으로 귀속시키는 것이야말로 일본의 급선무다. 청나라에 이 땅을 할양해 달라고 하면 누가 감히 두말할 수 있겠는가? 나는 일본의 편리함을 위해 대만을 약탈해야 한다고 말하는 것이 아니다. 그저 우리나라의 변경인 오키나와의 안전을 우려해서 중국인의 야심을 근절해야 한다고 주장할 뿐이다. 이 또한 변경을 경비하는 하나의 정당방위의 수단이니 모든 사람들은 이와 같은 군국軍國의 큰 도리를 홀시하지 마시기 바란다.

이처럼 후쿠자와는 일본이 오키나와의 안전을 위해 대만을 할거해야 한다고 보았다. 뿐만 아니라 그는 대만이 일본의 군사·정치·경제 분야에 필요한 경비를 제공할 수 있음에 주목하여 다음과 같이 말했다.[25]

> 비록 현재 대만이 군사·정치의 비용을 쉽게 상환할 수 없으나 이 땅의 따뜻한 기후와 풍부한 물산은 향후 매우 희망이 있다. 만약 육군과 해군으로 방위하고 동시에 바른 정령을 내려 생명과 재산을 보장하고 내외 인사들이 편안하게 생업에 종사하도록 해주면 반드시 번영할 수 있을 것이다. 이렇게 하면 곧 일본국민에게 해마다 많은 이익을 줄 수 있으며, 이런 이익이 곧 국가의 영원한 이익이 될 것이므로 군사·정치의 경비를 여유 있게 상환할 수 있을 것이다. 내가 단언하건대, 이 점에 대해서는 보증할 수 있다.

이상의 논술 중에 이른바 '국가의 영원한 이익'이란 당연히 일본의 이익을 가리키고 있으며, 따라서 그는 대만이 일본을 위해서 존재해야 한다고 주장했다. 후쿠자와는 1895년 8월 11일자 사설에서 한 발 더 나아가 다음과 같이 주장했다.[26]

> 이 지역을 처리하는 방식은 앵글로색슨족이 아메리카 대륙을 개척하는 방식을 본받아야 한다. 즉, 무지몽매한 야만인들을 경외로 쫓아내고 일본인에게 모든 식민지 재산과 권력을 장악하도록 해야 한다. 온 섬을 일본화하는 방침을 확정하고 점차로 실천에 옮겨서 영원한 이익을 기대하는 것이다. 이것이 내가 바라는 바이다.

이와 같이 일본인이 대만의 모든 식민지 재산과 권력을 장악하여 대만을 철저히 일본화하려는 후쿠자와의 주장은 노골적인 제국주의자의 말투이다.

(2) 대만인에 관한 주장

후쿠자와 유키치는 대만을 일본의 식민지로 여기는 데 그치지 않았다. 그는 글에서 이른바 대만 '토인土人'을 가장 가혹한 방법으로 진압해야 한다고도 말했다. 1896년 1월 8일자 사설이다.[27]

> 나 또한 정벌과 진압방법에 대해서는 상당히 유감으로 생각하지만, 지난 일을 제기하는 것만으로는 일에 도움이 되지 않는다. 이번 소요사태는 절호의 기회이니 마땅히 군대의 힘으로 철저하게 소탕하여 그 뿌리를 뽑아내고 괴뢰들을 섬멸하며 토지를 다 몰수하여 대만 전도를 관官의 소유로 만든다는 각오로 현명하게 결단해야 한다.
>
> 그렇지 않고 다만 일시적인 진압에 그치게 되면 앞으로 이러한 소동이 반드시 계속 일어나게 되며, 그때 가서는 적절한 조치를 취할 수 없을 뿐만 아니라 또한 매번 소동이 있을 때마다 곧바로 국내 민심의 동요를 불러일으키게 될 것이다. 그렇게 되면 상업 발전에 방해가 되고, 심지어는 그곳으로 옮겨 가려는 뜻이 있는 기업도 이 때문에 계획을 취소하여 이제 막 밖으로 발전하려는 기운을 좌절시키게 될 것이다.
>
> 해외 영토의 작은 소동이 비록 국가의 중대사는 아닐지라도 그 영향은 결코 작지 않을 것이다. 나는 담당자에게 거듭 권고하노니, 마땅히 기미가 보일 때 즉시 결단하고 단 한 번에 그 화근을 제거하여 소동이 일어날 근심을 영구

히 단절시켜야 할 것이다.

한 발 더 나아가 후쿠자와는 가혹한 진압과 소탕을 거친 후 대만인이 과연 진정으로 순종하는지 철저히 확인해야 한다고 주장했다.[28]

대만의 소란을 처리하는 일에 관해 앞에서 논술한 바와 같이 온 섬을 소탕해서 추악한 무리들이 한 사람도 남지 않도록 결단 내야 한다. 이곳 섬사람들은 우리의 대군을 만나면 임시로 귀순자인 척하다가 병력이 약화되면 기회를 틈타 갑자기 봉기하여 흉악한 짓을 하는 교활한 무리들이기 때문이다. 그들의 어리석음이 참으로 불쌍하지만, 그 본성이 둔하고 완고해서 끝내 깨닫지 못하니 그들을 섬멸하는 수밖에 없다는 각오로 이 추악한 무리들을 모두 제거해야 한다.

혹자는 그들 중에 진정으로 귀순한 자가 없지 않은데 모두 제거하는 것은 너무 잔인하지 않은가라고 여길 수도 있겠지만, 내가 말하는 섬멸은 그 종족을 섬멸하는 것이 아니다. 우리나라에 귀순하기를 원하는 자는 우리 일본의 양민이므로 당연히 특별히 보호해줘야 한다. 그러나 만약 건성으로 귀순하는 것만으로 양민이라고 판단하면 큰 잘못일 것이다. 이를테면 이번의 소란은 실제로 반드시 선동자가 있었을 것이지만, 선동에 호응하여 봉기한 수만 명의 역적들은 평소에 양민으로 여겨졌던 무리들이었다. 이를 보면 그들이 진심으로 복종하지 않았다는 사실이 명백하게 증명되었다. 그렇기 때문에 대군의 징벌 앞에 다시 일시 복종하는 체 한다고 해도 이미 선동에 호응하여 우리나라에 저항한 적이 있는 자들은 결코 관대하게 대해줘서는 안 된다. 마땅히 군율에 따라 가장 엄격한 처분을 내려야 할 것이다.

왜 대만인에게 이런 진압의 수단을 취해야 하는가라는 문제에 대해 후쿠자와는 대만인이 '순수한 외국인'[29]이기 때문이라고 해석했다. 그리고 또 다음과 같은 이유를 들었다.[30]

청나라에게 그 땅을 할양받은 목적이 오로지 땅에 있었지 사람에 있지 않았음은 애초부터 분명했다. 따라서 이 섬과 관련된 문제를 처리할 때 당국은 땅만 고려하면 되고, 섬사람들을 절대 염두에 두지 말아야 한다. 다시 말하면 실제로 대만이라는 무인도를 얻었다는 각오를 가지고 경영의 큰 방침을 결정해야 한다. 이런 방침에 따라 일을 처리해나가면 모든 문제들이 어려움 없이 저절로 쉽게 해결될 것이다. 마땅히 토지의 수취만을 목적으로 하여 계획했던 대로 단행해야 한다. 만약 이곳 섬사람들이 우리의 정령을 따르고 진심으로 귀순자임을 밝히면, 그들이 우리의 비위를 거스르더라도 사실 엄격한 처분을 내리기가 쉽지 않을 것이다.

하지만 그들은 마음속으로 따르지 않을 뿐만 아니라 걸핏하면 반항을 도모하고 우리의 관원과 인민을 살해하는 짓을 하는 등 참으로 완고하고 어리석은 무법자들로 지금까지도 소란이 끊이지 않고 있다. 차라리 이번 소란을 계기로 죄상이 확실하게 드러난 자들을 엄격하게 처벌하고, 소란에 협조했거나 은밀한 용의자일 경우 일체 용서해줄 필요 없이 경외로 쫓아내며, 그의 토지와 재산 등을 다 몰수하여 관의 소유로 하는 것이 좋을 것이다.

1896년 8월 8일에 후쿠자와는 더욱 적나라하게 대만을 '무인도'로 해야 한다고 선언했다.[31]

대만을 처리하는 문제에 대한 나의 생각은 엄격함을 원칙으로 하여 추호도 관대하지 말아야 한다는 것이다. 만약 섬사람들이 반항할 징조가 보이면 물론 엄벌해야 하며, 아편에 대해서는 내지와 같은 법률을 시행하고 받아들이지 못한 자는 일체 용서해줄 필요 없이 경외로 쫓아내야 한다. 요컨대 나는 온 섬을 무인도로 여기고 다스려야 한다고 주장하는 바이며, 당국이 이에 대해 영명한 결단을 내리기를 바란다. 이런 논지에 대해서 독자들이 이미 잘 알고 있다고 생각한다.

[……] 내가 보증하건대, 실제로 처리하는 데는 생각했던 것만큼 그렇게 번거롭지는 않을 것이다. 원래 섬사람들이 반항을 도모하는 것은 사마귀가 앞발을 들어 수레를 막으려는 짓에 불과하다. 대만인이 비록 어리석지만 자신의 실력을 가늠하고 이해관계를 헤아릴 수 있을 것이다. 다만 그들이 일본인의 역량을 자세히 인식하지 못했기 때문에 하룻강아지 범 무서운 줄 모른다는 말처럼 마구 저항했던 것이었다. 그래서 일본인의 실력을 그들의 눈앞에 보여주기만 하면 그들이 비록 어리석어도 항쟁할 수 없음을 깨달을 수 있어 저절로 진정될 것이다.

각지 도적들의 봉기를 예로 들면, 내가 아는 바로는 작년 이래 우리 군대가 소탕하여 피를 흘린 지역은 다 온전해졌다. 지금 소란이 일어나는 곳은 우리 군대가 아직 지나가지 않아 피를 흘리지 않았던 곳들이다. 이는 바로 그들이 일본군의 역량을 잘 모르기 때문에 봉기했던 것이다. 그러므로 무릇 반항하는 행적이 드러난 자이면 하나도 남김없이 모두 주살하여 추악한 무리를 섬멸해야 한다. 물론 삼백만의 섬사람이 모두 법도를 지키지 않는 무리가 되지는 않을 것이다. 가령 모반을 도모하고 있던 무리가 이처럼 무서운 사실을 목격한다면 마음을 바꿔 귀순자가 될 수 있을 것이니 일벌백계의 방법이라 할 수 있다. 각지 도적들 따위는 비록 다 주살한다고 하더라도 그 수가 얼마 되지 않지만, 온 섬사람들을 깨닫고 뉘우치게 하는 효과는 매우 크다. 이러한 이유로 나는 마땅히 엄격한 처분을 내려야 한다고 주장하는 것이다.

상술한 바의 후쿠자와의 주장에 따르면, 그는 "무릇 반항하는 행적이 드러난 자이면 하나도 남김없이 모두 주살"해야 하며, 이와 같이 해야 비로소 대만인을 "마음을 고쳐 순민이 되게" 할 수 있다고 주장했다. 이것은 전형적인 제국주의자의 논조이다.

대만 처리에 대한 후쿠자와의 논술을 그가 일본 국내에서 내놓은 '문명개화'의 논점과 판이하다. 대만에 관한 논술자로서의 후쿠자와 일본 계몽사상가로서의 후쿠자와는 완전히 다른 사람이었을 뿐만 아니라 물과 불처럼 서로 상대를 절대 용납할 수 없는 관계였다.

(3) 평등의 가치와 그의 배신

후쿠자와 유키치는 개화기 일본에 매우 큰 영향을 끼쳤던 『권학편』제1편 「학문의 취지」 첫 단락에서 다음과 같은 감동적인 선언을 했었다.[32]

"하늘은 사람 위에 사람을 만들지 않았으며 사람 밑에 사람을 만들지 않았다." 이 말은 곧 하늘이 사람을 낼 때에 만인은 모두 다 같이 평등했으며, 나면서부터 귀천과 상하의 차별이 있었던 것이 아니라는 말이다. 사람은 만물의 영장으로 마땅히 몸과 마음의 활동을 통해 천지간에 있는 온갖 사물을 취해서 의식주의 수요를 만족시키며, 서로 방해하지 않으면서 자유자재로 각자의 평안한 생활을 영위해야 한다는 뜻이다.

이어서 제2편에서 "사람마다 태어나면서부터 평등하다"란 말의 의미를 다음과 같이 논술했다.[33]

사람의 출생은 천연적인 것이지 인력으로 된 것이 아니다. 그들이 서로 존경하고 사랑하며 각자의 책임을 다하고 서로 방해하지 않는 것은 근원적으로 모두 똑같은 인류이고 같은 하늘을 공유하고 있으며 천지간의 똑같은 조물이기 때문이다. 마치 한 가족의 형제들이 서로 화목하게 지내는 것이 근원적으로 한 가족의 형제이고 부모님과의 인륜의 대의를 똑같이 공유하고 있기 때문인 점과 비슷하다. 따라서 사람과 사람 사이가 모두 같으며 모든 사람이 평등하다고 하지 않을 수 없다. 그러나 이와 같은 평등은 현실상황 차원에서의 평등이 아니라 기본적 권리 차원에서의 평등을 가리킨다.

이처럼 후쿠자와는 사람과 사람 사이의 평등을 주장했을 뿐만 아니라, 나아가 같은 책 제3편에서는 국가와 국가 사이에도 평등을 추구해야 한다고 논했다.[34]

무릇 사람이라고 하면 빈부와 강약은 물론이고, 백성이든 정부든 권리의 차원에서는 차별이 없다. 여기서 다시 이러한 뜻을 확대해서 국가와 국가 사이의 관계에 대해서 논해보자. 국가는 사람으로 구성되었다. 일본은 일본인으로 구성되고 영국은 영국인으로 구성되었다. 일본인과 영국인이 천지간에 살아가는 똑같은 사람이니 서로 권리를 방해할 이유가 없다. 한 사람이 다른 한 사람을 방해할 리가 없듯이 두 사람도 다른 두 사람을 방해할 이유가 없으며 백만·천만인도 모두 이래야 한다. 사물의 이치는 원래 사람 수의 많고 적음에 의해 변경될 수 없는 것이다.

여기서 후쿠자와는 "일본인과 영국인이 천지간에 살아가는 똑같은 사람"이므로 "한 사람이 다른 한 사람을 방해할 이유가 없다"고 말하고 있다. 그러나 이러한 평등의 원칙은 분명히 대만에 있는 사람에게는 적용되지 않았다. 일본이 대만을 점령한 후 후쿠자와는 "무릇 반항의 행적이 드러난 자이면 모두 주살해야 한다"[35]라고 주장했다. 그의 모순된 주장이 이와 같은 지경이었다.

(4) '자유'의 가치 및 그의 배신

후쿠자와는 『권학편』 제7편에서 미국의 교육자인 프랜시스 웨이랜드(Francis Wayland, 1796~1865)의 학설을 인용하여 "자기의 의지로 남을 강제하지 말아야 한다"라는 말을 강조하면서 다음과 같이 말했다.[36]

> 사람으로서의 도리는 타인의 권리를 방해하지 않고 자유자재로 자신의 몸을 운영하는 것에 있다. 자기가 좋아하는 일을 하든, 하고자 하는 것을 참든, 노동하거나 놀든, 이 일을 하든 저 일을 하든, 아침저녁으로 노력하거나 아무 일 없이 빈둥거리거나 온종일 누워서 잠을 자거나 하는 행동은 다른 사람과의 관계가 발생하지 않으니 옆에서 그 시비를 논할 이유가 없다.

여기서 후쿠자와가 선양하고 있는 것은 근대 서구의 중요한 가치이념인 자유이다. 그렇지만 후쿠자와가 일본에서 문명개화론을 선양했을 때 고취했던 문명사회의 가치인 자유가 놀랍게도 대만인에게는 적용되지 않

았다. 이는 후쿠자와가 대만인에 대해 발표한 다음과 같은 글을 통해서 확인할 수 있다.[37]

일본이 외국의 영토를 자국의 판도에 귀속시키는 것은 이번이 처음이라서 생소함을 피하기 어렵고, 게다가 외국의 여론도 고려해야 한다. 하지만 여러 문명국의 새로운 영토에 대한 조치를 살펴본다면 아주 놀라게 될 것이다. 어느 나라는 속지의 백성이 반역의 거동이 있다는 이유로 사방 몇 리 이내의 땅을 획정한 다음, 그 안에 사는 사람을 남녀노소 구별 없이 모두 학살해버렸다. 또 어느 문명국 사람이 새롭게 획득한 식민지 영토 밖으로 나가서 사냥하다가 그곳 원주민을 총으로 살해한 사건이 발생하여 검찰관에게 기소를 당했는데, 법정에서 피해자를 여우로 오인하여 사살했다고 변명하자 결국 부득이한 일로 추론되어 즉시 석방되었다. 이는 실제 있었던 사건들로 이를 통해 그 정황의 일단을 엿볼 수 있다.

지금 일본인이 대만에서 아편을 금지하고자 하는 것은 그야말로 진정한 정당방위의 수단이므로, 이런 예들과 같이 논할 수 있는 문제가 아니다. 이는 세계인들 앞에서 정정당당하게 실행해도 전혀 거리낌이 없는 일이니 당국이 결단하여 실행하기를 바란다. 만약 명령에 복종하지 않은 자가 있다면 여지없이 경외로 쫓아내고 진정한 자국의 판도로 귀속시켜야 한다.

후쿠자와는 제국주의자가 식민지 사람들을 학살했던 선례를 인용함으로써 일본인이 대만인의 자유를 억압하는 것이 합법적임을 증명하고 있다. 심지어는 일본에 복종하지 않는 대만인이라면, "군대의 힘으로 철저하게 소탕하여 그 뿌리를 뽑아내고 괴뢰들을 섬멸하며 토지를 다 몰수

하여 대만 전도를 관官의 소유로 만든다는 각오로 현명하게 결단해야 한
다"[38]고 주장했다.

이와 같은 대만인에 관한 논술이 일본에서 자유와 평등 등 문명개화
의 가치관을 제창한 계몽사상가의 입에서 나온 말이라고는 상상하기조
차 쉽지 않을 것이다!

3) 나이토 코난

나이토 코난은 중화문명을 흠모해오던 자로, 1899년 9월에 처음 중국대
륙을 여행했다. 그때 그는 '통석痛惜'이라는 두 글자로 처음 밟는 산둥山東
성 영성만榮成灣의 황량한 모습을 묘사했다.[39] 베이징 숭문문崇文門을 구
경한 후 "처량하기 그지없어 나도 모르게 눈물이 주룩 흘러내렸다"[40]고
했으며, 서호西湖의 달빛에 심취하여 시를 지어 술회하기도 했다.[41] 이처
럼 나이토는 마음 깊은 곳에서 일어나는 중국에 대한 뜨거운 감정이 있
었다. 또한 그는 메이지 20년(1887)을 전후해 일본의 국민의식이 고양되면
서 일어났던 '일본인의 천직天職'과 같은 구호에 대해서도 비판하는 글을
썼다.[42] 그는 20세기 중국정치의 동향에도 관심을 가지고 있었다. 『나이
토코난전집內藤湖南全集』 5권에 수록된 「시사론時事論」, 「청조흥쇠망론清
朝興衰亡論」, 「지나론支那論」, 「신지나론新支那論」 등의 논문에는 그의 현
실에 대한 관심이 생생하게 드러나 있다. 하지만 나이토의 중국 미래에 대
한 논술은 전후에 변화가 있어 자세히 분석할 필요가 있다.

나이토는 중국대륙을 여행하기 전에 대만에 체재한 적이 있다. 그는

1897년 4월부터 1898년 4월까지 대만에 머무르다 일본으로 귀국했다. 중화문명에 대한 강렬한 동경을 품고 있었던 그는 대만에 체재하는 1년 남짓한 기간 동안에도 자연스럽게 중국역사상의 영웅들에 대해 흠모하는 감정을 드러냈다. 그러한 예로 1897년 10월 10일에 『대만일보』에 게재한 「망제亡題」라는 시를 보면 다음과 같다.[43]

정정당당한 정성공님	正正堂堂國姓爺
단심으로 나라 은혜 갚기만을 맹세했다네	丹心報國誓無他
그 시절 호걸스럽게 대만으로 건너오셔서	當年英爽歸東極
지금까지 그 늠름함 추호도 변치 않았네	直到如今不少差

또한 「사수비병삼수似守備兵三首」의 첫 수에서는 다음과 같이 읊었다.[44]

대만에 와 있는 일만 여명의 수비병들	臺灣一萬有餘兵
어찌 차마 주민들을 자주 놀라게 하리오	忍使居民屢喫驚
적 하나 잡기 어려워 거리마다 떠들썩하니	一賊難擒人巷議
병사들은 조석으로 하늘을 우러러보고 다니네	使君朝夕仰天行

위의 시구에서처럼 곳곳에서 나이토는 정성공에 대한 흠모와 대만의 치안에 대한 관심을 드러냈다.

이와 같이 나이토 코난은 중화문명에 심취하여 "일평생 재능과 학식을 겸비하고, 청렴한 선비로서 경전과 역사에 통달했다"[45]라고 일컬어지

샤먼 시에 서 있는 정성공 동상

는 한학의 대가이다. 그러나 그가 일본의 새로운 식민지인 대만을 대할 때는 후쿠자와 유키치와 비슷한 제국주의자의 논조를 드러냈다. 나이토 코난의 논술을 자세히 분석하면, 그의 제국주의적 경향이 드러난 논점을 다음과 같이 요약할 수 있다.

(1) 대만인을 일본인에 동화시켜야 한다

나이토 코난은 1897년 7월 27일의 글에서, 대만을 점령한 후 약 10년 동안 대만의 생활습속을 완전히 바꾸어 일본에 동화하기 편하도록 해야 한다고 주장했다. 그리고 이와 같은 풍속과 습관을 바꾸는 일은 수십 년을 소요할 필요 없이 곧바로 효과를 거둘 수 있다고 했다. 예를 들면, 리춘성(李春生, 1838~1924), 구셴룽(辜顯榮, 1866~1937), 천춘광(陳春光, 1834~1907) 등 대만의 유명인사가 이미 단발했고, 일본의 습속을 받아들이고 있다고 했다.

그는 일본 식민지정부가 대만인의 변발이나 전족 등의 풍속습관을 바꾸려는 노력 이외에도, 일본의 습속을 솔선하여 받아들이는 자들에게 훈장과 함께 장려품으로 일본식 복장을 수여해야 하며, 일본어학교의 우수한 학생들도 특별히 장려해야 한다고 주장했다.[46]

(2) 대만을 통치하는 것은 곧 일본 식민지의 수요를 위해서이다

여기서 유의해야 할 점은, 나이토 코난이 대만에 체재하는 기간에 대만인의 전통 생활습속을 철저히 바꿔서 일본에 동화시켜야 한다고 주장했을 뿐만 아니라, 또한 당시 한때 유행했던 대만인을 대하는 '일시동인설一視同仁説'을 강렬히 반박했다는 사실이다. 일부 인사들은 대만이 이미 일

전족

본의 속지가 되어서 삼백만의 주민도 일본제국의 국적에 가입하였으니 당연히 일본인과 같이 동등하게 대해야 한다고 주장했다. 그런데 나이토는 이러한 일시동인설을 강력히 반대했다.

나이토는 다음과 같이 주장했다. "고도한 문명정치는 인류가 여러 차례의 실패를 거치고 그 대가로 수많은 생명과 재산을 잃고서야 비로소 얻을 수 있는 것이다. 따라서 만약 이런 복지를 낙후된 지역 사람들에게 베풀게 되면 인간 도리의 일반적 규범이나 인간 동정의 취지에 위배된다. 또한 그렇게 하는 것은 시류에 밝지 못한 것일 뿐만 아니라 더욱이 형세를 살피지 못한 것이다."

이어서 그는 다음과 같이 언급했다. "대만의 백성들과 일반 원주민은 모두 매우 열등한 종족이므로 국가개념이 없고 또한 측은지심惻隱之心이 결여되어 있으며, 단지 명성을 쫓고 이익을 좋아하니 '일시동인'의 덕정에는 적합하지 않다. 또한 일본이 새로운 영토인 대만을 경영하게 된 가장 큰 목적은 일본 국내의 넘쳐나는 인구를 대만으로 이주시켜 산업을 진흥하는 데 있다. 따라서 세계 강국들이 취하는 방법과 동일하게 '일시동인'의 덕정을 실시하면 안 된다."[47]

또 다음과 같이 주장했다. "대만을 할거한 후 2년 만에 일본의 사상자가 수천 명에 이르고 국고의 손실이 수천만 원이며 행정적인 경비에 투자한 금액이 수백만 원에 달했다. 만약 대만의 식민지 경영의 목적이 단지 대만의 백만 '토인土人'의 복지에 있다면, 일본 국민이 영토를 개척한 본래의 취지는 또한 어디에 있겠는가?"[48]

이상에서 살펴본 19세기 말 우에노 센이치, 후쿠자와 유키치, 나이토 코난 세 일본인의 대만에 관한 논술을 종합해보면 다음과 같다. 이 세 일본인은 비록 각자 전공이 다르지만, 그들의 대만론은 모두 본국의 권력을 대만의 토지와 인민에 확장시키고자 하는 제국주의의 사상적 경향을 드러내고 있다. 이와 같은 대만에 대한 제국주의 논조는 그들이 국내에서 제창하던 문명적 가치관과 서로 위배된다.

4. 근대 일본지식인의 맹점 : 서양문명을 목표로[49]

앞의 제2절과 제3절의 논술을 통해 우리는 19세기 말 세 일본인의 대만
론에 모두 비슷한 제국주의 사상적 경향이 넘치고 있음을 살펴볼 수 있
었다. 그중 전문직 외교관인 우에노 센이치는 국가공무원의 신분으로 모
국의 이익에서 출발하여 대만을 조사해야 했으므로 논의에서 제외할 수
있을지 모르겠다. 하지만 문명개화를 제창한 계몽사상가이며 당국과 거
리를 유지했던[50] 후쿠자와 유키치와 중화문명을 숭상한 한학자 나이토
코난은 왜 제국주의적 경향을 면치 못했을까? 이는 좀 더 깊이 검토해봐
야 될 문제이다.

이 문제는 사실 매우 복잡하다. 당시 역사적 배경을 보면, 1894년 청일
전쟁 전후, 곧 메이지 20년(1897) 전후는 메이지유신明治維新이 성공함에
따라 일본 국내에서 국민의식이 날로 성숙해지고 있던 시기였다. 이른바
'일본인의 천직'과 같은 구호와 사상적인 분위기가 전국적으로 만연하면
서 일본인은 스스로 신문명의 대표임을 자임했다.[51] 이에 반해 19세기 말
의 중국은 동쪽으로 침입하는 서구열강에 의해 국세가 매우 위급한 상태
에 처해 있는 등 중일 양국 간의 격차가 날로 심해지고 있던 시기였다.

예를 들면, 일본정부의 초청을 받아 일본을 방문하고 돌아온 대만의
갑부 리춘성李春生은 일본의 신문명에 깊은 인상을 받았다. 특히 일본사
회에서 학교의 번성, 박물관과 공장의 정교함, 신식 신문사의 다양함, 교
회 및 신도의 방대함에 대해 칭찬을 멈추지 않았다. 그리고 일본과 중국
사회의 남녀관계, 위생교육, 종교, 군신관계, 부부관계, 군사책략, 자강의

방침, 부정부패의 방지 등 각 방면을 언급하면서 일본의 진보성에 대해 극찬했다.[52] 이와 같이 19세기 말 동아시아에서는 일본이 실제로 이미 선두의 지위를 차지했다. 이러한 시대 배경이 곧 후쿠자와 유키치와 나이토 코난이 대만에 관해 논했을 때의 객관적인 역사적 맥락이었다.

그러나 한 발 더 나아가 후쿠자와 유키치와 나이토 코난 사상의 내재적 맥락을 보면, 우리는 이 두 일본 지식인의 사고에 맹점이 있음을 발견할 수 있다. 이 맹점은 바로 19세기 말 일본 지식인의 세계관과 학문관이 모두 서양문화를 학습의 목표로 삼았다는 점이다. 그렇기 때문에 그들은 기본적으로 근대 서구라는 안경을 쓴 채 대만을 포함한 아시아 각국을 인식하였다. 그들은 문명적으로 일본에 뒤지는 대만이 일본의 식민통치나 동화同化를 받아들이는 것이 실로 역사적 필연이라고 여겼던 것이다. 그들의 가설은 문명의 발전 자체에 단계와 계층이 존재하므로, 선진국이 필연적으로 후진국을 지배한다는 것이었다. 두 일본인의 대만에 대한 많은 논의는 바로 이와 같은 '문명발전단계론文明發展階段論'의 기초 위에 수립된 것이었다.

우선 후쿠자와 유키치의 문명론부터 검토해보자. 그는 『문명론개략』 제1장의 결말 부분에서 일본인에게 다음과 같은 문제를 제기했다. "오늘 이러한 시대에 우리는 앞으로 나아가야 할 것인가 아니면 후퇴해야 할 것인가? 앞으로 나아가서 문화를 추구해야 할 것인가 아니면 후퇴해서 야만으로 돌아가야 할 것인가?" 이어서 그는 제2장에서 다음과 같은 해답을 제시했다.[53]

현대 세계의 문명상황을 보면 유럽 각국과 미국은 최고의 문명국이며, 터

키·중국·일본 등 아시아 국가는 반개화半開化국이고, 아프리카와 호주의 국가들은 야만국에 속한다. 이와 같은 논의는 이미 세계적인 통론이 되었다. 서양 각국의 사람들은 자국을 문명국으로 자랑하고 있을 뿐만 아니라 반개화국이나 야만국의 사람들도 이런 논의를 모욕으로 여기지 않는다.

또한 이런 논의를 받아들이지 못한 채 자국이 서양보다 훨씬 우월하다고 억지로 과시하려는 자도 없다. 조금이라도 이치를 아는 자라면, 이치에 더 투철할수록 본국상황을 더 통찰할 수 있고, 본국의 상황에 더 밝을수록 또한 자국이 서구에 비해 한참 뒤쳐졌음을 인식하고 우려와 불안을 느끼게 될 것이다. 그래서 어떤 자는 서양을 모방하려고 하고 어떤 자는 자국을 서양과 비견할 수 있도록 하기 위해 분발한다. 아시아 각국에서 학식이 있는 자의 한평생 사업 또한 단지 여기에 있는 듯하다(수구적인 중국인들까지도 근래 들어 서양으로 유학생을 파견했으니 이로써 그 국가를 우려하는 심정을 알 수 있다). 그러므로 문명·반개화·야만이라는 이와 같은 논의는 세계적인 통론이며 세계 사람들에게 공인되었다.

후쿠자와 유키치의 문명론에 따르면, '야만'에서 '반개화'에 이르고 다시 '문명'에 이르는 것이 문명진화과정에서 반드시 경험하게 되는 서로 다른 단계이다.

후쿠자와의 문명론에는 선명한 진화론의 사상적 경향이 잠재해 있다. 그는 구미 각국을 가장 문명개화한 국가로 보고, 중국과 일본 같은 반개화 국가들이 배워야 할 대상으로 여겼다. 다윈(Charles R. Darwin, 1809~1882)의 진화론이 미국에 전래되었을 당시는 미국이 빠른 속도로 공업화를 추진하던 시대였기 때문에, 곧바로 대기업들이 '약육강식'의 이론적 기초로 변신했다.[54] 그런데 진화론이 일본으로 전래된 후에는 문명의 진화론으로 전화되고, 마침내 신흥 일본제국이 외부로 식민지 침략을 수행해야 한다는 이론적 기초로 변신했다. 후쿠자와의 진화론에 기초한 문명론은 바로 그가 제창한 "서양문명을 목표로 삼자"가 가져온 필연적 귀결이었다.

이상에서 서술한 바와 같은 문명진화의 단계론을 전제로 하면, 후쿠자와가 왜 대만에 대해 제국주의적인 주장을 했는지를 이해할 수 있을 것이다. 후쿠자와의 입장에서 보면, 그가 일본 국내에서 제창한 자유와 민권은 일본보다 문명이 낙후한 대만에는 적용되지 않는다. 뿐만 아니라 문명이 상대적으로 앞선 일본이 상대적으로 뒤진 대만을 식민통치하고 개발하는 것이야말로 도리어 역사발전과정에 부합했던 것이다.

나이토 코난의 문명발전에 대한 관점은 후쿠자와 유키치와 약간 차이가 있다. 나이토 코난은 문명의 발전이 '때[時]'와 관련이 많다고 주장하면서 "황하黃河와 낙수洛水가 마르자 관내關內의 교화가 성해졌고, 북방의 문물이 쇠락하자 남방의 인문이 번영하게 된 것은 시대의 운명이었던 것이다. 이집트, 시리아, 인도, 페르시아, 그리스, 로마가 연이어 흥기한 것도 각각 그 시대의 운명이었던 것이다"[55]라고 말했다. 그는 메이지유신의 성공을 거쳐 일본이 이미 유럽을 대체해 흥기하여 세계 신문명의 중심이 되었다고 생각했다.

'나이토사학'의 학술세계에서 나이토는 중화문명을 숭상하고 10세기의 당·송 시대가 중국 근세사의 발단[56]이라고 주장했다. 하지만 그가 주장하는 중국의 '근세'는 실은 근대 유럽사를 참고로 해서 세워진 것이다. 뿐만 아니라 그가 제기한 중국 근세의 각 역사적 표준도 모두 근대 유럽의 발전을 전범으로 삼았다.[57] 그러므로 나이토의 세계관과 사학세계는 바로 후쿠자와가 말했던 "서양문명을 목표로 삼자"란 핵심논의를 바탕으로 했다고 할 수 있겠다.

이 부분에서 논한 바를 종합해보면, 후쿠자와 유키치, 나이토 코난과 같은 19세기 말의 일본 지식인은 모두 전형적인 근대 서양문명을 모범으로 삼았다. 그들은 근대 서양의 문명진화 관점을 수용하고 이에 기초하여 일본의 대만 문제 처리에 대한 자신의 입장을 논했던 것이다. 그 결과 마침내 본인들이 일본제국주의 이데올로기의 공범자가 되고 말았다. 하지만 그러한 사실을 깨닫지 못했으니 참으로 애석한 일이다!

5. 맺음말

본고는 19세기 말 일본 외교관 한 명과 유명한 일본학자 두 명, 이렇게 세 일본인이 대만에 대해 발표한 각종 언론기사들과 그들의 사상이나 이론적 바탕에 대해서 검토해보았다. 그들이 대만에 관해 발표한 논술을 분석한 결과, 이 세 일본인이 모두 제국주의사상과 거의 같은 경향을 드러내고 있다는 사실을 알 수 있었다. 그들은 모두 대만의 토지를 점령하고 대만인을 부리고 동화시켜야 한다고 주장했다. 세 사람 중에서도 특히 후쿠자와 유키치의 주장은 제국주의 색채를 가장 농후하게 띠고 있었다. 후쿠자와는 대만을 '무인도'로 간주하고 처리해야 한다고 주장했는데, 이러한 그의 대만론은 그가 일본에서 강력하게 제창했던 '자유'와 '평등' 등 신문명의 가치관에 철저히 위배되는 것이었다.

본고에서는 또한 후쿠자와 유키치와 나이토 코난의 대만에 대한 논술의 사상적 배경을 검토했다. 두 지식인은 모두 근대 서양을 모범으로 삼았으며 서양을 문명진화의 최고봉으로 여겼다. 그들은 문명진화에 여러 단계가 있다고 여겼기 때문에 문명이 비교적 고급인 일본이 비교적 저급인 대만을 노예로 부릴 수 있다는 자신들의 주장을 합리화했다.

이를 통해 근대 일본 지식인들이 서양 근대문명의 세례를 받았을 때 중대한 맹점을 내포하고 있었음을 알 수 있다. 이는 결국 그들을 일본제국주의 이데올로기의 최선봉으로 전락시켰다.

제3장

일제강점기 대만 지식인의 중국대륙 경험

조국의식의 형성과 그 내용 및 변화

1. 머리말

1895년 청나라는 청일전쟁에서 패배하고 대만을 일본에 할양했는데, 이것이 대만 근대사에 있어서 전환점이 되었다. 1895년에 대만이 일본에 할양되고부터 1945년 광복을 맞이할 때까지 51년간 대만인들은 일본제국주의 식민지정부의 지배를 받으면서 이른바 '대만 내의 융합'이라는 슬로건 아래 이민족의 학대를 받아왔다. 따라서 대만인들의 정신세계에서 중국대륙을 조국으로 간주하는 이른바 '조국의식祖國意識'은 일제강점기에 급속히 성장했다. 많은 대만 지식인도 중국대륙이란 고향으로 돌아간다는 꿈이 이루어지기를 기원했다.

하지만 그들이 '조국'의 땅을 밟자마자 고향에 대해 가졌던 꿈은 산산이 부서졌으며 스스로 중국과 거리를 두게 만들었다. 특히 광복 초기에 국민당정부로부터 '수탈'을 경험하면서 그러했다. 이러한 조국의식의 형성과 변화의 과정은 근대 대만정신사의 중요한 구성요소다.

본고에서는 근대 대만정신사에서 조국의식의 형성에 대해서 검증하고 그 내용을 밝히며 또한 그 변화요소를 분석하기 위해 이하 세 가지 문제점을 중심으로 검증하고자 한다.

> 첫째, 일제강점기 대만인의 조국의식은 어떻게 형성되었는가?
> 둘째, 일제강점기 대만인의 조국의식의 내용은 어떤 것이며, 그 내용 및 특성은 어떤 문제점을 내포하고 있었는가?

셋째, 대만인의 조국의식의 변화에서 그 핵심이 되는 것은 무엇인가?

본고에서는 제1절에서 전체 취지를 서술하고, 제2절에서는 첫 번째 문제를 검증하며, 제3절에서는 두 번째 문제를 분석하고, 제4절에서는 세 번째 문제를 연구하며, 제5절은 결론 부분으로 여기서 전체 문장의 논점을 총괄한 다음 필자의 의견을 개진하고자 한다.

일제강점기 대만인의 정신사 연구에 관한 자료는 너무 많고 그 유형도 다양하다. 본고에서는 주로 이미 출간된 여러 종류의 개인회고록, 구술역사Oral history 기록 및 일기 등과 같은 1차적 사료를 이용하여 일제강점기 일부 대만 지식인의 정신세계에서 두드러진 현상을 살펴보고자 한다.

2. 일제강점기 대만인의 조국의식의 형성

명·청 시기 이래로 복건福建과 광동廣東지역으로부터 대만에 이주한 중국인들은 본래 중국대륙을 '고향'으로 간주했다. 하지만 1895년 일본이 대만을 통치하게 된 이후로 대만인들의 조국의식은 나날이 강렬해지게 된다. 여기에는 복잡한 역사적 배경이 있는데, 그 주된 원인이 다음 두 가지다. 첫 번째는 대만인들이 일제의 식민통치로 인해 민족의식이 자연스럽게 고양된 것으로, 이는 정치적인 요인이다. 두 번째는 대만인들이 한漢민족이라는 문화정체성에 의해 형성된 역사문화의식으로, 이는 문화적인 요인이다. 이제 당시 사람들이 남긴 1차적 사료를 인용하면서 이상 두 가지 논점에 대해서 서술하자고 한다.

1) 식민통치로 인한 억압

일제강점기 대만 지식인의 민족의식이 일본인들의 억압으로 인해 생겼다는 사실은 당시 지식인 예룽중葉榮鐘, 작가 우줘류吳濁流, 의사 겸 작가 우신룽吳新榮, 중국대륙에서 상업활동을 하고 있던 우싼롄吳三連 등의 경험과 그들의 회고록을 통해서 알 수 있다.

예룽중은 일제강점기 대만의 대지주이자 저명인사였던 린셴탕林獻堂을 추종하고 있었다. 그는 어릴 때부터 연장자들로부터 들어왔던 "당산

(唐山, 중국대륙)의 중국에는 산이 끝이 없다네[唐山山長長]"라는 인상과 자신이 일본인들에게 차별을 받고 끓어올랐던 감정을 회상하면서 다음과 같이 말했다.[1]

[……] 우리들의 조국관과 민족의식은 일본인들에게서 받은 차별 및 유린과 억압으로 인해 빚어진 것이다. 그들의 차별로 인해 대만인들은 이른바 '일시동인一視同仁'이라는 동화주의가 완전히 기만이며 허위라는 것을 알게 되었다. 일본인들의 유린과 억압 때문에 우리는 조국에 대해서 강열한 구심력을 갖게 되었다. 이것은 마치 아이가 누군가에게 시달림을 당할 때 자연스럽게 울면서 어머니를 부르는 것과 같은 것이었다.

일본인들은 온갖 수단을 동원하여 대만인들을 동화시키려고 했다. 하지만 진정한 동화는 곧 완전한 일본인으로 바뀌게 하는 것인데, 그들 또한 꼭 그렇게 되기를 바라는 것은 아니었다. 그들은 다만 대만인들이 조국을 잊도록 만들고, 대만인들을 이른바 '모국'의 일본인보다 좀 뒤떨어진 인간으로 만들려는 식민殖民을 실행한 것에 불과했다. 그들의 정부정책이나 개인적인 행위는 정반대의 방향으로 나아갔다. 그들의 차별이나 기만이야말로 대만인들의 조국관과 민족의식의 모종에 가장 효과적인 화학비료를 주어 그 작은 모종을 확고한 모습으로 성장시키는 것과 다를 바가 없었다.

그러나 나처럼 일제강점기에 태어난 사람들은 조국에 대해 막연한 관념밖에 없었다. 손으로 직접 잡을 수도 없고 발로 밟을 수도 없는 존재라서 현실성이 없었다. 따라서 우리는 항상 마음속으로 언제가 조국의 실체에 맞닿을 수 있는 그날이 오기를 학수고대하고 있었다.

여기서 예룽중은 같은 세대의 대만인들이 걸어온 마음의 역정을 회상하고 있다. 동시대 대만인들은 대만 할양 이후에 태어나 조국의 땅을 밟아본 적이 없으며, 조국의 자연을 본 적이 없고, 대륙에 혈족이나 친척도 없다고 한다. 따라서 문자로 배운 역사나 전통문화를 제외한다면 사소한 관련도 찾아낼 수 없기 때문에 조국은 다만 관념상의 산물에 불과하며 경험적인 실감이 없다고 토로하고 있다. 그러나 이들은 뜨겁고 강한 구심력을 갖고 있으며, 그 힘이 바로 '민족정신'이었을 것이라고 말하고 있다. 일제강점기 대만인들에게 그 관념상의 조국은 역사적인 문자로 구성된 것이었다.

예룽중의 회고에 의하면, 그들이 일본인들의 억압에 저항했을 때 일본인들은 이구동성으로 "너희들이 일본국민이 되고 싶지 않다면 중국에 돌아가라!"고 위협했다. 일본인들의 억압이 강하면 강할수록 대만인들의 조국을 사모하는 마음도 더욱 분명해졌다. 그는 만약 일본인이 이 50년의 통치기간 동안 이른바 '일시동인一視同仁' 정책을 착실히 실행하면서 차별하지 않고 속이지 않았다면, 대만인들의 민족의식이 이처럼 강렬해지지는 않았을 것이라고 여겼다. 왜냐하면 언어·글자·풍속·습관에서부터 역사문화에 이르기까지 이들에게는 민족적 유대가 있었을지언정, 가장 중요한 것은 오히려 통치자와 피통치자의 이해가 일치되고 기회가 균등하게 유지되는가라는 문제였기 때문이다.[2]

예룽중은 이 회고에서 대만인들의 조국의식은 일본인의 식민정책으로 인해 생겨난 것으로 보고 있다. 이런 관점은 일제강점기 대만에서 작가로 활동했던 우줘류에게서도 보인다. 그는 당시 대만인들의 '조국애'를 다음과 같이 회상하고 있다.[3]

예룡중

눈으로 볼 수 없는 조국애는 물론 관념이지만, 상당히 미묘한 것이라서 항상 인력처럼 내 마음을 끌어당겼다. 마치 부모를 잃은 고아가 알아보지도 못하는 부모를 그리워하는 것처럼 되었다. 그 부모가 어떤 부모인지에 대해서는 생각해보지 않고, 오로지 그리운 마음으로 사모하여 어떻게든 부모 슬하에 있기만 하면 곧 따뜻하게 살 수 있으리라 여기는 것이다.

일종의 본능과 비슷한 감정으로 조국을 사랑하고 조국을 사모했다. 이러한 감정은 오직 경험해본 사람만이 알 수 있다. 아마도 이민족이 통치하는 식민지 백성을 경험한 사람 외에는 이해할 수가 없을 것이다.

일제강점기에 타이난臺南 옌수이塩水의 의사 우신룽이 쓴 일기에서도 예룽중이 말하는 조국애를 확인할 수 있다. 당시 많은 대만 지식인들처럼 우신룽 또한 일본의 중국침략전쟁에 직면하여 눈앞에서 일본제국주의자들이 중국대륙을 유린하는 것을 보면서 갑자기 마음속에 중국대륙을 걱정하는 감정이 끓어올랐다. 중일전쟁 기간에 우신룽이 쓴 일기에는 그런 감정이 많이 나타나고 있다. 우신룽은 중국이 사분오열되는 국면을 눈앞에 대하면서 한漢민족이 찢겨나갈 것 같은 위기감을 강하게 느꼈다. 그가 보건대 당시 중국은 다음과 같은 상태였다.[4]

베이징北京은 왕커민(王克敏, 1879~1945)을 중심으로 '중화민국임시정부'를 조직하고 허베이河北, 산시山西, 산둥山東, 허난河南의 각 성을 통치하고 있었다. 쑤이위안綏遠에서는 더왕德王이 '몽고연맹자치정부蒙古聯盟自治政府'를 만들고 내몽고를 통괄하고 있었다. 그에 앞서 청나라의 유신 정샤오쉬(鄭孝胥, 1860~1938)는 '만주제국정부滿州帝國政府'를 세우고 동북 3성을 통치하고 있었다. 또한 쿠룬庫倫에서는 '외몽고공화국外蒙古共和國'이 독립했다. 아, 슬프도다! 우리 중화민국은 사분오열되었으니 만약 위대한 인물이 출현하지 않는다면 우리 한민족은 강권에 찢겨나가고 각지가 독립해서 전란이 끊이지 않을 것이다.

이러한 위기의식 속에서 우신룽은 당시 중국의 정치지도자에게 큰 기대를 걸었다. 우신룽은 일기에 이렇게 썼다. "어젯밤 경보가 올리고 우한武漢이 함락되었다는 소식이 전해졌다. 중국의 심장이 강탈된 것이다. 이에 앞서 머리 부위에 해당하는 난징南京지방과 양팔에 해당하는 베이징과 광둥廣東도 잃어버렸다. 중국에는 겨우 간쑤甘肅·산시陝西, 윈난雲南·구이저우貴州 양다리가 남았을 뿐이니 앞으로 어떻게 유지해나갈 수 있을 것인가? 일본은 쿠빌라이칸이나 누르하치처럼 이미 중원을 정복하고 있는데, 과연 장제스(蔣介石, 1887~1975)에게 악비岳飛나 정성공鄭成功과 같은 기개가 있는 것일까?"[5] 우신룽은 장제스에 대해서 한민족의 영웅인 악비나 정성공과 같은 인물이기를 기대하고 있었다. 그는 대만에 있으면서도 중국대륙에 큰 관심을 가지고 있었다. 예컨대 그는 1947년 12월 21일 미국 작가 펄 벅(Pearl S. Buck, 1892~1973)의 작품 『대지』를 읽은 후 비참한 중국의 농촌과 농민들에게 끝없는 동정을 품고 "오직 중국의 독특한 혁명방식만이 중국의 복잡한 문제를 해결할 수 있을 것"[6]이라고 생각했다.

일제강점기 대만인들의 조국의식은 주로 일본 식민통치의 자극으로부터 생긴 것이다. 타이중臺中 칭수이淸水 출신의 양자오자楊肇嘉도 이러한 사실을 인정하고 있다. 그는 일제강점기를 되돌아보면서 다음과 같이 말했다.[7]

양자오자

대만에서는 일찍이 몇 가지 중국어 신문을 출판하고 있었다. 그런데 1936년에 일본의 중국 침략계획이 최고조에 달하자 모두 발행금지 조치가 취해졌으며, 중국어를 가르치는 학교도 모두 폐쇄되었다. 하지만 민족정신은 억압할 수 있는 것이 아니었다. 대만인들은 줄곧 자기의 언어와 문자를 사용하였고, 많은 시사가 계속해서 활동하고 있었다. 공개되지 않은 학교도 많았으며 서당도 여전히 유지되고 있었다. 각지에는 남관南管·북관北管과 같은 음악단체가 여전히 존재하였고, 심지어 술집 기생도 여전히 중국노래를 부르고 있었다. 뿐만 아니라 그들은 노래만 팔고 몸은 팔지 않는다고 주장하면서 일본인한테 모욕당하는 것을 싫어했다. 극소수 사람들이 일본인을 상대로 돈을 벌었는데 이런 사람들을 '판자이지(番仔雞, '番仔'는 일본인, '雞'는 몸을 파는 여자의 비유, 곧 일본인에게 몸을 파는 여자라는 뜻—역자 주)'라고 불렀다. 그리고 아주 극소수가 일본인한테 시집가서 그들의 처가 되었는데, 이런 사람은 '판자이주간(番仔酒矸, 酒矸은 술병으로, 여기에 섹스의 의미를 부여한 매우 감정적인 속어—역자 주)'이라고 불리며 무시당하는 등 대만에서 발을 붙일 수가 없었다.

한편 양자오자는 젊었을 때 일본에 유학을 갔는데 때마침 도쿄에서 다이쇼박람회大正博覽會 준비가 진행되고 있었다. 그는 친구에게 청탁을 해서 '중일교통회中日交通會'에서 도쿄를 방문하는 중국 관원을 안내하는 아르바이트 일을 맡게 되었다. 양자오자는 그 일을 하는 기간에 박람회를 관람하는 지위가 높은 중국인들을 많이 만났다. 그들은 양자오자의 처지를 동정하고 적지 않게 부조해줬으며, 기회가 되면 조국 대륙에 한번 다녀오라고 권하면서 "조국은 바로 자네와 같은 대만 청년이 가서 일하고 국가건설에 참여하는 것이 필요하다네"라고 말했다. 이와 같은 말은 양자

오자에게 강한 인상을 주었으며, 그의 민족의식을 싹트게 했다.[8]

일제강점기에 일본에 저항하다가 체포되어 투옥된 중이런鍾逸人도 옥중에서 같은 박해를 당한 벗들을 회상하면서 다음과 같이 말했다. "그가 중국인이라는 사실을 알게 되었을 때 내 가슴속에 일종의 동포애와 연민의 감정이 자연스럽게 일어났다. 자주 그를 데리고 나가 '수리修理'와 고문拷問을 행하는 그 '특고特高'에 대한 분노와 증오 때문에 나는 오랫동안 마음의 평정을 찾을 수가 없었다."[9] 이러한 예는 무수히 많다. 이렇게 일제강점기 대만 지식인들의 조국의식은 대부분 일제의 식민통치로 인해 일어난 것이었다.

2) 한문화의 정체성

일제강점기 대만 지식인의 조국의식의 두 번째 요소는 한문화의 정체성으로 인한 것이다. 다음과 같은 우쮀류의 표현이 이런 문화정체성에 바탕을 둔 조국의식을 잘 설명해준다.[10]

> 대만인은 이러한 치열한 향토애를 가지고 있는 동시에 조국애도 가지고 있었다. 조국을 사모하고 그리워하는 애국심은 누구나 가지고 있다. 하지만 대만인의 조국애란 청나라를 사랑하는 것이 아니었다. 청나라는 만주인의 나라이지 한인漢人의 나라가 아니다. 청일전쟁은 만주인이 일본인과 싸우다가 패배한 것이지 한인이 패배한 것이 아니다. 대만이 일시적으로 일본에 의해서 점유되었더라도 언젠가는 수복될 것이고, 한민족漢民族은 반드시 다시 부흥

해서 자기 나라를 건설할 것이다. 노인들은 꿈속에서도 언젠가는 한군漢軍이 와서 대만을 구제해줄 것이라고 굳게 믿고 있었다. 대만인의 마음속에는 '한漢'이라는 아름답고 위대한 조국이 존재하고 있었다.

우쒀류는 일찍이 이런 문화정체성에 바탕을 둔 조국의식을 고아가 부모에 대해 가지는 감정에 비유했다.[11] 우쒀류는 자기가 경험한 한평생을 회상하면서 다음과 같이 말했다.

당시 항일전쟁은 자발적인 것으로 조직이나 체계가 있었던 것이 아니다. 횡적인 연락망도 없었으며 또한 종적인 체계도 없었다. 또 사람들의 선전이나 선동으로 인해 봉기한 것도 아니다. 대만인들은 무의식적으로 이 땅을 우리 조상들이 개척한 곳이며 자손들이 그것을 지켜야 하는 의무가 있다고 생각하고 있었다. 우리 조상들이 많은 고생과 노력으로 건설해온 마을은 한 치의 땅에도 선조들이 흘린 땀과 피와 눈물이 배어 있다. 그 마을을 지키기 위해 전염병이나 원주민 또는 외부의 적과 싸워서 희생된 사람들이 적지 않다.

현재 의민묘義民廟에 모셔진 영혼은 모두 마을을 지키기 위해 싸우다가 돌아가신 영웅들이다. 대만인들은 이들을 '의민의 아버지'라고 부르면서 우리 아버지와 같은 존칭으로 호칭하고 있으며, 이들의 영혼을 위해 해마다 막대한 자금을 들여 성대한 제전을 거행하고 있다. 이런 의민묘의 정신이 자연스럽게 대만인들의 핏속으로 흘러들었으며, 자신의 마을을 지키는 것이 자신의 의무라는 관념이 무의식적으로 핏속에 섞여 있었다. 그런 정신이 있었기 때문에 외적이 나타나면 그것이 자연스럽게 발로되는 것이다. 그래서 일본군이 왔다는 것만으로 곧 항일감정이 일어났으며 항일사상이 생기고 항일행동으로 나

타나 스스로 항일전선에 참가하여 싸운 것이었다.[12]

 우쪄류가 말하는 대만인들의 조국애의 대상은 역사상의 '한족'이지 청나라가 아니다. 그러나 이러한 조국애는 잠재적으로 이상과 현실의 괴리를 내포하고 있었으며, 심지어는 문화정체성과 정치정체성 사이의 모순이기도 했다.

3. 일제강점기 대만인의 조국의식의 내용 및 그 문제점

일제 식민통치 하에서 대만 지식인들의 조국의식의 사상적 내용은 어떤 것이었을까? 첫째, 한 마디로 말한다면 당시 대만 지식인의 마음속에 잠재하고 있었던 조국의식의 구체적인 내용은 대만과 중국대륙을 기계적인 관계가 아니라 유기적인 관계라고 파악하고, 중국대륙이 대만의 문화적인 발원지라고 생각하는 것이다. 둘째, 하지만 그런 조국의식의 사상적 내용은 추상적·심리적으로 구축된 것으로 일종의 구체적·현실적인 존재가 아니다. 셋째, 따라서 대만인들이 조국의식에 사로잡혀서 중국대륙에 가게 되면 이상과 현실의 낙차 또는 모순을 강하게 느끼게 된다. 그러면서 고향에 가졌던 기대가 실망으로 변하고, 심지어는 그 꿈이 깨지게 된다. 이제 사료를 인용하면서 이상 세 가지 주요 논점에 대해서 논증하고자 한다.

1) 대만과 중국대륙과의 유기적인 관계

일제강점기 많은 대만인들은 대만과 중국대륙의 운명이 일종의 유기적으로 관련된 총체라고 생각하고 있었다. 그런 의식을 구체적으로 설명할 수 있는 하나의 사례로는 1925년에 대만인 학생이 베이징에서 조우한 사실을 들 수 있다.

1925년 3월 12일, 쑨원(孫文, 1866~1925)이 서거하자 군벌 돤치루이(段

祺瑞, 1865~1936)는 선후회의(善後會議, 쑨원이 창도한 국민회의에 대항하기 위해서 돤치루이가 일본제국주의의 지지 아래 1925년 베이징에서 소집한 회의─역자 주)를 열고 이 회의에서 각국과 맺은 조약을 승인하는 문제를 결정하기로 했다.

이때 타이중臺中 타이핑좡太平庄 출신의 린林씨 성을 가진 어떤 인물이 돈으로 대만 대표의 자격을 얻어 참가하려고 했다. 그러자 베이징지역의 대만인 학생들은 베이징대학에서 회의를 열어 양자오자를 주석으로 삼고 린씨가 선후회의에 참석하는 것을 저지하기로 결정했다. 하지만 곧이어 양자오자가 밤길에 자객에게 습격을 당해 입원하게 되었다. 그런데 양자오자는 이 사건을 조사하러 온 일본 경찰에게 린씨가 돤치루이의 회의에 참석하지만 않는다면 소송을 제기하지 않겠다고 말했고, 결국 린씨는 회의에 참석하지 않았다. 양자오자는 당시 대만 학생들의 생각을 회상하면서 다음과 같이 말했다.[13]

> 베이징에 있던 대만인 학생들은 대만의 운명을 조국의 운명과 결부시켜 조국에 의지해서 대만을 되찾아야 된다고 주장했으며, 조국의 건설에 참가하는 것이야말로 대만을 구하는 길이라고 생각하고 있었다. 이런 생각이 매우 확고했기 때문에 학문에 매진하는 사람들 중에는 생각을 바꿔 무예를 익히는 자도 있었다. 대만인 쑤샤오원蘇紹文, 왕민닝王民寧과 같은 이는 베이징대학에서 군인으로 전신하여 조국의 항일전쟁 중 군사적 측면에서 상당한 공헌을 했다.

이러한 생각은 결국 대만 해방의 바람직한 길이 곧 강한 중국을 건설함에 있다는 주장과 같은 것이다. 이처럼 대만과 중국대륙이 생사고락을 함께한다고 여기는 조국의식은 문화적 정체성을 바탕으로 하고 있다. 그런 문화적 정체성의 근원은 오래된 것으로, 명·청시대부터 대만에 이주해온 사람들의 공통된 인식이었다.

일제강점기 초기 대만의 부호인 리춘성(李春生, 1838~1924)은 일본이 대만을 점령하기 한 해 전(1894)에 편찬한 『주진신집主津新集』에서 그와 같은 문화적 정체성을 분명하게 표명하고 있다. 그는 "단지 함께 중국에서 태어났기에 선조의 묘를 소중히 지키면서 회피하지 않고 목숨을 걸고 천도天道를 위해 싸웠다"[14]라고 말했다.

또 그는 다음과 같이 말하기도 했다. "소생은 중국에서 태어나서 진심으로 기쁘고 또한 중국의 문화에 경복하고 있다. 이곳은 문명이 발달했다는 땅으로, 그 인민들은 예의를 알고 벼슬아치는 도리에 통달해 자신과 집안을 잘 다스리고 국가를 위하고 백성을 보호하라는 가르침을 행한다. 하지만 천도가 결여되었기 때문에 나는 그 원류를 찾고자 하느님을 공경하여 받들게 되었고 또 그 은총을 받았다. 기독교의 가르침이 중국에 전해진 이래 이미 많은 세월이 지났지만, 사람들은 이것을 돌아보지도 않을 뿐만 아니라 온갖 수단을 써서 이를 비방하고 쫓아내려고 한다. 오히려 불교에 경도되어 하느님의 진리를 적으로 간주하니 이것은 도대체 어떤 마음에서일까?"[15] 리춘성은 비록 외래의 기독교를 믿고 있었지만 '함께 중국에서 태어나', '중화문명에 경복'한다는 등 중국의 문화에 대해서 동경의 생각을 품고 있었다. 이와 같은 문화적 정체성으로 인해 일제강점기 대만 지식인이 중국대륙을 여행할 때 '피는 물보다 진하다'라는 감정이 끓어올랐던 것이다.

예룽중은 중국의 동북지방 안둥시安東市의 길가에서 장애인이 혼자서 악기를 연주하면서 경곡京曲을 노래하는 소리를 들었다. 그 선율은 처량하고 애처로웠지만 노래하는 모습은 차분했다. 그는 당시 심경을 이렇게 회상했다.[16]

> 나는 그 사람에게 완전히 매료되었다. 나는 경곡의 음조를 전혀 몰라서 잘하는지 못하는지 판단할 수 없는데도 오히려 마음속에서 강한 공명이 생긴 것이었다. 어떤 작용으로 인한 것인지는 모르겠지만 그저 감격하고 동경하는 마음이 생겼으며, 하마터면 눈물까지 흘릴 뻔했다. 당시 나는 내가 왜 그런 반응을 했는지 되돌아볼 여유가 없었다. 사실 이것은 가치판단의 문제가 아니고 사상이나 이상의 문제도 아니다. 굳이 말하자면 '피의 공명'이라고 말할 수 있을 것이다.

여기서 '피의 공명'은 한 대만인이 처음으로 중국대륙에 갔을 때의 심정을 단적으로 표현한 말이다. 이는 한문화에 대한 문화적 정체성에 바탕을 둔 것으로, 이를 통해 1945년 8월 15일 일본이 항복하자 대만인들은 미칠 듯이 기뻐하면서 중화문명의 부활을 반긴 것이다. 1947년 7월 31일 우신룽은 광복의 기쁨에 열광하는 분위기 속에서 자신의 가족을 위해 '조보祖譜'를 편찬하고 또한 "향을 피우고 꽃을 받들고 조상의 영전 앞에 보고"[17]하였다. 게다가 자기 다섯째 아들에게 위대한 중국[夏]이 통일되었다는 의미를 담아서 '샤퉁夏統'이라고 이름을 지었다.[18]

한문화에 대한 정체성이 근저에 있었기 때문에 일제강점기 대만 지식인들은 대만과 중국이 기계적으로 대항하는 관계에 있다고 생각한 적이 없었다. 그래서 우신룽은 항일전쟁 기간 중인 1940년 4월 10일의 일기에서 "여가가 있으면 좀 더 독서를 하고 싶고, 장래에는 세 가지 큰 소원을 이루고 싶다. 첫 번째는 주택의 건립, 두 번째는 자제의 교육, 세 번째는 세계일주이다. 이것이 내 평생의 사명이자 목표이기도 하다. 그리고 마지막 희망은 중국대륙에 뼈를 묻는 것이다. 이러한 이상을 달성하기 위해 행동으로 실천해야겠다"[19]라고 기술하고 있다. 중국대륙에 묻히는 것, 이것이 중일전쟁이 한창이던 때 일제 식민통치 하에 있던 대만 남부의 지식인 우신룽의 소원이었다.

게다가 우신룽은 전후 1950년 6월 29일의 일기에서 다음과 같이 걱정하고 있다. "대만 미래의 운명이 조국에 심각한 영향을 미치지 않을까 심히 우려된다. 우리는 대만이 대만인의 대만이며, 또한 중국인의 대만이기도 하다고 영원히 주장하며, 이러한 주장을 위해 나는 내 일생을 바치고자 한다."[20] 이처럼 대만과 중국대륙은 끊으려고 해도 끊을 수 없는 존재로 생사고락을 함께한다는 생각이 일제강점기 대만 지식인들의 보편적인 인식이었다. 이것이 곧 당시 대만인들의 조국의식의 핵심적 개념이다.

2) 조국의식의 추상적 심리구조

하지만 여기서 반드시 지적해야 할 점은 일제강점기 대만인들의 이와 같은 조국의식이 추상적인 심리구조이며, 그 기초에 있어서 구체적인 현실이 결여되어 있었다는 것이다. 예룽중의 말처럼, 이런 조국의식은 "역사라는 글자로 구성되었다"[21]는 점에 연유한다. 우줘류가 말하는 일종의 "이 눈에 보이지 않는 조국애는 [……] 일종의 본능과 비슷한 감정"이다.[22]

중리허(鍾理和, 1915~1960)가 친구인 우젠츄吳劍秋로부터 항일전쟁 중 대륙의 피점령지에서 소금 구매에 관한 경험을 들었을 때, 그를 격노하게 했던 '중국인의 감정'[23]인 것이다. 이러한 조국의식은 이성보다 감정이 강하고, 추상적이며 실체가 없다.

3) 이상과 현실의 낙차

일제강점기 대만인들의 조국에 대한 형상은 일종의 역사적인 것이며, 현실적인 것이 아니라 일종의 이상이며, 실제적인 것이 아니었다. 따라서 그들이 중국대륙을 처음 밟게 되면 곧바로 이상의 중국과 현실의 중국 사이에 엄청난 낙차가 있음을 깨닫게 된다. 이에 대해서는 다음과 같은 우쭤류의 실제 경험을 통해서 확인할 수 있다.[24]

> 상하이에 상륙했는데 말을 전혀 알아듣지 못했다. 비록 자신의 조국이었지만 완전히 외국과 같은 느낌이었다. 〔……〕 난징南京행 기차는 무척 복잡했다. 승객들이 길게 늘어서서 엄격한 검사를 받고 있었다. 나는 일본 국적이어서 다른 검사구에서 여권을 보여주자 곧바로 통과되었으며 짐 검사도 받지 않았다. 상하이역은 폭격을 받아 파괴되었고 그 자리에 임시로 간단하게 막사가 설치되었다. 철도의 폭이 넓고 차량은 대만보다 컸다. 모든 승객들은 많은 짐을 가지고 있었고, 짐이 없는 승객은 아주 드물었다. 길가의 정거장도 모두 임시 막사로 얼마 전에 격렬한 전투가 있었음을 알 수 있었다. 보이는 것은 모두 황량하여 번화한 상하이에 비하면 전혀 다른 세상이었다. 상하이는 역시

나 세계열강들이 모인 착취의 중추지라서 은행·회사 등의 고층건물이 많았는데, 특히 건축물의 호화로움에 놀랐다. 하지만 조계지에 사는 외국인들은 과대망상에 빠져 잘난 척하면서 사람을 업신여긴다. 이러한 태도에 분개하지 않을 수가 없었다. 나는 단 3~4일간의 견문만으로 중국인의 비참함을 절실히 느꼈다. 홍수처럼 넘쳐나고 있는 매춘부들이나 거지들은 모두 살자고 하는 사람들의 비참한 모습이었다. 그와는 반대로 외국인들은 모두 폭군과 같은 횡포를 부리는 자들로 바로 지배자의 모습이었다.

대만인들의 고향에 대한 꿈은 원래 아름다운 동경이었지만, 조국의 땅을 밟자마자 돌아온 것은 오히려 믿을 수 없는 '중국인이라는 비참함'이었다. 이들이 이처럼 감정적으로 강한 충격을 받게 된 것은 고향의 아름다운 초원에는 있을 리가 없는 인간성의 타락이 그곳에 있었기 때문이다. 전쟁의 무정함이 인간성을 박살내버린 것일까? 아니면 옛날 제국의 잔해가 세월이 흐르면서 쌓인 결과였던 것일까? 우줘류의 생각은 초점을 잃었다. 그의 감정은 어찌할 수 없는 사념과 슬픔과 아픔이 복잡하게 교차했다.

우줘류는 '이상의 중국'과 '현실의 중국' 사이에 너무 큰 낙차를 느꼈다. 이것은 바로 일제강점기 대다수의 대만 지식인이 똑같이 경험한 것이었다. 가오슝高雄의 명문가 출신인 펑밍민彭明敏은 다섯 살 때 부모와 함께 상하이, 난징 등을 여행했던 당시를 회상하면서 다음과 같이 말했다.[25]

그때의 여행은 우리 부모님이 대륙의 중국인과 수십 년 동안 일본인에게 통치를 받아오던 대만인들의 생활여건을 비교할 수 있는 계기가 되었다. 물론 그들은 중국의 광활함에 강한 인상을 받았고, 조상의 땅에 대해서 향수를 느끼기도 했다. 하지만 사회발전·공업화·교육·공공위생 면에서 중국은 대만에 비해 아직도 개선되어야 될 점들이 아주 많다고 생각했다.

일제강점기 대만과 당시 중국과의 대비가 이처럼 선명했기 때문에 처음 대륙을 방문한 대만인들은 '이것이 조국인가?'라고 자문할 수밖에 없었다. 대만 루강鹿港 출신인 예룽중은 항일전쟁 시기 처음 중국 동북지방을 방문하고 느낀 점을 다음과 같이 토로했다.[26]

> 안둥安東 시가지는 꽤 번성하여 점포들이 늘어서 있었지만 대만과 같은 정자 간亭子間은 없었다. 안둥의 가게 규모와 간판은 30년 전에 고향의 루강에서 본 모습과 상당히 비슷했다. 나는 마음속으로 이것이 조국인가라고 자문했다. 이곳저곳 돌아다녔지만 오랫동안 마음속에 품어왔던 동경을 위로해줄 만한 것은 하나도 발견하지 못했다. 이처럼 오래된 도시의 모습은 내가 어릴 때 항상 보고 자란 것이어서 전혀 신기한 것이 아니었다. 길거리에는 왕래하는 사람이 많은데 그 속에는 적지 않은 일본인들이 있었으며, 일본인이나 백러시아인이 경영하는 상점도 많이 섞여 있었다.
>
> 이것이 조국인가라고 나는 자문해보았다. 고개를 가로 젓기만 할 뿐, 수긍하지 못했다. 솔직히 말하면 내 자신도 이것이야말로 조국이라고 판단할 만한 구체적인 영상을 머릿속에 갖고 있지 않았던 것이다. 하지만 내 마음속에서 눈앞의 광경에 대해 저항감이 생겼다는 것은 사실이었으며, 이것이야말로 나를 크게 실망시켰던 것이다.

'이것이 조국인가?'라는 커다란 질문이 바로 '이상'과 '현실'과의 낙차 속에서 조국을 열애해오던 대만 지식인들의 마음으로부터 도출된 문제였다.

예룽중이 본 동북지방의 대도시인 안둥시는 그에게 이와 같은 질문을 남겼다. 이러한 예는 예룽중뿐만 아니다. 예를 들면, 타이난臺南 출신으로 항일전쟁 중에 '만주국' 중앙은행에 근무하고 광복 후에 장화상업은행彰化商業銀行 이사장으로 부임했던 우진촨(吳金川, 1905~?)은 일찍이 장징궈(蔣經國, 1910~1988)가 주도하는 신생활운동新生活運動이 성대히 추진되고 있던 장시江西의 난창南昌을 방문했을 때 허위로 가득 찬 난창의 모습을 목격했다. 우진촨은 다음과 같이 회상했다.[27]

내가 난창에 있었을 때 조종사가 숙박하는 여관에 머물렀는데 그곳은 난창에서 최고의 여관이었다. 숙박절차를 마친 후에 보니 내 짐이 이미 누군가에게 수색을 당했는지 어지럽게 흩어져 있는 것을 발견했다. 잠시 후 메이지明治대학 학사의 명함을 갖고 있는 젊은이가 와서 나를 맞이해주면서 굳이 나를 데리고 이곳저곳 안내를 해주겠다고 나섰다. 솔직히 말하면 나는 그의 진의가 "보여주어도 되는 곳만 나를 안내하고, 보여주면 안 되는 곳은 내가 가볼 수 없다"라는 것으로, 오늘날의 대륙과 같은 것임을 알고 있었다.

당일 점심 때 나는 먼저 그에게 식사를 대접하고, 식사가 끝난 후에 쉬고 싶다고 하면서 그를 돌아가도록 했다. 그리고 그가 돌아간 후에 나는 혼자서 거리에 나가 그가 안내해주지 않은 곳을 돌아다녔다. 돌아보고 난 다음에야 나는 보아도 되는 곳과 보아서는 안 되는 곳 사이에는 약 십 년의 차이가 있음을 발견하게 되었다. 이른바 신생활운동은 단지 겉치레 활동에 불과한 것으로 철저하게 실행된 것은 아니었다. 겉은 신생활에 요구되는 수준을 유지하고 있었지만, 일단 시가지를 떠나면 차마 볼 수 없는 상황임을 나는 비로소 알게 되었다.

겉과 속의 불일치, 허위와 사기, 이것이야말로 일제강점기 대만인들이 목격한 '있는 그대로'의 중국대륙의 실제 상황이었다. 대만인들의 고향에 대한 꿈이 깨진 것은 예측할 수 있었던 필연적 결과였다.

4. 대만 지식인의 조국의식의 변화

전술한 바와 같이 일제강점기 대만 지식인의 문화적 정체성에 바탕을 둔 조국의식은 1945년 8월 15일에 대만이 광복하기 전의 일이다. 광복 전에 중국대륙을 방문한 적이 있는 대만인은 소수밖에 없었기 때문에 대만인들의 조국의식 속에 존재하고 있었던 '이상의 중국'과 '현실의 중국'의 낙차가 여전히 전면적으로 표면화되지는 않았다.

그렇지만 1945년 8월 15일 일본이 항복하고 대만이 광복을 맞은 후, 이전 일제강점기에 펄펄 끓어올랐던 조국의식은 곧바로 가혹한 현실에 직면하게 되었다. 예룽중이 쓴 "굴욕과 수치를 인내해온 지 50년, 오늘아침 광복을 맞았지만 오히려 쓸쓸하네"[28]라는 시구야말로 그런 변화를 잘 표현하고 있다. 이런 조국의식의 변천과정을 파악하기 위해 본 절에서는 다음 순서로 살펴보고자 한다.

첫째, 1945년 대만 광복 때 대만 지식인들이 '조국으로의 회귀'라는 기쁜 마음에 대해서 서술한다. 둘째, 국민당이 대만을 인수한 후 정부요원들의 부패 및 대만인에 대한 국민당정부의 멸시와 차별적 대우로 인해 대만인이 '이등국민'으로 전락한 결과, 대만인들의 조국의식이 급속히 변질되고 마침내 조국에 거리를 두게 된 점에 대해서 분석한다. 셋째, 광복 이후 국민당정부가 구체적인 대표가 된 '조국'에 대해서 대만인들이 품고 있었던 불만이 대만 '전범戰犯' 해석에서 남김없이 드러나고 있음을 논술한다. 이제 사료를 인용하면서 이 세 가지 점에 대해서 논하고자 한다.

1) 광복의 기쁨

1945년 8월 15일의 대만 광복은 당시 대만인들에게 개벽과 같이 경사스러운 일이었다. 대만인들은 모두 흥분하여 "처참하고 고통에 찬 세상이 물러가서 기쁘고, 중화민국의 세상이 오는 것을 보게 되어 통쾌하다[喜離淒風苦雨景, 快睹靑天白日旗]"라고 생각하지 않는 사람이 없었다. 우싼롄 吳三連은 그때 톈진天津의 허펑항合豐行에 체재하고 있었는데, 일본이 항복했다는 방송을 듣고 대단히 흥분했다. 그는 당시 가졌던 기대를 다음과 같이 표현했다.[29]

> 항일운동가의 한 사람으로서 나는 승리에 대해 나만의 환상을 품고 있었다. 나의 첫 번째 환상은 재빨리 대만에 돌아가서 이 눈으로 대만총독부에서 일본 국기가 내려지고 중화민국 국기가 천천히 게양되는 장면을 보는 것이었다. 두 번째 환상은 저 횡포한 짓으로 우리 대만동포들을 짓밟아온 일본인들이 대만인들에게 참회하고 사과하는 모습을 보는 것이었다. 특히 1936년 타이중 주지사의 시정기념일 술자리에서 린셴탕林獻堂이 단지 이전에 중국을 조국이라고 여겼다는 것만으로 따귀를 때린 그런 일본인은 반드시 대만인들에게 사과하도록 해야 한다. 세 번째 환상은 일본인들이 달아난 후 전체 대만의 우수한 인재들을 효율적으로 결집시켜 대만을 건설하는 것이었다.

중국대륙에 있었던 우싼롄은 대만의 광복을 미칠 듯이 기뻐했으며, 미래 설계에 대해 많은 환상을 품고 있었다. 대만에 있었던 중이런鍾逸人은 8월 15일에 처음 중화민국 국기를 본 것을 다음과 같이 더욱 감동적으

대만광복경축대회

로 표현했다.[30]

드디어 나는 오랫동안 갈망하면서 마음 깊은 곳에 숨겨오던 조국의 상징 곧 중화민국의 국기를 봤다. 나는 시계가게 앞 보도에 서서 혼자서 소리 없이 머리를 들어 그 깃발을 오랫동안 응시하고 있었다. 나는 마침내 마음속의 흥분을 억누르지 못하고서 가게에서 나온 노인에게 표준 중국어로 물어보았다. "이 깃발은 이 가게의 것입니까? 저에게 팔지 않겠습니까?" 그 노인은 '팔겠다'는 표시로 고개를 끄덕이면서 다소 심한 푸저우福州 사투리로 '십 원'이라고 말했다. 내가 곧 오십 원짜리 지폐 한 장을 꺼내 건네주자 노인은 잔돈 사십 원을 돌려주려고 했다. 내가 '필요 없다'라는 표시로 고개를 가로저어 보이면서 몸을 돌려 그곳을 떠나려고 했을 때 그 노인은 허리를 굽히고 몇 번이나 나에게 인사를 하는 것이었다.

이와 같이 마음속에 조국을 품고 있었던 청년 중이런은 1945년 12월 초 '삼민주의청년단 중앙직속대만구단 제1기간부강습회三民主義靑年團中央直屬臺灣區團第一期幹部講習會'에 참석해서 그 이상을 실천하려고 했다. 하지만 1947년에 2·28사건이 일어나자 이런 그가 27부대의 부대장이 되어 병사들을 거느리고 국민당군과 싸우게 되었던 것이다. 중이런의 조국의식의 변화는 결코 당시 대만인의 특수한 예가 아니었다. 그런데 이러한 변화는 어떻게 해서 일어났던 것일까?

2) 조국의식의 환멸

광복 후 대만인들의 조국의식이 환상이 되어 사라졌던 가장 직접적인 원인은 무엇보다 대만 인수를 위해 건너온 국민당 인수위원들의 부패에 있었다. 이에 대해서는 당시에 기록된 여러 종류의 역사자료가 일치하고 있다. 방대한 역사사료를 대표하는 것으로 우쌴렌의 증언을 들 수 있다. 그는 다음과 같이 말했다.[31]

> 조국의식 격변의 또 다른 요인은 대만인들이 중국의 동포에 대해 품고 있었던 뜨거운 감정이 인수위원의 부패한 언동으로 인해 눈 깜짝할 사이에 철저하게 파괴되어버린 점이다. 화베이華北에서도 대만에서도 상황은 마찬가지였다. 많은 인수위원들이 금, 은, 차, 집, 여자를 요구했으므로 사람들은 그들을 '오자등과五子登科'라고 불렀다. [……] 민국 35년(1946) 나는 대만에 돌아와서 이삼일을 보냈는데 그때 가는 곳마다 들리는 것은 인수위원에 대한 불만의 목소리였다. 나는 엄청난 실망감을 금할 수가 없었다. 방금 광복이 되어 기뻐 어쩔 줄 모르는 동포에게 탐관오리의 어리석은 행동은 머리에 찬물을 끼얹는 것과 다를 바 없었다. 톈진天津에 돌아와서 나는 동향 친구에게 대만의 상황은 마치 석유창고 같아서 단지 성냥개비 하나만 있어도 대만 전토가 불바다가 될 것 같다고 전했다. 그리고 얼마 지나지 않아서 비참한 2·28사건이 일어나고 말았던 것이다.

대만 광복 후에 대만에 건너온 국민당정부 요원들의 부패는 많은 대만인들의 반감을 샀다. 자이嘉義 푸쯔朴子 출신이며, 일본의 전차병학교를

처음 치러진 타이베이시장 선거(1951)에서 압승한 후 환호하는 우싼롄

중퇴하고 대륙의 허난河南 일대에서 국민당군과 함께 항일전쟁을 전개했던 천정톈陳正添은 광복 후의 대만에 대해서 다음과 같이 관찰했다. "민국 38년(1949)에 중앙정부가 대만으로 철퇴하여 대만을 다스리게 되면서부터 이른바 '커미션', '사례금', '뇌물' 등의 금전문화가 각지에서 활발해졌다. 최근 몇 년간 총기·마약·강도 등의 사건이 더욱 많아져서 사회의 치안이 나날이 악화되었다. 도박의 풍조가 횡행하고 사회질서가 문란해지고 국민의 도덕이 쇠퇴하여 이미 매우 심각한 상태에 빠졌으니 이러한 상황이 정말 걱정거리였다."[32] 천정톈의 관찰은 바로 당시 절대다수의 대만인들이 품고 있었던 공통된 감정이었다.

중이런은 당시 국민당정부의 인수위원에 대해서 "그들이 대만에 와서 머릿속에 생각하는 것은 단지 어떻게 일본인들의 재산을 '강탈'하며 어떻게 봉래각蓬萊閣·강산루江山樓 등의 기방을 인수할지였다. 그들은 총리〔孫文〕조차 모르고 삼민주의三民主義가 어떤 것인지에 대해서도 묻지 않았다. 얼마나 한스럽고 비참한 일인가!"[33]라고 말했다.

국민당 인수위원의 부패로 대만인의 조국의식은 현실을 깨닫게 되었으며, 대만인들을 행정장관 천이陳儀 등이 '조국'을 대표할 수 있을지 강한 의구심을 품었다. 이런 의구심은 다음과 같은 예룽중의 글에 잘 드러나 있다.[34]

우리가 진심으로 기뻐했던 것은 일본의 질곡으로부터 벗어나서 조국의 품으로 돌아가는 것이다. 이는 곧 조국이 와서 통치하는 것을 환영한다는 것으로, 만약 조국을 환영한다고만 쓴다면 공허하고 실제에 맞지 않다. 국민당정부는 중화민국의 유일한 합법적 정부이기 때문에 우리는 국민당정부, 즉 조국 전체를 환영했던 것이다. 조국 전체를 환영하고 조국의 판도 내로 다시 편입되어서야 우리는 비로소 광복으로 얻은 환희의 실체를 느낄 수 있었다.

〔……〕 어떤 사람은 천이 행정장관이 국민정부의 법적인 대표자이며, 국민정부는 또 조국의 대표이기도하다고 말한다. 그렇다면 천이 장관을 환영하는 것은 조국을 환영하는 것이 아니겠는가? 이러한 삼단논법은 당연히 성립된다. 하지만 이것은 논리의 문제가 아니다. 이 뜨거운 감정이 원했던 것은 피의 귀환이며 오천 년의 역사와 문화로 회귀하는 것이었다. 천이 장관은 우리들이 감정을 쏟을 대상이 될 수 없었다.

광복 이후 대만인들의 조국의식은 실천할 수 있는 구체적인 '사람'이 결여되었기 때문에 마침내 환멸의 길을 걷게 되었다.

대만인들의 조국에 대한 환멸의 원인은 광복과 함께 대만을 인수하러 온 국민당정부 군인이나 정부관계자들의 부패 외에도 광복 이후 대만인들이 국민당정부로부터 차별을 받은 데에도 있다. 광복 이후 외성인인 군인이나 정부관계자들이 일제강점기 일본인의 통치 지위를 대신하면서 대만인들은 강한 억압을 느꼈다.

우쥐류는 광복 초기의 상황을 회상하면서 다음과 같이 말했다.[35]

정부나 당은 대만인들을 전혀 신용하지 않는다. 일제강점기와 같이 정부기관의 상층부는 외성인이 일본인을 대신하고, 대만인은 여전히 하수인 노릇을 하였다. 실정을 잘 알고 있는 대만의 본성인이 아래에 있고, 상황을 전혀 모르는 외성인이 위를 점한 상태의 정부가 어떻게 잘 해나갈 수 있겠는가?

게다가 외성인은 일본인보다 더 관료적이고 우월감을 품고 있어서 문제가 되었다. 탐관오리는 기본이었다. 대부분의 사람들이 사리사욕을 위해 분주할 뿐 국가의 이익을 전혀 생각하지 않았기 때문에 인수작업은 매번 분쟁을 일으켰다. 또한 지폐를 남발했기 때문에 인플레이션은 나날이 악화되었다. 12월 24일 타이난에서 온 소식에 의하면 쌀 한 말이 마침내 백 원대를 돌파했다고 한다. 때문에 비난의 소리가 끊이지 않았으며 심지어는 외성인을 '돼지'라고 부르게 되었다.

그리고 '대륙에서 돌아온 대만인(半山)', 특히 충칭重慶에서 돌아온 사람들 중 등용되지 않은 사람들 또한 이 기회를 이용해서 마음속의 불만을 발산하듯 정부를 강하게 비난했다. 그때 당과 정부는 일체화되지 않고 명령도 자주 일치되지 않아서 인심이 하나로 모이지 않는 상황이었다.

이처럼 소수의 부패한 외성인 정치가로 구성된 국민당정부가 대만인들의 조국에 대한 거리감을 더욱 크게 만들었던 것이다.

사실 이런 거리감은 일제강점기에 중국대륙을 방문한 적이 있는 대만 지식인의 마음속에서 벌써 조성되고 발효되어, 우쭤류가 말하는 '아시아의 고아'라고 하는 콤플렉스를 형성하고 있었다. 타이난 출신인 쉬셴야오許顯耀는 저장浙江대학 공학부 예과預科에서 배웠는데, 그가 대륙에서 공부하는 동안 만난 중국인들 중에는 대만이 어디 있는지도 모르고 단지 국외의 작은 섬이라고 생각하고 있는 사람도 있었다. 대부분의 대륙 사람들은 대만인을 문명화가 되지 않은 지역에서 온 사람이라고 생각하고 있었기 때문에 같은 반의 친구들이 쉬셴야오에게 '원주민'이라는 별명까지 붙였다. 당시 대륙인들의 대만에 대한 견해와 감정을 잘 보여주는 사례다.[36] 이렇게 대륙의 중국인들은 일본통치 하의 대만에서 온 대만인을 '이등국민'[37]으로 간주했다. 대만인들은 이미 일본인들에게 기만과 억압을 받았고 또 '조국동포'에게도 차별을 받게 되었으니 그들의 원통함은 어찌할 수가 없는 것이었다. 우쥐류는 자신의 대륙 경험을 다음과 같이 서술했다.[38]

대륙에서는 대만인에 대한 호칭으로 '고구마첩자〔番薯仔, '番薯'는 고구마로 대만의 지형이 고구마를 닮은 것을 비유―역자 주〕'라는 은어를 사용하고 있었다. 즉, 대만인이라고 하면 무조건 일본의 스파이라고 인식되어서 충칭重慶 측에서도 난징南京 측에서도 미움을 받고 있었다. 정말 슬픈 존재였다. 이러한 원인의 태반은 중일전쟁 이전에 시작되었다. 일본이 대만의 불량배들을 대륙 샤먼廈門에 보내어 그들에게 도박장이나 아편 흡연소를 경영하도록 하고, 치외법권을 적용하여 그들을 보호하면서 일본을 위해 일하도록 했다. 이 때문에 조국 사람들은 이들과 대만인들을 구분하지 않고 똑같이 스파이라고 생각하고 있었다. 이것도 일본의 이간정책의 하나였다.

그런데 중일전쟁에 돌입하자 일본인들 또한 대만인을 믿지 않고 단지 이용할 뿐이었다. 대만인들 중에는 적지 않은 사람이 항일투쟁으로 조국을 위해 목숨을 바치고자 했기 때문에 항시 일본 경찰의 감시를 받고 있었다. 대륙에 건너 와서야 나는 비로소 대만인들이 복잡한 처지에 놓여 있다는 사실을 분명히 알게 되었다.

위와 같은 우쥐류의 체험은 당시 대만인들에 지극히도 일반적인 곤경이었다. 펑후澎湖 출신 리푸쉬李佛續는 중일전쟁 시기에 난징의 사립 진링金陵대학 전기과를 졸업했는데, 재학 중에 불필요한 오해를 피하기 위해 자신이 대만인이라는 사실을 밝히지 않고 시종일관 푸젠福建의 민남인閩南人 또는 광둥廣東의 객가인客家人이라고 말했다고 한다. 대만은 당시 일제통치 하의 식민지였으므로 반일감정이 자신에게 미치지 않도록 푸젠의 진장晉江 출신이라고 자칭했으며, 학교에 등록한 본적지도 푸젠의 진장이라고 했던 것이다.[39]

전쟁 말기에 하이난다오海南島에 있었던 황순젠黃順鏗도 일본이 항복한 후에 하이난다오를 인수하러 온 국민당정부의 군인들이 대만인을 '상가집 개'라고 매도했던 사실을 떠올렸다.[40] 이렇게 대만인들의 조국에 대한 감정이 뜨거웠다가 갑자기 싸늘하게 변하게 된 사연에는 이처럼 구체적인 역사적 배경이 존재하고 있었다.

이상과 같은 두 가지 요인의 상호작용으로 일제강점기 대만인들이 가졌던 뜨거운 조국의식은 끝내 싸늘해지고 불만이 싹트게 되었다.

3) 대만전범 해석에 대한 불만

광복 초기 대만인들의 국민당정부에 대한 불만 정서는 이른바 '대만전범臺灣戰犯' 해석에서 드러난다.

항일전쟁에 승리한 후 국민당정부는 당시 대륙에 있던 많은 대만인들을 간첩 또는 전범이라고 정의했는데, 이에 대해 많은 대만인들은 강한 불만을 품었다. 예를 들면, 당시 대륙에서 상업활동을 하고 있었던 우싼롄吳三連은 다음과 같이 말하고 있다. "당시 청조정부가 대만을 일본에 할양했던 것은 본래 대만인들이 원하는 바가 아니었다. 그래서 항일운동이 잇달아 일어났지만 무기가 없었기 때문에 일본인들의 침략을 받아들일 수밖에 없었다. 대만은 일본인들의 것이 되었고 대만동포는 살기 위해 고압적인 통치를 받아들이는 것 이외에 다른 선택의 여지가 없었다. 대만인들이 일본 국민이 된 것이 대만인들의 책임이 아닌 이상, 간첩이라는 비난은 재검토해야만 한다."[41]

청대의 명장 남정원(藍鼎元, 1680~1733)의 9대 손녀인 란민(藍敏, 1921~)도 다음과 같이 말했다.[42]

전범이라는 명사에 대해서 나는 강한 반감을 품었다. 나는 대만에 전범이 없다고 주장하는 사람이다. 왜냐하면 대만은 청일전쟁의 결과 일본에 할양된 것이기 때문이다. 즉, 정부가 이곳의 땅과 백성을 필요 없다고 한 것이지, 이곳의 백성이 부모를 필요 없다고 한 것이 아니다. 이는 자녀가 자란 후에 길러준 부모와 낳아준 부모가 서로 싸워 낳아준 부모가 이겼는데, 대만인들이 길러준 부모를 도와 싸웠기 때문에 잡아 감옥에 가두어야 한다고 말하는 것과 같은 것으로, 이치에 맞지 않다.

그래서 나는 난징에 있을 때 만나는 사람마다 이러한 이치를 강변했다. 하지만 처음에는 아무도 나를 상대하지 않았다. 나는 언젠가 육군총사령관 허잉친(何應欽, 1890~1987)을 만나기 위해 그의 문전에서 몇 시간 동안 서서 기다린 적이 있었다. 그런데 내가 전범이라는 것을 듣고는 모두 무서워 어쩔 줄을 모르면서 마치 문둥이를 대하듯이 하면서 아무도 가까이 다가오지 않았다. 그 후로 나는 그들에게 수도 없이 설명을 했으며, 또 그렇게 많은 시간이 흐른 다음에야 비로소 그들은 기를 쓰고 우리들을 잡아들이려는 일을 하지 않았다. 〔……〕 그렇게 약 1년 8개월이 지나서 '대만전범'이라는 명사는 마침내 완전히 쓰이지 않게 되었다.

이처럼 대만전범에 대한 국민당정권과 대만인의 생각은 정반대였다.
이것이 광복 이후 대만인들이 불만을 가지게 된 핵심 문제였다.

5. 맺음말

본고에서는 회고록이나 구술역사기록 등의 자료를 바탕으로 일제강점기 대만 지식인의 조국의식의 내용과 그 형성 및 변천과정에 대해서 고찰했다. 본고의 분석에 따르면, 일제강점기 많은 대만 지식인들은 중국대륙을 자신의 '조국'으로 간주했다. 그 주된 원인 가운데 하나는 일제 식민정책의 억압으로, 이는 조국의식의 기폭제였다. 또 다른 하나는 대만의 중국인들이 일제강점기에 상당히 강한 한문화정체성을 가지고서 대륙을 문화와 역사의 '고향'으로 간주했기 때문이다. 이러한 조국의식은 대만과 중국대륙이 유기적으로 하나의 문화로 이루어진 것이며, 기계적으로 서로 대립하는 적이 아니라고 보았던 데에 그 기반을 둔다.

하지만 이러한 조국의식은 그 본질에 있어서 일종의 추상적인 심리구조로, 구체성과 현실성이 결여되어 있었다. 때문에 일제강점기 조국에 대한 높은 이상과 기대를 가지고 대륙에 들어간 대만 지식인은 곧바로 '이상의 조국'과 '현실의 대륙'과의 낙차를 깨닫게 되었으며, 그들의 아름다운 동경은 운무처럼 순식간에 사라져버렸던 것이다.

1945년 8월 15일 일본이 항복하자 대만은 광복을 맞고 정식으로 조국에 회귀했다. 하지만 이후 조국과 전면적으로 접촉하게 되면서 이상과 현실의 차이는 더 분명해졌고, 그로 인해 일어난 불만이 한꺼번에 분출했다. 특히 대만동포를 '전범'으로 간주한 것에 대한 대만인들의 불만이 구체적으로 표면화되었다. 1947년에 2·28사건이 발생한 이후에는 조국의식이 사라져버렸다.

일제강점기 대만 지식인들의 조국의식에 대한 분석을 통해 본고에서는 다음 두 가지 관점을 제시할 수 있겠다. 첫째, 일제강점기 대만 지식인의 정신세계에 존재했던 조국의식은 기본적으로 '집단적 기억Collective memory'이었다. 즉, '조국'은 일제강점기 대만 지식인들이 이상으로 생각하는 역사적인 공유재산이며, 이 공유재산은 한문화漢文化에 대한 문화적 정체성에 기반을 두고 있었다. 이러한 집단적 기억은 당시 사람들(특히 일본인의 식민과 억압)에 의해서 구축되었다. 또한 모리스 알바시(Maurice Halb-wachs, 1877~1945)가 말한 것처럼,[43] 집단적 기억에서 기억하는 사람은 집단에 속하는 한 개인으로서 기억하는 것이지 집단과 무관한 개체가 기억하는 것이 아니다. 일제강점기 대만 지식인들은 대만인이라는 집단의 맥락 속에서 조국의 역사와 문화를 집단적 기억으로서 자신들의 문화적 정체성의 일부분으로 구성하고 있었던 것이다.

둘째, 본고의 연구를 통해 인간은 추상적인 존재가 아니라 구체적 존재이며, 특별한 시간과 공간의 맥락에서 필연적으로 시간과 공간의 요소로 인해 생산되는 복잡한 작용의 제약을 받는다는 사실을 발견할 수 있다. 일제강점기 일본인들에게 억압을 받은 탓에 명·청시대부터 시작된 대만인의 조국의식은 급속히 성장했다. 하지만 광복 후 국민당정부의 부패와 멸시는 다시 그들의 조국의식을 변화시키고 마침내는 사라지도록 했다. 이 점에서 본다면, 대만인의 조국의식을 키운 여러 요소들 중에서도 '정치권력구조'가 가장 근본적인 요소였다. 즉, 불균형한 권력구조 때문에 일제강점기에 대만인의 조국의식이 급속히 형성되었으며, 또한 불균형한 권력구조 때문에 전후 대만인의 조국의식이 희박해졌다는 것이다.

제4장

일제강점기 대만 지식인의
중국 미래에 대한 견해

1920년대 중국개조론의 변론을 중심으로

1. 머리말

대만은 지리적으로 보면 지구상 최대의 대륙판인 유라시아대륙과 최대 해양인 태평양이 교차하는 지역에 자리하고 있어서 지정학적으로 중요하고 특수하다. 역사적으로 대만은 한민족漢民族의 이주민으로 이루어진 섬나라인 동시에, 3백여 년에 걸쳐 세계의 지배 세력들이 패권을 다툰 곳이다. 또한 그 발전과정에 있어서는 역사적 단절성과 함께 문화적 다양성이 두드러진다. 특히 최근 백여 년 동안 대만역사에는 몇 가지 중요한 전환점이 있었다. 예를 들면, 1865년 하나의 성省으로 승격되어 유명전(劉銘傳, 1836~1895)에 의해 신정新政이 펼쳐지고, 1895년에는 일본에 할양되어 일제 식민통치 하에 놓이게 되었다. 1920년대에는 신구사조新舊思潮가 복잡하게 얽히면서 새로운 문화가 탄생했고, 1945년에는 제2차 세계대전의 종결에 따라 이른바 '광복'이 이루어졌다. 1949년에는 중화민국이 대만으로 철퇴하면서 중국대륙과 대만은 분열통치에 들어섰다. 그리고 1987년에는 계엄령이 해제되자 정치적·경제적 정세가 급변하면서 민주정치의 방향으로 나아갔다. 이상의 여러 역사적인 전환기에 있어서 대만은 동아시아 각국, 특히 중국대륙과 복잡한 상호관계를 구축해왔다.

이 장에서는 1920년대 도쿄에서 발행된 『대만민보台灣民報』에 게재된 대만 지식인의 중국 인식에 관한 논쟁을 중심으로 1920년대 '중국개조론中國改造論'의 사상 내용과 그 역사적 의의에 대해서 분석하였다. 이 논쟁이 주목되는 것은 당시 일제식민지 하에 있었던 대만 지식인들이 일본이라는 프리즘을 통해서 중국대륙의 발전을 엿보고 있었으며, 또한 그들의 일제강점기에 대만과 중국대륙의 관계를 '굴절'시켜 표현하고 있었기 때문이다.

1920년대는 대만역사에 전기가 마련되는 중요한 시기였다. 20여 년에 걸친 무장항일투쟁 이후 1920년대부터 대만인들은 의회議會투쟁의 방향으로 나아갔다. 1918년 대만 유학생들이 도쿄에서 '육삼법철폐기성동맹회(六三法撤廢期成同盟會. '六三法'은 식민지 대만의 입법권을 원칙적으로 대만총독에게 위임한다는 것이 주된 내용이다. 대만인들은 이러한 악법의 철폐운동을 전개했는데, 이때 린셴탕林獻堂이 도쿄 주재 대만 유학생들과 함께 결성한 조직이다―역자 주)'를 결성하고, 곧이어 1920년에 월간지『대만청년台灣青年』이 창간되었다. 이 잡지는 1922년에『대만』으로 개칭되고, 또 같은 해에『대만민보』로 재차 개칭되었다. 1927년 7월부터『대만민보』는 대만에서 발행이 허락되었다. 1921년 11월에 대만문화협회台灣文化協會가 창립되어 린셴탕(林獻堂. 1881~1956)이 총리가 되었다. 1923년에는 대만의회기성동맹회台灣議會期成同盟會가 창립되었는데, 이후 일제식민지정부에 의한 억압, 활동금지처분 그리고 재건이라는 과정을 거쳤다.[1] 1926년 대만문화협회에서는 내부투쟁이 일어나 사회주의를 중시하는 사람들이 새롭게 문화협회회원의 다수를 차지하면서 적극적으로 대중을 동원하고 정치연설을 통해 사회 풍조를 선동하는 추세가 형성되어 갔으며, 1930년 10월 민간에서는 무사사건(霧社事件. 일제 군경으로부터 치욕을 당한 원주민들이 전사를 조직해 당시 운동회가 열리고 있던 우사공학교霧社公學校와 파출소 및 관공서 등을 습격해 일본인과 민간인들을 살해하자, 이에 일본정부가 대군을 파견해 원주민들을 대량 학살하고 진압한 사건―역자 주)이란 참극이 벌어지기도 했다.

이 장에서 검토될 1920년대『대만민보』에서 벌어진 논쟁들은 이렇게 급변하는 상황 속에서 대만 지식인들의 중국의 미래에 대한 관심과 함께

대만문화협회 단체사진
앞 줄 중앙에 총리를 맡은 린셴탕이 앉아 있다

대만을 둘러싼 복잡한 국제정세도 담아내고 있어[2] 남다른 역사적 의의를 지닌다.

시야를 넓혀서 보자면, 1920년대는 세계적으로 정치적 상황이 어지럽게 변화해간 시대이기도 했다. 유럽에서는 베니토 무솔리니(Benito Mussolini, 1883~1945)가 1922년 10월에 정부를 구성해 11월에는 독재권력을 형성했고, 1922년 12월에 '소비에트사회주의공화국연방(USSR, '소련'으로 약칭함)'이 성립되었으며, 1923년 11월에 아돌프 히틀러(Adolf Hitler, 1889~1945)가 독일에서 대두했다. 1924년 1월에 소련의 지도자 블라디미르 레닌(Vladimir Lenin, 1870~1924)이 서거하고, 1926년 이오시프 스탈린(Joseph Stalin, 1879~1953)이 트로츠키파를 타도했다. 1929년에는 미국 증권시장의 붕괴로 1930년부터 구미제국에서 대공황이 시작되었다. 이렇게 1920년대 서구에서는 독재체제가 점차 대두되었고 경제도 침체되었다. 서구 역사에서 불온한 10년이었다고 말해도 과언이 아니다.

한편, 동아시아에서도 1920년대는 격동의 시기였다. 1919년의 5·4운동부터 1931년의 9·18만주사변 발발까지 1920년대는 중국에 있어서 수난의 10년이었다. 1921년에 중국공산당이 상하이에서 창립했고, 1922년 4월에 제1차 직봉전쟁(直奉戰爭, 쑨원孫文, 돤치루이段祺瑞 및 장줘린張作霖이 연합하여 직예파直隸派인 차오쿤曹錕, 우페이푸吳佩孚와 벌인 전쟁―역자 주)이 발발하여 군벌이 혼전하는 상황 속에서 백성들이 도탄에 빠졌다.

1923년 2월에는 쑨원이 광저우에서 대총통에 취임하여 제3차 광동정부廣東政府를 수립했다. 같은 해 3월에 중국이 일본에 '21개조요구(二十一條要求, 제1차 세계대전 때인 1914년 8월 일본이 당시 독일이 권익을 누리고 있던 산둥山東반도에 출병하여 점령한 다음, 이 지역에서의 독점적 권익 보장을 위해 1915년 중국에 21

가지를 요구하여 관철시킨 조약—역자 주)'의 철폐를 요구하였으나 일본은 이를 단호히 거절했다. 또한 5월부터 8월 사이 일본의 뤼순旅順 반환 거부로 중·일 사이에 충돌이 생기고, 이로 인해 중국 각지에서 일본제품 불매운동이 일어났다. 같은 해 12월, 중국은 관세 문제를 계기로 전국 각지에서 반제국주의운동을 일으켰다. 1924년 1월에는 중국국민당 제1차 전국대표대회가 광주에서 개최됨에 따라 제1차 국공합작國共合作이 이루어졌다.

1925년 3월 12일 광동대원수부廣東大元帥府의 원수 쑨원이 베이징에서 서거하고, 1926년 7월 7일 장제스(蔣介石, 1887~1975)가 국민혁명군 총사령관에 취임하여 북벌을 선언했다. 1928년에는 상하이에서 대만공산당의 성립, 같은 해 5월 일본의 산둥성 지난濟南 침략, 6월 일본인의 장쭤린張作霖(1873~1928) 암살이 이어졌다. 그리고 같은 달 국민혁명군이 북벌에 성공하여 베이징에 입성하면서 중국통일의 첫걸음이 실현되었다.

북벌전쟁이 끝난 후 중국 지식인들은 '중국은 어디로 갈 것인가?'라는 문제를 고민하면서 다양한 의견을 제시했으며, 이러한 중국사회사에 대한 논쟁[3]은 1920년대의 역사적 배경과 밀접한 관계가 있었다. 1920년대 대만 지식인들은 중국과 세계가 역사적으로 급변하고 있던 바로 그 시대 속에서 중국의 사회적 현황과 미래의 방향에 대해 붓으로 논쟁을 벌인 것이다. 그들은 논변에서 '중국은 장차 자본주의로 나아가야 하는가 아니면 사회주의로 나아가야 하는가?', '민족해방을 추구해야 하는가 아니면 계급해방을 추구해야 하는가?', '소련의 모델은 정말 중국에 적합한가?' 등 여러 가지 문제를 언급하였다. 이와 같은 중대한 문제들은 모두 그 시대적 의의가 있으므로 깊이 검토할 가치가 있다.

2. 중국개조론 변론의 역사적 배경과 참여자

'중국개조론'에 관한 논쟁은 1926년 8월 22일에 간행된『대만민보』제119기에 천펑위안(陳逢源, 1893~1982)이「최근의 소감(1)」을 발표하면서부터 시작되었다.[4] 그리고 1927년 2월 6일에『대만민보』제143기에 쉬나이창(許乃昌, 1906~1975)의「천펑위안에게 보낸 공개서간」이 발표됨으로써 종결되었다.[5]

4개월 동안 이 논쟁을 둘러싼 양측 변론자들의 논문 17편이 연속적으로 발표되었다(그중 몇 편은 연재로 간행되었음). 집필자는 천펑위안, 쉬나이창 및 차이샤오첸(蔡孝乾, 1908~1982) 세 명에 불과하지만, 이들이 주고받은 논쟁에는 많은 중요한 문제들이 담겨 있어 역사적 의의가 크다고 할 수 있다. 이제 당시 논쟁의 역사적 배경과 그 중요성에 대해 몇 가지 측면에서 고찰하고자 한다.

1) 중국·일본·대만이 상호 관련된 격동기

이 논쟁이 주목되는 점은 중국·일본·대만 세 지역이 밀접하게 상호 관련된 격동기에 일어났다는 것이다. 정치적으로 보면 1920년대는 국민혁명을 주축으로 전개된 국공합작의 시대였다. 이 시기에 중국은 사회·경제적으로 중대한 변화를 겪고 있었다. 먼저 인구의 급속한 증가와 도시화의 전개를 들 수 있다. 19세기 중엽의 중국 인구는 약 4억으로 추정된다.

그런데 1933년에 이미 5억 정도까지 증가하였다고 한다. 중국 연안지역의 도시 인구는 더욱 급속한 증가세를 보인다. 통계에 의하면 1920년대에 중국의 도시 인구는 약 5천만이 넘고, 전체 인구의 약 10%를 차지하고 있었다. 또한 중국 국내의 면사방적업이 급속히 성장하여 국외에서 수입된 면제품을 대체할 수 있을 정도까지 발전했으며, 뉴스미디어도 급속히 증가해서 정보유통이 더욱 용이하게 이루어졌다. 통계에 의하면, 중국 전역에서 신문은 1925년에 이미 4백 종에 이르고, 잡지는 1927년에 1,826종으로 늘어났다.[6]

이렇게 정치적·경제적·사회적으로 급변하는 역사적 상황 속에서 중국 지식인들은 1917년에 성공한 러시아혁명에 강하게 이끌려 마르크스주의에 대해 동경을 품고 있었다. 1923년에서 1927년까지 베이징대학 대리총장을 맡은 장멍린(蔣夢麟, 1886~1964)은 회고록『서조西潮』에서 다음과 같이 증언하고 있다.[7]

제1차 세계대전 이후 중국의 사상계는 자유의 분위기가 매우 짙었다. 그래서 사회 문제나 사회원리에 대한 연구는 물론이고 사색에 몰두한 사람들로 하여금 편하게 잠들지 못하게 했으며, 감정을 곧바로 토로하는 사람들을 행동으로 치닫게 했다. 바로 이런 분위기 아래 유럽의 서양사상이 국내에 소개되었다. 여러 가지 '주의主義'가 중국에서 일시에 활기를 띠었다. 대부분 지식인은 서양의 민주적인 노선을 추구했지만, 일부 사람들은 1917년의 러시아혁명에 격발되어 마르크스주의에 대한 동경을 품었다.

『신청년新靑年』의 편집주간인 천두슈(陳獨秀, 1879~1942)는 베이징대학 문학원의 원장직을 사직하고 중국공산당 운동의 지도자가 되었다. 일본제국주의에 반대하는 대부분의 지식인들 또한 러시아혁명을 동경했다. 1923년 제3세계에서는 요페(Yoffe, 1883~1927)를 베이징에 파견하여 중국 지식인들과 접촉하도록 했다. 당시 베이징의 힐영반점擷英飯店에서 요페를 환영하는 연회가 베풀어졌는데 이때 차이샤오첸 총장은 환영축사에서 "러시아혁명은 중국의 혁명운동에 있어서 대단히 큰 힘이 되었다"라고 말했다.

장멍린이 관찰한 대로 1920년대 중국 지식인들은 중국의 미래를 고민할 때 러시아의 혁명 경험에 대한 의식이 매우 강했다. '중국개조론' 참여자의 한 사람이었던 차이샤오첸은 바로 이런 대만 좌파 청년 지식인의 일원이었다.

1920년대에는 일본으로 유학을 떠난 중국인 유학생들이 급격히 증가했다. 통계자료에 의하면, 1928년에 일본에 유학하고 있는 중국인 학생은 2,480명에 달했다.[8] 유학생 중에는 특히 사회과학을 전공하는 이들이 다수를 차지했다. 통계에 의하면, 1918년에서 1921년 사이 중국인 유학생 중 사회과학을 전공한 학생이 24.84%로 가장 많았고, 그 다음이 공학과로 23.53%였다.[9] 이들 유학생들이 귀국한 후 중국의 각 분야에 끼친 영향도 매우 컸다. 예를 들면, 영국인 우드헤드H.G.W. Woodhead가 편찬한 『명인록名人錄, The China Year Book』에 수록된 인물들이 유학을 간 국가를 보면 일본이 가장 많은 29.5%를 차지했고, 그 다음으로 미국으로 12.9%였다.[10] 일본으로 유학 간 중국인 학생들이 격증한 것은 주로 청일전쟁에서 중국이 참패한 이후 이를 계기로 일본에게 배우자고 하는 분위기가 무르익었기 때문이었다. 이는 량치차오(梁啟超, 1873~1929)가 "우리나라가 4천여 년의 웅대한 꿈에서 깨어난 것은 바로 청일전쟁에 패하고 대만을 할양하며 2백 조나 되는 배상금을 지불했을 때부터이다."[11]라고 한 말에 잘 나타나 있다. 그러나 주목해야 할 것은 중국과 일본이 밀접한 관계를 가진 1920년대는 바로 일본 다이쇼시대(大正時代, 1912~1926), 즉 일본이 메이지유신明治維新의 성공으로 아시아인을 비하하면서 중국을 가장 멸시하던 시대에 해당한다.[12] 1915년 1월 8일 일본이 중국에 '21조요구'를 한 것도 바로 중국에 대한 멸시에서 비롯된 것이다.

중국 침략에 대한 야심이 나날이 강해지면서 1928년 일본은 산둥성 지난濟南을 침략했다. 그러자 일본에 유학하고 있던 중국인 학생들은 분노에 사로잡혀 '중화류일반제동맹中華留日反帝同盟'을 결성하고 『반제전선反帝戰線』을 발행했다. 민족주의가 나날이 고조되면서 일본정부에 항의하는 시위도 벌였다. 그리고 1931년에 9·18사건이 일어나자 중국 유학생들은 '중화각계반일대동맹中華各界反日大同盟'을 결성했고, 이를 계기로 대부분의 유학생들이 중국으로 귀국했다.[13]

중국과 일본의 관계가 긴장으로 치닫고 있던 1920년대 일본에서 유학하던 대만 지식인들도 이러한 정세의 영향을 받았다. 1920년 1월 대만 유학생들은 도쿄에서 '신민회新民會'를 결성하고 일본제국주의의 대만통치 반대운동을 전개했다. 1921년 1월 신민회는 일본국회에 대만에서 인민들의 선거로 결성된 의회 설립을 요구하는 청원서를 제출했다.[14] 일본에 유학하던 대만 학생들은 당연히 중국과 일본의 관계에 관심을 가졌다. 다만 중국으로부터 '버림받은 지역과 인민'[15]이었던 그들은 중국 국내정세의 발전과 미래에 대해 더 많은 관심을 기울였다. 위에서 말한 바와 같이 『대만민보』의 중국개조론 논쟁은 바로 중국·일본·대만 세 지역이 밀접한 상호관계를 가진 역사적 상황에서 전개된 것이다.

2) 변론에 참여한 대표 인물

이 논쟁의 참여자들은 당시 대만을 대표하는 인물들이었다. 먼저 1926년 8월 22일의 『대만민보』에 「최근의 소감(1)」을 발표한 천핑위안은 1920년대 대만의 엘리트였다.[16] 그는 타이난臺南시 지주 출신의 인물로 대만의 토지제도와 경제 문제에 대해서 연구했으며,[17] 전통학문에도 조예가 깊고 한시를 잘 지었다.[18]

1923년 2월에 천핑위안은 차이페이휘(蔡培火, 1889~1983), 장웨이수이(蔣渭水, 1891~1931) 등과 함께 도쿄에 가서 일제식민지정부가 대만에서 금지하고 있던 '대만의회기성동맹회臺灣議會期成同盟會'의 재건을 기획하고 준비했다. 1923년 12월 16일에 대만총독부 경무국에서 대만의회설치운동과 관련된 인물들을 수사·체포했는데 이때 천핑위안도 체포되었다.[19] 천핑위안은 대만문화협회 및 대만민중당의 중요한 구성원으로 그의 많은 논점들이 당시 대만 자산계급의 입장을 어느 정도 대표하고 있다고 할 수 있겠다.

이 논쟁에서 천핑위안에게 반론을 제기한 사람은 쉬나이창[20]과 차이샤오첸이었다. 이 두 사람의 논점은 사회주의적 경향을 띠고 있다. 루슈이(盧修一, 1941~1998)에 의하면, 1927년 대만문화협회가 개조되기 전에 벌어진 이때의 논쟁에서 쉬나이창과 차이샤오첸은 문화적으로 사회주의적 입장을 대표하여 천핑위안의 자본주의적 입장과 대조를 이루었다고 한다.[21] 쉬나이창과 차이샤오첸 중에서 차이샤오첸이 좀 더 시대적 대표성을 띠고 있었다. 장화彰化·화탄샹花壇鄉 출신인 그는 대만공산당 당원으로 장시江西 쑤취蘇區에 들어가 1934년 10월에 중국공산당의 장정長征에

『대만민보』(도쿄) 창립 당시 단체사진
왼쪽 앞에 앉은 세 사람이 각각 순서대로 장웨이수이, 차이페이훠, 천평위안이다

도 참여한 지식인이었다. 그는 대만에서 중국대륙에 들어간 경과를 회고 하면서 다음과 같이 말하고 있다.[22]

> '대공사건臺共事件'이 일어났으므로 대만도 내의 조직에 영향을 미칠 것이 염 려되어 회의에서 중요한 몇 명의 간부가 대만에서 퇴거하기로 결정했다. 8월 하순 어느 날 밤에 나는 홍차오종洪朝宗, 판친신潘欽信 그리고 셰위예謝玉葉 와 북부의 허우룽강後龍港에서 은밀히 배를 타고 대만을 떠나 장저우漳州로 가서 성 안의 둥반허우자東半後街·천터우샹枕頭巷에 머물렀다. 살기 위해 그 리고 몸을 숨기기 위해서 나는 스마石碼중학교, 이어서 허룽씨和龍溪여자중 학교에서 학생을 가르쳤다.

차이샤오첸이 『대만민보』에서 천펑위안에 대한 반론을 제기한 것은 1926년 12월 5일, 즉 그가 중국대륙에 들어가기 1년 8개월 전이었다.

이상의 두 가지 배경에 대한 고찰을 통해 알 수 있듯이 1920년대 『대 만민보』에서 전개된 중국개조론 논쟁은 역사적으로 상당히 중요한 의의 가 있었다.

3. 자본주의 노선인가, 사회주의 노선인가

중국개조론 논쟁에서는 많은 문제들이 언급되었다. 그중에서도 비교적 역사적인 의의를 지닌 의제로는 다음 두 가지를 들 수 있다. 첫 번째는 중국이 자본주의 노선으로 나아가야 할지 아니면 사회주의 노선을 나아가야 할지에 대한 의제다. 이 문제는 천펑위안의 「나의 중국개조론我的中國改造論」의 주지이다. 먼저 이 의제부터 검토하자고 한다.

1) 천펑위안, 쉬나이창, 차이샤오첸의 논점과 논쟁

천펑위안은 먼저 당시 대만총독부민정국臺灣總督府民政局 국장이었던 고토 신페이(後藤新平, 1857~1929)가 대만에서 시행한 '침략정책', '착취정책', '우민정책'[23]을 비판하고, 이어서 자본주의 제도만이 구식 봉건경제를 타파할 수 있다고 주장했다. 그는 1920년대의 중국이 자본주의 노선으로 나아가지 못했던 것은 주로 두 가지 원인이 있다고 생각했다. 첫 번째는 비록 중국의 일부 사회조직은 이미 자본주의 단계에 들어갔으나(예를 들면 상하이 등의 공업지역), 중국의 대부분 지역은 아직도 봉건적인 경제상태에 처해 있었다는 점이다. 당시 각 성을 할거한 독군督軍은 역사상의 제후諸侯와 아무런 차이가 없었다. 두 번째 원인은 중국 각 지역의 상공업이 대부분 규모가 작고 공업은 수공업 단계를 벗어나지 못했으며, 제국주의 열강의 침략으로 자본주의가 발전하지 못했다는 측면이다. 예를 들면 중국의 세관은 열강의 통제하에 있었기 때문에 국내의 미숙한 공업을 보호하지 못했고, 열강들이 중국의 철도, 광산, 항해 등의 이권을 장악하고 있었으므로 이러한 산업도 성장하기가 어려웠다.[24]

천평위안은 중국이 자본주의 노선으로 나아가려면 반드시 공상계급의 발전을 촉구해야 하고, 공상계급의 재력을 점차로 증진시키고 이들 세력이 단결하도록 해야 비로소 군벌과 봉건제도를 타파할 수 있다고 주장하고 있다.[25] 그의 구체적인 주장은 이렇다. 중국 자본주의의 발달을 촉진시키려고 할 때 만약 개인만의 재력으로 산업을 경영하면 외국 자본에 맞설 수 없을 것이다. 그러므로 중국의 실업가들은 반드시 주식제도를 추진하고 소자본을 결집하여 대자본을 형성해야만 비로소 상공업을 진흥시킬 수 있다. 이어서 그는 다음과 같이 말했다. "중국인들이 조직한 주식회사는 대부분 성적이 좋지 않고 성과를 얻지 못했다. 이렇게 된 것은 대개 당사자의 이기심(곧 민족성의 결여) 때문이고, 다른 한편으로는 조직에서의 훈련이 부족하기 때문이다. 만약 중국인의 주식회사가 영원히 발달할 수 없다면, 이는 중국인들이 공적인 사업에 헌신하는 정신(주식회사는 집단이며 일종의 공공사업이다)이 없으며, 또한 중국인들이 큰 조직을 경영할 자격이 없다는 것을 의미한다. 정말 이와 같다면 중국인들이 사회주의 따위를 논할 자격도 없다. 우리는 중국인 주식회사의 성공이 곧 중국 자본주의의 성공이라고 확신한다."[26]

천평위안이 자본주의를 기초로 한 중국개조론을 제기하자 곧바로 쉬나이창이 이에 반박하면서 다음과 같이 지적했다. "중국 자본주의가 발달하지 못한 주된 원인은 천평위안이 말한 군벌봉건세력 때문이 아니라 군벌이 실제로는 외국 제국주의의 도구로 이용되고 있기 때문이다."[27] 그는 아편전쟁 이후의 중국은 실질적으로 열강의 반식민지가 되었으므로, 오직 '국민혁명國民革命' 노선만이 중국을 개조할 수 있다고 강조했다.

쉬나이창은 다음과 같이 지적했다. "국민혁명에는 두 가지 큰 방향이 있다. 대외적으로는 제국주의의 타도이며, 대내적으로는 제국주의의 도구 즉, 군벌과 관료계급을 타도하는 것이다."[28] 그에 의하면, 국민혁명은 두 가지 방식을 택할 수 있다. 첫 번째는 자산계급의 지도하에 제국주의에 대한 부분적인 저항을 채택하는 것이고, 두 번째는 무산계급의 지도하에 제국주의를 완전히 타도하도록 힘쓰는 것이다.[29] 그는 중국의 자산계급이 반동성反動性을 지니고 있기 때문에 무산계급이야말로 중국 국민혁명의 지도자라고 보고 다음과 같이 말했다.

> 중국의 자산계급은 타협과 반동만을 보여줄 뿐이다. 중국의 무산계급만이 철저히 중국인민의 이익을 위해 싸운다. 무산계급만이 '군벌관료 세력을 압도'할 수 있으며, 완전하게 '군벌-봉건제도를 타파'할 수 있다. 오직 중국 무산계급만이 중국을 개조하는 역사적 혁명을 담당할 능력이 있다.

쉬나이창은 무산계급과 자산계급의 특질 차이에서 무산계급만이 제국주의를 타도할 수 있다고 단정했다.

이에 대해 천펑위안은 반론을 제기했는데 그 내용이 '중국의 특수성'과 '민족해방이 먼저인가 계급해방이 먼저인가?'라는 문제들과 관련되어 있으므로 다음 절에서 다시 검토하고자 한다.

차이샤오첸은 천펑위안을 반박하는 글의 첫머리에서 "천펑위안의 잘

못은 중국을 세계적 맥락 속에서 생각하지 않고 중국만을 가지고 중국을 논하는 데 있다"라고 아주 예리하게 지적했다. 이어서 그는 "중국은 세계의 일부이므로 중국 문제는 바로 세계 문제 중 하나이다"[30] 라고 말한다. 이와 같이 차이샤오첸은 거시적인 시각에서 중국이 현 단계에서 이미 국제자본주의의 억제를 받고 있는 한 자본주의 국가로 발전될 리가 없다고 보았다.[31]

차이샤오첸의 주장은 다음 세 가지로 요약할 수 있다. 즉 "첫째, 국제자본주의의 억압으로 중국의 봉건제도는 점차 파괴되어가고 있다. 둘째, 중국은 자체적으로 자본주의 노선으로 나아갈 수 없지만, 무산계급은 이미 사회주의 노선으로 나아가기 시작했다. 셋째, 중국에서 국제제국주의 세력의 타도야말로 상공업계급의 발흥과 주식회사 발달의 중요한 바탕이다."[32] 그렇다면 중국이 국제자본주의의 지배에서 벗어나기 위해서는 어떻게 해야 하는가? 차이샤오첸은 중국개조의 관건이 기존의 생산관계를 타파하는 것에 있으며, 또한 중국은 반드시 무산계급혁명의 길로 나아가야 한다고 주장했다.

2) 중국대륙 지식인의 견해와 비교

앞에서 언급한 대만 지식인의 '중국개조론'에 관한 논쟁 내용을 1930년대 중국대륙 지식인의 같은 문제에 대한 논점들과 비교하면 다음과 같은 점을 발견할 수 있다. 대만 지식인은 중국의 미래를 고민할 때 기본적으로 중국을 일종의 '개념'으로 파악한 다음, 사회진화의 각종 단계를 중국에서 적용할 수 있는지 사고하고 있었다. 그러나 중국대륙에 있는 지식인들은 중국의 미래를 생각할 때 항상 중국을 '실체'로 파악하고 있었기 때문에 중국발전의 복잡함을 좀 더 고려할 수 있었다. 이에 대해서는 『신보월간申報月刊』의 언론을 통해 고찰하고자 한다.

1933년 7월 상하이 『신보월간』의 창간 1주년 때 '중국현대화문제호中國現代化問題號'라는 특집을 꾸미면서 당시 명사들에게 원고 집필을 의뢰했다. 이때 집필자에게 두 가지 문제를 제시했다. 하나는 '중국 근대화의 곤란과 그 장애'이고, 다른 하나는 '중국 근대화의 방법'이었다. 그에 대해 짧은 논설 10편과 논문 16편을 받았다. 이 특집의 저자로는 타오멍허(陶孟和, 1887~1960), 판중윈(樊仲雲, 1899~?), 우저린(吳澤霖, 1898~1990), 저우셴원(周憲文, 1907~1989), 정쉐자(鄭學稼, 1906~1987), 진중화(金仲華, 1907~1968), 우쥐농(吳覺農, 1897~1989) 등 유명 인사들이 포함되었다.

『신보월간』 특집 집필자들의 각 문장 내용을 보면, 중국이 자본주의를 선택해야 할지 사회주의를 선택해야 할지의 문제에 대해 어느 한쪽만을 선택해야 한다는 절대적인 입장을 표명한 사람은 적었다. 대부분의 집필자들은 중국이 제한적인 자본주의를 선택해야 한다고 주장했다.

베이징대학의 교수로 있었던 뤄룽취(羅榮渠, 1927~1996)는 다음과 같은 통계를 제시했다. "개인자본주의 노선, 즉 개인주의 노선에 완전히 찬성하는 글은 겨우 1편뿐이고, 사회주의 방식에 편을 드는 글이 5편이었다. 자본주의와 사회주의 양측의 장점을 채용하거나 자본주의도 아니고 사회주의도 아닌 형식, 즉 혼합 방식의 채용을 주장하는 글이 9편이었다. 그리고 어떤 방법을 채용할지에 대해 정면으로 답하지 않고, 공업화·산업혁명·국민경제의 개조를 먼저 해결해야 한다고 강조하는 글도 5편이나 되었다. 제시된 문제에 대해 명확히 대답하지 않거나 다른 문제를 논한 글이 3편이었다. 비록 논자들이 근대화에 대한 통일된 인식이 부족했지만, '경제의 개조와 생산력의 증대를 중시한다'는 견해와 이와 비슷한 논문이 이때 토론에서 매우 뚜렷한 우세를 보였다."[33] 뤄룽취의 이러한 요약은『신보월간』특집에 수록된 중국의 미래에 대한 많은 집필자의 인식 추세를 대체로 잘 설명해주고 있다. 30년대 중국대륙 지식인들은 북벌의 완성과 일본제국주의의 침략 전야에 살고 있었다.[34] 따라서 그들은 당면한 중국의 복잡한 문제들을 체득하고 있었다. 그들이 제기한 견해들은 중국의 미래에 관심을 기울이고 있던 대만 지식인에 비하면 더욱 구체적이고 다양하다. 그중에서 특히 통즈쉐董之學의 견해가 가장 대표적이다. 그는 다음과 같이 말하고 있다.[35]

중국은 단순한 자본주의 사회가 아니고 사회주의 혁명이 꼭 필요한 것도 아니다. 중국은 단순한 봉건주의 사회도 아니어서 구미 방식의 자본주의화도 필요 없다. 중국은 양자 사이에 위치하는 복합적인 사회여서 비자본주의적 노선을 채용할 수 있으며, 또 그렇게 할 필요가 있다.

여기서 주의해야 할 것은 중국의 경제 문제를 간단한 기술 문제 또는 경제정책의 문제로 간주해서는 절대 안 된다는 것이다. 기술이 있고 경제정책이 있고 자본이 있으면, 중국 전체 경제를 모두 해결할 수 있다고 생각하기 쉽지만, 나의 의견은 이와 정반대이다. 어떻게 해야 생산력을 향상시킬 수 있을까라는 문제에 대해 나는 주로 정치에서 그 근본적이고 철저한 방책을 찾아내야 한다고 생각한다. 어떻게 해야 기술을 얻고 사용할 수 있는지, 어떻게 해야 자본을 모으고 배분할 수 있는지는 오히려 부차적인 문제이다.

이상의 논설에서 통즈쒜는 먼저 중국사회가 자본주의와 봉건주의 사이에 위치하는 복합적인 사회라고 지적하고, 다음으로 정치력은 경제력보다 우선하고 더 영향력이 있다고 지적하고 있다.

이를 『대만민보』의 '중국개조론' 논쟁에 참여한 세 명의 대만 지식인과 비교해보면, 대만 지식인은 기본적으로 자본주의와 사회주의를 서로 대립하는 양극이라고 파악하고, 이러한 맥락 속에서 중국의 미래를 생각했다. 그중 천펑위안의 글에서는 명시적이진 않지만 자본주의를 거쳐야만 사회주의 단계로 이행할 수 있다는 인식이 보인다. 하지만 『신보월간』의 많은 집필자들은 중국사회의 복잡함을 비교적 잘 인식하고 있었기 때문에, 간단하게 자본주의 또는 사회주의로 개괄하기 어려웠던 것이다. 또한 그들은 중국개조의 과정에서 정치지배력이 우선한다는 사실에 좀 더 주목할 수 있었다.

4. 민족해방과 계급해방 가운데 어느 것이 먼저인가

1920년대 전개된 중국개조론에서 언급된 두 번째 문제는 중국개조를 위해서는 '민족해방과 계급해방' 가운데 어느 것이 먼저인가 하는 의제였다. 이는 중요한 의의가 있는데, 일제강점기 대만의 정치·경제·사회적 실정이 이데올로기로 반영된 것으로 볼 수 있기 때문이다.

천펑위안은 중국개조의 큰 방향이 자본주의 노선에 있다고 하면서 동시에 중국 민족주의도 크게 제창했는데, 민족주의를 구국의 처방전이라고 여기고 있었다. 그는 다음과 같이 말했다.[36]

> 세계적인 현상에서 보더라도 민족을 먼저 해방하지 않고 어떻게 계급해방을 할 수 있겠는가? 먼저 통일국가를 만들지 않고서 어떻게 열강의 제국주의를 타도할 수 있겠는가? 그러나 공산주의를 신봉하는 사람들은 개조의 방법에 순서가 필요하다는 사실을 인식하지 못하고 있다. 〔……〕 혁명 전 러시아는 예로부터 세계 강국으로 존재해오고 있었다. 지금 중국이 뿔뿔이 흩어져서 열강의 제2의 식민지가 되어버린 것과는 같지 않다.

천펑위안은 중국의 민족주의가 완전히 성장하기 전에 '국가사상을 초월한 공산주의'[37]를 갖추게 되면 국가에 해를 끼칠 수 있으므로 잠시 보류해야 한다고 주장했다. 또 천펑위안은 다음과 같이 민족주의의 맥락에서 북벌의 역사적인 의의를 해석하고 있다.[38]

176

내가 보기에 이번 북벌군의 승리는 한편으로 혁명군대의 혁명정신의 발견이며, 다른 한편으로는 모든 국민의 민족정신이 일치되어 성원한 결과이다. 이것이 공산주의의 승리가 아니라 국민주의의 승리라는 것은 전혀 의심할 여지가 없다. 중국혁명군이 만약 계속해서 모든 국민의 민족정신을 진작시킨다면 중국의 통일사업은 반드시 그들의 손에 완성될 것이다. 만일 그들이 길을 잘못 들어서서 공산주의 깃발을 세우게 된다면, 국가는 또 다시 통일되어야 하고, 무산계급으로는 또한 해결할 수 없으니 백해무익한 것이 분명하다.

천펑위안은 북벌이 대표하는 것은 '국민주의'[39]의 승리이며, 무산계급은 중국 문제의 해결에 '백해무익하다'고 생각하고 있었다.

쉬나이창은 천펑위안의 이런 논점을 반박하고, 계급의 해방이 민족의 해방보다 선결이라는 입장에서 견해를 표명했다. 쉬나이창은 먼저 1920년대 중국은 제국주의시대 식민지사회의 단계에 처하고 있으며, 이것이 곧 중국사회의 특수성이기 때문에 러시아 모델이나 일본의 메이지유신 방식은 중국에 완전히 적용될 수는 없다고 지적하였다. 또한 중국의 자본주의 발전 초기는 곧 세계적으로 제국주의가 고양된 시대여서 중국의 무산계급과 농민 그리고 자본계급은 모두 제국주의의 억압을 강하게 받고 있었기 때문에 세계 무산계급과 결합해야만 제국주의 세력을 타도할 수 있다고 했다.[40]

차이샤오첸의 의견은 쉬나이창보다 한발 더 나아간 것이었다. 그는 다음과 같이 지적하고 있다. 1920년대 중국은 혁명 전의 러시아보다 더 열악하고, 무산계급이 받고 있는 고통은 더욱 심각하며, 외국 제국주의와 군벌의 착취 때문에 중국의 무산계급은 도탄에 빠졌다. 따라서 중국은 자본주의 노선으로 나아가서는 안 된다. 중국의 개조는 생산관계의 개조, 즉 무산계급의 혁명에 기댈 수밖에 없다. 차이샤오첸은 다음과 같이 자기의 견해를 총괄하고 있다.[41]

> 향후 중국은 자본주의의 길로 나아가서는 안 된다. 비록 농공상의 각 계급 세력이 조금 성장한다고 하더라도 그들이 저축한 '재財' 정도로는 국제자본주의의 잠식에 대해서 무력하다. 중국 전 민족의 해방은 사회주의의 실현을 기다려야 하고, 신중국의 개조는 무산계급 세력의 성장을 기다려야 한다.

요컨대 차이샤오첸과 쉬나이창은 모두 1920년대 중국의 상황을 고려하여 민족의 해방이 계급의 해방을 전제로 했을 때만 이루어진다고 주장했다.

여기서 좀 더 나아가 『대만민보』의 '중국개조론'에서 언급된 '민족해방과 계급해방 중 어느 것이 먼저인가?'라는 문제를 청년기의 마르크스(Karl Marx, 1818~1883)가 '해방'을 논했을 때의 견해와 비교해보면, 양측이 논한 역사적인 맥락의 차이를 발견할 수도 있다. 마르크스는 일찍이 프랑스와 독일의 차이에 대해서 다음과 같이 말했다.[42]

> 프랑스에서는 뭔가 조금이라도 가지고 있으면 모든 것을 점유할 수 있지만, 독일에서는 아무것도 갖지 않아야만 비로소 모든 것을 잃지 않는 것이다. 프랑스에서는 부분적인 해방은 보편적인 해방의 기초가 되지만, 독일에서는 보편적인 해방은 어떤 부분적인 해방에도 필수조건이다. 프랑스에서는 모든 자유는 점차적인 해방의 실현과정으로부터 생기는 것이지만, 독일에서는 이런 점

차적인 과정의 불가능성으로부터 생기는 것이다. 프랑스에서는 어떤 계급의 인민들도 정치에 대해서는 이상주의자이다. 그들은 먼저 자기가 특수한 계급이라고는 인식하지 않고 사회 전체가 필요로 하는 대표라고 생각한다.

위 논술에서 마르크스는 '해방'의 가능성을 '부분과 전체' 및 '특수와 보편'의 맥락에 놓고서 사고하고 있다.

그러나 1920년대 세 명의 대만 지식인은 '중국의 개조'라는 문제를 '민족과 계급해방'이라는 맥락에서 생각하고 있다. 쌍방이 문제를 생각하는 방식이 분명히 다른 것이다. 이러한 사고방식의 차이가 생긴 것은 주로 역사 논쟁에 참가한 세 명의 대만 지식인들이 일제강점기 대만이라는 특수한 정치 경제적 구조 속에 있었기 때문이다.

야나이하라 타다오(矢內原忠雄, 1893~1961)의 연구결과에 의하면, 일본은 대만을 점령한 후 임야조사와 정리, 삼림개발사업 추진, 도량형과 화폐제도 정비 등의 수단으로 대만을 점차로 자본주의로 전환시켜갔다. 이 과정에서 일본자본은 점차 독점적인 지위를 차지하게 되었는데, 특히 사탕업, 전력, 임업, 철도 분야에서 더욱 현저했다.

대만의 자본주의화는 대만사회의 계급관계를 봉건적인 전前 자본주의에서 근대적 자본주의로 전환시켰다. 또한 식민통치자인 일본인과 원래 살고 있던 대만인과 원주민이 대만에 섞여 살았기 때문에 대만에서의 계급관계는 민족대립과 서로 교차하고 서로 경합하면서 식민지 특유의 복잡한 양상을 빚어내고 있었다. 대체로 관리나 공무원, 자본가나 그 관련 종사자(예를 들면, 회사원, 은행원)는 모두 일본인들에 의해 독점되었다. 게다가 대만에 있는 일본인은 일본 국내정부와 대자본가의 막강한 권력이 그 뒤를 받치고 있었다. 농민이나 노동자계급은 대부분 대만인이었다. 중산상공계급에서는 일본인과 대만인이 서로 경쟁했다. 자유업에서는 양자가 서로 병존했는데 대만인의 실력도 꽤 강력했다.

그렇지만 일본인이 총독부 및 대자본가 기업을 독점했기 때문에 정치적으로나 경제적으로 대만의 지배자가 되었다. 농민과 노동자계급에선 대만인의 노력으로 일본인의 지위는 미약했다. 일본인은 자연스럽게 일본정부와 대자본가에 의지했으며, 대만인 또한 자연스럽게 농민과 노동자계급에 합류했다. 일본인과 대만인의 민족대립은 동시에 정치적인 지배자와 피지배자간 대립인 동시에, 자본가와 농민·노동자와의 계급적인 대립이기도 했다.[43]

야나이하라 타다오는 20세기 일본의 양심 있는 경제학자였다. 1937년 그는 일본의 중국 침략전쟁을 비판했기 때문에 도쿄대학을 사직해야 했다. 하지만 전후에는 도쿄대학 총장에 취임했다. 그가 지적한 일제강점기 대만의 '계급모순'과 '민족모순'에 대한 변증법적인 논증은 일본제국주의 하의 대만 정치·경제 정세의 핵심을 정확하게 찌른 것이었다.

일제강점기 대만은 그 정치·경제의 현실에서 '민족모순'과 '계급모순'이 하나가 되었다. 이 때문에 당시 대만사회의 지도층은 민족의 정체성을 포기한다 하더라도 일본문화에 완전히 동화될 수 없었다. 마치 우원싱(吳文星. 1947~)이 말하는 바와 같이, 일제강점기 대만은 "사회지도층은 시종 그 자주성이 결여되고, 그 활동과 발전은 모조리 식민지체제의 속박과 제한을 받고 있었다. 이것이 바로 근대 대만사회 발전에 치명상을 입혔다."[44]

따라서 우리는 다음과 같이 추론할 수 있겠다. 일제강점기 대만이라는 특수한 시간적·공간적 조건하에 처해 있던 천평위안, 쉬나이창 그리고 차이샤오첸은 중국개조의 문제를 생각할 때 사고의 초점을 특별하게 '민족해방과 계급해방 가운데 어느 것이 먼저인가?'라는 문제에 맞추고 있었다. 그리고 그 이면에는 바로 일제강점기 대만이라는 특수한 역사적 배경이 존재하고 있었다.

5. 맺음말

대만을 포함한 동아시아 각지에서 보면 중국은 거대한 '타자the other'이다. 그러나 주변지역의 지도자나 지식인들이 각자 처한 지역 문제를 대할 때 중국이라는 이 거대한 타자의 그림자에서 벗어나기는 쉽지 않다. 대만은 더욱 그러하다.

이 장에서는 1920년대 일본 도쿄에서 발행된 대만인 언론매체 『대만민보』에 게재된 '중국개조론' 논쟁을 중심으로 천펑위안, 쉬나이창, 차이샤오첸 등 이렇게 세 명의 대만 지식인이 표명한 중국의 미래에 대한 견해를 검토했다. 이 논쟁은 1920년대 크게 격동하던 역사의 조류 속에서 작은 물방울에 불과하다. 하지만 우리는 이 작은 물방울에서 종종 시대조류의 큰 방향성을 찾아낼 수 있다.

1920년대는 대만 지식인들이 '계몽'으로부터 '해방'으로 나아가는 과정에 있는 중요한 시기이다.[45] 세 명의 대만인이 중국의 미래에 대해서 논쟁을 벌일 때 언급한 문제는 크게 두 가지이다. 첫 번째는 '중국은 자본주의 노선으로 나아가야 할지, 아니면 사회주의 노선으로 나아가야 할지'라는 문제이고, 두 번째는 '중국개조의 과정에서 민족해방과 계급해방 중 어느 것이 우선되어야 할지'라는 문제였다.

천펑위안은 중국은 자본주의 노선으로 나아가야 한다고 보고, 민족주의를 크게 고양시키고 구국의 처방전으로 삼아야 한다고 주장했다. 쉬나이창과 차이샤오첸은 중국은 사회주의 노선으로 나아가야 한다고 보고, 무산계급의 해방을 통해 국제제국주의의 중국에 대한 억압을 타파하고 이로써 전 민족의 해방을 완수해야 한다고 주장했다. 쌍방의 입장이 같지 않았기 때문에, 그 주장과 사상 그리고 결론 또한 물과 불과 같은 차이가 있었다.

그렇지만 이 세 명의 대만 엘리트들의 논점에는 공통점이 있었다. 그들은 중국의 현상이나 그 미래를 논할 때, 모두 중국을 실태로 파악하지 못하고 하나의 개념으로 파악하는 경향이 있었다.[46] 따라서 그들의 언론을 당시 중국대륙 지식인의 주장과 비교하면, 항상 '이론이 실정보다 우선'된 경향이 드러나는 등, 당시 중국사회의 복잡함과 다면성에는 도달하지 못했다. 그들은 중국정치의 극심한 변천에 대해서는 일부러 은폐하거나 심지어는 전혀 몰랐다. 중국대륙의 정치상황에 대한 무지는 바로 일제강점기 많은 대만 지식인에게 보이는 보편적인 현상으로, 단지『대만민보』에 글을 발표한 이 세 명의 지식인에게 국한된 것이 아니었다.

예를 들면, 1925년 중국대륙에서 중국과 일본이 '일화공수동맹日華攻守同盟'을 맺어야 한다는 의견이 제창되자『대만민보』는 이 소식에 큰 자극을 받고 특별보도를 하는 등 강한 기대감을 드러내기도 했다.[47] 일제강점기 대만인 작가 우쭤류(吳濁流, 1900~1976)는 소년기에 조부로부터 항일전쟁의 이야기를 들었을 때의 기분을 회상하면서 "대만인들의 마음속에는 '한漢'이라는 아름답고 훌륭한 조국이 존재하고 있었다"[48]라고 말했다.

일제강점기 대만인들은 일본의 중국에 대한 침략전쟁에서 중국이 점차 패퇴해가는 모습을 직접 체험하면서 "고국의 산하를 생각하면서 평생 남몰래 눈물을 흘렸다[平生暗淚故山河]"(천신陳炘의 시구)라며 개탄했다. 양쿠이(楊逵, 1905~1985)는 1944년 12월에 상영된 '울부짖어봐라! 중국'이라는 현대극에서 그 감정을 토로했다.[49]『대만민보』의 '중국개조론' 논쟁에서 얻어낸 역사적인 교훈이란 대만인들이 민족적 심정이라는 억누를 수 없는 감정 속에서 중국대륙의 미래에 관심을 기울였으며, 이것은 언어와 민족이 같은 문화정체성에 바탕을 둔 정조였다는 사실이다. 이것은 마치 1911년 2월에 량치차오(梁啓超, 1873~1929)가 대만의 민간 지도자 린셴탕林獻堂의 초대를 받고 대만을 방문했을 때 지은 "쪼개진 고국 산하는 어느 누가 헤아릴고, 어려움에 처한 형제(대륙인과 대만인)가 서로 친해져야 하네[破碎山河誰料得, 艱難兄弟自相親]"라는 시구나, 우융푸巫永福가 항일전쟁 때에 지은 '조국'이라는 시에서 "꿈에 보았던, 서적을 통해 보았던 조국[夢見的, 在書本上看見的祖國]"[50]이라고 표명하고 있는 것과 같은 맥락이다.

이것은 세상에서 가장 고귀한 미덕일 것이다. 그렇지만 일제강점기 대만 지식인들의 맹점은 중국을 단지 일종의 추상적인 개념으로 파악하기만 했지 구체적인 존재로 파악하지 못했다는 것이다. 대륙은 분명히 그들에게 있어서 문화적으로는 고국이었다. 하지만 이 관점은 두 동강으로 분열된 일제강점기 대만이라는 객관적인 상황에서 대륙이 그들에게 정치적으로 타향이라는 사실을 간과하고 있었던 데서 출발한다. 이러한 이유 때문에 그들은 때때로 대륙에 대한 '상상'을 과도하게 미화하거나 반대로 추하게 그리거나 중국의 사회·정치·경제의 복잡성, 전체성 그리고 다면성을 정확히 인식하지 못했던 것이다. 일제강점기 대만 지식인들이 대륙 문제에 대해서 생각할 때 드러냈던 맹점은 오늘날 대만과 중국의 상호관계라는 측면에서도 우리에게 매우 의미심장한 교훈을 제시하고 있다.

일제강점기 세 명의 대만 지식인이 중국의 '민족해방과 계급해방 중 어느 것이 먼저인가?'라는 문제에 관심을 기울이고 있었던 것은 당시 대

린센탕

만의 '민족모순'과 '계급모순'이 일체가 된 특수한 상황과 관련된다. 그들이 발표한 중국의 미래에 관련된 많은 논설들은 당시 대만의 특수한 정치·경제의 실정이 반영된 것으로 볼 수 있다. 중국이라는 거대한 '타자'에 대한 대만 지식인들의 다양한 생각에는 가끔 그들 자신의 처지가 투영되어 있었다고 말할 수 있는 것이다.

제5장

광복 초기 중국대륙인이 본 대만

1. 머리말

1945년 8월 15일 일본의 무조건적 투항으로 제2차 세계대전이 종결되면서 대만은 광복되어 중화민국정부의 행정구역으로 귀속되었다. 이 역사적인 변국은 51년(1895~1945)이나 분단되었던 대만과 대륙의 관계를 아물게 했다. 광복 이후 대륙에서 수많은 신문기자, 교육계·농업계 인사들이 대만을 방문했다. 그러나 1949년 12월 27일 국민당과 공산당의 내전 형세가 역전되자 청두成都에서 철퇴한 국민당정부가 타이베이로 천도해옴에 따라 대륙과 대만이 다시 분단되었고, 백만 명의 대륙 동포가 국민당정부를 따라 대만으로 이주했다. 이렇게 대륙에서 대만으로 이주해온 사람들과 단기적으로 대만을 방문했던 인사들은 광복 초기(1945~1950) 대만을 견문하고서 신문보도, 필기筆記, 회고록 등 가치 있는 사료들을 다수 남겼다.

이러한 사료들을 통해 광복 초기 대만에 건너온 대륙 인사들이 직접 보고 들은 대만의 정치·경제·사회·문화 등 각 방면의 상황을 엿볼 수 있거니와 그들의 대만 경험에 잠재하고 있던 많은 문제점들을 함께 검토할 수도 있다. 나아가 광복 초기 대륙 인사들의 대만 경험과 당시 대만인 및 일본식민지정부 관원들의 증언 사이의 공통점과 차이점 그리고 그곳에 잠재하고 있는 문제점 등을 분석할 수 있다.

이 장에서는 광복 초기에 대만을 방문한 대륙 인사들이 작성한 각종 기록을 일차적 사료로 삼아 그들의 대만 경험과 몇 가지 측면을 검토하고자 한다. 제2절에서는 대륙 인사들이 목격한 광복 초기 대만의 정치·

경제·사회·문화 방면에서 두드러진 일면을 검토하고자 한다. 제3절에서는 더 나아가 대륙 인사들의 대만 경험에 잠재하고 있던 각종 문제점들을 토론하고, 이를 당시 일본당국이 작성한 공문 등의 내용과 비교 검토하고자 한다. 제4절에서는 광복 초기 대만인과 대륙인의 '광복 경험'에 나타난 같은 점과 다른 점을 분석함으로써 정체성 문제의 문화적 바탕과 그 권력적 요소를 검토하고자 한다. 제5절에서는 종합적인 결론을 내리면서 대만인의 '문화정체성'과 '정치정체성' 문제에 대해 간략하게 논의해보고자 한다.

2. 대륙인이 본 광복 초기의 대만

1945년 8월 15일에 제2차 세계대전이 끝나고 대만이 광복된 후 51년이나 분단되었던 대륙과 대만의 인민들이 다시 자유롭게 왕래할 수 있게 되면서 수많은 대륙 인사들이 대만을 방문했다. 그들의 눈에 비친 대만은 비록 전쟁으로 심각하게 훼손되었으나 그들에게 깊은 인상을 남겼는데 특히 다음과 같은 몇 가지 방면에서 두드러졌다.

1) 대만 경제건설의 우월성

광복 후 대만을 방문한 모든 대륙인들은 대만의 경제건설 상황에 칭찬을 아끼지 않았다. 국민정부 주석인 장제스(蔣介石, 1887~1975)는 1946년 10월 7일 오전 10시에 열린 대북장관공서臺北長官公署 기자회견에서 다음과 같이 말했다.[1]

> 이번에 대만에 와서 대만의 복구작업이 이미 80%나 완성된 걸 보니 진심으로 기쁘고 매우 위안이 된다. 특히 교통, 수도 및 전기사업은 모두 전쟁 이전 일본통치 시기의 수준으로 회복했다고 말할 수 있겠다. 따라서 일반적인 경제사업이 모두 빠른 속도로 회복될 것이고 인민들은 다 안정된 생활 속에서 즐겁게 일할 수 있을 것이다. 대만의 교통, 경제 그리고 인민의 생활형편은 대륙 특히 동북지역이나 화북지역에 비해 훨씬 앞서 있다.

초대 대만총통에 취임한 장제스

대만 경제건설에 대한 장제스의 칭찬은 당시 대륙에서 대만으로 건너온 중국농촌부흥연합위원회(中國農村復興聯合委員會, '農復會'로 약칭)의 중·미 양국 위원의 견해와도 일치한다. 광복 후 대만을 방문한 농부회 위원 장멍린(蔣夢麟, 1886~1964)과 백커John Backer는 대만의 현대화된 도로망, 농촌의 전력 공급, 의무교육의 보급, 화학비료의 대량 사용 및 사회질서의 안정에 대해 모두 높게 평가하면서 농부회가 진행하고 있는 사업은 대륙에서보다 훨씬 쉽게 성공할 수 있다고 예상했다.[2]

1946년 9월에 대륙에서 온 신문기자가 당시 행정장관 천이(陳儀, 1883~1950)에게 대만성의 행정을 주관한 소감을 문의하자 그는 다음과 같이 말했다. "대만은 농업과 의약 및 기상사업이 발달했으며 국민교육이 보급되었고 수력발전, 공업, 교통, 항구설비 등이 모두 상당한 규모를 갖추고 있어 민생주의民生主義의 실현에 크게 도움이 될 것이다."[3] 이를 통해 천이가 대만의 경제적 기초를 극도로 높게 평가하고 있었음을 알 수 있다.

경제학자인 장숴제蔣碩傑는 처음 대만에 도착했을 때 받은 깊은 인상을 다음과 같이 서술했다. "지룽基隆을 보고 곧바로 중국대륙이 참으로 낙후했음을 깨달았다. 그래서 대만에 온 후로 매우 신선한 느낌이 들었다."[4]

경제적 기초의 우월성 외에 광복 초기 대만의 낮은 이자율 또한 대륙 각 지역에서 대만을 방문한 기자들에게 깊은 인상을 주었다. 대륙 기자들은 다음과 같은 사실을 지적했다. 당시 대만은행의 대출이자가 3리釐6에서 6리6 사이고, 상업은행 대출이자의 최고 또한 1분分을 넘지 않는 것에 비해, 대륙의 이자는 1각角에서 2각이나 되는 등 서로 하늘과 땅 차이였다. 또한 대만에는 며칠에 한 번씩 변하는 물가가 없고, 달러와 황금 등의 투기시장이 없으며, 매점매석하는 나쁜 상인도 없었다. 관공서의 통계에 의하면, 대만의 물가지수는 1946년 8월을 기준으로 했을 때 전쟁 이전보다 백 배나 높아졌다고 하지만, 1945년 10월 인수했을 때를 기준으로 삼으면 그 지수는 겨우 450으로 3.5배밖에 오르지 않았다. 경제가 이렇게 안정되었던 것은 주로 대만 화폐정책의 성공 때문이었다. 대륙 기자들이 지적했듯이, 대륙에서는 종종 대만에서 대만화폐[臺幣]가 유지되는 것을 비판해왔다.

하지만 대만에서는 사람들마다 이 화폐정책이 관공서의 훌륭한 정책 중 하나라고 칭송했다. 가령 애당초 대만을 인수했을 때 대만화폐를 폐지하고 법정화폐를 사용했다면 아마 지금 대만인의 재산은 모두 상하이 투기상들의 지갑으로 들어갔을 것이다. 대륙의 인플레이션과 투기풍조의 악풍이 대만경제에 파급되지 않았던 것도 주로 대만화폐라는 방파제가 있었기 때문이다.[5]

1947년 1월 상하이 『대공보大公報』의 기자인 샤오첸(蕭乾, 1910~1999)이 대만을 방문한 적이 있었는데, 그는 대만을 두루 고찰한 후 다음과 같이 말했다.[6]

대만을 한 바퀴 둘러보고 나서 다시 타이베이에 돌아와 보니 기차역에 붙은 당부黨部의 표어들, 특히 '신대만을 건설하자[建設新台灣]'라는 말에 나는 일종의 불안과 아이러니를 느꼈다.

대만에 비하면 중국대륙은 문맹국이다. 대만에 비하면 중국대륙은 원시농업국이다. 대만에 비하면 중국대륙은 소비국이고 더구나 소비한 것도 대부분 외제품이다. 대만의 기초는 모두 일본 통치자들이 남겨둔 것이었다. 불행하게

도 우리는 이런 표어와 구호의 세기에 살고 있기에, 이미 30년 전부터 표어와 구호의 내용에 대해 무감각해졌다. 하지만 대만인은 벽에 붙인 표어를 '공고'라고 생각하고 이를 실행하려 들 것이다. 대만에 비해 중국대륙의 현대화는 적어도 반세기나 뒤떨어졌다. 우리는 한편으로 대만을 따라잡아 중국의 판도에서 대만이 영원한 오아시스가 되지 않도록 해야 한다. 또 다른 한편으로 대만을 다스리려면 우선 가급적 일본인이 건설한 기반 위에 공장들을 하루빨리 가동시키고 이전의 무상교육을 회복해야 한다.

  이런 소극적인 조치 위에 자유를 더해주면 대만인은 반드시 진심으로 대륙정부를 따를 것이고, 또한 당쟁이나 내란도 이 섬에 들어서지 못할 것이다. 호적의 등기, 토지의 측량, 백성의 교육, 재난의 통제, 공업의 발달이 잘 이루어졌다. 도로는 아스팔트로 포장되고, 변소는 시멘트로 지어졌다. 이러한 현대화의 기초를 갖추고 있어도 중국정부가 잘 다스리지 못한다면, 나는 경자庚子년(1900) 열강들이 공동으로 중국을 관리하려던 계획이 실현되지 못한 것을 안타깝게 생각할 것이다.

  샤오첸의 묘사에 의하면, 대만과 중국대륙은 대조가 선명한 두 세계였다. 샤오첸이 1947년에 본 대만의 각종 인프라 건설은 바로 광복 후 대만이 빠른 속도로 현대화에 매진할 수 있었던 '하층구조'의 기초였던 것이다.

2) 정치적 자유의 탄압 및 성적모순

광복 초기 대륙 인사들이 대만을 견문하고서 가장 인상 깊었던 두 번째 문제는 당시 대만인의 정치에 대한 실망과 성적省籍의 모순이었다. 1946년 10월에 대만을 방문한 대륙 기자들은 전후 대만인들에게 보편적으로 나타난 실망의 심정을 예민하게 감지하고 다음과 같이 기록했다.[7]

> 대만동포들은 목전에서 또한 이런 전후의 실망에 직면했지만, 그 정도는 국내 동포들이 느낀 것만큼 심하지는 않았다. 반세기 동안 일본제국주의자의 고압통치 하에서 비인간적이고 노예 같은 삶을 살아온 인민들이 하루아침에 다시 자유와 해방을 얻었다면, 그때의 흥분된 심정은 묘사하기 어려울 것이다. 누구나 하나의 아름다운 이상을 품고서 자유롭고 민주적이며 행복한 삶을 살기를 기대하고 있었을 것이다.
>
> 그러나 실제로 전후의 훼손은 일시에 회복되지 못하고 인민의 생활도 짧은 시간 내에 개선되지 못했다. 수많은 조건이 미비했기 때문에 새로운 생활을 다시 건설하려면 여전히 간고한 노력이 필요하며 상당한 대가를 치러야 했다. 결코 단숨에 이루어질 일이 아니었다. 게다가 전환과정에서의 고민과 경제의 일시적 불안정 그리고 실업의 위협 등이 대만동포의 희망을 실망으로 변화시켰다. 동시에 대만은 현재 조국으로 복귀되었다. 대만동포는 원래 조국을 매우 사랑했지만, 현재 국내의 불안정한 시국 또한 대만동포로 하여금 실망을 느끼게 했다.
>
> 이처럼 전후의 보편적인 실망감으로 인해 내가 대륙에서 흔히 들었던 '승리가 나랑 무슨 상관이 있겠어?'라는 탄식처럼, 일부 대만동포도 '자유가 나랑

무슨 상관이 있겠어?'라고 탄식하고 있다.

신문기자 야오쑨姚隼이 관찰한 광복 후 대만인의 자유에 대한 갈망과
실망은 또 다른 신문기자의 호응을 얻었다. 『대공보』의 기자인 샤오첸은
1947년 1월에 「냉철한 눈으로 대만을 살핀다」라는 보도에서 다음과 같
이 말했다.[8]

> 조국이 대만에게 줄 수 있는 것이 무엇일까? 시정이라면 일본통치 하의 대만
> 은 전 아시아의 모범이 될 만했고, 공업이라면 대만은 대륙에 훨씬 앞서 발전
> 해나갔다. 군사교육이라면 그들은 이미 받은 바 있었고, 충군忠君훈련도 이미
> 받은 바 있었다. 51년 이래 단 하나 맛보지 못한 것은 대만인의 마음속에 국
> 민정부로부터만 얻을 수 있는 자유였다. 그것은 통치자를 지적하고 비판할 수
> 있는 자유, 사상적 자유, 발표의 자유 등 헌법이 허락되는 자유를 가리킨다.
> 　51년 이래 일본인의 통치 아래 대만인은 의·식·주·행行 각 방면에서 두루
> 대륙의 민중보다 훨씬 우월했다. 공장의 복지가 어떤 때는 영국과 미국보다도
> 나을 정도였고, 클럽·당구장·수영장·음악회 등 무릇 현대 국민이 누릴 수
> 있는 기본적 권익을 대만인은 그때 다 누렸다. 지금의 '신대만'도 단기간 안에
> 그때 누렸던 것을 다 구비하기 어려울 듯하다. 일본인은 우유를 짜기 위해 소
> 를 기르듯 모든 걸 다 허용했으나 자유만은 허용해주지 않았다(그렇기 때문에
> 대부분 대만인이 전문기술을 배우는 것에 비해 인문과학을 배우는 자가 매우 드물었
> 다). 그러나 자유가 없다면 비록 최상급의 권익을 누릴 수 있어도 편하지는 못
> 할 것이다. 대만인이 조국의 품으로 돌아온 것은 다른 지나친 요구가 있어서
> 가 아니라 단지 자유를 좀 맛보게 해주기를 원했기 때문이다.

광복 후의 역사적 발전을 보면, 샤오첸이 관찰한 바와 같이 대만인의 자유에 대한 추구는 분명히 만족스럽지 못했다.

대만인의 자유에 대한 갈망을 만족시키지 못한 것 이외에, 광복 초기 대만을 방문한 대륙인들은 국민정부의 통치하에 대만인들이 차별대우를 받는다는 사실도 알게 되었다. 기자 야오쑨이 관찰한 바에 의하면, "일부 대만동포는 자기가 차별대우를 받고 있다고 생각한다. 일제강점기에는 일본인의 억압으로 비교적 좋은 직위와 대우를 얻지 못했다. 지금도 비교적 좋은 직위는 다시 대륙 동포들에 의해 점유되었다. 그래서 그들은 여전히 버림받고 있다는 원망을 품고 있다."[9] 대륙 기자의 이러한 관찰은 당시 대만인이 절실하게 느꼈던 바와 완전히 부합했다.

우싼롄吳三連·천정톈陳正添·우줘류吳濁流 등은 모두 광복 초기 대만을 '인수'한 국민정부 대원들의 부패로 '인수'가 '수탈'이 되어버린 현상을 지적했다.[10] "일제강점기와 같이 정부기관의 상위권을 일본인 대신 외성인이 차지했고 대만인은 여전이 배역 신세였다."[11] 대만인의 이러한 느낌은 대륙 기자들이 관찰한 바와 서로 부합한다. 광복 후 정치적으로 차별대우를 받았던 상황에서 대만인의 '광복 경험'은 대단히 괴롭고 슬프며 심정이 매우 복잡했다.

오랫동안 린셴탕林獻堂을 추종했던 예룽중葉榮鐘은 "굴욕과 수치를 인내한 지 50년, 오늘아침 광복을 맞았지만 오히려 쓸쓸하네[忍辱包羞五十年, 今朝光復轉凄然]"[12]라는 시를 짓기도 했다. 2·28사건으로 살해당한 천신(陳炘, 1893~1947)은 1946년 4월 17일에 행정장관 천이陳儀의 의해 구류되었다. 이때 그가 읊은 "고국의 산하를 생각하면서 평생 남몰래 눈물을 흘렸는데, 광복된 지금도 여전히 감개가 많구나[平生暗淚故山河, 光復如今

感慨多]"[13]라는 시구 역시 광복초기 대만인의 솔직한 감정을 잘 보여주고 있다.

당시 국민당정부가 정치적으로 대만인들에게 차별대우를 했던 역사적 배경을 놓고 광복 초기 대만을 방문한 대륙인들은 모두 대만인과 대륙인 사이의 성적省籍모순을 깊이 통감했다. 대만을 방문한 대륙 기자들은 "극장, 다방, 거리에서 사람들을 만날 때 '중국인', '중국관원', '중국병사'와 같은 단어들이 여러 차례 우리 귀에 들어왔다. 이럴 때마다 우리는 의아해했으며 다른 나라에 와 있다는 착각에 빠졌다"라고 했다.[14] 또한 "무의식적인 담화 속에서 대만동포들은 습관적으로 '너희 중국'은 어떠하고 '우리 대만'은 어떠하며, '너희 중국인'은 어떠하고 '우리 대만인'은 어떠하다고 말하곤 한다"[15]라는 대륙 기자의 기록도 보인다. 요컨대 성적모순은 광복 초기 대만에 온 대륙 인사들의 '대만 경험'에서 중요한 구성요소가 되었다.

광복 초기에 성적모순이 나타난 가장 직접적인 원인은 물론 권력분배의 불공평으로 인한 대만인의 분노였으나 당시 대만에 온 대륙인들의 관찰과 실제적인 체험에 따르면 언어와 생활습관의 차이도 매우 중요한 요소로 작용했다. 1945년 8월에 대만총독부 광공국礦工局의 공업과工業課, 직업과職業課, 기업정비과企業整備課 및 국민동원과國民動員課를 인수한 옌옌춘(嚴演存, 1912~)은 다음과 같이 관찰한 바가 있다.[16]

대부분 외성인은 민남어閩南語를 할 줄 몰라서 본성인과 언어가 안 통했고 생활습관도 일치하지 않았다. 예를 들면, 대만인은 점심에 도시락을 먹는데 외성인은 보통 더운 밥을 먹지 않으면 안 된다. 외성인 공무원은 출퇴근할 때 버스를 타곤 하지만, 본성인 공무원은 대부분 자전거를 타고 다닌다.

이런 것들은 비록 사소한 것이었지만, 점차 이러한 일상생활의 차이로 더불어 살기 어려워졌고, 또 쉽게 화목해질 수도 없었다. 이는 앞에 서술한 것처럼 대만인민의 정신적 불만을 심화시켰다.

이처럼 광복 초기 대만인과 대륙인 사이엔 정치·사회적 모순이 내재하고 있었다. 이런 와중에 1946년 양식배급 제도를 철폐한 후 민간의 쌀값이 변동되자 성적 모순이 더욱 심각해졌다. 당시 대만 민간에서는 다음과 같은 민요가 퍼져 있었다.[17]

대만 광복은 아무런 이득이 없으니	臺灣光復真吃虧
굶어 죽은 동포들만 쌓여간다네	餓死同胞一大堆
물가가 나날이 올라갈수록	物價一日一日貴
대륙인은 나날이 살쪄간다네	阿山一日一日肥

이 민요는 비록 과장된 것이기도 하겠지만 당시 대만사회에서의 성적 모순을 여과 없이 드러내고 있다.

3. 대륙인의 광복경험과 일본당국의 종전 경험 : 두 시선

다음은 광복 초기 대륙 인사들의 대만 관찰과 일본당국의 관찰을 서로 비교함으로써 대륙 인사들의 '대만 경험'의 특징을 조명하고자 한다.

1) 『대만통치 종말보고서』의 내용

일본당국의 관점을 검토하는 데 이용한 사료는 아직 공개되지 않은『대만통치 종말보고서臺灣統治終末報告書』이다. 이『보고서』는 대만총독부 잔무정리사무소殘務整理事務所에서 1946년 4월 자원이 극히 결핍했던 상황에서 강판으로 판각하여 유인된 것으로, 지금 일본 도쿄 보에이防衛대학 부속도서관과 대만대학 도서관에 소장되어 있다. 이『보고서』는 일본이 투항하고 대만이 광복된 1945년 8월 15일부터 1946년 4월 사이에 국민당정부가 대만에 와서 잔류 일본인 송환사무를 인수한 상황과 광복 초기 대만인의 동향 등을 기록하고 있어 매우 높은 사료적 가치를 지니고 있다. 또한 이 사료는 일본식민지당국의 관점들을 담고 있어서 이를 광복 초기 대만을 견문한 대륙인의 관점과 서로 비교할 수도 있다.

　『대만통치 종말보고서』는 전쟁이 끝나기 이전 대만의 상황, 전후 대만의 상황, 국민당정부의 인수상황, 대만인의 동향, 대만에 남은 일본인의 동향, 대만에 있는 일본인의 송환 및 재산처리 등의 사항 그리고 마지막 결론을 포함한 총 7부분으로 구성되었다.

2) 두 가지 시각의 비교

『대만통치 종말보고서』를 광복 초기 대만을 방문한 대륙 인사들의 방문보고와 비교하면, 일본총독부의 이른바 '종전 경험終戰經驗'과 대만을 방문한 대륙인들의 '광복 경험' 사이에서 공통점과 차이점을 발견할 수 있다. 공통점은 양쪽 모두 정권이 교체되는 광복 초기에 대만의 민정이 온전하지 못했음을 짐작했다는 점이고, 차이점은 일본당국 인사가 중국과 일본 민족 사이의 모순을 발견했다는 것에 반해, 대만을 방문한 대륙인은 성적모순을 발견했다는 점이다.

(1) 정권교체 때 민정의 소란

『대만통치 종말보고서』는 우선 전쟁이 끝나기 이전 대만인들이 총독부의 지휘 아래 식료품의 생산과 보급 및 각종 물품과 생활필수품을 제공하는 일에 주력했으나 이런 상황이 1945년 8월 15일 이후 급변했다는 사실을 다음과 같이 기록하고 있다.[18]

> 실제로 일본의 각종 행정적 집행력이 이미 쇠퇴하기 시작했다. 따라서 일본인이 계속 각 부문의 통치권을 장악하고 있으면, 오히려 섬 주민들에게 압력이 되어 불만을 조장할 것 같았다. 민심의 격노를 피하기 위해서는 각종 통제를 폐지하여 섬 주민들의 부담을 가볍게 함으로써 기쁘게 해주는 것이 바람직하다고 생각했다. 우선 경제 분야의 통제를 폐지했다. 물론 식료품 관리와 물가제도를 컨트롤하는 것이 매우 어렵겠지만, 섬 주민들의 생활을 고통스럽게 하는 것보다는 나을 것 같았다.

(人.2) VIEW OF THE TAIWAN GOVERNMENT.

台灣總督府

당시 대만총독부 청사

9월이 되어 일본과 중국은 난징南京에서 열린 '중국전구투항조인식中國戰區投降調印式'에서 대만의 토지를 중국에 반환하기로 확정했다. 이는 애초 예상했던 것보다 훨씬 빨랐다. 섬 주민들도 반항의 마음이 생기고 반목의 경향이 점점 표면화되면서 결국 충돌이 발생했다. 예컨대 지방의 일선 고급 관원을 대상으로 폭행을 가한다거나, 곡류 등 식품의 제공을 거절한다거나, 전에 제공했던 식료품을 돌려달라고 요구한다거나 하는 분쟁들이 끊임없이 일어났다. 어떤 사람은 정세가 혼란한 틈을 타서 일본인의 재물을 빼앗는 짓까지 하여 사회치안을 더욱 망가뜨렸다. 여기에다 중국에서 먼저 파견되어 온 군관들은 도처에서 대만이 광복되고 해방되었다고 홍보하고 다니면서 폭행의 형세를 더욱 심각하게 만들었다. 10월에 지휘소를 설립한 후에도 이런 폭행의 심각성은 전혀 수그러들지 않았다. 게다가 일본정부의 행정 집행력도 급격히 떨어져 대만 전도의 치안이 더욱 혼란에 빠졌다. 행정질서와 치안이 혼란스러워지는 동시에 물가도 급격히 상승하여 섬 주민들의 생활에 커다란 피해를 주었다. 우리는 인플레이션 발생을 억제하지 못한 것에 대해 매우 안타깝게 생각했다.

이상 두 문단의 역사적 증언은 정권이 교체된 후 대만인들이 "지방 일선 고급관원에게 폭행을 가하고", "곡물 제공을 거절하고", "도처에서 대만이 광복되었다고 홍보하는" 등의 현상을 구체적으로 설명해주고 있다. 일본 대만총독부가 말한 바와 같이 광복 후 대만인들에게서 심리적으로 반목의 경향이 점점 표면화되었다.

이런 심리적 변화는 대만을 방문한 대륙 인사들에게도 감지되었다. 광복 후 타이베이시에서 광복을 경축하는 현수막에 쓰인 "처참하고 고통에 찬 세상이 물러가서 기쁘고, 중화민국의 세상이 오는 것을 보게 되어 통쾌하다〔喜離淒風苦雨景, 快睹靑天白日旗〕"라는 시구가 당시 대만인의 심리적 변화를 구체적이면서도 세밀하게 드러내고 있다.

(2) 민족모순과 성적모순의 서로 다른 두 가지 시야

『대만통치 종말보고서』는 광복 후 대만인과 대만에 남은 일본인의 동향을 분석하면서 대만인과 일본인 사이의 민족모순에 대해 다음과 같이 지적했다.[19]

> 대만 본도인의 동향에 관해서 말하면, 그들은 도처에서 광복을 홍보하고 있다. 오늘날 대만이 문화적·경제적으로 수준 높은 국가들 사이에 발을 들여놓을 수 있게 된 것은 모두 우리 일본인이 노력한 결과이다. 그러나 중국이 대만을 통치하게 되자 본도인의 마음은 삽시간에 일본을 배신했다. 대만에 남아 있는 일본인들은 직접 이런 상황을 목격하고, 그제야 이민족을 통치하는 것이 얼마나 어려운지 실감했다. 다만 일부 사람을 제외하고 대부분의 본도인은 일본인에게 친절하고 온화하게 대하며 심지어는 동정의 마음을 품고 있다.
>
> 우리 일본이 대만을 통치하는 과정에서 대만인들은 은혜와 도덕, 인의仁義의 마음을 많이 배웠다. 대만인들은 이런 것들을 다 마음에 새겨두어 나중에 일본과 대만관계에 힘을 보태야 한다고 생각하고 있다. 우리도 또한 50년의 대만 통치는 일본제국의 미래에 매우 큰 의미가 있다고 생각한다. 원주민들까지도 순박한 마음으로 일본의 실패를 동정하고 있다.

『대만통치 종말보고서』에서 실감했다고 한 민족모순은 바로 1895년부터 일본이 대만을 통치한 이후 가장 근원적인 문제 가운데 하나였다. 일찍이 야나이하라 타다오矢內原忠雄는 일본 통치하 대만에서의 중국민족과 일본민족 간의 민족모순이 자본가(일본인)와 근로자(대만인) 간의 모순과 결합하여 하나가 되었다고 지적했다.[20]

이처럼 뿌리 깊은 민족문화와 경제적 모순으로 광복 후 대만인들은 급속한 심리적 변화를 보였고, 이로 인해 대만에 남은 일본인은 이민족을 통치하는 어려움을 절감했던 것이다. 또 이러한 민족적 모순은 국민당정부가 대만을 인수한 후 대만 광복을 대거 홍보함에 따라 더욱 심각해졌다.『대만통치 종말보고서』에는 또 다음과 같은 내용이 보인다.[21]

> 세밀한 관찰을 통해서 우리는 장제스 주석이 일본인에게 "원한으로 원한을 갚지 말고 즐겁게 선의로 대해 줘라"라는 처리방식을 취하고, 또 일본인에게 보복하는 것을 금했음을 알게 되었다. 이러한 조치들에 우리는 매우 감격했다. 중국은 내부(대만인)에 포용과 자제를 요구하고 외부(일본인)에 스스로 반성하고 경계하며 또한 중국의 행정사무에 대한 협력을 기대했다. 이 밖에 대만에 남은 일부 일본국적 관민들은 중국에게 50년 동안 통치했던 대만도의 특수한 상황과 경험을 설명해줌으로써 일본과 대만 양측의 우호적인 신뢰의 기반이 되기를 기대했다.
>
> 그러나 실제 상황은 일본과 중국 양측의 기본 이념과 완전히 상반되었다. 중국정부가 대만에 도착하자마자 대만도민의 민심을 장악하기 위해 일본을 비난하기 시작했으며, 부단히 광복과 해방을 홍보함으로써 민족의식을 선양했다. 그러자 대만인의 마음은 여기에 완전히 사로잡혀 모두 일본인을 나쁜 사람으로 여기면서 사회혼란은 초래됐다. 심지어 중·하층의 사람들까지도

공공연히 일선 지방의 일본관리 및 대만에 남아 있는 일본인에게 폭행을 가함으로써 불만을 쏟아냈다. 어떤 사람들은 재물을 강탈했으며, 순진한 청소년까지도 일본 소년들에게 폭력을 휘둘렀다. 대만에 남아 있는 일본인들은 이런 정세에 저항하지 못했다. 게다가 물가가 급속히 상승했다. 일본인들의 집은 수탈당했을 뿐만 아니라 배상의 명목으로 재산까지 다 압수되었다.

이런 상황이 거듭해서 일어나니 대만에 남은 대부분의 일본인들은 귀국할 수밖에 없다. 모든 권익과 재산을 다 버려야 하니 정말 안타까운 일이다. 이상 서술한 바와 같이 우리는 이미 중국정부에 대만에 남은 일본인들을 어떻게 안치할 것인지를 표명했으니 향후에 상황이 호전되기를 기대할 수밖에 없다.

이 문단의 증언에서 일본관원은 대만을 인수한 국민정부가 '민족의식을 이용'하고, '대만 광복을 홍보'했던 것들이 바로 광복 후 대만인들이 일본인들을 적대시하는 데 촉매제가 되었다고 지적하였다.

이에 비해 광복 후 대만을 방문한 대륙 인사들에게 가장 인상 깊었던 것은 중국과 일본 사이의 민족모순이 아니라 대륙인과 대만인 사이의 성적모순이었다. 이에 대해서는 앞 제2절에서 이미 검토한 바가 있다.

4. 대만인과 대륙인의 광복 경험 : 문화기반과 권력요소

한발 더 나아가 대만인과 대륙인의 광복 경험을 비교해보면 다음과 같은
사실을 발견할 수 있다. 이른바 정체성이란 하나의 복잡한 심리상태로 문
화적 가치와 역사적 경험의 공유에 그 바탕을 두었지만, 모두 권력분화
요소의 영향을 받았다. 이제 두 가지 광복 경험의 공통점과 차이점을 비
교함으로써 그 의미를 검토하고자 한다.

1) 대만인의 문화정체성

일제강점기 대만인은 상상 속 '문화중국'에 대해서 동경해 마지않았다.
이에 대해 작가 우줘류吳濁流는 다음과 같이 말했다.[22]

> 눈으로 볼 수 없는 조국애는 물론 관념이지만, 상당히 미묘한 것이라서 항상
> 인력처럼 내 마음을 끌어당겼다. 마치 부모를 잃은 고아가 알아보지도 못하는
> 부모를 그리워하는 것처럼 되었다. 그 부모가 어떤 부모인지에 대해서는 생각
> 해보지 않고, 오로지 그리운 마음으로 사모하여 어떻게든 부모 슬하에 있기
> 만 하면 곧 따뜻하게 살 수 있으리라 여기는 것이다.
> 　일종의 본능과 비슷한 감정으로 조국을 사랑하고 조국을 사모했다. 이러한
> 감정은 오직 경험해본 사람만이 알 수 있다. 아마도 이민족이 통치하는 식민
> 지 백성을 경험한 사람 외에는 이해할 수가 없을 것이다.

여기서 우쪄류가 말한 "눈으로 볼 수 없는 조국애"는 "대만인들의 마음속에는 '한漢'이라는 아름답고 위대한 조국이 존재하고 있기"[23] 때문에 생긴 것으로, 이를 중국이란 원래 고향에 대한 일종의 '문화정체성'이라고 할 수 있다.

문화인류학자 기어츠(Clifford Geertz, 1923~)가 지적했듯이 근대사회에서 많은 선천적인 감정과 풍속 등의 요소는 정체성을 구성하는 중요한 기반이 된다.[24] 일제강점기 대만인이 중국의 문화원향文化原鄉에 대한 동경 그리고 대만인의 중원에 대한 동질감과 대륙인의 대만에 대한 공동체의식은 대체로 모두 '문화정체성'에서 기인한다.

2) 대만인 정체성의 급변

대만인의 조국에 대한 공동체의식은 광복 후 국민정부가 대만 인수과정에서 표출한 부패와 권력분배의 불공평으로 인해 삽시간에 얼어붙었다. 우싼롄吳三連은 당시의 상황을 다음과 같이 회상했다.[25]

조국의식 격변의 또 다른 요인은 대만인들이 중국의 동포에 대해 품고 있었던 뜨거운 감정이 국민당정부 인수위원들의 부패한 언동으로 인해 눈 깜짝할 사이에 철저하게 파괴된 점이다. 화북華北에서도 대만에서도 상황은 마찬가지였다. 많은 인수위원들이 금, 은, 차, 집, 여자를 요구했으므로 사람들은 그들을 '오자등과五子登科'라고 불렀다. 〔……〕 민국 35년(1946) 나는 대만에 돌아와서 이삼 일을 보냈는데 그때 가는 곳마다 들리는 것은 인수위원들에 대한 불만의 목소리였다. 나는 엄청난 실망감을 금할 수가 없었다. 방금 광복이 되어 기뻐 어쩔 줄 모르는 동포에게 탐관오리의 어리석은 행동은 머리에 찬물을 끼얹는 것과 다를 바 없었다. 톈진天津에 돌아와서 나는 동향 친구에게 대만의 상황은 마치 석유창고 같아서 단지 성냥개비 하나만 있어도 대만 전토가 불바다가 될 것 같다고 전했다. 그리고 얼마 지나지 않아서 비참한 2·28사건이 일어나고 말았던 것이다.

우싼롄의 회고는 같은 시대에 모든 사람이 직접 보고 들은 상황과 완전히 일치했다.[26] 이렇게 대만인의 '광복 경험'을 광복 초기 대륙인의 대만 경험과 비교해보면, '문화정체성'은 대륙인과 대만인의 공통된 심리적 바탕이 되었음을 알 수 있다. 다시 말해 그들은 모두 대만과 대륙이 다 중화문화에 속해 있으며 중국의 역사와 문화전통을 공유한다고 생각했다.

그러나 광복 초기 대만을 방문한 대륙인들은 당시 성적모순이 대만사회에 팽배해 있다는 것만 보았지, 이런 성적갈등이 사실 광복 후 대만 본토인과 대륙인의 권력분배의 불공평과 불공정에서 기인했음에는 주의를 기울이지 못했다. 이러한 권력분배의 불공평이 바로 광복 후 국민당정부에 대한 대만인의 공동체의식이 급속히 사라지게 된 중요한 원인이었다.

5. 맺음말

이 장에서는 광복 초기 대만을 방문한 대륙 인사의 대만 견문기록을 통해 51년이나 분단되었던 대만에 대한 대륙인의 인상을 조명했다. 광복 초기 대만을 방문한 대륙인들은 모두 대만의 경제가 이미 대륙을 훨씬 초월했다는 사실을 높게 평가했으며, 국민당정부가 대만을 인수한 후 정치적 자유를 탄압하면서 성적모순이 심각해지고 있다는 상황에 대해서도 자주 지적했다.

또 같은 시기에 일본식민지정부 당국이 편찬한 『대만통치 종말보고서』와 대륙 인사의 대만에 대한 소감의 비교를 통해 다음과 같은 사실을 발견했다. 즉, 일본관원과 대만을 방문한 대륙인들은 모두 전후 대만에서 정권교체에 따른 인민들의 급속한 심리변화를 목격했으며, 일본관원들은 다른 민족을 통치하는 어려움을 실감하고, 중국과 일본 사이의 민족모순의 심각성을 깨달았다.

이에 비해 대만을 방문한 대륙 인사는 광복 후 권력분배 문제와 언어 및 사회습관의 차이로 인한 성적간극과 모순을 발견했다. 아울러 대만인과 외성인의 '광복 경험'을 비교해보면, 비록 양쪽이 모두 문화전통과 가치관을 공유하고 있지만, 광복 초기에 권력분배의 불공평으로 인해 대만인이 국민당정부에 대해 소외감을 품게 되었음을 볼 수 있었다.

본고를 통해 '문화정체성'은 '정치정체성'보다 훨씬 더 유구하고 중대하며 그 영향이 심원하다는 점을 발견할 수 있었다. 대만인들은 51년이나 된 일본제국의 통치에도 불구하고 여전히 한문화漢文化를 '문화정체성'의 대상으로 삼았다. 1947년 7월 31일에 대만의 의사 겸 문화인 우신룽(吳新榮, 1906-1967)은 일기에서 다음과 같이 기록했다.[27]

> 오전에 '조보祖譜' 하나를 만들었는데 후대 자자손손에게 가보家寶로 전해주고자 한다. 그 내용은 두 부분으로 구성되었는데 하나는 나라의 조상, 즉 황제黃帝 이후 한漢·당唐·송宋·명明·민국民國 각 시대의 시조를 기록했고, 하나는 가계家系, 즉 시조로부터 이하 9대의 계보를 기록했다. 〔……〕 이를 만들고 나서 향을 피우고 꽃을 받들어 조상의 영전 앞에 보고하였다.

바로 이런 한민족문화에 대한 정체성 때문에 우신룽은 광복된 그 해에 위대한 중국[夏]이 통일되었다는 의미를 담아서 다섯째 아들에게 '샤퉁夏統'이라는 이름을 지어주었으며,[27] 작가 우융푸巫永福는 황민화皇民化운동 때 이름 바꾸기를 거절했던 것이다. 바로 이런 한문화에 대한 감정 때문에, 광복 후 대만인이 국민당정부가 고취하는 민족의식을 삽시간에 받아들였고, 일본식민지정부 관원들은 민족의 모순을 극복하기 쉽지 않음을 절감했다.

그런데 광복 후 국민당정부의 부패와 권력 독점은 대만인들의 조국몽祖國夢을 금세 깨뜨리고 말았다. 이는 대만인들의 '조국의식' 전환 문제가 '문화정체성' 및 '정치정체성'과 떼려야 뗄 수 없는 관계이면서 동시에 상호 긴장되는 복잡한 관계임을 잘 보여주고 있다.

제6장

대만의식 가운데 문화정체성과
정치정체성의 관계

1. 머리말

20세기 마지막 10여 년간 정치민주화의 빠른 진전에 따라 대만은 하나의 주체로서 지난 백 년간의 깊은 잠에서 깨어나고 있다.

그 이전의 대만은 항상 대만이 아닌 다른 지역의 다른 목적을 달성하기 위한 수단으로 존재해왔다. 예를 들면, 제2차 세계대전이 끝나기 전에는 일본제국주의 남진南進정책의 기점으로, 전후에는 국민당정부가 중국대륙을 향해 반격하는 '부흥기지復興基地' 또는 동아시아지역에서 미국 세력의 '가라앉지 않는 항공모함 기지'로 존재했다. 하지만 지금의 대만은 주로 자신의 지속적인 발전을 추구하는 목적으로 존재한다. 대만의 존재형태가 이렇게 변화해온 주요 지표 가운데 하나는 바로 잠재해 있던 '대만의식'의 현저하고 신속한 발전을 들 수 있다.

'대만의식'의 핵심은 '정체성identity' 문제다. 정체성 문제는 탈냉전시대에 세계사적 보편성을 획득할 뿐만 아니라 대만에게 독특한 의미도 부여하고 있다. 탈냉전이란 새로운 세계질서에 있어서 정체성 문제는 이미 국제정치의 지표가 되었다. 새뮤얼 헌팅턴(Samuel P. Huntington, 1927~2008)은 심지어 21세기가 '문명충돌'의 세기가 될 가능성이 있다면서[1] 미국에 적대국이 없어서 그 정체성까지 상실하고 있다고 우려하기도 했다.[2]

대만의 정체성 문제는 역시 탈냉전시대 이후 부상한 보편적 현상 가운데 동아시아판의 하나이다. 그러나 이 문제는 대만의 구체적이고도 독특한 시간적·공간적 맥락 속에서 독자적인 의미와 복잡한 관계를 맺고 있기 때문에 주의 깊게 생각할 필요가 있다.

1990년대 이래 중국대륙과 대만에서는 정부 측이나 민간에서나 모두 정체성 문제를 '정치정체성' 문제로 간단하게 인식했다. 예를 들면, 중국대륙과 대만정부 측이 '중국은 하나라는 원칙[一個中國原則]'에 관해 모두 '정치정체성'의 맥락에서 논술한 것이다. 국민당 집권기의 국가통일위원회는 1992년 8월 1일에 통과한 「'중국은 하나'의 의미에 대하여」에서 다음과 같이 서술했다.[3]

> 대륙과 대만은 모두 '중국은 하나라는 원칙'을 견지하지만 양쪽이 이에 부여한 의미는 서로 다르다. 중국공산당측은 '중국은 하나'의 중국은 '중화인민공화국'이고 앞으로 통일 후 대만은 그 관할 하에 한 개의 '특별행정구'가 될 것이라고 생각한다.
>
> 그러나 우리 대만정부 측은 '중국은 하나'의 중국은 1912년에 성립하고 지금에 이르는 중화민국이어야 한다고 생각한다. 그 주권은 원래 중국대륙 전체를 포함하는데 지금의 통치력이 미치는 것은 겨우 대만·펑후·진먼·마주[臺澎金馬]에 불과하다. 비록 대만은 본래 중국의 일부분이지만, 대륙도 또한 중국의 일부분이다.

1995년 5월 5일 민진당民進黨의 중앙집행위원회에서 통과한 「대만전도결의문臺灣前途決議文」도 '정치정체성'의 맥락에서 대만의 위상을 논술한 것이다. 이 결의문 서두의 두 개조는 다음과 같다.[4]

> (1) 대만은 하나의 주권을 가진 독립국가이며, 독립상태에 관한 변경은 반드시 대만 전체 거주민의 국민투표 방식으로 결정해야 한다.

216

(2) 대만은 중화인민공화국에 속하지 않을 뿐만 아니라, 중국이 일방적으로
주장하는 '중국은 하나라는 원칙'과 '일국양제一國兩制'는 근본적으로 대
만에 적용되지 않는다.

민진당도 이렇게 '정치적 맥락'에서 대만의 정체성 문제를 논술한 것이
다. 중국대륙과 대만정부 및 민간정당이 모두 정치적 맥락 속에서 문자로
써 대만의 정체성 문제를 논술하는 것은 아주 자연스럽고 충분히 이해할
수 있는 행위이다. 하지만 이렇게 정체성 문제와 정치정체성 문제를 동일
시하는 것은 오히려 대만의식 가운데 정체성 문제를 지나치게 단순화해
서 그 복잡한 의미를 파악할 수 없게 만든다.

이 장에서는 주로 '대만의식'의 사상적 내용을 분석하고 각 내용 간의
상호관계를 검토하고자 한다. 제1절의 머리말 외에, 제2절에서 대만의식
의 구성요소와 그 불가분리성不可分離性을 분석하고, 제3절에서 이들 구
성요소 간의 긴장관계를 분석하며, 마지막 제4절에서는 전편의 논점을
종합하여 결론을 도출하고자 한다.

2. 대만의식 가운데 문화정체성과 정치정체성의 불가분리성

이른바 대만의식의 의미는 매우 복잡한데 적어도 문화정체성과 정치정체성이라는 두 가지 구성요소를 갖추고 있으며, 이 둘은 분리 불가하다. 즉, 문화정체성과 정치정체성은 서로 의존하고 있어서 분리시킬 수 없다. 왜냐하면 화인華人사회에서 국가정체성은 역사 해석을 통해 형성되기 때문이다. 본 절에서는 순서에 따라 위의 두 가지 논점을 상세히 논술하고자 한다.

1) 문화정체성과 정치정체성의 불가분리성

사상적 내용 측면에서 보면, 대만의식의 의미는 굉장히 다양하고 범위가 넓은데, 적어도 문화정체성과 정치정체성이라는 두 가지 측면을 포함한다. 두 가지 정체성은 서로 의존하면서도 긴장관계를 가지고 있어 주의 깊게 분석할 필요가 있다.

이른바 정치정체성이란 사람에 주어진 '정치자아political self'의 한 표현이다. 사람은 정치적 동물이고 반드시 단체생활을 도모한다. 사람은 그 자신이 어느 정치단체(예를 들면 국가)에 속하는지 결정하고, 그 정치단체에 대한 의무(이를테면 납세, 병역)를 다해야 생명과 재산의 안전을 보장받을 수 있다. 이것이 바로 정치정체성이다.

그러나 한 사람의 정치정체성을 결정하는 많은 요소들 가운데 비교적 영향력이 있는 것은 종종 정치·경제상의 공동이익이나 신변안전과 보호라는 단기적이고 후천적인 요소들인 경우가 대부분이다. 그렇기 때문에 '국가'는 종종 하나의 '운명공동체'로 인식된다. 이에 대해서는 펑밍민(彭明敏, 1923~)의 견해가 상당히 대표적이다. 그는 다음과 같이 말했다.[5]

> 현대국가는 인종, 문화, 언어 혹은 종교 등을 기반으로 세워진 것이 아니라 공동운명과 공동이익이라는 신념을 기반으로 건립된 것이다. 후자는 공통의 역사 속에서 생긴 주관감각이며, 객관적인 인종, 문화, 언어, 종교 등의 요소와는 관련이 없을 수도 있다.
>
> 근대역사에서 이러한 사례가 굉장히 많다. 같은 민족, 문화, 언어 혹은 종교적 배경을 가진 사람들이 결국 각각 다른 나라를 설립한 것이다. 이것은 상술하듯이 그들에게 공동운명, 공동이익의 신념이 부족하기 때문이다. 이와 반대로 공동운명, 공동이익의 신념이 있기 때문에 종족, 문화, 언어 혹은 종교 배경이 다르다 해도 결국 단일국가를 세운 사례가 적지 않은 것이다.

기왕이면 단기적이고 구체적이며 후천적인 공동이익이 정치정체성의 기반이 된다. 하지만 한 개인의 국적 같은 정치정체성이 종종 개인의 의지에 의하거나 혹은 개인의 의지와 관계없이 변해버리는 것도 이상하게 여길 것이 없다.

최근 백여 년 이래 대만에 거주하는 화인들이 정권의 변화에 따라 청나라의 신민臣民에서 일본제국의 국민國民으로, 다시 중화민국의 국민으로 변한 것이 바로 이러한 사례이다. 이 밖에 자발적으로 외국에 이민을 가서 외국국적을 취득하는 사람들도 단기적이고 후천적인 공동이익을 위해 정치정체성을 바꾼 이들로서, 이 또한 흔히 볼 수 있는 사례이다.

이른바 문화정체성이란 '문화자아cultural self'의 한 표현으로 볼 수 있다. 사람은 단순히 '정치인homo politicus' 또는 '경제인homo eco-nomicus'일 뿐만 아니라 복잡하고 유구한 문화네트워크에서 살아가는 생생한 '문화인'이기도 하다. 바꾸어 말하면 사람은 태어나면서부터 문화적 네트워크 속에 들어가 생활하기 때문에 이러한 문화시스템에서의 가치관과 세계관을 받아들이게 된다. 따라서 태어나면서부터 영향받기 시작하는 문화에 대한 정체성을 가지게 되는데 이것이 바로 문화정체성이다.

문화정체성은 항상 장기적이고 추상적이며, 단기간의 이익 때문에 변하지 않는 풍속습관, 관혼상제의 의례, 윤리가치 등의 요소로 결정된다. 이렇게 개인 차원을 넘어 장기간 존재하는 문화가치는 개인을 형성시키는 동시에 개인에 의해 계승되고 창조되어 간다. 이에 대해 인류학자인 베네딕트(Ruth Benedict, 1887~1948)는 다음과 같이 말했다.[6]

사회와 개인은 서로 대립적인 것이 아니다. 문화는 소재를 제공하고 개인이 이를 활용해서 생활한다. 문화가 척박하면 개인은 마치 마른 못에 있는 물고기 같고, 문화가 풍성하면 개인도 그의 번영을 향유할 수 있다. (……) 이른바 사회란 개인을 뛰어넘는 고립된 존재가 결코 아니다. 만약 문화의 인도가 없으면 개인은 자신의 잠재력을 조금도 발휘할 수 없다. 뒤집어 말하면 문화에 포함된 모든 요소는 결국 모두 개인의 공헌에 의한 것이다. 문화의 특질은 어디에서 오는가? 그 근원을 소급해 올라가면 어떤 남자, 여자 혹은 어린아이의 행위에서 나왔다고 말할 수밖에 없다. 문화와 개인의 관계는 언제나 서로 영향을 주고받는 관계이다. 단순히 문화와 개인의 대립관계를 강조해버리면 개

220

인의 문제를 잘 정리할 수 없다. 양자의 상관관계를 강조해버리면 비로소 개인의 진정한 모습을 파악할 수 있다.

바꾸어 말하면 개인과 문화 간에는 상호침투성이 있다는 것이다. 인류학자 기어츠(Clifford Geertz, 1923~) 또한 대부분의 근대사회에서 선천적인 감정, 풍속 등의 요소는 정체성을 수립하는 데 중요한 기초라고 지적했다.[7]

정치적 맥락에서 문화정체성의 결정적 역할에 관해 가장 잘 설명해준 사람이 새뮤얼 헌팅턴이다. 헌팅턴의 '문화충돌론'은 원래 많은 문제를 내포하고 있어 비판할 필요가 있지만,[8] 그가 지적한 21세기 새로운 세계질서 속에서의 문화정체성의 중요성은 탁견이라고 할 수 있겠다. 헌팅턴은 다음과 같이 말했다.[9]

탈냉전시대는 7대 혹은 8대 문명으로 구성된 세계이다. 여기서는 문화적 국가이익과 적대/동맹관계 여부가 차이에 따라 결정된다. 세계적으로 가장 영향력 있는 국가는 주로 서로 다른 문명에서 나오게 된다. 대규모 전쟁으로 전개될 가능성이 가장 높은 지역에서의 충돌은 대부분 서로 다른 문명의 집단과 국가에 의해서 일어난다.

서로 다른 문명의 정치적·경제적 발전의 주요 양식도 서로 다르다. 국제적인 중대 의제는 문명 간의 불일치와 관련된다. 권력은 이제 장기적으로 패권을 독점해온 서양에서 점차 서양세계가 아닌 문명으로 전이하고 있다. 세계의 정치는 이미 다극화와 다원화 문명의 방향으로 발전하고 있다.

이렇게 헌팅턴이 말한 문화정체성의 중요성과 영향력은 이미 세계 많은 지역의 군사충돌 및 국제정치관계 속에서 상당한 인증을 받았다.

그럼 문화정체성과 정치정체성 사이에는 서로 어떤 관계가 있는가? 이 문제는 구체적이고 특별한 시간적·공간적 맥락에서 분석해야만 비교적 보편적인 답을 얻을 수 있다. 대만의 특수한 맥락에서 보면, 대만인의 문화정체성과 정치정체성은 무엇보다도 둘 사이를 분리시킬 수 없는 관계라는 데 주의해야 한다.

이러한 '불가분리성'은 언급했다시피 문화정체성과 정치정체성 사이의 상호침투성을 말한다. 그리고 많은 경우에 문화정체성은 종종 정치정체성의 중요한 기반이 된다. 화인華人사회에서는 더욱 그렇다. 왜냐하면 중국대륙, 대만, 홍콩, 마카오 그리고 다른 화인지역을 포함한 화인사회에서 국가정체성은 보통 역사기술을 통해서 형성되어왔기 때문이다. 이 점에 대해서는 다음 글에서 깊이 분석해보고자 한다.

화인사회에서 문화정체성과 정치정체성은 불가분리성을 지니기 때문에 양자의 파열은 대만인에게 매우 큰 고통을 안겨줄 수 있다. 이에 대해서는 다음 세 인물 사례를 들어 설명하고자 한다.

(1) 리춘성(李春生, 1834~1924)

리춘성은 19세기 말 대만의 부유한 상인으로, 1895년 대만이 일본에 할양될 때 이미 대만사회의 지도층 인물이었다. 필자는 다른 논문에서 지적한 바가 있는데,[10] 리춘성은 60세 전에 청제국의 신민이었지만 공맹孔孟의 전통교육을 받지 않은 중국문화의 주변인물이라고 할 수 있다. 당시 커다란 변화를 겪고 있던 전환기 중국의 주변사회인 대만에 살았던 리춘

리춘성

성은 청나라 정체성에 대해 캉유웨이康有爲나 량치차오梁啓超처럼 '황은 호탕皇恩浩蕩'이라는 깊은 감정을 느낄 수 없었다. 또한 청나라가 한족 왕조가 아니었던 것도 그가 국가정체성을 모색하는 과정에서 비교적 쉽게 전환할 수 있었던 요소로 작용했다. 이 점은 특히 그가 의복과 헤어스타일을 바꾸는 과정에서 잘 드러나고 있다.

하지만 리춘성의 국가정체성을 변화시킨 주요 원인은 역시 외부적인 환경변화 때문이다. 즉, 대만이 일본에게 할양된 특수한 정세에 영향을 받은 것이다. 물론 그 당시에 항일의 길을 택하는 자도 있고 중국대륙으로 돌아간 자도 있었다. 하지만 상인 배경에 국제정세에 익숙하고 또한 국제법 및 국제교류 등의 지식에 능통했던 기독교 신자 리춘성은 자연스럽게 새 정권을 지지하는 길을 선택했다. 특히 그는 자손들을 위해서 그렇게 한 것이며, 또한 직접 자손들을 일본에 보내 교육시키는 등 일본에 대한 갈망이 매우 강했다고 할 수 있다. 그는 스스로 일본이 자신을 매우 중요하게 여긴다고 생각하면서도 중국에 대한 문화감정도 쉽게 끊어버릴 수 없었다.

1896년 2월 리춘성은 요청을 받아 새로 임명된 대만총독 가바야마 스케노리(樺山資紀, 1837~1922)를 수행하여 일본을 64일 동안 방문했다. 일본에서 돌아온 후 그는 비록 일본국적의 화인華人이 되었지만 중국에 대한 뿌리 깊은 문화정체성 때문에 여전히 중국의 정세와 앞길에 관심이 많았다. 주요 저작이 푸젠福建성 푸저우福州에서 정리·출판되었으며, 또한 중국을 위해 책을 썼다고 공언하기를 마다하지 않았다.

리춘성은 일본을 정치정체성의 대상으로 선택하고 일본 신민臣民으로서의 의식을 가졌지만, 그것이 완전한 일본의식을 의미하는 것은 아니었다. 그의 말과 행동은 비록 일본인의 이익에 위반하는 것도 아니었지만, 그렇다고 모두 일본의 이익을 위한 것도 아니었다. 이것은 리춘성이 일본의식에 필적하는 중국지방의식과 국가의식, 즉 대만의식과 중국의식을 가지고 있었기 때문이다. 그러나 리춘성이 안심입명安心立命할 수 있는 영원한 정체성은 기독교에 대한 신앙이다.

리춘성의 사례를 보면, 정치정체성은 새로운 미래에 참가한 것이었지만 문화정체성인 중화전통을 완전히 끊어버릴 필요는 없었다. 리춘성은 『동유일기東遊日記』에서 "비록 새 은혜가 두터워도 옛 도리를 잊을 수 없다[新恩雖厚, 舊義難忘]"고 재삼 강조했다. 이 말은 리춘성의 국가정체성에 나타난 이원성과 그 사이의 상호관계를 설명하는 것이다. 1896년 3월 26일에 리춘성은 도쿄 아사쿠사淺草극장에서 청일전쟁을 소재로 한 연극을 보았다. 그는 청군이 일본군에 패배하는 것에 고국의 통한을 느끼고서 매우 낙심했다. 그 후 그는 기행문에서 다음과 같이 회상했다. "새 은혜가 두터워도 옛 도리를 잊을 수 없다. 나는 비록 버려진 땅의 유민이 되어 자발적으로 일본국적에 가입했다. 하지만 이처럼 비참하고 슬픈 장면을 그들이 매우 기뻐하면서 앞을 다투어 빨리 보고자 할지라도 오직 권유에 못 이겨 보러온 나만은 옛날 우리 땅을 할양한 일이 생각나 차마 눈을 뜨고 보고 있을 수가 없었다."[11] 리춘성의 이런 고백에는 일제강점기 초기 문화정체성과 정치정체성이 분열된 뒤 가슴을 찌르는 고통을 느낄 수밖에 없었던 한 대만인의 심정이 잘 드러나 있다.

(2) 장선체(張深切, 1904~1965)

장선체는 일제강점기 대만의 유명 작가인데 그의 체험에서도 문화정체성

장선체

과 정치정체성의 분열이 가져온 커다란 아픔이 잘 드러나 있다. 일본식민지정부는 1915년 4월부터 대만에서 변발과 전족을 금지하는 정책을 신속하게 추진했다. 그런데 이 정책은 중화문화에 깊이 침잠해 있던 대만인들에게는 얼마나 감내하기 힘든 고통이었는지 모른다. 장선체는 자신의 체험을 다음과 같은 기술했다.[12]

> 머리를 자르지 않으면 안 되는 그 순간 우리 집안 사람들이 모두 다 울었다. 조상의 신위 앞에서 무릎 꿇고 눈물을 흘리면서 못난 자손들이 지조를 지키지 못한 것을 참회했다. 오늘 머리를 깎고 일본의 교육을 받아 일본인이 되지만, 장래에 일본놈을 쫓아내고 다시 머리를 길러서 조상의 영전에 보고할 수 있게 되기를 기원했다. 나는 절을 한 후 무릎을 꿇고 앉아 어머니가 가위를 들이대어 머리 자르기를 기다렸다. 그러나 어머니는 차마 가위를 들이대지 못했다. 그러자 비교적 용감한 아버지가 마음을 가다듬고 내 머리채를 잡아들고서 한 번 힘껏 잘랐다. 머리가 잡자기 가벼워져서 머리카락이 다 잘려나간 것을 알게 된 나는 엉엉 소리를 내어 울었다. 마치 부모와 사별을 한 것 같은 통곡이었다.

1915년 당시 대부분의 대만인들에게 변발은 문화정체성의 중요한 상징이었다.[13] 이처럼 장기적이면서 심각하게 사람들의 몸과 마음에 침투한 문화정체성이 새 정권에 의해서 강제적으로 단절될 때, 사람들 마음 속의 고통과 비명이 어느 정도일지 가히 짐작될 만하다.

(3) 량치차오(梁啓超, 1873~1929)의 대만행과 대만 지식인

근대 중국 언론계의 총아인 량치차오는 1911년 2월 28일부터 3월 13일까지 린셴탕林獻堂의 초청으로 2주 동안 대만을 방문했다. 그는 이때 대만 지식인들과 만나 시로 화답했는데, 한 시에서 "쪼개진 고국 산하의 아픔 어느 누가 헤아리겠는가? 어려움에 처한 형제(대륙인과 대만인)가 서로 친해져야 한다네[破碎山河誰料得, 艱難兄弟自相親]"라고 하면서 문화정체성의 심경을 분명하게 표현했다. 우싼롄吳三連과 차이페이훠蔡培火 등도 당시 량치차오가 대만 지식인들을 만나는 장면을 다음과 같이 생생하게 묘사했다.[14]

대만동포들은 마음속에 맺힌 분함을 임공(壬公, 량치차오의 호)의 다정함과 위로 덕분에 겨우 털어놓을 수 있었다. 자신들의 조국을 걱정하고 민족을 사랑하는 일편단심도 받아줄 수 있는 대상을 찾게 된 것이다. 그들이 임공을 만난 당시의 심정은 역사상의 '신정(新亭, 동진東晋의 명사 왕도王導가 신정에서 열린 연회에서 나라가 망한 것을 한탄하자 동석한 사람들이 모두 함께 눈물을 흘렸다는 고사가 있다―역자 주)'에서 서로 눈물을 흘렸다는 명장면보다 더욱 실감나고 비통했다.

임공이 타이베이 동회방주루東薈芳酒樓에서 칠언율시 4수를 지었는데, 첫 번째 시 마지막 두 구 "죽음을 무릅쓰고 대만동포들을 방문했으니, 같은 중국동포로서 어찌 눈물 흘리지 않으리오[萬死一詢諸父老, 豈緣漢節始沾衣]"는 대만동포들의 심정을 잘 표현했을 뿐만 아니라 대단히 영향력이 있는 언급이었다. 그러하기에 린치셴林癡仙의 시에 "구름을 헤치고 푸른 하늘을 보고, 굶주리고 목마른 자신을 위로하네[披雲見靑天, 慰我饑渴腸]"라고 읊은 시구가 있

량치차오

는 것도 이상하지 않다. 대만은 부패한 청나라정부가 크게 주저하지 않고 일본에게 할양하여 식민지가 되었으니, 사실 대만동포들이 조국의 동포를 위해 속죄양이 된 것과 다름없다. 그러나 17년 동안 조국에서는 대만동포들의 생사·고난·유감에 대해서 관심을 가진 사람이 하나도 없었다. 비록 실제로 관심의 대상이 되지 못한 상황이었지만, 감정적으로는 자신들이 버려지고 경시되고 망각되었다는 쓸쓸한 처지와 원망이 생기지 않을 수 없었다. 그들은 마치 길을 잃어버려 많은 아픔과 고난을 겪고 난 다음 우연히 가족을 만나 감정을 억제하지 못해 서로 부둥켜안고 마음껏 통곡하는 어린아이와 같았다.

량치차오와 당시 대만 지식인들의 교류 분위기가 구체적으로 잘 드러나 있는 이 묘사에는 또한 문화정체성이 심층적인 구조여서 새 정권이 단시간에 바꿀 수 있는 것이 아니라는 점도 설명되고 있다.

이상 세 가지 사례, 즉 일제강점기 대만 지식인들의 문화정체성과 정치정체성의 분열로 인한 고통의 사례를 통해서 이 둘 사이에는 떼려야 뗄 수 없는 요소가 확실히 존재하고 있음을 확인할 수 있다.

2) 국가정체성과 역사의식

그렇다면 화인사회에서 문화정체성과 정치정체성은 왜 이렇게 긴밀하여 떼려야 뗄 수 없는 관계인 것인가?

이 문제의 핵심은 반드시 역사의식의 흐름에서 찾아내야 한다. 중국문화에서 역사의식은 일찍부터 발달했다. 기원전 6세기에 벌써 공자(기원전

551~479)는 강가에서 흐르는 물을 보며, 시간은 한번 흘러가면 다시 돌아오지 않는다고 탄식했다. 이러한 심오한 시간 감각 때문에 중국문화의 전통에서는 '역사적 심판'이 종교의 '마지막 심판'을 대신해왔다. 중국 역대통치자들은 모두 서거 후 반드시 역사적 심판에 직면하여 문제文帝, 무제武帝라는 '묘호廟號' 등을 부여받고 일생의 잘잘못을 최종 평가받는다. 중국인의 이러한 역사의식은 일찍부터 고대 유가사상에 뿌리를 두고 있었다. 필자는 이전 글에서 다음과 같이 지적한 바가 있다.[15]

고대 유가의 역사적 사고방식은 적어도 두 측면에서 나타난다. 첫째, 고대 유학자는 보통 역사적 해석을 통해 자아 해석을 진행하고, 시공간의 흐름 속에서 자아의 위치를 설정한다. 유가의 시간 개념엔 '가역성可逆性'도 있으나 '이성적인' 성분도 포함되어 있다. 유학자들은 이런 시간 개념으로 역사를 바라본다. 한편으로 '역사'와 '자아'가 늘 양극이라고 생각하면서, 또 다른 한편으로는 '역사인'으로서의 자아와 '현실인'으로서의 자아 간의 간극을 줄여서고금을 관통하여 천년을 마침 한자리에 모이게 한 것처럼 해야 한다고 강조한다. 이는 유가가 과거와 현재의 거리를 좁히고 역사적 경험으로부터 현대적인 의미를 창조하는 방법으로, 곧 '비흥식比興式' 사고방법이다.

두 번째로, 고대 유학의 역사적 사유는 모종의 '반사실성反事實性의 사고방식'으로서 특징을 지닌다. 유학자는 자신들이 처한 시대의 많은 문제를 평가할 때 항상 미화된 '삼대三代' 경험으로 생각한다. 눈앞의 '사실'에 비하면, 유가에서 만들어낸 '삼대'는 그들이 '반사실적 사고counterfactual mode of thinking'를 진행하는 일종의 도구이다. 그들은 반사실적 색채를 띠는 삼대와 사실로서의 눈앞 현실상황을 대비시킴으로써 현실의 황당함을 두드러지게 한다. 이러한 반사실적 사고를 통해서 유가는 회고적이고 전망적인 사고방식을 일체로 융합하며 또한 가치와 현실을 결합한다.

이처럼 깊은 역사의식이 중국인의 생활 다방면에 침잠되어 있는 사례는 구체적으로 중국의 사자성어에서 잘 나타난다. 예를 들면, '알묘조장揠苗助長', '수주대토守株待兎', '각주구검刻舟求劍', '교주고슬膠柱鼓瑟' 등이 있는데 이런 성어들은 항상 구체적인 역사 사실이나 전설까지 거슬러 올라갈 수 있다.

역사의식이 고도로 발전한 화인사회에서 정치정체성은 항상 문화정체성을 통해 만들어진다. 즉, 중국인은 항상 역사 해석을 통해 국가 또는 정권의 합법성legitimacy을 수립한다. 20세기 마지막 10년간 중국대륙과 대만정부와 민간학자들이 발표한 문서를 1차 사료로 하여 대만과 대륙의 국가정체성 문제에 대한 논술을 분석하면 다음과 같은 사실을 발견할 수 있다.

대륙과 대만정부 및 대만독립파가 제기한 국가정체성의 논술은 모두 역사 해석을 통해 국가정체성의 수립을 시도한 것이다. 비록 세 입장이 모두 '역사 해석에서 국가정체성을 논술'하는 공통점을 가졌지만, 서로 큰 차이점도 있다. 한 마디로 말하면, 세 입장이 역사적 경험을 논술하는 맥락성contextuality에서 매우 큰 차이가 나타났다. 국민당이 집권하던 시기에는 대만과 중국대륙 정부가 모두 근대 중국의 역사라는 맥락에서 대만과 대륙의 관계를 논술한다. 다만 여기에는 차이점도 있다. 대만정부는 19세기 중엽 아편전쟁 이후 중국역사의 주류는 '자유·민주·균부均富'의 삼민주의의 이상을 추구했는데, 공산당이 대두하고 이어진 국공내전으로 인해 삼민주의의 이상이 좌절되었고, 지금처럼 대륙과 대만의 단절상태가 야기됐다고 강조한다. 한편 중국정부는 반제반식민주의의 맥락에서 중국 근대사를 해설하며, 또한 이 맥락에서 대륙과 대만의 관계를 이해하고, 대만을 통일하는 것이 "통일된 국가와 완전한 영토를 지키기 위한 중국인민의 투쟁"이라고 생각한다.[16]

1999년 7월 9일 리덩후이李登輝 총통은 독일방송과의 특별 인터뷰에서 "북경에서는 대만이 조국을 배반하는 성이라고 바라본다"라는 견해에 대해서, 대륙과 대만은 특수한 나라와 나라의 관계라는 입장을 표명했다. 리덩후이가 이런 견해를 제기하자마자 곧바로 대륙과 대만 그리고 국제정치에는 큰 논란이 야기됐고, 이는 지금까지도 지속되고 있다. 이렇게 국가 위상을 논술하는 것도 역사 해석의 맥락에서 진행된 것이다. 행정원 대륙위원회行政院大陸委員會가 1999년 8월 1일에 제의한 「호혜, 평화, 대등―특수 국가와 국가의 관계에 대한 중화민국의 입장」이라는 문서에서도 다시 한 번 역사 해석의 맥락에서 다음과 같이 국가정체성 문제를 논술했다.[17]

1912년 건국 이래 중화민국은 계속 주권을 가진 독립국이다. 비록 현재의 지배지역이 대만, 펑후, 진먼, 마주에 한정되지만 대만이 세계에서 19번째의 경제규모와 15번째의 무역규모를 가진 국가라는 것은 사실이다. 그리고 1949년 중화인민공화국이 건립된 이후 50년간 대만과 대륙은 분할하여 통치해오면서 서로 예속되지 않았다. 대만과 대륙의 분할통치라는 두 지역의 특수한 관계가 지금까지 변함이 없다는 것은 분명한 사실이다.

리덩후이

이 논술은 역사 해석이 대만과 대륙 화인사회의 정체성 문제에 있어 중요한 역할을 발휘했다는 사실을 다시 한 번 보여주고 있다.

대만정부와 중국정부 측이 중국 근대사를 해석하는 맥락은 대만독립파의 주장과 선명하게 대비된다. 대만독립을 주장하는 인사들은 대만역사의 독특성을 강한 반항의식에 있다고 강조하면서 "대만 근대사는 대만 민중들이 생존을 갈구하고 억압에 반항하며 나라의 주인이 되고자 하는 투쟁사"라고 생각한다. 그리고 제2차 세계대전이 끝난 50년 이래의 역사를 "대만이 이민족의 식민지배에서 같은 민족의 식민지배라는 곤경에 빠져든 것"으로 묘사한다. 이에 비해서 중국정부는 일제강점기 동안의 대만인의 항일운동을 강조한다. 대만정부와 중국정부 그리고 대만독립파는 모두 눈앞의 정치적 필요와 정치적 입장에 따라 역사적 사실을 선택하고 해석하는 것이며, 또한 역사 해석을 통해 '과거'가 '현재'를 위해 복무하도록 도모하는 것이다.

이상의 분석에서 우리는 다음과 같은 사실을 발견할 수 있다. 화인사회에서 문화정체성과 정치정체성을 분리하기 어려운 것은 주로 중화문화의 영향을 깊이 받는 중국인의 국가정체성 때문이며, 이 국가정체성은 항상 역사 논술을 통해서 형성되었다.

3. 대만의식 가운데 문화정체성과 정치정체성의 긴장관계

그러나 대만의식의 역사적 발전과정에서 문화정체성과 정치정체성 사이에는 긴장관계도 존재하고 있다. '긴장성'이란 문화정체성이 하나의 추상적인 '심리적 구성'으로서, 유구한 역사문화의 가치는 개인의 심령에 영원히 지울 수 없는 낙인을 찍어 개인을 문화가치의 운반자로 만들었음을 의미한다.

이런 추상적인 심리적 구성은 장기적인 역사 경험의 누적으로 형성되는 것으로, 단시기의 정치적 혹은 경제적 이익으로 흔들릴 수 있는 것이 아니다. 그리고 이런 추상적인 심리적 구성은 이상성도 깊이 간직하고 있어서 문화 운반자인 개인이 현실을 비판하고 현실의 '정신적 지렛대('spiritual leverage'라는 막스 베버의 언급)'를 이끌어줄 수 있다. 중국의 역대 유학자들은 바로 이 정신적 지렛대를 가지고 자신을 위한 안신입명을 추구하고 또 전제군주를 향해 정의를 쟁취했는데, 이로 인해 중국역사에서 문화적 이상과 전제정권 사이에 긴장이 초래됐다.[18]

문화정체성에 비하여 국가정체성은 항상 구체적인 국가, 정부 혹은 정권을 정체성의 대상으로 삼고 아주 강한 현실성을 지니고 있다. 정치정체성은 한 가지 심리적 구성이 아니고 활기 있는 개인과 국가 사이의 권리와 의무관계이다. 정치정체성은 단기적이고 변동할 수 있는 이익과 관련된다. 예를 들면, 개인이 국가의 공민이 되고 국가의 병역에 복무하거나 세금을 납부하는 대가로 개인의 생명 및 재산의 안전을 보장받을 수 있다. 그래서 문화정체성이 선천적인 가치의 삼투인 데 비해, 정치정체성은 후천적이고 계약관계를 기반으로 한 권리와 의무의 관계라고 할 수 있다. 명말청초의 유학자 고염무(顧炎武, 1613~1682)는 다음과 같이 말한 적이 있다.[19]

> 망국亡國이 있고 망천하亡天下가 있는데 망국과 망천하는 어떻게 구별되는 가? 대답하기를, 성姓을 바꾸고 호號를 바꾸는 것이 망국이고, 인仁과 의義가 막혀서 짐승들을 끌어다가 사람을 잡아먹게 하고 마침내 사람끼리 서로 잡아 먹게 되는 지경에 이르는 것이 바로 망천하이다.

위 글에서 말한 '망국'은 정치정체성 대상의 붕괴, '망천하'는 문화정체성의 와해를 의미한다. 두 부분은 아주 뚜렷한 경계선을 가지고 있다. 위에서 말한 정치정체성과 문화정체성 사이의 차이는 이미 둘 사이의 긴장관계가 피할 수 없는 주요 원인이 됨을 설명해주고 있다. 즉, 둘 사이의 긴장은 사실 '추상성 대 구체성', '이상성 대 현실성', '장기성 대 단기성'이라는 세 가지 대립관계에 깊이 뿌리를 내리고 있다.

이 세 가지 모순은 대만역사의 구체적이고도 특수한 상황에 잘 나타나고 있다. 대만과 대륙이 밀접하게 상호 교류해온 역사적 맥락에서 대만 민중들은 대륙을 멀리하려는 경향이 있으면서 동시에 대륙을 향한 마음도 가지고 있다. 정치사적 시각에서 보면, 수백여 년간 대만으로 이주해온 중국인들은 중원을 통치하는 정권에 상당히 소원한 느낌을 가졌다. 명나라 때 정성공鄭成功 정권의 '반청복명反淸復明', 그리고 1949년 이후 국민당정부의 '반공항아反共抗俄'는 모두 중원정권에 대한 소외감, 심지어 반항의 표현으로 볼 수 있다. 하지만 사회문화사의 입장에서 보면, 대

고염무

만으로 이주해온 중국인들은 항상 중원을 문화와 정신의 원향原鄉으로 생각한다. 이 때문에 정치영역에서는 대만민중들이 중원의 전제정권을 거절하지만, 문화영역에서는 늘 중원을 조상의 정신적 원향으로 여기고 있다. 그러므로 대만인의 정치정체성과 문화정체성은 분열현상을 면할 수 없다. 필자는 이를 일제강점기의 대만인을 예로 들어 설명하고자 한다.

1) 추상성과 구체성의 모순

일제강점기 대만인들의 마음속에 있는 조국이란 이미지는 기본적으로 일종의 추상적 상상 중의 심리적 구성이라고 할 수 있다. 펑밍민(彭明敏, 1923~)은 부모님과의 중국행을 회상하면서 다음과 같이 말했다.[20]

> 내가 대략 다섯 살 때 나를 중국에 데려 간 적이 있다. 나는 아직도 상하이가 얼마나 추운지, 난징 중산릉中山陵의 계단이 얼마나 긴 지 기억하고 있다. 당시 난징의 외교부에 재직 중인 아버지의 친구 황차오친黃朝琴이 우리를 데리고 난징을 관광했다. 나는 아직 나이가 어려서 눈에 보이는 것을 다 이해하지 못했지만, 부모님에게는 이번 여행이 대륙과 수십 년간 일본의 통치를 받아오던 대만의 생활을 비교할 수 있는 좋은 기회였다. 당연히 부모님은 중국의 광대함에 깊은 인상을 받고 조상의 토지에 대해 향수를 느꼈다. 하지만 사회발전, 공업화, 교육 그리고 공공위생 방면에 있어서 대만에 비하면 중국대륙은 아직도 개선할 여지가 많다고 느꼈다.

펑밍민 부모님의 마음속에 중국은 하나의 추상적인 이미지이고 현실성이 없다. 중이런(鍾逸人, 1921~)도 1944년 대만청년 마음속의 조국 이미지를 다음과 같이 묘사했다.[21]

> 우리 청년들이 한 자리에 모이면 항상 '낙후하고 가난한 조국', '전쟁 중의 고구마(대만)' 그리고 '창씨개명 문제의 괴로움' 등의 화제가 입에 붙었다. 그리고 언제나 격렬한 논쟁이 늦은 밤까지 지속되었다. 우리는 영원히 이름을 바꾸지 않겠다고 다같이 약속했다. 조국에 대해서는 모두 매우 곤혹스러워 했지만, 일본인들이 중국을 일부러 추하게 묘사하는 것에 대해서는 극히 반감을 가졌다. 이럴 때면 각자 마음속에는 항상 서로 다른 아름다운 한 폭의 조국의 이미지가 있었다.

이런 추상적인 조국은 항상 지나치게 미화된 이미지로 자리 잡아, 일단 잔혹한 현실을 만나면 모두 무너진다.

2) 이상성과 현실성의 모순

바로 일제강점기였기 때문에 대만인 마음속의 조국 이미지는 매우 추상적이었다. 또한 일본인의 식민통치에 대한 반동 때문에 조국의 이미지가 지나치게 이상화됐다. 이러한 이상화로 인해 조국에 대한 간절한 바람과 환영은 당연히 현실 조국의 시련을 참을 수 없게 했다. 연평학원延平學院의 설립자인 주자오양(朱昭陽, 1903~)은 광복 초기 대만인 마음속의 조국

이미지의 급격한 변화를 다음과 같이 직접 목격했다.[21]

일본 패배 후 대만이 광복하자 대만인은 도처에서 등불을 달고 비단 띠를 매고 기쁘게 날뛰면서 경축했다. 이제 조국으로 돌아가면 멸시도 억압도 받을 일이 없이 조국의 주인이 되었다고 생각했다. 당시 우리는 빨리 고향에 돌아가고 싶어서 매일 대만으로 가는 배를 기다렸다. 고향의 땅을 밟는 순간은 가족을 멀리 떠났던 방랑아가 다시 어머니의 품에 돌아가는 것처럼 다른 사람이 이해할 수 없는 느낌이었다.

그러나 진짜 조국이 군림했을 때 모든 정황이 달라졌다. 대만인은 중국을 조국으로 보지만 조국은 대만인을 동포로 보는 것이 결코 아니었다. 광복이란 그저 효율적이고 법도를 중시하는 이민족 근대화의 식민통치자가 떠나가고 뇌물을 받아먹고 법을 어기는 같은 민족의 봉건식 식민통치자가 온 것이었다. 그래서 기쁜 마음도 희망도 점점 사라졌으며 대만인의 운명은 더욱 비참해졌다.

주자오양의 이런 관찰은 다른 공적이나 사적인 기술에서도 실증을 찾을 수 있어,[23] 더 이상 부연 설명할 필요가 없겠다.

3) 장기성과 단기성의 모순

일제강점기 대만인들은 장기적 문화정체성과 단기적 정치정체성 사이에 배회하느라 마음 편할 시간이 없었다. 1925년 우수한 성적으로 도쿄제국대학 경제학부를 졸업하고 야나이하라 타다오矢內原忠雄 교수로부터 높은 평가를 받은 주자오양은 일본의 대장성大藏省에 속한 재무국 및 전무국에 복무했는데 당시는 마침 일본이 중국을 가장 치열하게 침략할 때였다. 그는 마음속의 고통과 모순을 다음과 같이 묘사했다.[24]

> 한 근대 대만인으로서 아시아의 고아라는 운명에서 벗어나기 정말 어려웠다. 청일전쟁에서 패배한 후 청나라정부가 대만인의 반대에도 불구하고 대만을 일본에게 할양했다. 호적법에 따르면 나는 태어날 때부터 이미 일본공민이었다. 그러나 나의 조상은 중국대륙의 복건에서 이주해왔고 내 몸에는 중국민족의 피가 흐르고 있다. 비록 대만이 할양되었다고 해도 나는 항상 중국을 내 조국으로 생각해왔다. 지금 내가 근무하고 있는 나라가 나의 조국과 싸우고 있다. 일본인들이 계속해서 전쟁터로 향하는 병사를 환송하는 장면이 보이고, 일본인들이 계속해서 전쟁의 승리로 환호하는 소리가 들린다. 도쿄 길거리의 인파 속에 서 있는 나는 오히려 비교할 수 없는 고독감을 느꼈다. 나는 아무 소리도 내지 못했지만 마음속의 비통함은 정말 말로 표현할 수 없었다.

주자오양이 전쟁 동안 느낀 마음의 아픔은 사실 장기적으로 영혼 속에 잠재한 문화정체성과 강요받은 정치정체성의 분열로 인한 것이다. 전후 대만인들이 조국을 환영하는 열정도 강한 문화정체성에 뿌리를 둔 것이다. 그러나 현실적인 국민정부의 부패를 직면했을 때 그만큼의 미혹과 고통을 느끼는 것 또한 피할 수 없는 일이었다. 린셴탕林獻堂을 오래 추종한 예룽중(葉榮鐘, 1900~1956)은 광복 초기 대만인의 마음을 다음과 같이 표현한 적이 있다.[25]

우리가 국민정부를 환영한 것은 곧 조국 전체를 환영한다는 뜻이었다. 조국 전체를 환영하고 대만이 조국의 판도에 들어가야만 우리는 광복으로 얻은 기쁨의 실체에 닿을 수 있었기 때문이다. 우리는 대만이 할양된 후에 태어났다. 조국의 땅을 밟아보지도 못하고 조국의 산천을 직접 보지도 못했다. 사실 대륙에는 나의 혈족도 없고 친족도 없었다. 문자, 역사 그리고 전통문화 이외에 관련된 점은 하나도 찾아볼 수 없었다. 조국은 그저 관념의 산물이었을 뿐, 실제로 경험한 느낌이 없었다. 그러나 우리는 중국을 향한 열렬하고 강한 마음이 있었는데, 이러한 역량은 대개 '민족정신'이라 부르는 것이었다. 어떤 사람이 "천이陳儀 장관은 국민정부의 대표이고 국민정부는 또한 조국의 대표이므로 천이 장관을 환영하는 것이 바로 조국을 환영하는 것이 아닌가?"라고 말했다. 그러나 이것은 논리의 문제가 아니라 조국에 대한 이 열정적인 피의 합류를 바라는 것이고, 오천 년의 역사와 문화에 귀속하는 것이었다. 천이는 절대 우리들이 열정을 쏟을 만한 대상이 아니었다.

예룽중이 이 회상에서 말한 '피의 합류'는 바로 필자가 말한 장기적인 문화정체성이다. 그러나 단기적이고 무능한 천이정권이 대표한 정치정체성은 대만 사람들을 미혹하게 만들었다.

이상을 종합하면 문화정체성은 추상성, 이상성 그리고 장기성, '정치정체성은 구체성, 현실성 그리고 단기성을 가지고 있어 둘 사이엔 매우 큰 격차가 존재한다. 둘 사이의 긴장관계는 사실 역사의 필연이다. 현재 대만의식 가운데 문화정체성과 정치정체성의 긴장관계는 이미 1999년 3월 12일 입법원의 정당 질문과 행정원장의 대답에서 잘 드러났다. 새 정당 입법위원인 리칭화李慶華가 행정원장 샤오완창蕭萬長에게 대만이 대륙에 대한 적의를 버리지 않아서 양자 간 긴장관계를 불러일으켰다고 주장하면서 "신대만인이 중국인인지 아닌지"에 대해 대답하라고 요구했다. 샤오완창은 "대만에 있는 중국인이 이 땅을 인증하고 같이 열심히 노력한다면 모두 신대만인이고 또한 새로운 중화문화를 같이 수립할 수 있다"고 대답했다. 입법위원회가 계속해서 따져 묻자 행정원장이 또 다음과 같이 말했다.[26]

> 민족의 시각에서 보면, 신대만인은 당연히 중국인이다. 하지만 국제정치의 시각에서 보면, 이렇게 간단하게 대답할 수 없다. 왜냐하면 국제적으로 중국인이라고 자칭하면, 항상 중화인민공화국의 국민으로 인식되기 때문이다.

위 글의 앞부분 "신대만인은 당연히 중국인"이라는 것은 문화정체성을 가리키는 말로, 문화적으로 대만인을 중국인이라고 생각하는 것이다. 뒷부분 "국제적으로 중국인이라고 자칭하면, 항상 중화인민공화국의 국민으로 인식되기 때문"이라는 것은 정치정체성을 가리켜 하는 말로, 대만에서 문화적인 의미에서의 중국인은 정치적인 의미에서의 중화인민공화국의 공민이 아니라고 생각한 것이다.

본문의 분석에 의하면, 화인사회(대만을 포함)에서 정치정체성은 항상 문화정체성을 기반으로 수립되기 때문에 양자는 떼려야 뗄 수 없는 관계를 맺는다. 하지만 문화정체성은 장기적으로 사람의 몸과 마음에 침잠한 문화영역에 속하고 비교적 추상성과 이상성을 가진 반면에, 정치정체성은 단기적이고 구체적인 현실 이익의 정치영역에 속한다. 그래서 둘 사이에는 또한 심각한 긴장성이 존재한다. 현재 대만의 일반적인 정치 문제와 특수한 정체성 문제의 근원은 모두 문화정체성과 정치정체성의 불가분리성과 둘 사이의 긴장성에 있다. 문화정체성과 정치정체성 사이의 갈등은 동남아시아 지역의 다원종족, 국가, 지역, 문화 그리고 계급간의 상호교류 속에서 더욱 복잡한 관계를 형성했다.[27]

중국대륙의 국경지대에서 중국인이 '중국성Chineseness'이라는 개념을 구축할 때, 항상 각종 향토적이거나 지역적인 언어와 문화를 흡입했지만 오히려 그들의 중국정체성은 잃어버리지 않았는데 이런 흡입과정 또한 매우 복잡하다.[28] 대만인의 문화정체성은 다시 본토주의와 글로벌주의의 변증 속에서 창조적인 상호작용을 진행하고 있다.[29]

4. 맺음말

이 장에서는 일제강점기와 광복 초기 대만인의 회상과 당시 신문 등 1차 자료를 이용하여 대만의식 가운데 문화정체성과 정치정체성이라는 둘 사이의 복잡한 관계를 분석했다. 이러한 분석을 통해 보면 다음과 같은 사실을 발견할 수 있다. 날로 고양되고 있는 대만의식 가운데 문화정체성과 정치정체성은 불가분리성을 가지고, 또 상호간에 긴장성도 존재한다. 이는 주자(朱子, 1130~1200)가 말한 '불리부잡不離不雜'의 관계와 같다.

대만의식 개념의 복잡함에 대한 인식을 기반으로 우리는 미래를 어떻게 전망하고 어떻게 적절한 행동을 취해야 하는가? 본고를 기초로 다음의 몇 가지 견해를 제기하고자 한다.

첫째, '대만인'과 '중국인'이란 두 명사는 국제정치의 맥락에서 보면 물론 다른 두 정권의 통치하의 공민으로 보이지만, 화인사회에서는 서로 대립되는 개념이 아니다. 화인사회에서는 정치정체성과 문화정체성 사이에 불가분리성이 있고, 정치정체성은 항상 문화정체성을 통해 수립되기 때문이다. 그러므로 대륙, 대만, 홍콩, 마카오 또는 해외 화인거주지 등 일반 화인사회에서 중국인이라는 단어는 보통 문화정체성에 있어서 중국문화인을 가리키는 것이며, 단기적으로 중국대륙을 통제하는 정권 아래서 권리와 의무로 규범화한 국가공민이 아니다.

둘째, 제3절에서 말한 것과 같이 문화정체성의 추상성, 이상성 그리고 장기성과 정치정체성의 구체성, 현실성 그리고 단기성이 선명하게 대비된다. 또한 정치정체성에 비해 문화정체성이 더 유구하고 중요하다. 따라서

진秦, 한漢, 위진魏晉, 남북조南北朝, 수隋, 당唐, 오대五代, 송宋, 원元, 명明, 청清, 중화민국中華民國, 중화인민공화국中華人民共和國 등 중국의 역대 왕조 혹은 정부는 모두 유구하고 끊임없는 중화문화 속에서 그저 지나가는 여행객과 같은 존재로 길게는 수백여 년, 짧게는 수십 년에 불과하다. 정권은 비록 문화에 부분적으로 잠깐 영향을 미칠 수 있지만, 문화의 의미를 완전히 바꿀 수는 없다. 그러므로 대만인은 단기적인 정치정체성에 대한 배제 때문에 문화정체성을 전면적으로 부정해서는 안 된다.

셋째, 일제강점기부터 대만인이 문화정체성과 정치정체성을 처리하던 경험을 관찰해보면, 일본제국주의의 억압에 대항해 대만인들은 원향의 전통적인 중화문화를 향한 마음이 아주 간절했다. 하지만 이것은 그저 대만인들의 일방적인 소망이자 낭만적인 생각일 뿐, 중국역사에서 문화적 이상과 현실의 전제정권 사이에 있어왔던 충돌과 긴장관계를 깊이 이해하지 못한 데서 비롯된 결과다.[30] 또한 본고에서 분석한 문화정체성과 정치정체성 사이의 모순도 인식하지 못했다. 이것은 일제강점기 원향으로 돌아간 대만 지식인들이 조국에 대해 품었던 꿈이 깨지게 되는 원인이며, 또한 광복 후 대만인들이 국민당정부에 실망하게 되는 사상적 근원이었다. 또한 화인사회에서 문화정체성과 정치정체성의 불가분리성과 상호긴장관계의 차원에서 보면, 중국대륙의 민중들도 '중국문화에 대한 정체성'과 '전제정권에 대한 정체성'을 분명히 구별해야 한다.

종합해서 말하면, 백여 년 이래 대만의식 가운데 문화정체성과 정치정체성은 추상적인 개념이기도 하고, 구체적인 현실생활과 관련되기도 하는, 매우 복잡하고 서로 뒤엉켜 있는 개념들이다. 양자는 '결합하면서도 또한 투쟁하는' 관계이며, 서로 삼투성과 긴장성을 가지고 있기 때문에 화인문화와 정치에 있어서 하나의 중요한 특색이 되었다. 대만인이 21세기 새로운 세계질서에 입각해 대만과 대륙과의 관계를 잘 처리하기 위해서는 이러한 특색을 충분히 파악해야 한다.

제7장

전후 대만문화 변천의 주요 방향

개체성의 각성과 그 문제

1. 머리말

제2차 세계대전 이후 세계사에서 대만문화의 변천은 주목할 만한 현상이다. 전후 대만의 사상과 문화는 다양하고 풍부한 발전을 이루었지만, 그 발전은 또한 사상과 문화적 요소 간의 충돌과 부조화도 드러냈다. 그것은 주로 다음과 같은 세 가지 점에서 현저하다.[1]

    (1) 전통문화와 현대문화 간의 대립

    (2) 중원문화와 대만문화 간의 추이

    (3) 서양문화와 본토문화 간의 긴장

  이상 세 가지 문화의 내적 요소 간 충돌 가운데 첫 번째, 즉 전통문화와 현대문화 간의 대립은 비교적 본질적인 성격을 띠고 있다. 때문에 나머지 두 가지 발전을 견인하는 역할을 했다. 두 번째 중원문화와 대만문화 간의 긴장은 기본적으로 전후 대만의 정치구조와 정책으로 인해 야기된 것이다. 세 번째 서양문화와 본토문화 간의 긴장은 전후 대만 경제의 급속한 발전 및 국제화의 추세와 직접적 혹은 간접적으로 관계가 있다.

  그러나 이상 세 가지 유형의 전후 대만문화의 충돌은 또한 문화계통의 '총체성'과 '다층성'에 있어서 생기는 것이기도 하다. 이른바 '총체성'은 적어도 다음과 같은 네 가지 의미를 포함하고 있다. 첫째, 내용 차원에서 보면 어떠한 문화계통의 범위나 요소도 모두 하나로 융합하며 상호 제휴하고, 아주 미세한 부분이라도 그것에 힘을 가하면 전면적으로 영향을 미치는 것이다. 문화의 여러 부문은 각각의 기능을 가지고 있으면서도 서로 협조하고 적응해가지만 서로 충돌할 가능성도 있다. 둘째, 시간 차원에서 문화는 시대와 더불어 진행하면서 계승과 혁신을 계속하고, 고금을 관통하고 있기 때문에 시대와 떼려야 뗄 수 없는 총체이다. 셋째, 공간 차원으로 보면, 문화는 다른 문화 간의 교류와 융합 그리고 문화내용의 전파에 의해서 다른 곳의 문화와도 일정 정도 상호작용을 갖는 총체이다. 넷째, 문화의 탑재자 차원에서 보면, 인간은 문화활동을 하는 데 각각 다른 역할을 연기한다. 예를 들면, 경제활동에 있어서는 생산자, 경영자, 소비자 등의 역할이 있고, 가정생활에 있어서는 아버지, 어머니, 아들, 딸, 아내 등의 역할이 있다. 이 모든 역할을 통합해야만 문화활동의 총체가 구성된다. 어느 문화계통에서든 이 총체성이 존재하기 때문에 상술한 대만문화에서 세 가지 유형의 충돌은 곧바로 전체에 영향을 미치곤 한다.

이 장에서는 전후 대만 문화변천의 주요 방향을 검증하고자 한다. 다만 문화변천은 여러 갈래에 걸쳐져 있으며 총체성과 복잡성을 내포하고 있기 때문에, 전후 대만 문화변천의 모든 측면과 단계를 검증하기는 불가능하며 또 그럴 필요도 없다. 여기서는 '심리기반mental matrix'에 초점을 맞추어 분석을 하고자 한다. 심리기반이라는 관점에서 보면, 전후 대만 문화변천의 주요 방향은 '개체성individuality의 각성'에 있다고 말할 수 있다. 이런 특징의 문화발전은 그 방향성에 있어서 기본적인 특질이 '자아 속에 있는 개체individual-in-itself'로부터 '자아를 위한 개체individual-for-itself'라는 존재상태로 향한다. 이때 개체는 개체 이외의 다른 주체의 목적을 달성하는 도구 차원을 벗어나 개체의 주체성이 더욱 현재화된다. 전통적인 중화문화의 역사에서 보면, 전후 대만의 문화현상에는 큰 역사적 의의가 담겨 있고, 그 형성 과정에도 역사적 원인이 있으며, 그 내부에는 중요하고 복잡한 문제가 내포되어 있다. 따라서 이 현상에 대해서 우리는 진지하게 음미하고 대처할 방법을 생각해야 한다.

제1절에서는 이 장의 전체 주제를 설명하고, 제2절에서 전후 대만문화 발전의 개체성 각성과 그 역사적 의의에 대해서 분석하며, 제3절에서 개체성 각성의 역사적 요소에 대해서 재검토를 시도한다. 제4절에서는 개체성 각성의 문화적인 발전방향에 잠재하는 중대한 문제, 즉 자기중심주의에 대해서 분석하고, 그 문제에 대한 해결방법이 '상호주체성'의 이념과 그 실행에 있다는 것을 지적한다. 그리고 제5절은 결론으로 약간의 견해를 더하고자 한다.

2. 전후 대만문화 가운데 개체성의 각성과 그 역사적 의의

본 절에서는 이하 두 가지에 대해서 논한다. 첫째, 전후 대만의 문화생활 가운데 '주체성 각성'은 사회성sociality에 대한 개체성을 말한다. 이른바 '각성'은 이제까지 다른 목적을 달성하기 위해 수단으로서 존재해온 개체가 그 자신의 발전을 목적으로 삼는 존재상태로 이동하는 것을 뜻한다.

둘째, 이러한 주체성 각성의 역사적 의의는 전후 대만 발전과정에서의 개체성과 전통적인 중국문화에서 애매한 상태의 개체성이 강렬한 대비를 이룬다는 점이다. 즉, 중국 전통문화에서 개체는 '무개성적인 개체 faceless individuals'이고, 범주화 또는 유형화된 개체이다. 중국에서는 전통적으로 개체성이 사회성의 통제를 강하게 받고 있었다. 그런데 전후 대만사회에서는 문화의 개체성과 사회성이 종종 대립관계에 놓이면, 심지어는 개체성을 선명하게 하기 위해 사회성을 손상시키기도 했다. 이하 이두 가지에 대해서 자세히 설명하자고 한다.

1) 개체성의 각성

대만의 신문화 가운데 이른바 '개체성의 각성'에서 개체성은 사회성과의 상대적인 맥락 속에서 말해지는 것이다. 어떤 문화시스템에서든 개체와 집단은 서로 의존하고 영향을 미친다. 인류학자 베네딕트(Ruth Benedict, 1887~1948)가 말하는 것처럼, "사회와 개인은 서로 대립되는 것이 아니다.

〔……〕 사회는 결코 개인 단위에서 괴리되는 것이 아니다. 만약 문화에 의한 지도가 없다면, 개인은 그 잠재능력을 발휘할 방법을 갖지 못한다. 반대로 말하면, 문화에 포함되는 모든 요소는 결국 개인의 공헌에 의해 성립된다. 〔……〕 문화와 개인의 관계는 이제까지 늘 서로 영향을 주고받아 왔다. 문화와 개인의 대립만을 강조해서는 개인의 문제를 밝힐 수 없다. 양자의 상호 영향을 강조해야만 개인의 진상을 파악할 수 있다."[2] 따라서 개체성과 사회성은 상대적인 두 개념이며, 양자는 동시에 병존하고 또한 상호작용하는 것이라 말할 수 있다.

그러나 구체적인 문화생활에서 개인과 사회 사이에는 종종 경쟁관계가 성립한다. 사회적인 맥락에서 생활하는 개인은 종종 개인의 사회에 대한 영향력을 충분히 발휘하고자 노력한다. 예를 들면, 각종 정치·사회·경제활동을 통해서 개인의 의지를 공공의 영역에서 실행에 옮기거나 각종 문화나 예술활동을 통해 기억이나 가치를 사회의 '집단적 기억'[3] 또는 가치관으로 변화시키려 한다. 이와 반대로 사회도 각종 체계를 통해 사회적 행동규범이나 집단적인 가치를 개인에게 주입하거나 개인의 생명 속에 침투시킨다. 이러한 체계는 '정규적인 구조'로서 각종 교육조직(예를 들면 초등학교, 중학교, 고등학교, 대학교 등) 및 그 교과서를 포함하고 있다. 또한 '비정규적인 구조'로서 오랜 역사를 갖는 각종 민족연극, 가요, 소설, 각본, 심지어 동요 등 민간의 사회문화 활동을 포함하고 있다. 이들은 모두 사회 속에서 생활하는 개인의 가치관으로 전환될 수 있으며, 개인의 정치관, 사회관과 우주관을 형성한다.

여기서 말하는 '개체성 각성'은 상술한 개체와 사회와의 상호 경쟁이라는 맥락에서 말한 것이다. 대만 사회문화 차원에서 보자면, 개체가 제2

차 세계대전 종결(1945년) 이전의 여러 가지 권위(특히 정치권력)에 폭넓게 복종해서 개체 이외의 기타 주체수단이 되었던 상태에서 '자아를 위한 개체'라는 새로운 존재상태로 향하는 것을 가리킨다. 바꾸어 말하면, 명·청 시기 및 일제강점기의 대만에서 개체성은 기본적으로 숙면상태이고, 개인은 사회가치 또는 국가의지를 실천에 옮기는 도구였으며, 이러한 상태는 광복 초기까지 지속되었다. 그러나 1960년대 중엽에 들어서면서 대만의 공업화가 일단락되면, 개체성은 날이 갈수록 두드러져 정치민주화의 역사적 추세에 따라 개체가 판단력을 갖춘 주체로 성장함에 따라 그 성격이 더욱 선명해진다.

2) 개체성 각성의 역사적 의의

앞서 말한 대만신문화에서 개체성의 각성은 주로 중국대륙의 사회나 문화와 대비해서 말해지는 것이다.

인류학자인 쉬랑광許琅光이 말한 것처럼, 전통적인 중화사회의 친족체계는 부자관계를 주축으로 전개되어왔다. 그에 따르면, 부자관계는 중화사회에서 현저한 친족관계dominant kinship relationship이고, 부자형의 친족체계는 연속성continuity, 포용성inclusiveness, 무성별성asexuality 그리고 권위성을 그 특징으로 삼는다. 부자관계가 연속성을 갖는 것은 모든 아버지가 일찍이 사람의 아들이며, 거의 모든 아들이 아버지거나 아버지가 될 것이기 때문이다. 따라서 어느 한 부자관계는 일련의 부자관계에 있어서 작지만 중요한 일부이다. 부자관계가 포용성을 갖고 있는 것은 모든 아버지가 구조상 하나밖에 없는 아들과 관계를 맺고 있는 것이 아니기 때문이다. 실제로 대부분의 아버지가 모두 하나 이상의 많은 아이를 갖고 싶어 하기 때문에 부자관계는 근본적으로 타자를 용인할 수 있다. 부자관계가 권위성을 가지는 이유는 모든 아버지가 아들보다 연장자이며, 적어도 능력과 경험에 있어서 아들에 비해 더 앞서는 데 있다. 다시 말하면, 이러한 속성은 어떠한 사회의 남녀에게서든 발견되는 기본적인 차이이다. 예를 들면, 남자가 연기하는 역할은 부녀자에게 권위를 나타내는 것이고, 여자의 역할은 어린이들을 보살피는 책임을 지는 것이다.[4] 전통적인 중국사회는 부계·부권사회이며, 또한 아버지를 따라 사는 사회다.

이러한 사회에서 일원론monism은 주도적인 사상이다. 각 개체의 주체성은 선명하지 않고, 개체는 집단과의 관계가 생겼을 때만 그 가치가 평가된다. 전통적인 중국사회에서 개체는 대부분 개성이 없는 개체이며, 자주 어떤 유형 또는 범주의 개체로서 분류되었다. 전통 중국의 역사서에서 역사상의 개인은 항상 '충신', '열녀', '간신', '유신儒臣' 등으로 범주화된다. 중국 전통의 전기학傳記學은 오랜 역사 속에서 발전했지만, 역사 인물의 개성은 그다지 선명하지 않았다. 이는 중국 전통의 개체성이 사회성의 통제와 지배를 강하게 받았기 때문이다. 중국에서는 소수파의 초연한 인물, 예를 들면 명말의 이지(李贄, 1527~1602)와 같은 '일반적인 관행을 따르지 않는 사람non-conformist'은 자주 역사에서 비극의 주인공이 되었다고 말할 수 있다.

중국대륙의 사회문화에 비해 전후 대만이 경험한 역사의 격변은 놀라운 것이었다. 이른바 '전후의 대만 경험'이 여러 현상에 있어서 가장 주목

이지

을 끌었던 것은, 첫째, 50년대의 자작농 계급의 형성, 둘째 60년대 중엽의 중산계급의 발흥, 그리고 셋째 70년대 이후의 중산계급의 성장이다.[5]

시간적으로 연속해서 일어난 세 가지의 역사현상이 필연적이었던 까닭은 전후 대만이 급속히 공업화되면서 농업사회에서 공업사회로 변화했기 때문이다. 통계에 따르면 대만의 농업인구는 1952년에는 52.4%였는데, 1960년에는 49.8%까지 줄고, 그 후에는 해마다 더욱 줄어서 1989년에는 18.1%, 1994년에는 18.7%가 되었다. 전후 대만인구 구조에서 농업인구의 감소에 따라, 대만의 국내순생산(Net Domestic Product, NDP)에서 농업 부문이 차지하는 비율은 점차 줄어드는 반면, 공업 부문의 생산력은 안정된 성장을 보였다. 1952년 국내산업에서 농업 부문과 공업 부문과의 점유율을 비교하면 30.0% 대 18.0%였는데, 1964년에는 서로 엇비슷해서 28.3% 대 28.9%가 되었다. 1963년 이후 공업 부문은 농업 부문을 능가해서 1980년에는 농공 점유율이 9.2% 대 44.7%, 1987년에는 6.2% 대 47.1%, 1989년에는 5.9% 대 43.5%가 되었다. 이러한 결과를 보면, 전후 대만이 경제구조의 변화를 이미 완성한 것은 분명하다. 즉, 화인사회에서 사상 처음 농업사회로부터 공업사회로의 철저한 변화가 달성되었으며, 이에 따라 전통적으로 일원화된 사회정치 구조가 점차 '다양한 주체가 병립'하는 새로운 사회정치 형태로 향하게 되었다.[6] 이렇게 전후 대만의 경제구조 변화는 문화에서 개체성이 급속히 각성되는 새로운 발전을 이루었다.

3. 대만문화 가운데 개체성 각성의 원인

전후 대만문화 가운데 개체성이 급속히 각성된 원인은 실로 어느 하나에만 그치는 것이 아니지만, 그중에서도 결정적인 요소로는 다음과 같은 세 가지를 들 수 있다. 첫째, 전후 대만의 생산방법이 농업으로부터 공업으로 전환된 것(이 전환의 주요 동인은 정부의 정책에 있다), 둘째, 전후 대만교육의 급속한 확대와 이에 따른 지식의 보급, 셋째, 1987년 7월 계엄령이 해제된 후, 급속히 진행된 정치적 민주화와 그로 인해 '개체'가 정치력과 사회력에 의한 지배에서 해방된 것 등이다. 이제 이 세 가지 역사적인 요소에 대해서 차례로 설명하고자 한다.

1) 농업사회로부터 공업사회로의 전환

전후 대만문화에서 개체성의 발전은 대만이 농업사회로부터 공업사회로 전환된 것과 많은 관련이 있다. 전후 대만 경제구조의 변화는 정부의 경제정책(특히 농업정책)에서 그 원인을 찾아보아야 한다. 필자는 일찍이 전후 대만 농업정책의 발전이 1972년에 공포된 '농촌건설 가속의 중요조치'를 분수령으로 두 가지 단계로 분류할 수 있다는 점을 지적했다. 즉, 제1단계에서는 1953년부터 시작된 일련의 토지개혁이 제일 중요하다. 토지개혁에 따라 대만농업의 발전, 농촌의 번영, 농민이 안심하고 농업에 종사할 수 있는 기초가 만들어졌다. 그런데 제1단계의 농업정책은 '착취'의 경향이 강하며, 농업 부문의 '잉여'를 공업발전의 원동력으로 삼았다. 제2단계의 농업정책은 착취로부터 '균형'으로의 방향전환이 핵심인데, 경제구조의 변화에 발맞춰 농민의 소득이나 복지의 향상에 힘썼다.[7]

전후 대만 농업정책의 영향으로 농민들의 가치체계도 크게 변화했다. 1950년대 초엽에 토지개혁 실시로 농민들의 기본적인 농업의식이 형성되었다. 그중에서 가장 두드러진 것은 농민들의 토지에 대한 강한 애착과 농업을 생업으로 여기는 의식이었다. 농민들에게 토지는 자아의 생사가 관계되는 기반이며, 농업은 그들 생활의 목적이었다. 그러나 이러한 '신성성神聖性'은 1970년대 이후 공업화의 발전과 더불어 점차 '세속성'으로 대체되고 농업은 단지 생계를 도모하기 위한 수단에 불과하게 되었으며 토지도 점점 상품화되었다. 1980년대 초엽 대만농민의 농업가치관에 대한 조사에 따르면, 농민들이 농업에 종사하는 태도는 매우 적극적이었다. 예를 들면, 새로운 아이디어 채용에 관한 가치관에서 새로운 아이디어를 제일 빨리 채용하고자 하는 농민의 비율이 47.5%까지 올라갔으며, 또한 농업 경영방법에 있어서 농산물의 이윤이 좋지 않는 경우에는 농민의 53.6%가 경제가치가 비교적 높은 작물로 변경한다고 했다. 이러한 적극적인 태도는 농민들이 기본적으로 농업에 종사하는 것이 생계 도모를 위한 수단이라고 생각하고 있는 것과 깊은 관계가 있다. 농민들의 토지에 대한 애착은 크게 저하되었으며, 농민은 이미 이 일을 생활의 보장 또는 지위의 상징이라고 생각하지 않게 되었던 것이다.

이 조사에 따르면 75%의 농민이 조상에게서 물려받은 재산을 파는 것은 결코 창피한 것이 아니라고 생각하고, 57.6%의 농민이 토지에 따라서 개인의 신분이나 지위를 판단할 수 있다고 생각하지 않으며, 또 75%

의 농민이 토지를 팔아서라도 자녀에게 교육을 받게 하고 싶어 했다. 따라서 1950년대에 보인 '농본주의'는 나날이 쇠퇴하여, 새로운 농민의 인격형태가 완전히 형성되었음을 알 수 있다.

1980년대 초기의 조사에서도 대만농민의 정치·가치관에 있어서 정치권력에 대한 감시의 권리, 자주 및 평등의 권리가 크게 상승하여 자못 현대적인 색채를 띠었다. 하지만 농민에겐 법치의 개념이 결여되어 있고, 현단계에서 농민의 정치의식은 여전히 신구가 뒤섞여 있는 상태라는 것이 보인다. 이렇게 신구가 뒤섞인 복잡한 정치사상은 1988년 이후 농민운동에도 부분적으로 두드러졌다. 잇따른 항의행동에서 농민은 '농민주체성'과 '농업자주성'의 확립을 요구하는 한편, '국가'가 농업사무에서 더욱 적극적인 역할을 해줄 것도 함께 요구했다. 이렇게 자주성과 의존성이 동시에 나타나는 모습이 농민의 정치사상에서 '전통'과 '현대' 요소의 융합을 부분적으로 반영하고 있다.[8]

전후 경제정책에 의해 대만은 급속히 공업화의 길로 들어서 이른바 경제기적을 이루었다. 이러한 역사적인 발전은 대만문화에 깊고 큰 영향을 미치게 된다. 광복 초기의 대만농촌은 전형적인 농업사회였다. 농촌에서 농업에 종사해서 얻은 수입이 주민의 경제적 원천의 대부분이었으며, 당시 대만 전체 경제에 있어서도 농업 부문의 생산이 가장 큰 비율을 차지하고 있었다. 전통적인 중국 농촌사회에 보여졌던 경제생활의 특징 대부분을 1950년대 대만농촌에서도 찾아볼 수 있었다. '희소경제economy of scarcity'라는 개념 역시 광복 초기 대만 남부의 농촌생활을 가장 적절하게 표현할 수 있다. 그 시기 농촌주민의 생활은 너무나 초라하고 고난으로 가득 차 있었다. 대부분 농민들은 밥을 할 때 많은 양의 고구마를 넣어야 생계를 유지할 수 있었다. 평일 반찬은 보통 채소뿐이었으며 가끔 고구마의 잎을 반찬으로 삼기도 했다. 생선과 고기는 신을 모시는 의식이나 종교적 제례 때만 맛볼 수 있었다. 비록 경제생활이 이처럼 열악했지만, 당시 사람들은 대단히 느긋한 정신을 가지고 있었다. 각 지방에서는 신을 모시는 날이나 경축일을 맞이할 때마다 가족과 함께 사당의 앞마당에 모여 함께 포대희布袋戱나 피영희皮影戱를 감상하고, 같은 마을의 사람이라면 서로 호형호제했다. 이렇게 신을 맞이하는 대회나 종교적 활동을 통해서 민속예술이 발양되고, 사람들도 이러한 민속행사에 의해 동일한 생활공동체에 융합될 수 있었다. 마을에서 사당의 지도자는 해마다 여러 가지 참배행사를 주최했는데, 이것은 1950년대 남부 농촌의 문화생활에서 가장 자주 볼 수 있는 오락의 형태였다. 이러한 '참배단' 활동은 많은 효과가 있었다. 농촌주민의 종교상의 요구를 만족시켜주는 동시에, 농한기 오락활동의 효과도 발휘했을 뿐만 아니라 농촌 내의 인적 교류를 꾀한다는 의의가 있었다.

　"농업으로 공업을 키우고 공업으로 농업을 지탱한다"라는 경제정책으로 1960년대 중엽 이후 이른바 '경제기적'이 점차 일어나기 시작했다. 역사적인 관점에서 보면, '경제기적'의 소식은 1950년대 초엽에 행해진 일련의 토지개혁과 매우 밀접한 관계가 있다. 즉, 토지개혁의 성공에 의해 자작 농지의 비율이 1948년 55.88%에서 1956년에는 84.90%까지 도달하고, 신흥 자작농 계급이 대만농촌에서 토지소유권의 구조를 변화시키면서 대만농업의 성장률도 향상시켰다. 토지개혁 완료 이후 대만농업은 1960년대 중엽 이후 공업이 비약하기 시작하는 데 가장 중요한 기초가 되었다. 요컨대 이러한 기초가 있었기에 비로소 경제기적의 출현을 보게 되었던 것이다. 농업생산이 국내생산에서 차지하는 순가치 비율은 1952년 35.9%에서 1964년에는 이미 28.22%까지 감소하고, 이어서 1972년에는 14.12%, 1982년에는 8.7%, 그리고 1987년에는 다시 6.1%까지 감소했다. 농업은 경제기적을 창출하는 데 이미 있는 힘을 다했다고 말할 수 있겠다.

경제기적이 도래한 이후, 대만농촌의 상황은 어떻게 달라졌을까? 경제구조가 변화한 현재 대만농민의 90%이상이 비전업농가이고, 농촌주민의 수입도 기본적으로 다른 육체노동이나 공공사업과 같은 농업 이외의 노동에 의해 창출되기 시작했다. 농업 부문 수입은 감소 일로를 걷고 있기 때문에 농촌의 많은 젊은이들이 도시로 이주하여 생활하게 되었다. 농업경제의 위기는 1960년대 이후 대만의 모습을 변화시켰다. 또한 수입을 불리기 위해 많은 논밭이 양식지로 바뀌어 생선이나 새우 등의 양식업이 행해졌다. 양식지 위로는 양돈장이 만들어지고, 돼지 똥이 또한 물고기 사료가 되었다. 이것이 이른바 1970년대 이후 '농어목다각화경영農漁牧多角化經營'이었다. 농업 위기가 날로 심각해지고 시·읍의 공장이 날로 발전하면서 농촌의 과잉 노동력을 더욱 많이 흡수했다. 1970년대 중엽부터 농업 위기로 많은 농민들이 조상이 지켜왔던 토지를 떠났다. 이러한 '유목의식'은 1950년대의 '농업의식'과 명확한 대비를 이루었다.

아이러니하게도 전후 대만이 급속히 공업화되면서 농민정신이 점점 희석되었기 때문에, 흙에 뿌리내리고 있던 개인은 비로소 해방될 수 있었으며, 개체성의 발전을 완성할 수 있었던 것이다.

2) 교육의 확대

전후 대만문화 가운데 개체성 각성의 두 번째 요소는 교육의 확대이다. 전후 '대만 경험'의 형성과정에서 교육은 중요한 역할을 했다. 통계에 따르면 대만 전토의 문맹율은 1952년에 42.1%이었는데, 1994년에는 5.8%까지 떨어졌다. 또 대만 총인구 가운데 중등교육을 받은 사람들의 비율은 1952년에 8.8%이었는데, 1994년에는 52.6%까지 증가했다.[9] 1968년부터 9년간 의무교육이 실시된 이래 교육은 급속히 확산되었다.

학교 수의 증가도 교육의 보급을 가속화시켰다. 1950년부터 1951학년도까지 대만 전도의 각종 학교 총수는 1,504교로, 1,000m²당 41.8교에 불과했다. 하지만 1988년부터 1989학년도까지의 대만 전도의 학교 총수는 6,490교까지 증가하여 1,000m²당 186.30교이다.[10]

교육의 확대는 사회계급의 변동을 가속화시켰다. 샤오신황蕭新煌의 연구에 따르면, 일제강점기에 비농업 중산계급은 발전의 여지가 없었는데, 광복 초기 특히 2·28사건 당시 도시 중산계급이 입은 피해가 제일 심각했다. 1950년대에 들어서야 토지개혁 이후 공업화가 점차 진행됨에 따라 과거 대지주로부터 모습을 바꾼 중산계급이 점차 형성되었다. 단, 여기서 주의해야 할 점은 전후 대만은 '계급사회class society'가 아니라 일종의 '계급분화사회class-devided society'였다는 사실이다. 대만의 이른바 많은 중산계급이 실제로는 하나의 '다계급의 가정'에서 생활해온 것이다.[11]

교육의 발전은 두 세대 사이를 이어주는 중요한 요소이며, '동일세대 내intra-generational'에서 유동의 기점이기도 하다. 교육의 정도는 급여 소득, 직업선택 그리고 각종 사회·경제·정치적 자원의 분배 등과도 모두 밀접한 관계가 있다. 전후 대만교육의 구조와 교육기회의 균등 등의 문제에 관한 최근의 연구 성과에 따르면, 전후 대만에서는 젊은 사람일수록 높은 교육을 받을 기회가 더 많았고, 젊은 사람일수록 교육의 성취가 부친의 영향을 덜 받고 있었다. 사회적인 시점에서 말하면, 이는 부모와 자식 간의 교육상의 전승이 여전히 중요한 영향력을 가지고 있음에도 대만의 교육기회는 점차 균등해지는 방향으로 나아가고 있음을 상징하는 것이다.[12]

전후 대만사회에서 교육은 사회계급의 변화에 영향을 미쳤을 뿐만 아니라 인민의 여러 가지 태도나 행위의 변화에도 영향을 주었다. 예를 들면, 가정에 대한 태도, 아동양육의 방식, 정치참여의 방식, 개인의 현대화 정도, 개인의 종교관 등은 모두 교육의 영향을 받았다.[13] 요컨대 교육의 발전은 대만의 개체성 각성의 중요한 기초가 된 것이다.

3) 정치적인 민주화

공업화와 교육의 확대 이외에 1987년 7월에 계엄령이 해제된 후 정치적인 민주화가 급속히 진행된 것이 대만의 개체성 각성을 일으킨 세 번째 요소이다.

1987년에 계엄령이 해제되자 전후 40년 이래 축적되어왔던 사회 에너지가 단숨에 분출했다. 통계에 따르면 대만에서는 1983년부터 1987년까지 합계 총 1,516건의 자립구제를 목적으로 하는 각종 운동이 일어났으

批　示

簽　呈　民國七十六年七月九日

解嚴日期：中華民國七十六年
七月十五日零時起

主旨：立法院咨為議院會議依據憲法第三十九條及第六十三條規定議決「台灣地區戒嚴予以解除」，請宣告解嚴一案，簽請

鈞核。

說明：一、立法院咨文說明：議院委員蔡勝邦等四十三人提案，請議決呈請

總統宣告臺彭地區解嚴及行政院七十六年七月三日函請審議臺閩

014743

계엄령 해제를 알리는 문건

며, 그중 1987년에만 676건이나 발생했다.[14] 계엄령 해제 후 대만사회에서 끓어오른 각종 사회운동은 참가자와 요구하는 목표가 각각 달랐다. 예를 들면, 농민운동은 농민의 이익을 위해 농산품의 수입에 대해 항의하고, 노동자는 자본가의 공장폐쇄로 인한 실업 문제에 대해 항의했다. 그러나 개체로서의 대만사회의 각 계급, 각 개인은 1987년 7월 이후 어느 쪽이나 '각성'했다고 말할 수 있겠다.

이상과 같이 세 가지 역사적 요소의 집중적인 영향으로 개체성 각성은 마침내 전후 대만신문화의 중요한 주류가 되었다.

4. 개체성 각성 후 대만문화의 문제와 그 대응

개체성 각성을 그 기조로 하는 대만문화는 첫째, 역사적인 회고의 맥락에서 보면, 확실히 반길 만한 역사적 의의가 있다. 둘째, 그러나 미래 전망이라는 관점에서 보면, 대만의 신문화에는 또한 생각해봐야 할 많은 문제점들이 내포되어 있기도 하다. 그중 가장 중요한 문제는 자기중심적인 의식이 나날이 심각해지고 있다는 것이다. 셋째, 이러한 문화 문제에 대처하기 위해서 대만인은 '상호주체성'이라는 고전적이면서도 현대적인 이념을 진심으로 반성하고, 일상생활에서 그 이념이 뿌리내리도록 노력해야 한다. 이제 이들 세 가지 주요한 관점에 대해서 차례대로 분석하고자 한다.

1) 개체성 각성의 역사적 의의

본고에서 말하는 개체성 각성의 '각성'이라는 것은 개체가 정태적인 '자아 속에 있는 개체'로부터 동태적인 '자아를 위한 개체'의 존재상태로 변화하는 것을 가리킨다. 이하 대만의 신문화에서 개체성 각성의 실태와 그 발전에 대해서 구체적인 사례들을 제시하고 한 발 더 나아가 해설을 시도하고자 한다.

계엄령이 해제된 후 대만정치의 민주화는 과거 수십 년간 경제구조의 변화와 교육의 확대로 사회에 누적되었던 에너지가 완전히 해방되는 기회를 맞이하도록 했다. 개인은 마음껏 자유의지를 표현할 수 있게 되면서 개체는 새장이라는 울타리를 깨트리고 자기를 위해 존재할 수 있게 되었다. 일찍이 사회정치운동에 참가한 바 있으며, 외성적 제2세대인 한 대만 대학 교수는 자신의 자아의 각성 경험을 다음과 같이 묘사하고 있다.[15]

> 진정한 각성은 과거에 속임을 당했던 것을 인정하는 용기 있는 일이다. 일찍이 국민당이 이 아름다운 섬인 대만을 쓰레기의 섬, 도박공화국, 탐관오리의 공화국으로 바꾸어 탐욕의 섬으로 만들어버린 것을 직접 목격하고도 소리를 지르면서 항의하지 못했던 자기를 부끄러워하는 것, 이것을 각성이라고 부른다. 〔……〕 나의 진정한 대만 경험은 내가 어떻게 의지가 강해지고 각성된 인간이 되었는가라는 것이며, 이는 정치이념에 있어 내 개인의 성장 경험이기도 하다.

이 지식인이 분석한 자아는 자신의 정치사상에 대한 각성이었는데, 그러한 '과거'와 결별한 각성 경험은 분명히 대만신문화의 중요한 구성요소가 되었다. 한 사람 한 사람의 개체성이 각성했으며, 용기를 가지고 과거와 결별하여 심지어는 자신의 부모, 선배 그리고 시대나 가치관과도 결별했다. 그러한 각성의 정신적 경험은 1930년대에 바진(巴金, 1904~2005)이 집필한 소설 『격류삼부곡激流三部曲』에 등장하는 그 세대의 인물이 각성하는 과정과 비슷했다.

대만신문화에서 개체성 각성의 상태는 성장기 청소년의 정신상태와도 비슷하며, 과거 역사 경험의 가치에 대한 재평가를 요구하고 있다. 그중에서 가장 대표적인 것은 1947년에 대만에서 일어난 2·28사건에 대한 재평가이다.

2·28사건은 전후 50년간 가장 중요한 역사적 사건 가운데 하나이다. 대만의 정치와 사회에 많은 영향을 끼쳤으며, 대만 대중의 '집단적 기억' 이 되었다. 집단적 기억은 개체성 각성 후 새로운 분위기에서 재해석되어 야만 새로운 '심리기반'이나 권력구조와 호응할 수 있다. 1995년 2월 28일 총통에 취임한 리덩후이李登輝는 정부를 대표해서 다음과 같이 역사의 잘못을 인정했다.[16]

> 본인은 몸소 2·28사건을 경험했습니다. 이 사건은 일어나지 않도록 할 수 있
> 었는데 기어이 일어나고 말았으며, 확대를 저지할 수 있었는데 끝내 그러지
> 못한 채 역사적 비극으로 남았습니다. 오랜 시간 줄곧 심히 비통하게 느끼는
> 바입니다. 이 불행한 사건으로 사회의 많은 엘리트들을 잃게 되었고, 수많은
> 생명의 존엄이 유린 당했습니다. 또한 인민과 정부 사이에 틈이 생기고, 인민
> 의 국정에 대한 관심이 억압당했으며 사회의 발전이 늦어지는 등 국가의 총체
> 적인 손실은 이루 말할 수 없습니다. 오늘 수난자들의 가족과 자손은 역사적
> 인 도의를 드러내어 모든 사람들의 융합을 계시하는 2·28기념비가 아름다움
> 섬 대만에 세워지는 것을 직접 볼 수 있게 되었으며, 나아가 제가 국가원수의
> 신분으로 정부가 저지른 잘못을 인정하고 사과하는 말을 직접 들을 수 있게
> 되었습니다. 따라서 여러분들이 반드시 넓은 마음을 가지고 억울함과 눈물을
> 용서와 화목으로 바꾸어 전국 인민의 심령을 따뜻하게 위로해줄 것으로 믿습
> 니다.

이 성명은 개체성 각성과 발전이라는 흐름 속에서 역사적 필연이었다고 말할 수 있다. 왜냐하면, 집단적 기억을 재구축해야 각성한 개인이 비

2013년 2·28기념식에서 연설하는 마잉주 총통

로소 역사의 포로가 되지 않고 재출발할 수 있기 때문이다. 역사적 경험의 재해석과 집단적 기억의 재구축을 거쳐 마침내 새로운 정체성이 그 확립을 보게 되었다. 1995년 2월 28일 오전, 장씨가족의 제3대손으로서 교위회주임위원僑委會主任委員인 장샤오옌蔣孝嚴은 동오대학東吳大學주최의 '2·28기념음악회'에서 '만약'이라는 주제로 다음과 같은 인사말을 전했다. "우리는 이미 지나간 고난으로 가득 찬 어제를 조금도 바꿀 수 없지만, 불행한 역사가 반복되지 않는 미래를 설계할 수 있습니다. 모든 사람들은 우리가 이 땅의 주인임을 진심으로 이해하고, 다시는 '과객過客'이나 '이향인異鄉人'이 나타나지 않기를 바랍니다."[17] 이 말은 본고에서 필자가 말한 "역사 해석을 통해 새로운 정체성을 확립한다"의 좋은 해석이 될 것이다.

2) 개체성 각성이 내포하는 문제

그러나 더 심층적인 면에서 살펴보면, 대만신문화에서 개체성 각성이라는 새로운 발전은 많은 문제들을 내포하고 있다. 이들 문제는 다양한 형태로 드러나는데, 예를 들면 각 현이나 시에서의 쓰레기 문제, 국회에서의 폭력행위, 일부 학교에서의 폭력사건 등은 드문 일이 아니다. 그러나 이들 현상은 어느 것이나 '자기중심주의' 의식과 직접적 또는 간접적인 관계가 있다. 자기중심주의는 바로 개체성 각성 후의 대만신문화에서 나타나는 근본적인 병의 소굴이다.

좀 더 분석을 진행하면, 이러한 자기중심주의 의식은 적어도 두 가지 특징을 가지고 있다. 첫째, 이때 '자아self'는 일종의 '맥락을 제외'한 자아로서, '자아와 자연', '자아와 타자'의 상호 맥락 속에서 존재하는 건강한 자아가 아니다. 둘째, 때문에 이렇게 고립된 자아는 '자아만 존재하고 타자는 존재하지 않는다'는 의식에 대해 단지 개인의 평이하고 단기적이며, 생물적인 측면의 이익 추구에만 관심을 갖는다. 이제 이 두 가지 '자기중심주의'의 특징에 대해서 좀 더 자세히 분석해보고자 한다.

(1) 자아와 자연이나 타자와의 단절

전후 대만신문화에서 자아는 '인류중심주의anthropocentrism'의 가치관에 깊이 잠겨 있던 '자아'이며, 인간은 우주의 중심이고 하늘과 만물을 통제하면서 인류를 위해 대자연을 이용해야 한다고 생각한다. 이러한 근대 서양의 계몽문명에 근원하는 가치관은 인간과 자연과의 괴리를 초래해서 그 폐해는 매우 심각하다. 이러한 폐해는 대만에서 선명한 방식으로 표면화되었다.

1945년에 대만이 광복을 맞이한 이후 '발전'을 기조로 하는 정책 아래서 농업이 자연자원을 보호하는 효과에 대해서는 전혀 주목을 받지 못했다. 특히 1960년대 중엽 이후 공업이 비약적으로 발전하기 시작하면서, 농업자원에 대한 파괴가 날로 심각해졌다. 환경보호 담당부서의 통계에 의하면, 대만 전체 하천 중 하류지역의 60%가 이미 심각한 오염에 노출되었으며, 중남부 20개소의 중요 관개수로 가운데 단 1개소도 수질 기준치에 도달한 곳이 없다고 한다. 세계적인 생태위기 속에서 대만은 자연생태의 파괴가 비교적 심각한 지역 중의 하나가 되었다. 최근 태풍으로 인해 발생한 토석류가 마을을 삼키는 등, 근래에 대만이 입은 여러 가지 자연재해는 어느 것이나 대자연의 인류에 대한 반격이다. 이러한 현상은 '인간과 자연의 공존공영'이라는 맥락에서 벗어난 후 벌어진, 자아의 병적인 상태와 재난의 심각성을 충분히 드러낸 것이다.

또한 자기중심주의 의식은 자아와 기타 개인이나 집단과의 유기적인 제휴도 단절시켰다. 때문에 자아 이외의 모든 타자는 모두 자아를 위해 봉사해야만 그 의의를 갖는다. 하지만 모두가 자기중심주의자적 자아이기 때문에 자아 간의 충돌을 피할 수 없게 된다. 그 결과 대만사회에서는 최근 심각한 내부소모 현상이 일어나고 있다.

(2) 단기적인 이익을 추구하는 자아

자기중심주의의 두 번째 특징은 자아가 이미 타자와의 사이에 균열을 만들고 유기적인 구조에서 '탈맥락화'를 일으킨 것이다. 때문에 '자아'는 단지 단기적인 자기 이익에만 관심을 갖게 되고, 그로 인해 많은 사회운동이 자아의 단기적인 이익을 추구하는 생물적인 행위로 전락하여 사회적인 반성이나 문화적인 재건의 의의를 제거하는 결과를 초래했다. 어떤 국회의원은 대만 사회운동에 대해서 다음과 같이 반성하기도 한다.[18]

> 대만에서는 일찍이 임원林園 사건, 가오슝高雄 양식어장 사건, 5·20농민운동 사건 등을 겪어낸 피해자들의 항쟁활동이 많았는데, 이는 모두 생물적인 본능에 의한 반응이었다. 물론 참가한 사람들 중에는 피해자가 아닌 학자나 학생들도 일부 포함되어 있었으며, 그들의 존재는 귀중했지만, 대다수는 모두 생물의 본능적인 자력구제였던 셈이다. 생물의 본능적인 반응에 의한 자력구제는 타자가 자력구제를 하자고 할 때, 그 타자를 욕하는 특징이 있다. 내가 시의원과 국

회의원이었을 때 이러한 사람들을 자주 만났다. 예를 들면, '5·19', '6·12' 사건 때 나는 이 사건의 해결을 위해 거리에서 시위를 하고 있었는데, 어떤 약사가 우리들에게 "교통방해다! 사회난동이다!"라고 욕설을 퍼부었다. 얼마 후에 약사법을 심사했을 때 그 약사 또한 거리로 나와 시위하면서 모든 사람들이 자신에게 무관심하다고 말했다. 또 어떤 중령은 우리가 데모행진을 할 때마다 늘 욕설을 퍼부었는데, 후에 막상 자신의 집이 헐리려고 하자 가족들을 데리고 항의하면서 사회가 모두 자신에게 무관심하다고까지 말했다. 이것이곧 완전한 생물적인 본능에 의한 반응이다. 내가 보기에 우리 사회는 생물적본능에 의한 반응으로 되돌아가버렸는데, 그 특징이라고 해봐야 미래가 보이지 않고, 타자에 대한 무관심과 자력구제뿐이다.

이 반성의 말에서 이른바 생물적인 본능에 의한 반응이라는 것은 바로 자기중심주의 의식의 가장 낮은 수준의 표현으로서, 완전히 자아의 생물적인 욕구에서 생긴 것이다. 하야시 요시오(林義雄, 1941~)는 대만신문화 문제에 대해 다음과 같은 견해를 밝히고 있다.[19]

대만은 아름다운 섬에서 환경오염이 가장 심각한 곳으로 바뀌어버렸다. 이것은 물질적인 추구를 과도히 중시하고 자기의 단기적인 이익을 과도히 여기는 가치관을 모든 대만인들이 묵인해옴으로써 초래된 것이다. 대만인들이 지금 무서워하는 폭력단이나 재단도 오랫동안 금전이나 힘으로 타자의 가치나 삶의 의의를 재단해온 것에 의한 필연적인 결과이다. 이러한 피해에 대해서 통치자도 마땅히 큰 책임을 져야 한다. 그러나 인민이 의지해왔던 열악한 문화가치도 또한 중요한 요소이기 때문에, 그러한 상황을 바꾸기 위해 단지 정치력에 의지하는 것만으로는 불충분하다. 인심, 가치관, 문화를 바꾸고 재구축하는 것에 힘써야 한다.

이와 동시에 그는 대만인의 가치관을 재구축하기 위해 네 가지 방법을 제시했다. 첫째, 품성, 시비, 도의에 따라서 타자를 판단하고, 금전이나 권세에 따라서 인간을 판단하지 않는다. 금전이나 권세에 따라서 타자를 평가하는 기준은 실제로 비인간적인 가치이다. 이렇게 하면 인간의 아름다움과 착함은 모두 무의미한 것이 되고, 인간의 잘잘못이 수치, 금전, 힘의 크고 작음에 따라서 판단되고 만다. 대만인은 인간적인 생활로 회귀해야 한다. 즉, 행위의 맞고 틀림, 옳고 그름이 공적인 의리에 맞는지, 선과 미를 추구하고 있는지에 따라서 타자나 자아를 판단해야 한다. 둘째, 목숨을 존중하고 향토의 환경에 깊은 사랑과 아끼는 마음을 가지며, 자연계에 감사하는 마음을 가져야 한다. 그리고 환경을 보호하고 다른 생물이나 무생물을 소중히 대하는 것을 자연에 대한 보답으로 삼아야 한다. 셋째, 자기의 이익만 생각하지 않고 공공의 일에 진지하게 참가하고 더욱 완전한 사회를 적극적으로 추구하고 참가하는 것에 대해 성취감과 희열을 느껴야 한다. 넷째, 관용의 마음을 가져야 하며, 입장이나 소속이 다른 사람도 존중하고 이해하는 마음을 가져야 한다.[20]

(3) 상호주체성의 이념

하야시 요시오가 제기한 대만인의 가치관을 재구축하는 네 가지 지표는 현재 대만신문화의 폐해를 제대로 제거할 수 있다. 그러나 필자가 여기서 지적하려는 것은, 도의에 따라 타자를 판단하고, 생명이나 향토를 존중하며, 공공의 일에 참가하고, 관용의 마음을 가진다는, 대만에서 재구축되어야 하는 이 네 가지 가치관이 오직 '상호주체성'이라는 철학적 기초가 세워져야만 비로소 실천으로 옮겨질 수 있다는 것이다. 상호주체성이라는 이념이야말로 자기중심주의를 치료하기 위한 좋은 처방이다.

그렇다면 상호주체성은 무엇인가? 이 이념은 곧 자아와 타자(타인, 기타의 사회집단이나 대자연)의 상호의존성을 전면적으로 긍정하는 것이다. 사회는 본래 무수한 개인에 의해 구성되어 있지만, 개인의 가치도 또한 사회의 맥락 속에서 드러나는 것이다. 이와 같이 대자연과 인류도 일종의 상호의존 관계에 있다. 이러한 상호주체성의 이념은 고대 중국의 유가와 도가 모두에 공통되는 정신적 근원이다. 필자는 일찍이 다음과 같이 지적한 적이 있다. 즉, 이러한 정신의 근원에서 특히 현대적인 의의를 가지고 있는 것은 두 가지다. 하나는 연속성의 관점이고, 다른 하나는 유기체론의 관점이다. 전자는 21세기 대만 민주정치에 힘을 실어주고, 개인의 주체성이 급속히 성장하는 신세대에서 개인과 사회와의 대립을 약간 줄일 수 있다. 후자는 21세기 대만의 경제발전 과정에서 인간과 인간 그리고 인간과 자연과의 거리감을 약간 줄일 수 있다. 이 두 가지 중국 고전문화의 정신적 근원은 모두 신세대 대만문화에서 중요한 기초로 작용했던 것이다.[21] 이러한 상호주체성의 이념은 또한 신세대 대만 다문화사회의 대립을 대화로 대체할 수 있는 유일한 방법이기도 하다.

그런데 어떻게 하면 상호주체성의 이념을 실천으로 옮길 수 있는 것일까? 대만사회 내부에 대해서 말하면, 개인이나 사회집단이 각각 자아의 권익을 쟁취할 때 반드시 타자의 권익을 깊이 인식하고 또한 존중해야 한다. 이러한 인식이 있다면, 예컨대 각지의 쓰레기 문제 등 폐기물 처리에

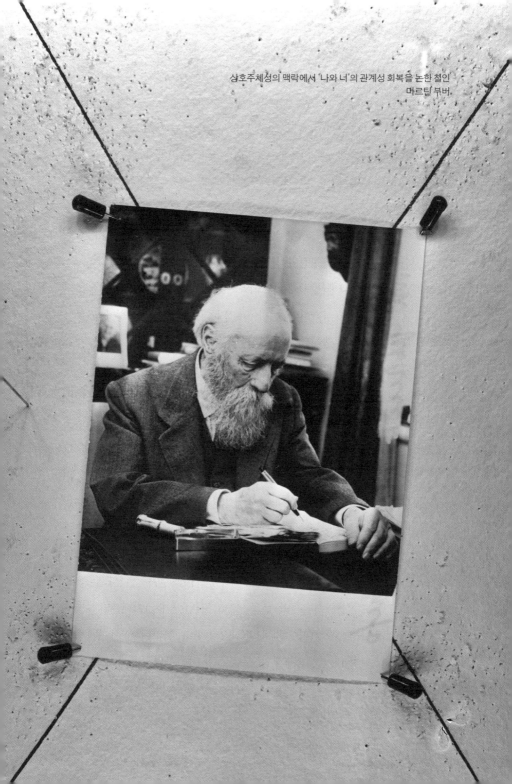

상호주체성의 맥락에서 '나와 너'의 관계성 회복을 논한 철인
마르틴 부버.

서도 자기 이익만을 위해 타자에게 해를 끼치는 쓰레기 전쟁이 대만사회의 일상이 되게 하지는 않을 것이다. 대만과 중국대륙의 상호관계에 대해서 말하면 상호주체성의 이념은 쌍방이 서로 이익을 공유하는 상호 의존의 관계라는 것을 인식하게 하여 대립을 줄일 수 있을 것이다. 실업가인 왕융칭(王永慶, 1917~2008)은 일찍이 다음과 같이 반성했다.[22]

> 다시 미래를 응시해보면, 대만은 경제가 발전하고 노동조건과 생활수준이 분명하게 향상되고 있다. 하지만 이후 대만에서 노동력 밀집산업을 추진하려고 해도 발전의 여지는 확실히 한계가 있으므로, 반드시 다른 쪽으로 전환하지 않으면 안 될 것이다. 〔……〕 그 전환의 유일한 선택지는 중국대륙이며, 이러한 정세는 반드시 쌍방의 이해관계가 더욱 긴밀해지도록 하여 상호 의존을 촉진하게 될 것이다. 만약 우리들이 대륙 이외에 출구(탈출구)가 없다는 사실을 뼈에 사무치도록 느끼게 된다면, 앞으로 우리나라는 대륙과의 관계를 자연히 중시해야 할 것이다. 〔……〕 시대의 변천과 더불어, 그리고 중국인의 민족감정과 지혜로 대만과 중국대륙과의 양안관계는 결국 이 방향으로 한 발 한 발 전진해나갈 것이다.

이러한 기대는 상호주체성의 이념을 기초로 삼았을 때만 비로소 실천될 수 있는 것이다.

5. 맺음말

본고에서는 심리 차원에서 전후 대만의 문화변천을 분석하고 전후 대만의 문화변천 가운데 제일 두드러진 문화현상이 바로 '개체성 각성'이었다는 점을 지적했다. 중국인의 수천 년 역사에서 보면, 전후 대만의 개체성 각성이라는 새로운 발전은 분명 커다란 역사적 의의를 지니고 있다. 전후 대만에서는 농업사회에서 공업사회로의 구조변화, 교육의 급속한 확대 그리고 급속한 민주화에 따라 사회문화 영역에서 개인성이 발전할 수 있었다.

개인의 '자유의지'는 1987년에 계엄령이 해제된 이후 더욱 쉽게 표출될 수 있었다. 대만사회에서 개인은 이제 전통 중국사회의 권위주의 아래서의 부권父權, 왕권, 부권夫權에 의해 강하게 억압되는 개체가 아니다. 대만사회에서 개체의 각성은 중국인 사회문화에서 개인주의 발전의 새로운 역사적 이정표를 세우는 것이며, 또한 21세기 민주정치의 발전에 필요한 사회문화의 기초를 수립한 것으로, 21세기의 화인세계의 새로운 희망이 되었다.

그러나 현 단계에서 개체성의 각성을 특징으로 하는 대만신문화는 심각한 자기중심주의 의식도 내포하고 있다. 이러한 문화의 병적 상태는 원래 수백 년 이래 이주민사회였던 대만의 상황, 공리주의의 횡행이라는 문화적 전통과 관계가 있으며, 한편으로는 전후 대만정치와 경제발전과도 관계가 있다.

전후 대만문화의 발전은 개인주의를 중심으로 하는 근대 서양문화의 발전방향과 비슷한 바가 있다. 이는 인류학자 쉬랑광許琅光의 다음과 같은 언급과 그 맥락이 같다. "서양문화의 주축은 개인주의와 자기의존에 있고, 이러한 이상은 정치제도, 공업, 예술, 음악 등의 각 방면에서 인류에 크나큰 공헌을 했다. 하지만 서양의 이처럼 빛나는 성과도 개인주의와 자기의존의 폐해를 내포하고 있었다. 이러한 이상으로 인해 개인은 집단에서 자기를 안정시키지 못하게 되었고, 때문에 사람들은 억지로 자신을 끝없는 경쟁으로 몰아 넣고, 그것에 의해 자신의 존재가치와 인생의 목적을 증명하고자 했던 것이다."[23] 개인주의를 기초로 하는 근대 서양문화의 장점과 폐해는 최근 반세기 동안의 대만신문화에서도 드러나고 있다.

미래를 전망해볼 때, 만약 대만문화가 21세기에 더욱 비약하고, 또한 모든 중국인들의 희망이 되고자 한다면, 대만신문화에 드러난 이러한 병적인 상태가 반드시 개선되어야 한다. 상호주체성이라는 관점이야말로 이상에서 언급한 문화의 병적 상태를 치유할 수 있는 효과적인 이념이다. 애정과 믿음을 가지고 21세기 대만신문화가 당면한 어려움을 극복하고, 이채로움을 보유한 채 중화문화의 새로운 탄생에 공헌할 수 있기를 기대한다.

제8장

전후 대만문화 가운데 유가사상

존재형식 그리고 의미와 역할

1. 머리말

본고에서는 제2차 세계대전 이후 50년간(1945~1995) 유가사상儒家思想이 대만에서 어떠한 존재형식과 사상적 의미를 지녔고, 어떤 사회적 역할을 수행했는지 논하고자 한다.

여기서 말하는 '존재형식'이라는 것은 대만이라는 특수하고 구체적인 시간·공간적 조건, 특히 정치적 상황 속에서 유구한 역사와 전통을 이어 온 유가사상이 어떤 구체적 모습으로 존재해왔는지를 가리킨다. 또한 '사상적 의미'라는 것은 이와 같은 형식을 통해 존재해온 전후의 대만유학이 어떤 독특한 면모를 보여주고 있는지를 말한다. 즉, 유가사상의 수많은 내용 중에서 어떠한 특성이 전후 대만에서 강조되었고 부각되었느냐는 것이다. 또한 '역할'이라는 것은 유가사상의 구조를 지칭하는데, 이에 전후 대만의 정치적 맥락에서 유가사상이 어떤 작용을 했는가에 관한 것이다. 전후 대만에서 유학이 수행한 역할들이 유학의 의미를 바꾸거나 조정하지는 않았는지 살필 것이다.

제1절은 서론이고, 제2절에서는 전후 대만유학의 두 가지 존재형식에 대해 논한다. 첫째는 초·중등 교과서에서의 관변적 존재형식, 둘째는 민간, 즉 대학 등에서 학문사조의 형식으로서의 존재형식을 말한다. 제3절에서는 이 두 가지 존재형식 아래서 유학이 관변적 해석 속에서는 정치적 '권위'에 대한 복종을 강조하고, 대학 등의 연구기관에서는 일종의 학술사상으로 '초월적 유학'과 '급진적 유학'의 두 가지 경향을 보여주고 있음을 논술한다. 그러나 정도의 차이는 있더라도 기본적으로 모두 '문화

보수주의'였음을 밝힐 것이다. 제4절에서는 전후 대만에서 유학이 수행했던 두 가지 역할에 대해 분석한다. 첫째, 유학은 '이데올로기적 국가기제'로서 기존의 체제를 공고히 하는 역할을 수행했다. 둘째, 민간의 학문 사조로서 서구, 특히 근대 서구사상과 가치관에 저항하는 역할을 수행했다. 제5절에서는 이상의 내용들에 대한 결론을 도출할 것이다.

2. 전후 대만유학의 존재형식 : 정규·비정규교육을 중심으로

전후 대만에서 유학은 두 가지 형태로 존재했다. 첫째, 유학은 전후 대만의 정규 교육, 주로 초·중등 교과과정 속에 존재해왔다. 둘째, 이러한 정규 교육 속에서의 존재형식은 유학과 국가 이데올로기 사이의 관계를 밀접하게 만들었다. 셋째, 전후 대만의 비정규 교육 속에서 유학은 각종 민간신앙, 민간의 학술강연, 유학단체 속에 뿌리를 내렸다. 넷째, 이러한 비정규 형태의 존재형식을 통해 유학은 기본적으로 '중국문화의 정체성'을 강화하는 학문사상 또는 문화사조로 기능했다. 우리는 이상의 네 가지 논점을 순서에 따라 상세히 들여다볼 것이다.

1) 정규 교육에서의 유학

1945년 10월 대만 광복으로부터 1987년 7월의 계엄령 해제까지 32년 동안 대만은 권위주의 통치하에 놓여 있었다. 당시 학교교육은 정치권력의 간섭과 통제를 심하게 받았으며, 국가 이데올로기의 생산과 공고화의 장소가 되고, 초·중등학교 교과서는 국가 이데올로기를 전달하는 주요 도구가 되었다. 일찍이 한 교육학자가 1952년, 1962년, 1968년 및 1975년에 교육부가 발표한 네 차례의 『초등학교 교과표준』과 1952년, 1962년, 1972년 및 1985년에 발표한 『중학교 교과표준』을 연구한 결과 다음과 같은 결론을 도출했다.

지난 30년간 대만 초등학교 및 중학교의 8개 교과과정 표준안 속에서 공통적으로 나타나는 주요 목표는 "애국사상을 고취시키고, 민족정신(중화민족문화)을 발전시키는 것"이었다. 초등학교의『생활과 윤리』과목과 중학교의『공민과 도덕』과목을 예로 들면, 위에서 서술한 여덟 개의 교과과정 표준안 중에서 '충용애국忠勇愛國', '애국·반공정신의 고양', '국가의식의 증대'라는 목표는 총 여섯 차례 제시되었다. '민족 고유가치의 발양', '사유팔덕(四維八德, 나라를 지탱하는 네 가지 덕목으로 예의염치禮義廉恥를 사유라 하고, 여기에 효제충신孝悌忠信의 네 가지 덕목을 합쳐 팔덕이라 일컬음—역자 주)의 실천', '중화문화 부흥의 기초확립'은 총 일곱 차례 제시되었다. 교과과정 표준안을 분석해보면, 국가에 대한 충성과 전통문화의 발양은 국민교육 단계의 핵심 목표였음이 명백하다.[1]

또한 그는 중학교와 고등학교 교과서의 내용을 분석한 후 다음과 같은 연구결과를 내놓았다. "중학교와 고등학교를 막론하고 전통적 가치를 강조하는 표현의 수가 현대적 가치를 강조하는 표현보다 훨씬 많았으며, 전통적 가치 중에서 가장 자주 언급된 표현은 중학교의 경우 '효순孝順, 우애友愛, 충용忠勇'이고, 고등학교의 경우 '충용忠勇, 박애博愛, 가족의식'이었다. '국가에 대한 충성'은 중·고등학교 교육과정을 통해 가장 시급하게 주입시키고자 했던 가치관이었다"[2]

예를 들어, 중학교『국문』교과서를 보면, 정치지도자를 찬양하는 내용이 가장 많은 분량을 차지한다. 그 다음으로는 윤리도덕 분야의 주제로, 가족간의 사랑, 절제, 인애, 진취성 등이 비교적 중시되었던 항목이다. 정치 분야의 주제 속에 나타나는 가족간의 사랑이나 진취성 등의 가치는 '애국적 정서'를 도출하기 위해 사용되었고, '인애'라는 덕목은 종종 정치지도자와 연결되어 나왔으며, '절제'는 정치적 가치와 연결되어 있었다. '근검'은 1968년판 교과서에서 특별히 정신 무장 등 정치적 목적과 결합된 주제였다. 위의 예시들을 통해 중학교 교과서의 내용 중 윤리도덕과 정치의 관계에 대해서 알 수 있다.[3]

상술한 교과서의 구성 아래 정부당국이 설명하는 유가사상은 초·중등 교과서에서 상당한 분량을 차지했다. 고등학교 『역사』 교과서는 1962년, 1971년 및 1983년에 각각 한 차례씩 수정되었다. 세 차례의 『과정표준』에 근거하여 서술된 『중국문화사』 교과서에서는 고대 유가사상, 한대 경학經學, 송宋·명明·청淸 시기의 이학理學 사상에 대해 모두 큰 편폭으로 설명하고 있다. 이밖에 고등학생은 3년 동안 필수과목으로 『중국문화 기본교재』, 즉 『논어』, 『맹자』, 『대학』, 『중용』과 같은 고대의 경전을 공부해야 했다. 이처럼 정부의 교육정책 하에서 유학사상이 초·중등 교과서를 통해 청소년들에게 대량 전파되었음을 알 수 있다.

그리고 정부의 교육주관 부처는 다양한 방법으로 유가사상의 교육 내용을 통일시키기 위해 노력했다. 1991년 10월, 대만 교육청은 『중국문화 기본교재』 참고자료를 편찬하고 「대만 초·중등교육 '유교무류, 인재시교(有教無類, 因材施教. 공자의 핵심 교육사상으로, 가르침에 차별을 두지 않으며 자질에 따른 교육을 의미함—역자 주)'의 관철을 위한 제1단계 계획」을 관리항목으로 편입시킨 후, 전국의 중학교 교사, 교육 행정인력, 각급 학교 및 사회 교육기관에 대량으로 배포하여 그 영향력을 확대했다. 또한 대만의 초·중등학교가 사용하는 『국문』, 『생활과 윤리』, 『중국문화 기본교재』, 『중국문화사』 등의 교과서는 모두 '국정본'으로, 대만 전역의 초·중등학교가 모두 국립편역관國立編譯館에서 출판한 교과서를 채택했다. 따라서 교과서를 통해 전파된 유가적 가치규범의 내용은 고도의 동질성을 지녔다.

2) 유학과 국가 이데올로기

전후 대만에서 유학은 초·중등학교 교과서의 방식으로 존재했으며, 이 같은 존재방식이 유학과 국가 이데올로기 사이의 긴밀한 관계를 결정지었다. 첫째, 이러한 관계의 본질은 국가 이데올로기 부문이 유학을 지배하는 것으로, 일방적인 지배관계였으며 상호작용하는 관계가 아니었다. 둘째, 이처럼 '국가'가 유학을 지배하는 관계는 유학의 왜곡을 통해 수립된 것이다. 이제 1986년 1월에 출판된 고등학교 『중국문화 기본교재』를 실례로 위의 두 가지 논점에 대해서 상세히 분석해보려 한다.

  (1) 1986년 판본 고등학교 『중국문화 기본교재』를 통해 교과서 속에 드러난 유학과 국가 이데올로기의 관계를 살펴보기로 하자. 분석 대상으로 1986년 판본 『중국문화 기본교재』를 선택한 주된 이유는 이 교재가 편찬되는 다음과 같은 과정 때문이다. "이 교재는 교육부가 민국 60년 (1971) 2월에 공표한 고등학교 국어 교육과정 표준인 '교재대강敎材大綱'의 두 번째 '중국문화 기본교재 선택교육: 『논어』와 『맹자』의 규정 및 민국 71년(1982) 1월의 공문〔臺(71)中字第02543號〕에서 『대학』과 『중용』의 수록에 동의한다'는 지시에 의거하여 편집한 것이다. 〔……〕 천리푸(陳立夫, 1900~2001)선생이 저술한 『사서도관四書道貫』의 체계를 채용하고, 〔……〕

천리푸 선생이 주편으로 참여하여 심의위원회의 심의 후 출판한다."[4] 이 1986년 판본의 교과서 저자가 강렬한 정치적 색채를 띠고 있었기 때문에, 이 판본의『중국문화 기본교재』는 전후 대만의 정치가 유학을 왜곡시킨 사례를 분석하기에 최적인 교재이다.

이 책은 총 여섯 권의『교재』로 구성되었다. 제1권의 제1과 머리말[導論]에서 유학과 20세기 중국 정치지도자인 쑨원孫文과 장제스蔣介石를 함께 논하고 있으며, 아울러 정치지도자들이 유가의 도통을 계승했음을 명백히 제시하고 있다.『교재』는 다음과 같이 말하고 있다.[5]

중국문화의 장대함과 심오함은 고등학생이 완전히 이해할 수 있는 주제는 아니지만, 공맹孔孟의 학설은 중국문화의 근본이므로 본 교재는 단지 공맹의 학설에 체계적인 해석을 더할 따름이다. 이런 연유에서 호칭을 기본교재라 칭했다. 〔……〕『사서四書』는 중국인이 예로부터 필독해온 서적으로 중화민족의 정서와 미풍양속을 배양하고 중국문화의 특징을 이루어왔다. 근대에 들어, 국부〔孫文〕 및 선대 총통 장공〔蔣介石〕께서 이를 계승 발전시켜 널리 선양하게 되었다. 국부께서는 일찍이 국민들에게 "우리나라의 국제적 지위를 회복하고자 한다면, 반드시 먼저 고유의 도덕을 회복해야 한다"라고 소리 높여 강조하셨다. 장공께서는 국부의 유지를 계승하여 고등학교에 '중국문화 기본교재' 과목을 개설하도록 교육부에 지시했다. 교육부가 지정한 고등학교 교과 표준에는 원래『논어』,『맹자』 두 책만이 들어가 있었다. 하지만『사서』가 논하고자 하는 인간의 도리는 일관성이 있기 때문에 특별히 교육부에 지시하여『대학』,『중용』 두 책의 장구章句의 내용을 포함시키도록 했다. 따라서 본 교재의 내용은『사서』의 정수를 포함하고 있다.

쑨원과 장제스

『교재』편찬자는 특히 당대 정치지도자가 공맹의 학설을 계승함을 강조하고 있으며, 국민당 집권 합리화의 기초를 다지기 위해 공맹사상을 국민당의 사상적 배경으로 만들었다. 더욱 중요한 지점은 유학이 현대정치에서도 그 힘을 발휘할 수 있다는 점에 착안하여, 공맹사상을 '반공복국反共復國'의 '혁명대업'에 참가하도록 만든 것이다. 『교재』편찬자는 분명하게 본 교과서의 편찬 목적을 다음과 같이 서술하고 있다.[6]

> 본 교재는 규정에 의거하여 『사서』의 장구를 선택하였다. 이는 중국문화 속의 공맹학설이 시대정신을 담고 있으므로, 우리나라의 정치사회의 현대화에 부합하고 자본주의 문화의 충격에 대응할 수 있으며, 또한 공산주의 문화의 침략에 저항하기에 적합하기 때문이다. 선대 총통 장공께서는 중화문화 부흥운동을 제창하시고, '민족문화의 부흥'의 유지를 남기셨는데, 이는 중국문화의 시대정신을 발휘해야 함을 뜻하신 것이다.

그렇다면 어떻게 중국문화의 시대정신을 발휘할 것인가? 『교재』편찬자는 한 발 더 나아가 공맹사상을 '반공투쟁'에 참가시켜야 한다고 보고 다음과 같이 논했다.[7]

> 문화는 끝없이 변한다. 어떤 때는 천천히 작게 변하고 또 어떤 때는 빠르고 크게 변하며, 그 함의 또한 증가하기도 하고 감소하기도 한다. 그러나 문화의 본질은 영원히 불변한 것이다. 공자를 '성스러운 시대의 인물'로 지칭하는 것은 중국문화가 한번 이루어져 불변하는 것이 아니기 때문이다. 민족이 큰 동란시대에 처하고, 또한 정치민주화와 사회공업화를 추진하며 모든 것이 변하고 있으

至聖先師像

공자사구상

므로 중국문화도 부흥하여 오늘날의 현실에 적응해야 한다.

선대 총통 장공께서는 반공투쟁이 곧 문화전쟁이라고 여기시고, 다음과 같이 말씀하셨다. "구미 지역의 350년간의 민족주의, 민주주의와 사회주의의 흥망과 성패는 모두 문화에 달려 있었다. 유구한 중국의 오천 년 문화와 그 도덕정신의 흥망 역시 구미의 예를 본받아야 한다. 문화전쟁이 침략주의의 마수에 패하지 않는다면, 인류문명은 곧 구태에서 벗어나 빛을 발할 것이며, 중국문화 또한 반드시 그 광명정대함을 발휘할 것이다."(『중국의 운명』) 따라서 대륙에서 '문화대혁명'이 일어났을 때 장공께서는 문화부흥을 제창하셨다. 또한 '민족문화 부흥'을 유지로 남기시어 청년들의 사상을 다시 잘못된 길로 접어들지 않도록 하시고, 삼민주의三民主義 실천의 의의를 이해시켜서 반공 대륙의 대업을 이루도록 하셨다.

위에서 논한 해석에 따르면, 중국 고대 유학을 선양하는 것은 공맹사상을 널리 알려 정치권위를 비판하는 정신이 아니며, 또한 도덕 중심의 유학전통을 재건하려는 것도 아니다. 이는 학생들에게 '삼민주의를 이해'시켜서 '반공복국의 대업'에 참여시키기 위해서였다. 이 같은 해석 하에서 당시 '정통政統'은 공맹의 '도통道統'을 통제하였다.

(2) 그렇다면 전후 대만정부가 주도하는 유학의 해석에서 '정통政統'은 어떻게 '도통道統'을 통제했는가? 한 마디로 요약하자면, 이 같은 통제관계는 『교재』 편찬자의 유학에 대한 심각한 왜곡을 통해 완성되는 것이다. 총 여섯 권의 『교재』에서 편찬자가 유학전통에 대해 추진한 왜곡은 셀 수 없이 많은데, 그중 본질적인 문제는 두 가지이다.

첫째, 사상 내용의 왜곡이다.

『교재』편찬자는 총 여섯 권의 교과서에 대해 설명하기를 "교재 내용은『사서』의 정화를 포함한다. 학습 프로그램은『대학』의 '격물格物, 치지致知, 성의誠意, 정심正心, 수신修身, 제가齊家, 치국治國, 평천하平天下' 여덟 가지 조목의 순서로 진행되며, 일관되게 서술하여 고등학교 3년 6학기의 공부에 적합하도록 하였다."[8]

편찬자는 개인적인 견해를 가지고 교과서의 정식 교육이라는 경로를 통해 고대 유학의 '정통'에 대한 해석으로 전환시키려고 했다. 그는 "본 교재는『사서관도四書道貫』에 근거를 두며, 본 여덟 가지 덕목으로『사서』의 장구를 각각 분류해서 교재에 수록하여 하나의 완성된 체계로 만들었다. 공자께서는 일찍이 그의 근본이 되는 학문을 자공子貢과 증자曾子에게 전수하면서 그의 도道에 대해 '일이관지一以貫之'라고 표현하셨다"[9]라고 말했다. 그러나 공자의 '도'의 사상적 내용이란 무엇인가?『교재』편찬자는 다음과 같은 해석을 제시했다.[10]

공자께서 말씀하신 '도道'는 바로 국부께서 말씀하신 '주의主義'이며, 도는 길[路]이라고 할 수 있다. 의義 또한 길이다. 한 사람이 큰길로 가지 않고 나아갈 수 있겠는가? 뜻이 있는 청년은 사회의 중견으로 마땅히 안목을 넓히고 가슴을 펴고 국가와 민족의 책임에 부응해야 한다.

따라서 장공께서 "청년들은 뼈를 깎는 어려움을 극복하고, 중임을 맡아 멀리 나아가며, 사회를 개조하고 국가를 건설하는 인재가 되어야 한다. 그 사상은 반드시 과학적 방법이어야 하며, 그 실천은 반드시 엄격한 훈련을 받아야 한다"(『중국의 운명』)라고 말씀하셨다. 또 "청년들은 자신의 덕성을 수양하고 자신의 체격을 연마하며 자신의 학식을 강화하고 자신의 지능을 발휘해야 한다. 이 모든 것은 민족의 생존과 발전을 위해서이며, 모든 것은 국가의 독립과 자유를 위해서이다"(「45년 청년절에 전국 청년에게 알리는 글(四十五年靑年節告全國靑年書)」)라고 말씀하셨다. 이것이 바로 인생의 책무이며 공맹학설에서 '사람됨', '학문을 함', '정치를 함'이라는 말과 거의 부합하는 것이다.

'도道'를 '주의主義'와 동일시한 후에 『교재』 편찬자는 한 걸음 더 나아가 다음과 같이 말하고 있다.[11]

장공께서 지시하신 삼민주의三民主義의 요의要義를 실행하는 것은 바로 "힘써 인仁을 행하여 의義와 도道의 정신에 부합하며, 민족주의 윤리건설을 완성하는 것이다. 현명하고 능력 있는 자를 선발하는 것은 천하가 개인의 것이 아닌 모두의 것이라는 사상이며, 바로 민권주의 정치건설을 완성하는 것이다. 경제를 통해 국민들의 생활을 배불리 하는 책임을 다하여 민생주의의 경제건설을 완성한다"는 것이다. 이 같은 설명은 문화부흥운동의 윤리·민주·과학의 3대 강령의 중요한 목표와 같다. 맹자가 말하는 선왕의 도(先王之道)로 천하를 다스린다는 것은 방원평직方圓平直으로 규칙을 삼고, 육율六律로 오음五音을 바로 잡는 것처럼, 전국의 상하 인민이 모두 이 도를 믿고 법을 지켜 각자가 직분에 맞게 책임을 다해야 한다는 것이니, 이 역시 고대 문화를 중흥시킨다는 뜻이다.

공맹의 '도道'를 가지고 삼민주의에 대해서 해석한 후, 『교재』 여섯 권의 각 장에는 유학의 중요 개념에 대한 해석을 제시하고 있는데, 모두 검토할 만한 가치가 높은 것이다. 이 같은 문제는 이 책 전편에 걸쳐 있는데, 하나의 예를 들어 설명하고자 한다. 『교재』 제2권 제3과의 '지성知性'에 대한 해석은 다음과 같다.[12]

> 『중용』에서는 "하늘이 명한 것이 성性이다"라고 했다. 이는 사람의 본성은 하늘로부터 부여받은 명命이며, 하늘은 바로 자연이라고 말하는 것으로, 또한 성은 자연이 만든 것이라는 말이다. 선대 총통 장공께서는 다음과 같이 말씀하셨다. "하늘이 명한 것을 성性이라 했는데, 내가 보건대 이는 단지 있는 그대로의 문자에 의지해서 말하는 것일 뿐이니 천명은 우주자연이 무궁하게 만들어내는 것이다. 그 본체를 논하면 바로 천성天性, 천리天理이니 이 역시 바로 자연이 운행하는 이치이다. 이 같은 현상을 논하면 이 모든 동식물과 날짐승, 들짐승이 끝없이 번성하는 생명이다."(『중용의 요지』) 따라서 성은 곧 생존의 본능으로, 또한 이것이 곧 생명이다. 모든 생명이 있는 생물은 생존의 목적을 달성하기 위해 부득이하게 그 생존의 본능을 발휘하여 먹을 것을 구하고 짝을 구하며 각자의 필요함을 구한다. 그리고 끊임없이 생명을 낳아서 그 생명을 오늘날까지 유지해오고, 나아가 그 생명을 미래까지 연장한다. 이 같은 동식물의 진화과정에서 강자는 이기고 약자는 패하면서 생존에 적당한 것만이 생존한다.

『교재』 저자는 유가의 '성性'을 '생존본능'으로 설명하고 있는데, 실제 고전 유학의 성선性善과는 매우 큰 차이가 있다. 『교재』 저자가 말하는 "성은 자연이 만든 것이다"와 '생존본능'으로 유가의 '성性'을 해석하는 것은 중국 사상사에서 이미 오랜 전통을 가지고 있다. 멀리는 전국시대戰國

時代(기원전 430~222) 맹자(孟子, 기원전 379~289)와 동시대 인물인 고자告子가 "타고난 것을 성이라고 부른다[生之謂性]"(『맹자·고자상告子上』)라고 주장했다. 전국시대 말기의 순자(荀子, 기원전 약 298~238) 또한 유사한 주장을 했다. 『순자·정명正名』에서는 "타고남에 그러한 것을 성이라 한다[生之所以然者, 謂之性]"라고 논하고 있다. 한대 동중서(董仲舒, 기원전 179~104)는 『춘추번로春秋繁露·심찰명호深察名號』에서 "사람의 타고난 자연스런 자질 같은 것을 성이라 한다[如其生之自然之資, 謂之性]"라고 하고, 또 『백호통白虎通·성정性情』에서도 "성은 타고나는 것이다[性者, 生也]"라고 했다. 왕충(王充, 27~?)의 『논형論衡·초품初稟』에서는 "성은 나면서 그러한 것이다[性, 生而然者也]"라고 했다.

이상 한대 유학의 인성人性에 관한 각종 설명은 모두 "타고난 것을 성이라고 부른다[生之謂性]"라는 입장을 취하고 있다. 이 같은 전통은 청대 대진(戴震, 1724~1777)에 의해 체계화되었다. 대진은 말하기를 "성性은 음양오행에서 나온 것으로 혈기, 심지, 성품으로 나누어지며, 태어난 후의 모든 일, 갖춰진 능력, 모든 덕, 모든 감정을 기본으로 한다. 그러므로 『주역』에서는 '이루는 것이 성性이다'라고 하였다."[13] 대진은 '기화의 자연[氣化之自然]'인 사람 생리의 천성을 인성의 본질로 보았다. 그는 "혈기血氣와 심지心知가 성의 실체이다"[14]라고 주장했다. 『중국문화 기본교재』의 저자가 계승한 것은 기본적으로 "타고난 것을 성이라고 부른다"라고 하는 고자告子 이래의 전통으로, 이는 공맹의 인성론과 매우 큰 차이를 보인다. 그 밖에도 이와 유사한 해석이 매우 많은데 여기서는 더 이상 논하지 않겠다.[15]

둘째, 논리 논증의 왜곡이다.

상기의 주장과 같이 『중국문화 기본교재』는 천리푸의 『사서도관』을 기반으로 편집한 책이다. 따라서 『교재』는 『사서』의 사상을 아래 논리에 기초하여 논증하였다. 즉, 『사서도관』 → 국부[孫文] → 장공[蔣介石] → 장징궈蔣經國 →『사서』 원전의 순서이다. 이 같은 논리를 통해 공맹사상과 『대학』, 『중용』의 사상은 쑨원과 장제스의 주장을 지지하는 근거가 되었다. 『교재』의 각 장은 장공 또는 국부의 말을 인용한 다음, 다시 '그러므로[所以]'라는 접속사로 연결하고, 여기에 공맹의 발언을 인용하여 쑨원과 장제스의 발언을 설명하였다. 그러한 예를 들어보기로 하자.

(1) 국부[孫文]께서 말씀하셨다. "앎의 범위는 지극히 넓으며, 우주의 범위 역시 앎의 범위만큼 넓다." 격물치지格物致知의 공부는 지혜를 이루는 것을 목적으로 하며, 지혜는 "총명함이 있고 견식이 있음을 말한다."(『군인정신교육』) 또한 지혜의 종류는 세 가지로 나눌 수 있다. "어떤 이는 태어나면서 이것을 알고, 어떤 이는 배워서 이것을 알고, 또한 어떤 이는 애를 써서 이것을 아는데, 그 앎에 미쳐서는 똑같다." 앎의 수준은 각자 다르다. 오직 더욱 학문을 좋아하거나 이에 전심전력을 다하면 지혜는 날로 성장한다. 그러므로[所以] 공자는 다음과 같이 말했다. "학문을 좋아할수록 지혜에 가까워진다."(『중용』)[16]

(2) 동서고금의 정치제도는 각기 다르지만 사람을 쓰는 데는 모두 원칙이 있다. 이는 바로 "현명하고 유능한 이를 선발한다"는 것이다. 어떻게 현명하고 유능한 이를 선발하는가? 바로 그 사람의 수신修身의 여부를 보고, 또한 그 사람의 덕행과 재능을 보는 것이다. 장공[蔣介石]께서 말씀하셨다. "재능과 덕의 비율에 특히 주의해야 한다. 사마광은 '덕이 재능보다 많은 자는 군자이고, 재능이 덕을 능가하는 자는 소인이다'라고 말했다. 이를 볼 때, 재능이 뛰어난

300

반면 덕이 부족한 사람은 중시되지 못했다. 그러므로 우리들이 사람을 선발할 때, 그가 재능과 덕을 둘 다 갖추었다면 당연히 가장 이상적인 인재가 되지만, 그렇지 못할 경우에는 덕이 재능을 능가하며 강직하고 입이 무거운 사람을 선발하기를 원한다."(「인사제도의 중요성과 선발의 방법〔人事制度的重要與考核人才的方法〕」) 그러므로〔所以〕 『중용』에서 "정치는 사람에 달려 있다"라고 말한 것이다.[17]

이상 두 단락 해석의 논증구조 속에는 '그러므로〔所以〕'라는 표현이 항상 뒤따랐으며, 2천년 전의 공자의 말로 현대 정치지도자의 말을 지지하고 있다. 『교재』의 논리 논증의 왜곡을 가장 잘 보여주는 대목이다.[18]

위와 같은 사상적 내용과 논증구조의 왜곡을 통해서 볼 때, 고대의 유학은 현대 정치의 권위에 '복종'하였으며, 전후 대만의 '국가 이데올로기'의 일부분으로 변질되었다.

3) 비정규 교육에서의 유학

전후 대만에서 유가사상이 전파된 두 번째 경로는 바로 '비정규 교육의 경로'이다. 이른바 '비정규 교육의 경로'는 민간신앙의 사당, 민간의 유학단체, 잡지, 강연회, 소설, 희곡 등을 가리킨다. 이 같은 경로를 통해 전파된 유가의 가치는 기본적으로 대만사회의 문화적 가치체계의 일부이며, 이것이 바로 피터 버거Peter Berger가 말하는 '통속화된 유학vulgar confucianism'이다. 이 같은 경로를 통해 유가의 가치는 장기적·점진적·

침투적으로 전파되었으며, '정규 교육경로'인 교과서, 대학입학시험, 고교시험 등의 경로와 같이 제도화되거나 즉각적으로 이루어지지 않았다. '비정규 교육의 경로'는 수적인 측면에서 그 양이 많았고, 영향력 또한 컸다. 민간신앙만 놓고 보았을 때, 대만 각지의 사당에 걸린 시들에서 볼 수 있는 유가적 가치가 그 대표적인 사례다. 이 장에서는 분량상의 제한으로 민간의 유학단체가 발간한『아호鵝湖』월간을 중심으로 전후 대만 사회에서 유학의 '비정규 교육의 경로' 속의 존재형식에 대해서 탐구하고자 한다.

『아호』월간은 전후 대만의 순수 유학단체에서 발행된 잡지로, 1975년 7월에 창간하여 1996년 9월의 255기(현재도 여전히 발간되고 있음)까지 총 663편의 논문을 실었다.[19] 총 663편의 논문 주제들을 사상 유파의 측면에서 볼 때, 묵가墨家 관련 논문이 가장 적어 2%(9편)가 되지 않는다. 법가法家 및 명가名家(논리학)의 논문은 총 5%로 각각 17편에 달한다. 도가道家는 151편으로 22.8%정도이다. 유학은 가장 많은 469편으로 총 70.7%를 차지하고 있다. 등재된 논문의 사상적 유파를 볼 때, 유가·도가의 분량이 90%를 초과한다. 이를 통해『아호』월간은 유가와 도가사상이 주를 이루고, 그중에서도 유가사상이 논의의 주류였음을 알 수 있다.

663편의 논문에서 내용상으로 시대적 범위가 뚜렷한 논문은 311편이다. 논문의 시대적 추세는 다음과 같다. 한漢, 위魏, 진晉 시대를 다룬 논문이 가장 적은데 3편(1%)에 불과하다. 청淸대 유학이 그 다음으로 적은 4편(1.3%)이며, 명明대 이학理學은 50편(16.1%)이다. 근대와 현대를 다룬 논문은 58편(18.65%)이고, 송宋대 이학은 78편(25.1%)이며, 선진先秦유가를 다룬 논문은 총 118편(38%)에 달해 가장 많은 양을 차지했다. 전체적

머우쭝싼

인 추세를 볼 때, 『아호』 월간에서 유가 관련 논문 주제는 왕조를 중심으로 구분할 수 있다. 그중 선진유가에 관한 논문이 가장 많은 전체의 1/3을 차지했고, 토론의 중점 대상이었다. 그런데 송명이학 관련 논문은 총 128편으로 41.2%에 달해 선진유가 논문의 비율을 능가한다. 이를 볼 때 송명이학 또한 『아호』의 주요 토론 주제였음을 알 수 있다. 『아호』 월간에 등재된 논문 중 근현대 관련 논문은 58편을 점하고 있다. 이는 『아호』 월간의 주요 저자가 당대 신유가의 대표적 인물인 탕쥔이唐君毅, 머우쭝싼 牟宗三 등 제2세대였거나 이후 세대인 제자였던 것과 연관이 있다.

4) 중국문화의 정체성 강화

그런데 '비정규 교육의 경로'로서의 『아호』 월간은 일종의 민간유학자들의 중국문화 정체성 강화의 사상적 근원이었다. 전후 대만의 유학연구자들은 중국문화에 대해 각자 다른 수준의 동질감을 지니고 있었다. 유학연구는 이들에게 '사실에 대한 묘사'뿐만 아니라 동시에 일종의 '가치에 대한 정체성'의 문제였다. 전후 대만의 수많은 유학연구자들의 마음속에서 유학은 대상으로서의 객관적 존재가 아니라 연구자가 몸과 마음을 의지하는 일종의 가치체계였다. 머우쭝싼은 1949년 대륙이 공산화된 후 대만으로 건너왔다면서 다음과 같이 말했다. "이같이 사악한 시대에 실제 필요한 것은 '큰 정감'과 '큰 이해'이다. '큰 정감'은 우리의 생명을 드넓게 개척하고, 가치와 생명의 근원을 펼쳐 보인다. '큰 이해'는 문제가 어디에 있는지 정리하고 그 해답의 경로로 이끌어준다. 이것을 거친 자가 장차

'큰 행동'을 추진할 수 있다."[20] 머우쭝싼은 '큰 정감'과 '큰 이해'를 융합하고 관통시키려고 노력했으며, 또한 유학을 안신입명安身立命하는 가치의 근원으로 보았다.

머우쭝싼이 '사실판단'과 '가치판단'을 하나로 삼으려는 태도는 대부분의 『아호』 구성원들에게 큰 계시로 작용했다. 이 중 가장 대표적인 글이 『아호』 월간 158기 「아호논단鵝湖論壇」에 발표된 "유가에 아직도 내일은 있는가?"라는 글이다. 저자 리밍후이李明輝는 우선 "유가를 역사상 작용했던 기능적 사상 및 역사상 존재했던 제도로 간주"하는 태도를 비판하면서 다음과 같이 지적했다.[21]

오늘날 문화의식을 지닌 중국 지식인들은 이 같은 논증을 마음 편하게 받아들이기 쉽지 않다. 이것이 곧 탕쥔이 선생께서 "꽃과 열매가 모두 날아가 버린" 아픔이 있다고 하신 까닭이다. 그 원인은 무엇인가? 유가사상이 주도하는 중국 문화전통 속에 있었기 때문에, 오늘날의 중국인은 주체의 지위로 존재하는 것이다. 우리들의 입장에서 말하면, 유가전통은 전체 중국문화 속에서 객관적인 대상으로 변모한 것에 멈추지 않고, 심지어 박물관 속의 연구대상이 되어버렸으며, 우리의 구체적 생명의 일부로 전락해버렸다. 자신의 몸속에 존재하던 문화전통의 객관적 대상으로의 변질은 문화전통의 앞날이라는 질문을 제기하게 되는데, 이것이 바로 우리가 겪고 있는 문화전통 소외의 첫 번째 단계이다.

여기에서 더 나아가 이미 객관적 대상으로 전락한 전통과 기타 전통(예를 들어 기독교전통)을 동일시하고, 이와 '융통融通', '다원多元'을 논하는 것이 두 번째 소외의 단계이다. 이것이 오늘날 중국 지식인의 크나큰 아픔이라 할 수 있다. 유가에 미래가 있는가? 이 질문은 사실에 관한 질문을 넘어서 희망과 기대에 관한 질문이다. 유가전통 속에 주체가 스스로 자리잡기만 하면, 사람들이 도를 넓힐 수 있다. 유가문화가 과학과 민주를 흡수하지 못하는 것이 아니며, 또한 다른 문화와 융합하지 못하거나 마찰을 일으키는 것도 아니다. 만약 유가가 주체로서의 지위를 상실하고 다른 문화를 숭배한다면, 고염무顧炎武가 말했던 '천하가 망한 것'과 같다. 이와 같은데도 그 슬픔을 모르고 있으니 이에 더더욱 슬플 따름이다!

이와 같은 유학전통에 대한 존숭의 태도는 유학을 '박물관의 유물'로 만드는 것에 강하게 반대하며, 중국인은 반드시 '자기 소외'를 극복하고 중국문화의 주체적 지위를 회복해야 한다고 주장한다. 달리 말하면, 민간에서의 유학에 대한 해석에 따르면, 유학은 문화정체성의 정신적 자원이다.

리밍후이가 주장하는 "유가전통 속에 주체가 스스로 자리잡는" 태도는 사실 『아호』의 여러 저자들이 모두 주장하던 이념이다. 『아호』 창간호에서 '본사'의 명의로 발표된 발간사 「아호정신의 재건鵝湖精神之重建」은 『아호』 월간 창간의 뜻을 세 가지로 제시했다.[22]

첫째, 시대 지식의 맥락에서 우주인생의 진리를 탐구하여 인생의 의미와 가치를 긍정한다. 둘째, 중국 전통문화에서 특히 중시했던 도덕정신을 오늘날에 보급하도록 재촉하고, 인류의 기반인 덕성을 고취하며 학문을 생명가치와 융합한다. 셋째, 우리의 진정한 마음으로 문화전통의 진정한 정신을 새롭게 받아들이고, 현대적 표현방식을 운용하며, 요동치는 시대에 하나의 정신

『아호』창간호

적 기반을 구축하기 위해서 이 시대에 반드시 완성해야 하는 사명과 책임을 완수한다.

이 세 가지 핵심은 모두 '유학에 대한 연구'와 '인생의 의의와 가치에 대한 긍정'을 하나로 융합하고 '사실'과 '가치'간의 괴리를 줄여서 유학을 중국인의 문화정체성의 기반으로 삼으려는 것이다.

3. 전후 대만유학의 사상적 함의

'정규' 및 '비정규' 교육 속에서 유학은 각기 교과서와 민간잡지의 형식으로 명맥을 이어왔다. 이 같은 형식을 통해 살아남은 유학의 사상적 함의는 전후 대만의 강렬한 특수성을 내포하고 있다. 이 같은 사상적 함의는 두 가지 특징을 담고 있다. 첫째,『중국문화 기본교재』교과서 속의 유학은 '당대 정치지도자에 대한 복종'이라는 독특한 면모를 보이고 있다. 둘째, 민간유학은 '초월의 유학'과 '실천의 유학'이라는 두 가지 측면을 가지고 있었으나 본질적인 측면에서 모두 '문화적 보수주의'였다. 이제 이 두 가지 논점에 대해서 분석하고자 한다.

1) 정규 교육에서 유학사상의 왜곡

『중국문화 기본교재』는 유학사상의 내용에 대해 왜곡을 자행했다.『사서』의 해석에서는 과거 한당의 주소註疏 및 송명 유학자들의 해석을 완전히 팽개치고 받아들이지 않았으며, 오직 천리푸陳立夫가 쓴『사서도관四書道貫』만을 근거로 하고 임의로 유학을 왜곡했다. 공자의 '도道'를 쑨원孫文의 '주의主義'로 해석했으며, 또한 거의 모든 장과 절을 장제스蔣介石의 발언을 중심으로 다시금 해석했다. 그리고 여기에 다시 '그러므로(所以)'를 넣고『사서』의 문장으로 장제스 말의 정확성을 논증했다.

특히 주목할 점은,『교재』편찬자가 유학의 왜곡을 시도할 때나 장제스의 주장을 인용할 때의 '맥락context'이다. 즉,『교재』편찬자가 장제스의 주장을 인용할 때 논증대상의 학술적 맥락을 검증하는 것이 아니라 최고 권위와 절대 진리의 정치적 맥락에서 이를 진행했다. 쑨원과 장제스라는 당대 정치지도자가 발표한 수많은 발언은 당원의 단결을 촉진하기 위해, 혹은 정책을 선도하기 위해, 혹은 기타 현실정치에 관한 일을 위해 한 것이지 고전 유학의 해석을 위한 것이 아니다. 간단히 말하면, 쑨원과 장제스는 당시 '정치적 맥락' 속에서 발언한 것이다. 그런데 『교재』 편찬자는 이를 인용하면서 오히려 '문화사상의 맥락'으로 전환시켜서 공맹의 말을 가지고 쑨원·장제스의 주장에 대한 각주로 삼았다. 이 같은 왜곡에 대해 우리는 '맥락 적용의 실수'라고 부를 수 있다. 『교재』 편찬자는 이를 통해 "청년들의 사상이 다시는 잘못된 길로 들어서지 않고, 삼민주의 실행의 핵심을 이해하며, 반공복국의 대업에 도움을 주려"[23]했다고 말한다.

『교재』 편찬자의 이 같은 '맥락 적용의 실수'를 통해 유학은 국민당의 정치권위에 봉사하는 존재로 전락했다. 당대 정치권력의 나팔수가 되었고, 당대 중국 권위주의 체제를 미화하는 분장사로 변질되었다. 천리푸가 만든 '어용御用유학'에서, 유학은 더 이상 인민의 승리를 위해 싸우는 투사가 아니며, 『사서』(특히 『맹자』) 또한 더 이상 인민 권익신장의 복음서가 아니었다. 공자는 '도道'를 자임하면서, '도'를 '세勢'에 대치시키는 입장에 놓았다. 하지만 2천 년 후의 대만의 『중국문화 기본교재』에서는 이처럼 공자의 위대한 정신이 오히려 빛을 잃게 되어 진정으로 유학에 대해 경의를 표한 당대 지식인들의 마음을 아프게 했다.

310

2) 민간에서의 유학연구

중국유학사의 경험과 마찬가지로, 전후 대만유학의 활력은 주로 민간사회에서 유지되었다.『중국문화 기본교재』와 같이 교과서 속에서 유지되던 '관변유학'과 비교할 때, 민간사회에서의 유학은 주로 학교 학자들의 저서 속에서 명맥을 유지했다. 특히 수많은 학자들의 유학연구는 소위 '객관적' 관점에서 진행된 것으로, 이를 통해 유학은 객관적 연구대상으로 자리 잡게 되었다. 그런데 '주관적' 관점에서 당대 학자들이 유학의 내재적 정체성에 대해 어떻게 인식했는가의 차원으로 이 문제를 바라본다면, 천자오잉陳昭瑛이 지적하듯 유학은 전후 대만 사상계에서 크게 양대 진영으로 나눌 수 있다. 하나는 '급진적 유가'이다. 이는 사람과 인민을 근본으로 하여 사물을 파악하는 당대 유가로, 대표적인 인물로는 쉬푸관徐復觀을 들 수 있다. 다른 하나는 '초월적 유가'이다. 이는 초월과 선험先驗의 측면에서 사물을 이해하며, 대표적인 인물로는 탕쥔이唐君毅, 머우쭝싼牟宗三을 들 수 있다.[24]

탕쥔이, 쉬푸관, 머우쭝싼은 모두 전후 대만과 홍콩에서 유학 선양에 힘쓰던 인물이지만, 학문의 방법론 측면에서는 차이점을 보였다. 탕쥔이의 저서『중국철학원론』은 총 7권으로 각기『도론편導論篇』(1권),[25]『원성편原性篇』(1권),[26]『원도편原道篇』(3권),[27]『원교편原教篇』(2권)[28]으로 구성되어 있다.『원도편』의 내용은 형이상학의 발전으로, 주로 사람의 궁극적인 실현과 인문세계가 의거하는 도道에 편중되어 있으며,『원성편』은 인성론의 발전에 관해 다루고 있다.『원교편』에서는 송명이학의 발전을 다루고 있다. 이상은 모두 '철학사哲學史로서의 철학'을 논한 것이며, 유심론적 방법으로 중국의 주체철학을 재건하려는 노력이었다.

머우쭝싼의 유가사상 연구저작으로 가장 체계적이고 탁월하여 일가를 이룬 거작은 『심체와 성체心體與性體』(총 3권)[20]와 『육상산陸象山에서 유즙산劉蕺山까지』[30]이다. 그가 홍콩에서 강의한 원고를 출판한 『중국철학의 특징』[31]과 대만대학 철학과에서 강의했을 때의 기록인 『중국철학 19강』,[32] 『중서철학의 회통會通 14강』 등의 책도 세상에 널리 알려졌다. 특히 『심체와 성체』는 그의 유가철학에 대한 해석의 기반을 수립한 저서로, 최근 20년간 대만유학계에서 그 영향력이 심원하다.

탕쥔이의 사상은 헤겔의 사상에 가까운 편이다. 반면 머우쭝싼은 칸트의 사상에 가깝다. 이는 주지의 사실로 부연 설명이 필요 없을 것이다. 쉬푸관은 사상사 연구자로 그의 수많은 저작은 역사의 각도에서 기술되었다. 특히 그는 전제정치가 유학에 가한 압박과 상처에 관해 심층적으로 다루고 있다. 이 세 사람을 비교하자면, 탕쥔이, 머우쭝싼의 사상 연원은 송대 유학에 가까우며, 쉬푸관의 사상은 선진유학에 가까운 편이다.

4. 전후 대만사회에서 유학의 역할

그렇다면 전후 대만에서 유학은 어떤 역할을 했는가? 우리는 이 같은 문제를 고민해야 한다. 첫째, 중학교 교과서라는 형식을 통해 자리잡은 '관변유학'은 기본적으로 국민당 집권체제를 보호하는 역할을 했으며, 이는 일종의 '이데올로기 형식의 국가기제'라고 할 수 있다. 둘째, 유학은 또한 민간 학술사조로서 서구 근대문화에 저항했으며, 중국문화의 특수성을 잘 보여주었다. 이는 기본적으로 일종의 '문화적 보수주의'이다. 셋째, 관변 및 민간유학 사이에는 상당 부분 긴장이 조성되었다. 이제 이 세 가지 문제에 관해 논하고자 한다.

1) 관변유학의 정치 이데올로기

『교재』 편찬자에 의해 왜곡된 유가는 전후 대만의 '이데올로기 형식의 국가기제'가 되었으며, 이 같은 기능은 아래 두 가지 측면에서 잘 드러났다.

첫째, 삼민주의는 유가적 이상 실천의 기초가 되었다. 『중국문화 기본교재』에서, 고전유학의 중요 개념이나 논지는 모두 당시 정치가 필요로 하는 이데올로기의 맥락 속에서 새롭게 해석되었다. 이 같은 예는 수도 없이 많은데, 우선 하나의 예를 들어보고자 한다. 『교재』 제6권 10과 『예기禮記·예운禮運』 편에서 "큰 도를 실천하게 되면 천하가 공평하게 된다〔大道之行也, 天下為公〕"라는 구절은 다음과 같이 해석되었다. "국부(쑨원)께

서는 천하는 사사롭지 않다는 점과 대동사회의 개념에 대해 매우 중시하
셨으며, 평생 사람들에게 휘호를 써주실 때 '천하는 공평하다〔天下為公〕'
나 「예의대동禮義大同」 장을 써주셨다. 선대 총통(장제스)께서는 이 같이
말씀하셨다. '삼민주의 신중국은 천하가 공평하게 되는 대동사회의 참된
기초이다.' 그는 삼민주의가 중국을 구할 수 있을 뿐 아니라 세계를 구할
수 있다고 생각했다. 우리 혁명의 목적은 중화민국의 건립뿐만 아니라 하
나된 세계의 구현이다. 그러나 우선 삼민주의의 신중국을 건립한 후, 하
나된 세계의 건립을 추진할 수 있다(『국부유훈개요國父遺敎槪要』 제6장).
이는 우리 모두가 알아야 하고 실현해야 할 역사적 사명이다."[33] 『교재』 편
찬자는 이 대목에서 오직 삼민주의의 실현만이 유가 '대동'의 이상을 실천
할 수 있다고 명확하게 제시했다. 또한 이 단락을 논한 후 다시 『예기·예
운』의 '대동'을 인용하여 이를 증명했다. 이 같은 논리에 따르면, 삼민주의
가 출현하기 2천 년 전에는 유가의 이상이 실현되기 어려웠다는 추론이
나온다.

둘째, 유학을 제창하는 목적은 반공투쟁이다. 천리푸가 저술한 『사서
도관』을 기반으로 편찬된 『중국문화 기본교재』에서는 유학을 제창하는
것은 반공사업을 위한 것임을 제시하고 있다. 교재는 다음과 같이 논했
다. "공자를 '성스러운 시대의 인물로 지칭하는 것은 중국문화가 한 번 이
루어져 불변하는 것이 아니기 때문이다. 민족이 큰 동란의 시대에 처하
고, 또한 정치민주화·사회공업화를 추진하며 모든 것이 변하고 있으므
로 중국문화도 부흥하여 오늘날의 현실에 적응해야 한다. 〔……〕 따라서
대륙에서 '문화대혁명'이 일어났을 때 장공께서는 문화부흥을 제창하셨
다. 또한 '민족문화 부흥'을 유지로 남기시어 청년들의 사상을 다시 잘못

된 길로 접어들지 않도록 하시고, 삼민주의 실천의 의의를 이해시켜서 반공대륙의 대업을 이루도록 하셨다."[34] 『교재』 편찬자는 유학을 오늘날 반공투쟁에 봉사하도록 요구했으며, 유학의 넓은 문호를 협소하게 만들어 버렸다.

2) 민간유학의 문화적 보수주의

탕쥔이, 머우쭝싼, 쉬푸관과 같은 민간학자들이 해석하는 유학은 긴 안목에서 보면 20세기 중국인이 직면한 '도덕의 실종', '존재의 실종', '형이상의 실종'으로 야기된 '의미의 위기'[35]라는 사상적 곤경을 해결할 수 있는 일종의 정신자원이었다. 이들 민간학자들은 유학의 재해석과 중국문화의 특수성에 대한 논증을 통해 당대 중국인의 몸과 마음의 평안을 위한 문화적 기초를 닦으려 했다. 이 같은 의도는 1958년 현대 신유가 학자들과 장쥔마이張君勱가 공동 발표한 「중국문화에 관해 세계인들에게 드리는 글」에서 이미 명확히 제시되었다.[36]

그러나 현실적 맥락에서 볼 때, 현대 신유가 학자들이 재해석하려는 유가는 20세기 중국 정치 문제에 대해 여전히 깊은 관심을 가지고 있었다. 그들은 유학사상의 재해석을 통해 중국문화와 현대 민주정치의 접목을 추진했다. 이 같은 현실에 대한 관심은 량수밍梁漱溟의 중국민주화의 어려움에 대한 분석, 슝스리熊十力의 유가의 신외왕新外王이론의 개척에서 잘 드러났으며, 또한 머우쭝싼의 '이성의 구조적 표현'을 통한 민주와 과학에 대한 논증, 탕쥔이의 유학의 자유정신에 대한 강조 그리고 쉬푸관의 다양한 논술에 잘 드러난다.[37] 그중에서 쉬푸관은 민주정치와 유가의 융합에 노력을 기울였다.[38]

민간의 유학자들은 유학을 중국의 특색을 갖춘 중국인들의 몸과 마음을 쉬게 할 정신적 자원으로 보고 유학전통을 회복하여 민주정치를 열고자 했다. 이 같은 태도는 기본적으로 슈위츠(Benjamin I. Schwartz, 1916~2000)가 말하던 '문화적 보수주의'이다. 그는 일찍이 근대 중국과 서구 역사상의 보수주의사조에 대해 다음과 같은 견해를 밝혔다.[39]

> 20세기의 중국에는 에드먼드 버크Edmund Burke가 주장하던, 당대 현실의 사회질서를 전반적으로 긍정하는 보수주의가 존재하지 않았다. 우리가 보았던 것은 일종의 민족주의적 정서의 영향이 짙은 문화보수주의였다. 비록 민국시대의 건국 이후 민족주의적 정서의 정치현실에 대한 인정은 존재했지만, 이 같은 민족주의적인 정서는 당시 정치현실에 큰 영향을 미치지는 못했다. 나 역시 목도했던 것은 당시 중국 내 일부 보수주의 세력이 존재했으며, 이들은 중국 '과거'의 자산이 현대의 목표에 효용이 있을 것이라 여겼다. 일부 부정적인 보수주의 세력은 중국 '과거'의 자산에 대해 회의감을 표했으나, 이들 또한 여전히 마음속으로 '과거'의 결정적인 효력을 의식했다.

당시 중국의 보수주의사조는 한편으로는 민족주의를 강조하고, 또 한편으로는 '전통'에 대해 사모의 정을 품고 있었다. 따라서 민족문화유산으로부터 현대 민주정치의 생활방식을 추진하여 '민족'과 '민주'를 하나로 융합하려 했다. 이 같은 사상경향은 전후 대만 민간사회의 유학에서 잘 드러난다.

316

나는 이 대목에서 탕쥔이, 머우쭝싼, 쉬푸관 등으로 대표되는 전후 대만유학을 일종의 '문화적 보수주의'라고 칭하려 한다. 전후 대륙에서 대만으로 이주해온 유학자들은 저술과 강의에 혼신의 노력을 기울여서 유가전통의 정신적 가치를 수호하려 했다. 이들은 이 같은 정신적 가치에 대해 중국인이 가진 중국인을 위한 문화자산이라 여겼고, 서구문명의 물결로 덮여버린 당시 상황에서 중국인들이 자신의 문화적 본질을 버리거나 포기할 수 없다고 생각했다.

사실상 탕쥔이는 '보수'라는 단어를 자신의 사상적 입장이라 칭했으며, 다음과 같이 말했다.[40]

> 모든 것이 "친해진 자는 그 친하게 됨을 잃지 않고 오래된 자는 그 오래됨을 잃지 않는다[親者無失其爲親, 故者無失其爲故]", "오래되더라도 평소의 말을 잊어버리지 않는다[久要不忘平生之言]", "그 처음을 잊어버리지 않는다[不忘其初]", "그 근본을 잃지 않는다[不失其本]"에 관계된 일이다. 오늘날의 심리학자, 사회학자, 역사문화학자들은 이를 관습으로 보는데, 이것이 바로 보수이다. 그러나 나는 여기에서 여러분들에게 지적하기를 이는 절대로 습관이 아니며, 이것이야말로 진정한 사람이 되는 것이고, 내가 말한 진정한 사람이 되는 이 길이야말로 당연한 이치이다. 만약 이를 두고 보수라고 말한다면 그 사람은 보수적인 사람이며, 내가 만약 이것을 보수라고 한다면 이는 곧 사람이 그 사람을 보수로 하는 것이다. 하지만 인류는 없을 수 없으니 당연히 보수가 있는 것이다.
>
> 이 같은 보수의 근원은 바로 사람의 상황이며, 그의 삶의 근본인 과거, 역사 및 원류 등 모든 것이며, 일종의 강도와 심도에 의한 자각이 따른 것이다. 사람

은 이처럼 자각의 강도와 심도의 증가에 따라 바뀌며, 부모에게 효성을 다하고 조상을 존경하는 것은 바로 윗사람을 존경하고 공경하는 문화와 고대부터 오늘날까지 내려온 성현의 가르침에서 유래한 것이다. 우리가 만약 중화의 자손이라면 비록 어떤 시련을 겪을지라도 그 근본 또한 잊어서는 안 된다. 우리 생명의 존재의와 가치는 바로 수천 년간 지속된 중화민족, 역사문화, 고금의 성현에서 나온 것이며, 마치 혈육과 같은 것이어서 떨어질 수 없다. 내 생명의 유구함은 바로 여기에 있고, 내 생명의 두터움도 여기에 있다. 내가 바로 고금을 하나로 관통하고 천지 사이에 자립한 대인이며 진정한 나이다. 세상의 학자들은 단지 습관, 보수라고 칭할 줄만 알 뿐이니, 어찌 그렇게 사람을 경시하며 또한 자기 자신이 사람이 되고 내가 되는 까닭을 경시하는가?

탕쥔이가 자신의 문화와 전통을 '보수'라고 주장하는 것은 시간의 지속성을 본 것이다. 그는 다음과 같이 말했다. "부모가 돌아가시면 자식은 그 묘를 지키며, 충신은 나라를 지키고, 현명한 처는 수절을 하며, 유학자는 선왕의 도를 지키며, 후학은 이를 배우며, 모든 종교의 신도는 그 성지를 지키고, 모든 학자는 자신이 배운 바를 지키며, 모든 교사는 자신이 가르친 바를 지키고, 관리는 직분을 다하며, 모든 농·공·상인은 자신의 일에 최선을 다한다. 오직 이 책임을 다하는 자는 망하지 않고, 인생의 모든 사업, 모든 문화는 끝없이 계속된다. 오직 지킴이 있는 후에 지조가 있고, 지조가 있는 후에 덕이 있어서 그 사람의 인격을 이룬다. 지킴이 의義 됨이 이처럼 큰 것이다."[41] 바로 이 가르침이 지속될 때 이 같은 관점이 더욱 새로워지는 것으로, 탕쥔이와 그와 같은 시대에 삶을 살았던 유학자들은 강렬하게 중국문화의 근원을 지키자고 주장했다.

이 같은 의미 속의 '문화보수주의'는 반드시 그 지역과 사람들과 밀접한 관계를 맺고 함께 호흡하는 것이다. 따라서 역사적으로 민간유학은 대만에서 두 가지 역할을 발휘했다. 첫 번째는 본토주의로서 외래 식민주의 또는 서구사조에 대항한 것이다. 두 번째는 민간의 입장에서 관변유학을 비판한 것이다. 첫 번째 입장의 역할에 관하여, 천자오잉陳昭瑛의 연구가 있다. 천자오잉은 유학의 본토주의는 명明왕조 정성공 시대의 대만에서 표현된 반청복명反淸復明에 잘 드러났으며, 일제강점기 때는 일본 식민주의에 대한 저항에서 드러났고, 전후 대만에서는 전반적인 서구화에 대한 저항에서 나타났다고 지적했다. 이어서 쉬푸관과 탕쥔이를 일례로 들고, 쉬푸관과 전후 대만의 본토화운동과의 관계에서 볼 때, 다음 세 가지 측면이 있다고 했다. 첫 번째는 쉬푸관과 일제강점기 본토화운동의 지지자간의 정신적 연대이다. 두 번째는 1950·60년대에 중국문화운동의 입장에서 쉬푸관이 행한 서구파에 대한 비판이다. 세 번째는 쉬푸관이 1970년대 향토문학 논전에서 향토문학파를 변호한 것으로 당시 문학계의 모더니즘 풍조에 대해 비판을 가한 것이다.[42] 이 가운데 두 번째 역할은 당시 민간 유학자들의 관변유학에 대한 정면 비판을 보여준 것이며, 이 같은 역할에 관해서는 자세한 해석을 더하고자 한다.

3) 관변유학과 민간유학의 긴장

당대 신유가新儒家 중에서, 중국의 좌·우파의 전제정치 인물에 대해 가장 격렬하게 비판했던 사람이 바로 쉬푸관이었다. 쉬푸관이 중국역사에 대해 제기한 가장 창의적인 견해 중의 하나가 이른바 '이중주체성二重主體性의 모순'이다. 그가 지적하기를, 중국역사에서 정치현실은 '국군주체성國君主體性'이었으나, 유학사상의 중심은 '인민주체성人民主體性'이므로, 양자 간에 극심한 모순관계가 존재했다.[43]

쉬푸관은 1950년대 초기에 이 같은 주장을 제기했으며, 이 같은 견해는 그의 장제스蔣介石에 대한 간언과 일관된 면이 있었다. 1953년 5월 1일, 쉬푸관은『민주평론民主評論』4권 9기에 발표된 「중국의 치도: 육선공의 전집을 읽은 후[中國的治道 – 讀陸宣公傳集書後]」에서 중국의 정치사상은 군주와 신하에게 도덕적으로 자신을 바로잡을 것을 요구하며, 자신의 재지才智와 호오好惡를 버리고 인민의 재지와 호오에 따라야 한다고 지적하였다. 전제정치 하의 치도를 말할 때 이 측면에 대해 세심히 추궁하지 못하면, 즉 앞에서 논한 정치의 '이중주체성의 기본모순'을 해결할 수 없으면 모든 교화는 수포로 돌아간다고 하였다.

쉬푸관은 이와 같은 관점에 대해 1956년 10월 31일『자유중국自由中國』15권 9기에 발표된 「내가 이해하고 있는 장총통[蔣介石]의 일면」에서 다음과 같이 건의했다. "인간의 주관의지는 정치의 객관적인 법도에 의해 해소된다. 국가정치의 운영을 이와 같은 객관적인 법도에 따라 진전시키면, 이는 장공 개인의 어려움을 해소할 수 있을 뿐만 아니라 또한 국가의 천년대계의 기초를 닦을 수 있다. 이것이야말로 쉽고 간단한 정치의 도이다."[44] 이 문장이 발표된 후, 쉬푸관은『중앙일보中央日報』(1957년 2월 7일) 사설의 비판을 받았다. 이에 쉬푸관은 1957년 2월 12일 홍콩의『화교일보華僑日報』에서 「비분강개의 항의[悲憤的抗議]」라는 글을 써서 다시금 반박했으며, 1957년 3월 13일『자유인自由人』에서는 다음과 같이 강조했다. "주군과 신하관계의 절대화는 주군에 대한 과도한 존엄의 관념을 낳는다. 이는 오랜 전제정치 하에서 형성된 산물이며, 기존 선진先秦의 정통사상에는 존재하지 않던 것이다."[45] 쉬푸관은 이후 다시 국민당 기관지인 『중앙일보』의 비판을 받았다. 이를 통해 당대 유가와 국민당 권위주의체제 간의 정면대결의 양상을 잘 살펴볼 수 있다.

머우쭝싼의 국민당에 대한 비판은 좀 더 구체적이다. 1988년 12월 4일에 국립대만사범대학에서 개최된 '양명학 학술대회'에서 머우쭝싼은은 기조강연을 했는데 내용은 다음과 같다.[46]

> 저는 역사를 공부하면서 국민당 혁명의 본질을 분석했습니다. 혁명의 외재적인 정치적 사명은 바로 청淸왕조를 무너뜨린 것이며, 내재적인 문화적 사명은 바로 고염무顧炎武, 황종희黃宗羲, 왕부지王夫之의 이상을 계승하여 발전시켜 내성內聖과 외왕外王의 큰 국면을 연 것입니다. 아쉽게도 국민당은 시종일관 이를 해내지 못했으며, 또한 이를 계승하려고도 하지 않았습니다. 〔……〕 쑨원 선생이 혁명을 제창했을 때는 이 같은 점을 볼 수 없었습니다. 그는 줄곧 음으로 양으로 홍수전洪秀全 같은 사람들과 관계를 유지하려고 했습니다. 홍수전은 정말 엉망진창인 사람으로 그와 관계를 유지하는 것은 매우 현명하지 못한 일입니다. 홍수전의 '만주족 배격'이라는 점은 괜찮았지만, 그의 실제 정신의 배후에는 무엇이 있었나요? 그가 창설한 그 종교는 또 무엇입니까? 또한 그는 성인의 책을 금했고, 결과적으로 그는 청왕조보다 더 나빴고 오랑캐보다 더 오랑캐였습니다. 일찍이 증국번曾國蕃이 이에 참지 못해 태평천국太平天國을 소멸하려 나왔습니다. 국민당이 진정 중화민족의 역사와 문화를 핵심으로 한다면, 왜 명말 3대 유가(고염무, 황종희, 왕부지)의 문화적 이상을 정정당당하

게 계승하지 않는 것입니까? 도리어 재목이 되지도 못하는 홍수전 같은 자의 문화적 식견을 받아들이는 것은 정말 이해가 되지 않습니다. 저는 이 문제가 줄곧 이해되지 않습니다.

머우쭝싼은 국민당이 중화문화의 정신으로부터 멀어짐을 비판하며 국민당이 명말 고염무, 왕부지, 황종희로 대표되는 문화적 이상으로 돌아갈 것을 요구했다.

다수의 민간유학자들은 쉬푸관과 머우쭝싼의 국민당에 대한 비판을 계승하여 발전시켰는데 가장 대표적인 예로『아호』저자들의『중국문화 기본교재』(1986년 판)에 대한 비판이었다. 천리푸가 쓴『중국문화 기본교재』는 전국 고교생들의 필수과목이 된 후, 그 잘못됨이 셀 수 없이 많고 황당무계함이 극에 달했기에 각계 인사들의 격렬한 비판이 뒤따랐는데『아호』월간에도『교재』에 대한 비판이 실렸다.[47]

그런데 필자가 여기서 꼭 보충해서 설명하고자 하는 것은, 쉬푸관 등의 현대 신유가들이 전후 대만의 고압적인 정치와 같은 역사적 맥락에서 발언을 한 것이기 때문에, 그들의 '유가의 도'라는 실질적인 함의에 대한 해석도 때에 따라 변한다는 사실이다. 현대 신유가의 1세대 학자인 슝스리熊十力, 량슈밍梁漱冥, 마이푸馬一浮 등은 전통유가에 대한 학문연구〔內聖工夫〕에 있어 많은 발전을 이루었으며, 사회적 참여〔外王工夫〕도 소홀히 하지 않았다. 슝스리와 량슈밍의 경우 모두 혁명에 참여했으며, 마이푸 또한 혁명에 동정어린 지지를 보였다. 반면 현대 신유가의 2세대 학자들의 경우는 사뭇 달랐다. 쉬푸관은 일찍이 국민당에 참여했으나 대만으로 건너온 후 권력의 중심에서 벗어나 은거했으며, 탕쥔이와 머우쭝싼은

322

사회사업에 참여한 적이 아예 없다. 3세대 유학자들은 큰 흐름의 측면에서 학술의 분업이라는 사실을 받아들였으며, 이들은 현대 학술계의 일부로 유가의 지식단체에만 관심을 기울였다. 유가사상의 함의에 관한 그들의 해석은 1세대 학자들과 크게 달랐으며, 관방官方에 대한 비판의 핵심은 물론, 실질 면에서도 1세대 유학자들과 같지 않다.

전후 대만사회에서 유학의 발전은 중국역사상의 상황과 같이 그 범위가 매우 넓어서 한 마디로 요약하기 어렵다. 이 글에서 말하는 교과서 속의 '관방유학官方儒學'은 국가 이데올로기를 강화시키는 작용을 했으나, 일부의 유학 가치관이 교과서를 통해 대만사회에 전파되었다는 것은 높게 평가할 만하다. 두 번째로 탕쥔이, 머우쭝싼, 쉬푸관의 학술적 성취와 학술적 인격에는 의심의 여지가 없지만, '반공복국反共復國'이라는 공동의 신념에 있어서는 각자 정도 차가 있었을 뿐 국민당당국과 모두 협력했다. 이 같은 점은 학교 강연, 잡지 기고에 따른 금전적 보수를 통해 엿볼수 있다. 탕쥔이, 머우쭝싼, 쉬푸관은 국민당 집권자(장제스, 천리푸 등)에 대해 여러 차례 지지를 표했고, 쉬푸관은 천리푸와 그의 저서 『사서도관』에 대해 심지어 칭찬까지 했다. 이렇게 1987년 계엄령이 해제되기 전, 민간 유학자들 사이에서는 정부에 대한 칭송의 기류가 없지 않았고, 비록 시대적 흐름에서 일부에 불과하고 큰 흐름에는 영향을 주지는 않았으나, 이를 통해 전후 대만의 특수한 상황 속에서 복잡하게 관과 민간이 뒤얽히며 유학이 전개되어갔음을 알 수 있다.

5. 맺음말

본 장의 목적은 전후 대만에서 유학의 발전을 고찰하는 것으로, 전후 대만에서 유학이 걸어온 일련의 '좌절의 운명'을 발견하는 데 있었다. 정규 교육경로에서 유학은 1986년 판본의 『중국문화 기본교재』 교과서에 존재했고, 집권당의 이데올로기를 위해 사용되었으며, 권위주의체제의 어용으로 전락했다. 민간의 학술기구 속에서 유학은 학자들의 저작 또는 유학 잡지 속에 자리매김했으며, 기본적으로 '명'의 형식을 띠고 있었다.

상술한 두 종류의 유학 간에는 일종의 긴장관계가 존재한다. 전자는 '정치적 목표'를 완성하는 데에 중점을 두고 있었으나 후자는 '문화정체성'의 건립을 출발점으로 두었고, 전자는 정치지도자의 '훈시訓示'에 의지하였으나 후자는 인민의 문화복지에 대해 고심하였기 때문이다. 양자는 출발점이 확연히 달라 하나로 섞일 수 없는 존재였다. 따라서 전후 대만사회에서 관방 이데올로기의 색채가 강한 '관방유학'을 비판하는 민간유학자는 끊임없이 이어졌으며, 전통 속에 살아 숨쉬는 비판정신을 계승하며 유학을 발전시켰다.

유학은 공자와 맹자를 시작으로 2천여 년간 시대의 도전에 직면해왔으며, 용감하게 이를 받아들이고 인간의 고난을 짊어졌으며, 성공과 실패역시 빈번하게 겪어냈다. 이처럼 유구한 역사와 전통을 만들어온 유학은 마치 장강長江과 황하黃河가 진흙과 모래에 정체되지 않고 흘러가듯 유구히 발전해왔다.[48] 다만 유학사에서의 유학자들의 지위는 반드시 도를

왕부지

지키고 진眞을 준수했는가의 판단을 가지고 평가되어야 한다.

　명나라 말기의 대유학자인 왕부지(王夫之, 1619~1692)는 다음과 같이 말했다. "천하에 매우 중요하면서 함부로 해서는 아니 되는 일이 두 가지가 있다. 하나는 천자의 일로 이는 치통治統이고, 또 하나는 성인의 가르침으로 이는 도통道統이다. 치통이 혼란에 빠지면 소인들이 이를 훔치고 도적들이 이를 훔치며 이민족들이 이를 훔쳐 영원히 보전할 수 없다. 요행으로 보전하는 자는 반드시 별자리가 어지럽고 날씨가 불순해지며, 산이 붕괴하고 땅이 갈라지며, 우박이 내리고 하천이 범람하고, 초목이 괴이해지고 짐승과 벌레들의 창궐이 있으며, 천지는 그 맑고 편안함을 보전하지 못하고, 인민은 그 수명을 보전하지 못하는 등 상쾌치 못한 일들로 응징을 당한다. 도통이 도적을 맞으면 원숭이가 목욕하고 관을 쓰며 원숭이에게 나무에 오르는 것을 가르치는 꼴이 된다. 죽은 자의 이름으로 이익을 탐하여 이민족과 도적에게 도움이 되게 하며, 문으로 다스려 성현이 되려고 하지만 자태가 요망하며, 또한 의기양양하게 선왕의 도를 지켜 천하를 교화시킨다고 말하지만 하늘로부터 벌을 받아 곧이어 망하게 된다."[49] 전후 대만사회의 유학 발전사를 바라보면 이 말에 정말 공감이 간다.

제9장

전후 대만문화 가운데 유학의 보수화 경향

1. 배경과 문제

전후 대만사상과 문화의 발전은 장대한 파도가 밀려오고 격랑이 소용돌이치는 것과 같았다. 이와 같은 격변 속에서 다양한 사상과 문화들 간에 논쟁과 충돌이 빚어었다. 큰 변화를 살펴보면, 전통문화와 현대문화 간의 격돌에 본질적 문제가 담겨 있었으며, 이는 기타 문화들 간의 충돌과 발전을 야기하기도 했다. 일례로 중원문화中原文化와 대만문화 간의 대립의 경우, 기본적으로 과거 백년 동안 '전통'에서 '현대'로 전환되는 과정에서 정치구조와 정책적 변화 사이에는 깊은 관계가 설정되어 있었다. 게다가 서구문화와 본토문화 간에 조성된 긴장상태는 전후 대만경제의 급속한 발전과 국제화의 직·간접적인 영향을 받았다. 사실 경제의 국제화는 바로 '전통'에서 '현대'로 향하는 중요한 발전의 결과였다.[1]

대만의 전통문화와 현대문화, 중원문화와 대만문화 그리고 서구문화와 본토문화 간의 단절은 모두 전후 대만의 특수한 정치·경제적 사정으로 인하여 심화된 것이다. 정치적 측면에서 볼 때, 전후 대만사상사의 발전은 정치역량의 침투와 지배를 깊숙이 받았다.

따라서 전후 대만사상사 발전의 궤적은 사상사적 의의보다 정치사적 의의를 더 반영했으며, 해외에서 들어온 수많은 사상 또한 당시 정치상황에 의해 조정되거나 심지어 금지되어 전파될 수조차 없었다. 더구나 유가사상은 중원문화사상의 주류로서 전후 대만의 정치적 맥락에서 관방官方 주도의 이데올로기로 자리매김하면서 상당이 왜곡되었다.

두 번째로 경제적 측면에서 보자면, 전후 대만경제의 급격한 발전으로 자본주의화가 뚜렷한 대세로 자리잡았으므로, 사상문화 영역의 운영논리 또한 경제 영역의 운영논리로부터 자유롭지 못했다. 소위 '경제 영역 내의 메커니즘'은 시장경제라는 전제 하에서 생산의 효율을 기본 원리로 삼는 것을 말한다. 이렇게 시장경제의 메커니즘이 각종 영역을 지배하는 상황에서 사상문화는 시장경제의 메커니즘에 복종할 수밖에 없었다. 따라서 최근 수십 년간의 대만사상과 문화는 나날이 저속화·시장화·상품화되었다. 사상문화 영역 내부의 메커니즘은 응당 자아실현self-realization에 있어야 하는데, 만약 문화 영역의 운영논리가 경제 영역의 시장경제 운영논리에 지배된다면, 결국 자주성의 상실을 가져올 수밖에 없는 것이었다. 그 폐단은 매우 심각하여 문화의 창조력을 위축시키며 시장수요에 영합하는 저속문화의 범람을 낳았다.

물론 대만사상사에서 전통과 현대, 중원과 대만, 서방과 본토문화 간의 대결과 융합이 1945년 대만이 광복된 이후에 비로소 시작된 것은 아니다. 사실 만청滿淸 통치 시기(1683~1895)와 일제강점기(1895~1945)에 이 세 방면의 전환이 이미 서서히 이루어졌다. 예를 들어 말하자면, 청대에 복건福建과 광동廣東 지역의 민간 한문화전통에서 이어진 대만문화는 대륙에서 건너온 고위층 관료들에게 친숙한 문화와 큰 차이를 보였다. 게다가 일제강점기에 대만인의 한문화와 일본인의 다이와大和문화 간의 충돌도 뚜렷했다. 이 같은 충돌 역시 전자와 전통문화의 중첩, 후자와 공업화 및 서구화의 결합으로 그 강도가 더욱 격렬해졌다.

이와 더불어 청대, 일제강점기 및 전후라는 세 시기 대만사상과 문화의 변천은 '지역' 및 '종족'이라는 두 요인과도 깊은 관계를 맺고 있다. 지역적 측면에서 볼 때, 청대와 일제강점기에 대만의 지식인과 일본의 관료자본가는 근대 서양문명의 세례를 받고, 후쿠자와 유키치福澤諭吉가 제창한 '탈아입구脫亞入歐' 사조의 영향으로 대다수는 본토 한문화전통에 대해 경멸하는 태도를 보였다. 본토문화와 가치체계는 항상 지역적 종교신앙에 의해 계승되고 지속되고 있었다.

또한 종족의 측면에서 볼 때도 대만사상과 문화의 변천은 모두 이와 관계를 맺고 있었는데, 일례로 청대 대만문화의 영역 속에는 한인漢人과 원주민 간의 충돌과 한인 내 지역적 종족 간의 차이에서 비롯된 충돌이 매우 극심했다. 일제강점기에 대만인과 일본인 간의 충돌 및 양자와 원주민 간의 대항의 경우에도 정치적·경제적 이익의 충돌 외에 문화와 사상적인 대항이 극심했다. 1945년 이후, 대만인과 외성인 간의 갈등과 양자와 인구가 점차 감소하는 원주민 간의 대항 속에도 모두 이러한 문화와 사상의 함의가 담겨 있었다.[2]

요컨대 대만의 사상사와 문화사의 변천은 역사적 간격과 지역적 차이 및 족군族群 간의 차이 등 세 가지 요인의 영향으로 그 다양성과 다원성을 발전시켜 왔다.

이 같은 정치적·경제적 역량이 문화와 사상에 깊숙히 관여한다는 역사적 배경 아래서, '대만에서 유학의 발전'은 매우 높은 연구 가치를 지니는 주제가 되었다. 현대문명에 비해 유학은 전통문화의 주류 사상이다. '중원과 대만'이라는 대조적 구도에서, 유학은 중원문화의 색채를 농후하게 띠고 있다. '본토와 국제'란 문화적 소용돌이 속에서, 유학은 또한 강렬한 색채를 띠는 본토의 인문사상 체계이다. 유학의 강렬한 '경세적經世的' 성격으로 인해,[3] 유학은 중국과 서양 세력이 맞붙고 신구의 사상과 문화가 소용돌이치는 대만에서 현실정치와 문화적 환경에 부응하여 강렬한 상호작용을 만들어낸다. 천자오잉陳昭瑛이 지적하듯이, 대만유학사에서 유학은 일종의 본토주의인데, 명말 정성공鄭成功 시대의 반청복명反淸復明, 일제강점기의 일본식민주의에 대한 비판, 전후 전면적인 서구화에 대한 저항으로 나타났다.[4]

본 장은 전후 대만사상계와 관방 간의 관계가 밀접한『공맹월간孔孟月刊』(1962년 9월 창간)에 나타난 전후 대만유학의 중요한 측면, 곧 강렬한 보수화 경향에 관해 탐구하고자 한다. 유학은 전후 대만에서 '좌절의 운명'을 겪었다. 정규 교육경로에서 천리푸陳立夫가 편찬한『중국문화 기본교재中國文化基本教材』(1986년 판) 교과서에 존재한 유학은 집권당의 이데올로기로 봉사하였고, 권위체제의 어용으로 전락해버린 일종의 '정치적 보수주의'였다. 또한 민간 학술단체와 관여된 학자의 저작 또는 잡지에 존재하는 유학은 기본적으로 '문화보수주의'의 색채를 띠었다.[5] 소위 '보수사상'은 전통을 강조하고 권위에 의존하며(특히 정치권위에 의존), 질서를 중시하고 급진주의자들이 지향하는 유토피아 세계의 지향을 반대하는 사상을 지칭한다. 이와 같은 심리상태는 전후 대만유학에서 선명하게 드러났다.

본 장이 다루고자 하는 문제는 다음 세 가지다.

(1) 전후 대만의 특수한 정치적 맥락에서『공맹월간』사설[社論] 저자들이 관심을 가진 문제의 양적인 추세는 어떻게 발전했는가?

(2)『공맹월간』사설의 저자들은 다양한 논문에서 어떤 사상적 경향을 보였는가?

(3) 이 같은 사상적 경향은 중국문화사와 현대 정치사의 맥락에서 어떠한 근원을 가지고 있는가?

　본 장의 제1절인 서언을 제외하고, 제2절은 『공맹월간』이 기期마다 발표하는 사설적인 성격을 띤 '논단'을 기본 사료로 삼아 양적인 관점에서 '논단'에 발표한 논문 내용의 변화 추세를 고찰하려 한다. 제3절은 '논단'의 논문 내용에 나타난 보수주의사상 경향의 네 가지 측면을 분석한다. 제4절은 한 걸음 더 나가 '논단'의 보수주의 경향의 근원을 일원론적 사유체계와 정치력의 침투를 중심으로 탐구하려 한다. 제5절에서는 결론을 제시하려 한다.

2. 『공맹월간』의 '논단'에 실린 논문의 양적 추세

『공맹월간』은 중화민국 공맹학회孔孟學會(1960년 4월 10일 창립)에서 발행한 간행물이며, 1962년 9월에 창간되어 오늘날까지 그 간행 수량이 상당해 관방 이데올로기를 대표하는 중요한 출판물로 중요한 사료적 가치를 지니고 있다.

『공맹월간』은 제1권 제1기(1962년 9월)부터 제35권 4기(1996년 12월)까지 총 3천 편에 가까운 논문을 발표했는데, 청년칼럼, 교학칼럼, 논문대회 작품 등 칼럼 형식의 문장과 시사 및 보도성 문장 그리고 일부 분류하기 어려운 글을 계산에서 제외하면, 모두 2,424편의 논문이 수록되어 있다. 이중 유가를 다룬 논문은 2,327편(96.00%), 도가 66편(2.72%), 묵가 14편(0.58%), 법가 11편(0.58%), 명가 및 농가는 각각 1편(각각 0.04%), 음양가와 불가는 각각 2편(각각 0.08%)이다. 유가를 논한 2,327편의 논문 중에 선진시대의 유가들에 관한 논문은 1,349편(76.69%)이고, 송·원·명·청 유가들을 다룬 논문은 262편(14.89%)으로 유학의 선양에 상당히 공헌하였다.

『공맹월간』 '논단'에 발표된 논문들은 이 간행물의 정치적·사상적 입장을 밝히는 데 가장 대표적인 문헌들이다. 1977년 1월(제15권 5기)부터 1994년 11월(제33권 3기)까지 모두 198편의 논문이 발표되었는데, 그 내용을 분류하면 다음 13종류로 나눌 수 있다. 순서대로 문화건설(31%), 정부정책 및 시정(12%), 선거와 정치문화(8%), 사회문화(8%), 윤리도덕(5%), 전통습속(2%), 수양(3%), 인물(4%), 대중전파(4%), 부녀자지위(1%), 교사권익(2%) 등이다. 〈그림 1〉은 이를 그래프화한 것이다.

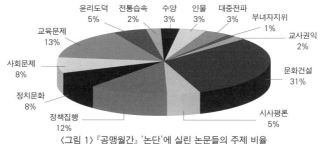

〈그림 1〉『공맹월간』 '논단'에 실린 논문들의 주제 비율

이러한 양적 추세는 더 세밀하게 연도로 세분할 수 있는데, 〈표 1〉은 1977년부터 1994년 사이 '논단' 논문들(매년 총 12편)의 주제를 중심으로 분류 통계를 작성한 것이다. 〈그림 2〉는 각 연도별 해당 주제의 점유율을 제시한 것이며, 〈그림 3〉은 해당 주제의 수량을 통계화하여 정리한 것이다.

이상의 〈표 1〉, 〈그림 2〉, 〈그림 3〉을 종합해볼 때, 우리는 다음과 같은

	문화건설	시사평론	정책집행	정치문화	사회문제	교육문제	윤리도덕	전통습속	수양	인물	대중전파	부녀자지위	교사권익	기타
1977	7	2				2			1					
1978	8	1			1					1				
1979	6	1		1	2	1								
1980	9		1											1
1981	6					5								
1982	6	2							2	1				
1983	6			1	1						2		1	
1984	2	1	1		2	1	1	1				1		1
1985	2		2	2	1	1								2
1986			2		1	5	2			1				
1987			1	2		1		3			2			1
1988	2		1		1	2				1	1		2	1
1989	1	1	2				4				2	1		
1990	1	1	2	1						2	1			
1991	1		2	2	1		3							1
1992	1		2	3	1	4								
1993			4		4	2								
1994		1	2	1		4								1
합계	58	10	21	15	16	28	10	4	5	7	7	2	3	11

〈표 1〉『공맹월간』의 '논단'에 실린 논문 내용의 분류 통계

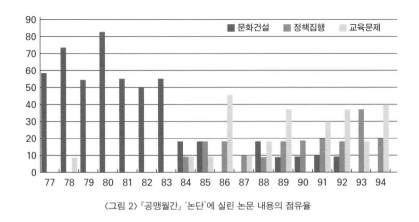

<그림 2> 『공맹월간』 '논단'에 실린 논문 내용의 점유율

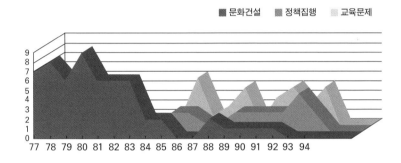

<그림 3> 『공맹월간』 '논단'에 실린 논문 주제의 수량 통계

사실을 발견할 수 있다. 1977년부터 1994년까지 17년간 『공맹월간』에 발표된 '논단' 논문들의 주제는 초기에 문화관련 주제가 비교적 많았으며, 1980년대 중엽에 들어서면서 정부의 정책집행 및 교육 문제에 관한 내용이 빠르게 증가했다(《그림 2》). 이 변화에 있어 의미 있는 연도는 1986년, 즉 계엄령이 해제(1987년 7월)되기 1년 전이었다. 이를 통해 『공맹월간』 '논단'의 저자들은 당시 객관적인 정치상황 변화의 영향을 상당히 받았음을

알 수 있다.

계엄령이 해제되기 이전 『공맹월간』의 '논단'은 장제스蔣介石, 장징궈(蔣經國, 1909~1988) 및 국민당을 칭송하는 내용이 다수를 차지했다. 1986부터 시작하여 1987년 계엄령이 해제된 후, '논단'은 비로소 정부정책의 집행 문제와 교육 문제에 관심을 기울이기 시작했다. 권력의 중심과 밀접한 관계를 가졌으므로 계엄령 해제 이전 『공맹월간』의 '논단'은 대부분 문화 문제를 주제로 삼았고, 정치에 관한 내용이라면 주로 권력의 중심을 칭송하는 글이었다. 계엄령이 해제된 후, 비교적 자유로운 분위기에서 『공맹월간』의 '논단'은 비로소 정부의 정책집행 문제를 다루기 시작했으나 여기엔 정책집행 기술에 관한 내용이 다수였다. 민주정치의 원리에 관한 주제는 비교적 적었으며, 현실 정치체제에 관한 비판은 찾아보기 어려웠다.

3. 『공맹월간』 보수화 경향의 주요 측면

『공맹월간』의 '논단'에 발표된 198편의 논문들에는 강렬한 보수사상의 경향이 잘 드러나며, 이 같은 사상적 경향은 다음의 몇 가지 측면으로 요약될 수 있다. 첫째, 정치권력에 대한 칭송. 둘째, '도통道統'으로 '정통政統'을 지지하고, '문화정체성'과 '정치정체성'을 하나로 보는 것. 셋째, 문화민족주의의 입장에서 서구문명을 배격함. 넷째, 전반적 체제개혁을 반대하는 것 등이다. 이제 순서에 따라 위의 네 가지 관점을 논하고자 한다.

1) 정치권력에 대한 칭송

『공맹월간』의 사설은 일관되게 현대 정치적 권위에 복종해왔는데, 특히 1970년대와 1980년대에 정치지도자에 대한 칭송은 이미 메스꺼울 정도에 도달했다. 그중 가장 대표적인 것은 제25권 8기(1982년 4월)에 발표된 화중린華仲麟의 「'달효達孝', '존친尊親'의 모범: 선대 총통 장공(장제스)」이란 '논단'의 논문이다.

이 사설은 중국문화를 다음과 같이 세 개의 시대로 나누고 있다. "요堯, 순舜, 우禹, 탕湯, 문文, 무武, 주공周公의 시대는 문화의 창조시대이고, 공자 이후는 문화집성의 육예六藝시대이며, 국부(쑨원)와 장공(장제스)의 시대는 새로운 집성을 이룬 삼민주의 신문화시대이다. 그럼에도 그 전통은 한 맥락으로 이어진 것이다."[6] 이어 '효도孝道'는 중국문화의 중요한 맥락을 담고 있음을 지적하였다. 마지막으로 "중국문화의 도통의 계승과 정에서, 세 번째 과정인 삼민주의의 탄생에 이르러 국부께서 도통을 다시 집대성하셔서 새로운 시기를 열었고, 총통 장공께서 이를 계승하셨다. 만약 효도의 계승에 있어 고대부터 오늘까지 이어진 공문孔門의 『효경孝經』의 언행을 실천하여 '달효', '존친'의 뜻을 최고의 경지에 이르게 한 사람이 누구냐고 묻는다면, 나는 서슴없이 덕과 지위가 있고 언행이 일치한 총통 장공(장제스)을 전범으로 삼아야 한다고 답할 것이다."[7] 저자는 중국문화의 발전을 장제스에 귀결시켰다.

『공맹월간』 '논단'의 정치지도자 장제스에 대한 숭배는 장징궈에게도 적용됐다. 『공맹월간』 제16권 7기(1978년 3월) '논단'은 장징궈가 제6대 총통에 당선된 것이 천명에 순응하고 민심에 응한 것이며, 하늘과 사람이 모두 순응한 것이라고 높게 칭송하면서 다음과 같이 말했다.[8]

> 자유의 기지인 우리 대만을 다시 돌아보면, 총통 장공께서 돌아가신 지 벌써 3년이 흘렀다. 당시 사람들의 마음은 모두 사부를 잃은 듯 불안에 가득 차 있었는데 다행히 옌자간嚴家淦 총통과 장징궈 원장께서 전임 총통의 유명을 계승하여 어려움을 극복하고 충성과 효성의 정신으로 인민을 공정하게 인도하였다. 전 국민이 이러한 인도 하에 하나로 단결하여 슬픔 마음을 하나로 모아내고, 두려움을 상서로움으로 전환하는 등 국가를 안정시키면서 위험한 상황을 잘 넘었다.
>
> 지난 3년간은 진실로 성과를 이루었다고 말할 수 있다. 특히 장 원장께서 국정을 맡으신 이래 비바람에도 아랑곳하지 않고 국민생활 개선에 애쓰시고, 하늘의 뜻에 순응하고 민심에 응하시며 공평무사한 태도를 견지하셨다. 실로

총통 시절의 장징궈

엔 총통이 그를 추천할 때 말한 것처럼 총명聰明·예지睿智·근면勤勉·애민愛民·유위有爲·유수有守로써 스스로를 엄격히 단속하셨기에 지난 수년간 이미 전 국민의 존경을 받으시고, 모든 사람의 마음이 장 원장께로 돌아섰다. 또한 엔 총통이 스스로 위로는 하늘의 뜻을 따르시고 아래로는 민심을 돌보시며 대동大同의 이상을 기본으로 삼아 선양禪讓의 미덕을 실천하자 이로써 국민들의 칭송이 자자했다. 이는 서구에도 없는 민주주의 선거제도를 새롭게 여신 것으로, 오직 중화문화에 이처럼 뿌리 깊은 근원이 있는 것이다.

장 원장께서는 또한 국가를 위해 인재를 구하시고 셰둥민謝東閔 주석을 계승자로 제청하여 서로 협력하고 보완하면서 각자의 노력을 다했다. 이는 바로 맹자가 말하던 "하늘이 주셨고, 백성들이 주었다", "하늘이 받아주셨고, 백성들이 받아주었다"는 것이다. 이는 또한 "행실과 일로써 보여주실 뿐이다"의 결과이다. 그러므로 "천하를 남에게 주기는 쉽고, 천하를 위하여 인재를 얻기는 어려운 것이다"고 하였다. 이는 바로 "천하 사람들을 위하여 인재를 얻음을 인仁이라 이른다"에서의 덕德의 가득함과 공功의 넘침이다.

위에서 정치지도자에 대한 칭송의 논조는 국가의 정치제도화를 개인권력으로 전환시킨 것이다. 또한 유학사에서 가장 비판적 태도를 지닌 맹자의 학설을 인용하여 정치지도자를 지지하는 것은 실제로는 매우 심각한 풍조라고 할 수 있다.

『공맹월간』은 전제정치 시대 제왕을 칭송하는 고대 어용 유학자들의 어구를 인용하여 장씨(장제스, 장징궈) 부자를 칭송하였을 뿐만 아니라, 장징궈의 글까지 '논단'에 실었다. 예를 들어, 제17권 4기(1978년 12월)의 논문은 바로 장징궈가 부친 장제스의 평생 대업에 대한 숭배를 인용한 것이다.

장제스·장징궈 부자

"부친의 평생 공덕사업은 확실히 공맹으로부터 국부에 이르기까지의 사思와 행行의 체제를 융합하여 독실하게 실천한 결과로, 이는 나라를 구하고 세상을 구하는 일종의 이타주의적인 철학을 표현한 것이다."[9]

이와 같이 권력을 장악한 통치자에 대한 미사여구는 다시금 『공맹월간』의 '논단'에 나타나며, 이 잡지의 첫 번째 특징이 되었다.

2) 도통으로 정통 지지

두 번째로 『공맹월간』의 보수화 경향은 유가의 '도통道統'으로 국민당의 '정통政統'을 지지하는 논술에 나타났다. 가장 대표적인 것으로는 제16권 10기(1978년 6월)에 실린 화중린華仲麐이 쓴 '논단'의 글로 다음과 같다.[10]

> 삼민주의는 바로 도통이고 국민혁명은 바로 법통法統이다. 삼민주의가 대표하고 계승한 중국 민족문화인 공맹사상의 정신에 의거하여, '우리민족부흥의 기회를 여는 것'이 바로 도통의 역량이다. 삼민주의사상에 의거하여 국민혁명을 일으킨 것은 위로는 하늘의 뜻을 따르고, 아래로는 민심에 순응한 행동이며, '아시아 최초의 민주공화국의 건립', 곧 5권 분립이 명시된 헌법으로 운영되는 정부의 설립은 바로 법통의 성립이다.
>
> 그러므로 국부(쑨원)와 총통 장공(장제스)께서 평생 분투하여 나라를 창업하고 이를 후세에 전하셨다. 청왕조의 전복으로부터 시작해서 군벌을 제거하고 난을 평정하며 일본과 싸울 때까지 백전불굴의 자세로 '국민혁명의 임무를 한 단계씩 완성'하였는데, 동시에 한결같이 도통과 법통으로 도처에서 분

투하셨다. 그러므로 장 총통(장징궈)께서 선대 총통(장제스)의 말씀을 받들어 이를 평생 신봉하셨는데, "중국인이 구국과 자주를 실현하려면 유일한 이념은 삼민주의이고 유일한 혁명은 국민혁명이다"라고 말씀하셨다. 이는 바로 중국의 도통과 법통에 대한 강력한 지지로 이것을 버려두고는 말미암을 수 없다는 것이다.

당연히 현 단계에서 직면한 국민혁명의 행동 중 가장 어려운 세 번째 임무는 반공을 통해 대륙을 수복하는 가장 신성한 임무이다. 장징궈 총통께서는 이 같은 중임을 맡아 이를 관철시키고 완성시키려 하시면서 다음과 같이 말씀하셨다. "오늘날 반공을 통해 대륙을 수복하는 과업은 더욱 삼민주의 국민혁명의 도통과 법통에 대한 견지이고, 민족정신에 대한 선양이며, 혁명행동의 연속과 실현이다." (장징궈) 총통의 이 같은 말씀은 우리 중화민족 입국의 도통과 법통을 자세히 보여준다고 할 수 있다.

제19권 2기(1980년 10월)에 실린 천리푸陳立夫가 작성한 「공맹학회와 문화건설」이란 논문에서 그는 이와 같은 주장을 다시금 되풀이했다.[11]

선대 총통이신 장공(장제스)께서는 거듭하여 말씀하시기를, 공맹의 학설은 건국의 삼민주의 중심사상의 근원이며, 우리가 공맹학설의 이론을 연구하고 공맹학설의 핵심을 선양하는 것은 삼민주의의 실행을 촉진한다는 것이라고 하셨다. 나(천리푸)는 공맹학설을 연구할 때 동시에 삼민주의를 연구해야 한다고 자주 지적했는데, 반드시 공맹의 학설과 삼민주의를 결합하여야 한다. 이렇게 해야만 비로소 공맹학설의 시대정신을 발휘할 수 있고, 대륙수복과 건국의 대업을 도울 수 있으며, 공맹학회의 사명을 다할 수 있다.

위의 주장에서, 공맹학설('도통')은 삼민주의사상의 원천이고 양자는 정치지도자('정통')의 지도를 모두 받는다고 했다. 천리푸는 한 걸음 더 나아가 현대 대만사회의 사상의 분기점 문제, 예를 들어 종교 신앙과 심신心身 간의 균형 문제, 다원화사회와 다원적 가치 문제, 전통사상과 현대사상 간의 충돌, 개인의 이상추구의 한계와 현실 간의 조합, 국내외의 복잡한 정세로 인해 발생하는 사상적 충돌 문제는 모두 전통사상(인문에서 출발하여 치양지致良知로 기본 사상의식을 바르게 하고, 법규를 준수하고 스스로에게 최선을 다하며, 또한 도통으로서 법통을 공고히 하고, 법통으로 정통 등을 공고히 함을 포함함)으로 해결할 수 있다고 주장했다.[12]

『공맹월간』은 '도통'으로 '정통'을 지지하는 것을 강조하며, 또한 장기적인 민족의 문화정체성 등을 단기적인 정권의 정치정체성과 동일시하였다. 『공맹월간』 제17권 11기(1979년 8월)에 실린 천리푸의 사설은 이 같은 생각을 잘 보여준다. "학술연구를 추진하고 중화문화를 부흥시키는 데 대만도 펑후澎湖, 진먼金門, 마주馬祖열도 일대를 문화부흥의 중심과 국학연구의 핵심으로 조성해내야 비로소 민족문화는 망하지 않으며 민족의 믿음을 잃지 않게 된다. 그렇게 되면 우리는 적들에게 굴복하지 않고, 외부의 세력이 우리를 이간질하지 못하여, 중화민국이 대륙을 수복하는 그날이 올 것이다."[13] 이 같은 논술에서 '민족문화'와 '정권'은 완전히 동일시되었다.

3) 문화정체성과 정치정체성의 동일시

『공맹월간』은 또한 '도통'으로 '정통'을 지지할 뿐 아니라 공맹의 도통을 서구문명에 대항하는 무기로 이용하였다. 천리푸가 쓴『공맹월간』제20 권 10기(1982년 6월)의 사설은 이를 잘 보여준다.[14]

근세기 중국의 국력이 쇠약해지고 제국주의 세력이 침입해오면서 공리주의 (이기주의의 별칭)와 개인주의(이기주의의 별칭)가 우리나라 사상계에 영향을 끼 쳤는데, 나날이 그 영향력이 강해지고 공업화의 수요도 심해지면서 또한 동시 에 적지 않은 실수와 편견을 가져왔다. 이로 인해 유학에서 전해오는 국민의 생활목적과 생명의 의의는 더 이상 사람들에게 중시되지 않고 있다. 이를 근 심하신 장공(장제스)께서는 "생활의 목적은 인류 전체 생활의 증진에 있으며, 생명의 의의는 우주를 창조하여 생명을 계승하는 데에 있다"라는 지시를 내 려 중화문화 정신의 부흥을 추진하셨다. 국민들이 세상을 살면서 본능이 지 배하는 생활을 누리는 데에 그치지 않고, 본능을 지배하여 삶의 내용을 나날 이 풍부해지게 만들고, 생명의 가치를 나날이 고양시키며, 나날이 연마하여 분발하고 갈고닦아야 비로소 생명의 이채가 드러난다는 것을 알도록 하신 것 이다.

역사적으로 보아도 우리 민족이 어려움에 봉착했을 때 현인의 지혜를 빌려 해결했으며, 개인이 이 같은 곤란에 빠졌을 때도 역시 선조들의 지혜를 통해 어둠을 벗어날 수 있었다. 이와 같이 높고 깊은 사상과 넓고 깊은 정서를 가지 고 있으니 누가 감히 그 철학사상의 위대함을 부정할 수 있겠는가? 그렇지 않 다면 어떻게 나라를 구하고 세상을 구하는 삼민주의사상이 여기서 나오고 또한 여기에 사적 이익도 없는 공평함을 갖출 수 있었겠는가? 자기를 이루고 사물을 이루는 성誠, 남을 세우고 남을 현달하게 하는 인仁, 어느 한쪽에도 치우치지 않는 중中, 날로 새롭고 또 새로워지는 행行, 이는 모두 민족문화를 계승하여 영원히 타락하지 않을 것이다.

이 같은 해석에서 근대 중국의 쇠락은 서구문명의 공리주의와 개인주의의 침입으로 인한 것이고, 나라를 다시 부흥시키는 것은 바로 유가사상의 부흥에 그 길이 있다고 하였다.

『공맹월간』 논문의 저자들은 중국 현대 사상사의 수많은 보수주의자들과 마찬가지로 전통으로 돌아가 근대 서구문명을 배격하려고 하였다. 일례로 『공맹월간』 제19권 9기(1981년 5월)의 논문에서는 서구문명의 쇠락을 비판하면서 공산주의 또한 통하지 않은 죽음의 길이라고 지적하고 중국인들이 외국에 아첨하는 천박함과 무지함을 비판했다.

이 논문에서 지적하기를, "중국은 아편전쟁 이후 서구문명이 동방으로 침투하고 열강의 침략을 당하며, 외국의 과학기술이 하루에 천 리를 가게 하지만, 정작 정확한 이상이 결여되었다. 이로 인해 내우외환은 끊이지 않고 오늘날까지 지속되고 있으며, 국가는 여전히 분열의 형국에 놓여 있다. 그리하여 오늘날 우리에게 유일한 활로는 전통 속에서 뛰어난 문화정신을 탐구하여 대륙수복과 건국의 의지로 삼는 것이다. 어떻게 자립하는가를 배우는 것은 시작단계에서 많은 어려움이 있을 수 있지만, 이렇게 해야만 어느 날 비로소 진정한 자립을 할 수 있는 것이다."[15]

이 논문은 전통으로의 회귀를 서구문명에 대한 저항의 기지로 사용하자고 주장하고 있다.

4) 전반적 체제개혁의 반대

『공맹월간』 논문의 저자들은 당시 정치체제에 대해 완전히 긍정하는 입장을 취했는데, 이는 전형적인 보수주의의 관점이다. 이에 대해서는 더 이상의 부연설명이 필요치 않을 듯하다. 1983년 12월 3일 입법위원 보궐선거에서 각종 정치적 발언이 쏟아져 나온 후에도 『공맹월간』의 저자들은 이에 동의하지 않았다. 예를 들어, 제22권 4기(1983년 12월) 논문에서는 다음과 같은 우려까지 표현되었다.[16]

> 오늘날 어떤 이들은 '체제개혁'을 주장하고 '자결自決'을 제창하는데, 소위 '자결'이란 식민지에서 요구하는 구호이다. 이는 우리가 표방하는 민족윤리가 담긴 대일통의 의義와 백성을 가까이하고 사물을 사랑하는 마음에 역행하는 것이다. 이는 국가와 민족의 발전에 큰 손해와 방해를 초래할 것이 분명하다. 다행히도 자유지역 입법위원 보궐선거의 결과와 그에 담긴 민의를 통해 우리는 그러한 사람들의 주장이 국민들에게 보편적으로 받아들여질 수 없다는 사실을 잘 알게 되었다.

그렇다면 이처럼 현행 권위주의체제에 대해 긍정의 입장을 취한 『공맹월간』은 1987년 7월 15일 계엄령 해제라는 시대의 획을 긋는 사건을 어떻게 보았을까?

『공맹월간』 제25권 11기(1987년 7월) 사설은 정부의 계엄령 해제에 대한 칭찬과 함께 관민이 모두 계엄령 해제의 정신에 대해 상호 존엄한 태도를 취할 것을 호소하면서 다음과 같이 논했다. "대만지역에 지난 38년간 지속되었던 계엄령이 드디어 모두의 희망과 함께 총통에 의해 올해 7월 15일 0시를 기해 해제되었다. 이 같은 행위는 정부의 민주법치에 대한 결심을 잘 보여줄 뿐 아니라 국민들의 넓은 신임을 얻었고 또한 국제적으로도 큰 호응을 받았다. 이로써 계엄령 해제는 국내정치나 국제정치사에서 일종의 획기적인 조치라는 것을 알 수 있다. 그러나 계엄령 해제는 결론적으로 말하면 일종의 형식에 불과하고, 가장 중요한 점은 정부와 국민이 모두 계엄 해제의 진정한 정신에 대해 정확하게 이해하고, 향후 모든 정령의 제정과 보급을 구체화함을 모든 언론과 행동에서 적실히 드러냈다는 데 있다. 오직 이 같은 변화를 통해서 계엄령 해제의 진정한 효과를 얻을 수 있으며, 우리 사회를 위해 더 많고 새로운 복지를 창조할 수 있다."[17]

상기의 내용을 종합해볼 때, 『공맹월간』의 사설에 나타난 보수화 경향은 매우 명확했다. 사설의 저자는 현실을 절대적으로 긍정했고, 정치적 권위였던 장씨 부자(장제스, 장징궈)에 대해 절대적인 숭배와 칭송을 보냈다. 공자와 맹자로 대표되는 '도통'으로 국민당이 대표하던 '정통'을 지지했으며, 체제개혁을 반대하고 문화민족주의로 서구 근대문명을 배척했다.

4. 『공맹월간』 보수화의 근원

오늘날 우리는 이 같은 질문을 해볼 필요가 있다. 『공맹월간』 사설 저자들의 보수화의 근원은 어디에 있는가? 이 질문은 어쩌면 간단해서 심지어 답변할 필요조차 없다고 볼 수 있다. 이유인즉, 『공맹월간』의 창간인이었던 천리푸는 당시 국민당 당정 분야의 고위층 인물로, 그의 정치적 배경이 『공맹월간』을 필연적으로 권위에 대한 숭배와 장씨 부자에 대한 찬양, 더불어 국민당 중심의 권위주의 정치체제를 긍정하게 했기 때문이다. 그러나 이 같은 해석은 단지 개인적 요인에 과도하게 집중한 것으로 논리성이 부족한 측면이 있다. 『공맹월간』 보수화의 근원이라는 질문에 대해 우리는 적어도 두 가지 근원을 향해 거슬러 올라가야 한다. 하나는 일원론적 사유방식이고, 다른 하나는 전후 대만정치 권위의 사상영역에 대한 지배이다. 우선 이 두 근원적 문제에 대해 순서대로 논의하려 한다.

1) 일원론적 사유방식의 영향

소위 '일원론monism'이란 우주에 오직 하나의 기본적인 사물의 사상만이 존재한다고 믿는 것이다. 예를 들면, 헤겔(Georg W. F. Hegel, 1770~1831)의 '절대진리absolute idea'가 일원론에 속한다고 할 수 있다. 일원론사상은 전통 중국사상 속에서 유구한 역사를 지닌다. 일원론과 전체주의사상은 중국의 전통사회에서 중심 문화와 사회정치가 하나되는 경향과 밀접한 관계가 있으며, 연상 중심의 전통적인 사유방식으로부터 깊은 영향을 받았다.[18] 이 같은 일원론적 사유방식의 형성은 중국역사상 통일제국의 건립과 불가분의 관계가 있다. 기원전 221년 진秦제국이 건국된 이후, "전국 6국이 망하고, 사해가 하나로 통일"되었으며, 이후 천하는 하나의 나라가 되고 전제체제가 확립되었다. 이제 "천하는 수레의 궤가 모두 같고, 글의 문자가 모두 같으며, 행위의 순서가 모두 같다. 비록 이처럼 질서가 정해졌으나 그 덕이 없으면 예약을 행하지 못하고, 비록 덕이 있어도 그 질서가 정해지지 않으면 이 또한 예약을 행할 수 없게" 되었다.[19] 이렇게 '질서', '덕'이 하나되는 제국의 형국에 서주西周시대의 "모든 천하에 왕의 땅이 아닌 곳이 없고, 모든 관할 영토에 왕의 신하 아닌 자가 없다"[20]거나 "천자의 위엄이 얼굴 지척에 있는"[21] 정치전통의 심리상태가 강화되었다.

중국문화에서 일원론사상은 다양한 측면을 보여주었는데, 최고의 정치적 권위(일례로 고대의 '천자'와 현대의 '위대한 지도자')를 숭배하는 '정치일원론'이 있고, 부자관계를 중심으로 하는 '사회일원론'이 있으며, 농업 기반(농사는 천하의 근본이다)의 '경제일원론'이 있다. '정치일원론'에서 정치주체(지도자) 이외의 주체는 모두 정치주체의 통제를 받는다. '사회일원론'에서 '개체성'은 '사회성'에 복종한다. '경제일원론' 하에서는 농업을 중시하고 공·상업을 경시한다. 상기의 각종 형태의 일원론은 모두 근대 이전의 중국 및 동아시아 문명의 중요한 특징에 속한다.[22]

이처럼 오랜 역사에서 형성된 일원론사상의 전통에서 정치적 권위는 중국 최고의 역량이 되었고, 정치 이외 영역의 모든 활동을 지배했다. 왕부지(王夫之, 1619~1692)가 지적하듯이 '유학의 체계'는 수천 년 동안 '제왕의 통치'[23]의 독소와 학대를 받아왔다. 『공맹월간』 사설의 저자는 바로 전통 중국의 일원론적 사유방식을 계승하고 있다.『공맹월간』사설 속 보수화 경향의 기초는 바로 이러한 일원론적 사유방식으로, '정치일원론'과 '문화일원론' 두 가지 형태로 나타났다.

(1) 정치일원론

첫째,『공맹월간』은 정치지도자 숭배에 있어서 고금동서를 막론하고 그 누구도 칭송하지 않고, 오직 쑨원, 장제스, 장징궈만을 칭송한다. 그중 특히 장씨 부자(장제스, 장징궈)에 대해서는 유일하고 정확한 '정통'의 계승자로 보고 있다. 둘째,『공맹월간』사설은 공맹의 '도통'으로 쑨원, 장제스의 '정통' 지지를 주장하고 있는데, 이는 '정교합일政敎合一'의 일원론적 정치사상의 특징을 잘 드러내고 있다. 셋째,『공맹월간』이 배격하는 것은 다원론적 가치관 중심의 근대 서구문명이다. 마지막으로『공맹월간』사설의 저자들은 또한 당시 일원화된 계엄체제의 입장에서 다원화된 민주정치를 표방하는 개혁세력의 요구를 반대했다.

『공맹월간』의 사설에 제시된 보수사상의 근거인 일원론사상의 경향은 장징궈 총통과 그가 표방한 춘추대의春秋大儀의 뜻을 서술하는 다음 사설에 잘 표명되어 있다.[24]

> 국부께서는 중화문화의 도통을 계승하셨고, 국민과 국민혁명을 이끄셨으며, 중화민국을 굳건히 하셨고, 왕법의 통치를 다시 부흥시키셨다. 선대 총통(장제스)이신 장공께서는 혁명의 유업을 계승하시고 북벌을 이끄셨으니, 이 또한 춘추대의의 구체적인 실현이 아니겠는가. 60여 년 동안 우리나라는 내우외환의 지경에 놓여 있으나, 법통이 유실되지 않고, 도통은 여전히 존재하고 있다.

민국 38년에 정부가 대만으로 옮겨온 이래 이미 30여 년이 흘렀다. 시국이 물 끓듯 불안한 형국은 춘추시대보다 더욱 심했다. 어느 누가 조속히 대륙의 산하를 회복하여 통일의 역사적 임무를 이루고 싶지 아니할까! 그러나 통일은 반드시 춘추대의의 역사법칙을 따라야 하고, 반드시 중화문화를 대표하는 삼민주의사상에 의해 온 국민이 단결하고, 자연과 역사의 길을 따르고, 모든 것이 원래의 자리로 돌아오고, 법통을 바르게 하고, 도통을 하나로 모아야 한다. 이렇게 해야 비로소 진정으로 통일된 중국을 이루고, 또한 전 국민이 염원하는 통일을 이룰 수 있다. 이것이 바로 장징궈 총통께서 제시하신 춘추대의의 뜻이다.

이 사설에서 "법통을 바르게"하고 "도통을 하나로 모으는 것" 등 춘추의 대일통大一統 사상을 재건하자고 제창하는 것은 바로 일원론의 세계관을 표현한 것이다. 『공양전公羊傳』에서는 『춘추春秋』의 은공隱公 원년 '춘왕정월春王正月'에 대해 다음과 같이 이야기하고 있다.[25]

원년元年이란 무엇인가? 임금의 시년이다. 봄〔春〕이란 무엇인가? 한 해의 시작이다. 왕이란 누구를 말하는가? 바로 문왕文王을 말한다. 어찌 왕을 먼저 말하고 정월正月을 뒤에 말하는가? 이는 왕정월王正月의 뜻이다. 어찌 왕정월을 말하는가? 이는 대일통을 보이는 것이다.

고대 중국의 왕은 천명을 받아 즉위했고, 전후〔甸侯〕로부터 먼 변방까지 모두 이러한 정삭正朔을 받들었다. 『공맹월간』의 이 사설은 2천 년 전의 대일통 존왕尊王이론의 재판과 같다. 이와 같은 정치일원론의 사상방식은『공맹월간』의 수많은 사설에 같은 방식으로 반복적으로 나타나서 이 잡지의 커다란 특색이 되었다.

(2) 문화일원론

정치일원론 외에도,『공맹월간』사설의 저자들은 상당부분 문화일원론의 색채를 뚜렷하게 보여주고 있다. 이는『공맹월간』사설의 저자들이 특히 중국문화의 특수성(소위 '국학國學') 및 그 우월성을 강조하였으므로 기타 외국문화와 다원병립의 상황에 있지 않다는 것을 의미한다.『공맹월간』제16권 12기(1978년 8월)에 천리푸가 1978년 여름에 자강활동국학연구회自强活動國學研究會의 환영모임에서 한 연설이 사설로 등재되었다. 이 연설은 강한 문화일원론의 경향을 보여주고 있다.[26]

중국문화는 국학의 근본에서 비롯된 것이고, 중국의 학술은 중국문화의 정신을 충분히 표현하고 있다. 우리가 국학을 연구하는 것은 바로 중국문화의 정신을 인식·실천·발휘해서 자신을 이루고, 자신 이외의 다른 사물을 이루게 하고, 자신을 바로 서게 하고, 다른 사람 또한 바로 서게 하며, 배움에서 알게 되고, 알게 되면 실제로 활용해야 한다는 것이다. 유구한 역사를 가지고 있는 우리 중화민족은 진한秦漢시대 이래, 즉 "글의 문자는 모두 같고 수레의 궤는 모두 같아진[書同文, 車同軌]" 이후, 비록 왕조의 흥망이 있었으나 문화의 전파는 끊이지 않았다. 비록 이민족의 침략이 있었으나 문화역량은 줄곧 일관되어 이민족의 문화를 동화시켰으며, 여기에 새로운 피를 수혈하였다. 비록 외래문화의 충격이 있었으나 고유문화를 대체하지 못했을 뿐만 아니라 오히려 새로운 요인을 받아들여 새로운 내용을 형성하였다. 이렇게 된 원인을 고찰하면, 이는 우리 중화문화가 특수한 응집력, 비범한 친화력 또한 넓은 융화력을 가지고 있기 때문이다.

이 사설은 중국문화가 지니는 세 가지의 특수성을 제시하고 있다. 첫째, 사람 중심[人本], 둘째, 덕의 중시[重德], 셋째, 평화의 중시[重和平]다. 마지막으로 이 사설은 중국문화를 정신적 무기로 삼아 국내외의 문제를 해결해야 함을 강조하고 있다. "세상의 형편은 기울어가고 있고, 도道는 희미해지며, 문화는 단절이란 심각한 위기에 봉착했을 때, 우리는 망설이면 안 되고, 방황해선 안 되며, 또 도망가선 안 된다. 우리는 문화를 발흥시켜야 하고 전통문화의 힘을 빌려서 내적정신과 심리 건설의 기둥으로 삼아야 하고, 밖으로는 사람들의 마음을 다잡고 해외 맹우들을 모아서 적들을 타격하는 무형의 무기로 삼아야 한다. 우리는 중국문화의 신도라고 자처해야 하고, 끊임없는 전투에서 물러섬 없이 여러 장소에서 또한 각기 다른 방식으로 우리 전통문화를 발흥시켜야 한다."[27]

『공맹월간』 사설의 저자가 제시하는 문화일원론은 20세기 중국 사상계에서 낯선 현상이 아니다. 근현대 중국 지식인들은 중국문화의 특수성을 매우 강조하였는데 이 가운데 가장 대표적인 예가 1935년 1월 10일 왕신밍王新命 등 10명의 교수들이 '중국 본위의 문화건설 선언'에서 다음과 같은 관점을 제시한 것이다. "중국은 중국일 뿐 어떤 지역도 아니며, 자기만의 특수성을 가지고 있다. 이와 동시에 중국은 지금의 중국이지 과거의 중국이 아니며, 일정한 시대성을 지니고 있다. 그래서 우리는 특히 시대와 지역의 요구에 부응해야 한다. 이것이 바로 중국 본위의 기초다."[28]

이들은 또한 중국문화가 지닌 특수한 '중국성中國性'을 수차례 강조했고, 이를 중국문화와 서양문화의 비교를 통해 설명했다. 1949년 이후 대만·홍콩의 신유가 학자들 또한 중국문화의 특수성을 대단히 강조했다. 일례로 1958년 탕쥔이(唐君毅, 1908~1978), 머우쭝싼(牟宗三, 1909~1995), 쉬푸관(徐復觀, 1902~1982) 그리고 장쥔마이(張君勱, 1887~1969) 등이 발표한 「중국문화에 관해 세계인들에게 드리는 글」[29]에서는 중국문화의 중국성과 문화의 일원성을 강조하고 있는데, 이는 이들 신유가 지식인들이 말하는 '의미의 위기crisis of meaning'에 대한 공동의 해결방식으로 볼 수 있다.[30] 20세기 중국 유가 지식인들의 중국문화에 대한 재해석은 '사실판단'일 뿐만 아니라 일종의 '가치판단'이고, 또한 양자가 상호 흡수·융합을 통해 하나가 되는 것이다.[31]

그러므로 "중국문화의 특질이란 무엇인가?"와 "중국문화는 어디로 가는가?"라는 두 질문은 이들 유학자들에게 완전히 합치되는 문제라고 할 수 있다. 『공맹월간』 사설의 저자 또한 이 같은 전통을 계승하였다. 그러나 『공맹월간』 사설의 저자와 학교 내의 신유가 학자들 간에는 두 가지 매우 중요한 차이점이 있었다.

첫째, 현대 신유가 학자들은 중국문화의 특수성을 강조할 때, 비교적 중국문화와 유가사상의 '정신성spirituality', 즉 유가의 '예禮'를 강조하였다. 그러나 『공맹월간』 사설의 저자들은 오히려 유학의 현실적 기능을 강조하고, 전통문화를 "안으로는 정신 건설의 기반이자 심리적 건설의 기둥이며, 밖으로는 사람들의 마음을 모으고 맹우를 모으며, 적을 타격하는 무기"[33]로 사용하려 하는데, 여기서 중시하는 것은 중국문화와 유학의 '용用'이고 유학을 도구로 보는 것이다. 이런 점에서 양자 간의 차이는 매우 크다고 할 수 있다.

장쥔마이

둘째, 현대 신유가 학자들은 비록 1949년 대륙이 함락된 것에 대해 애통해 했고, 이것이 반공적 입장을 취한 이유이며, 장씨 부자와 국민당에게 그 입장이 관용적이었지만, 이들은 여전히 자신들이 유가의 '도통道統'을 계승한다고 자임했고, 권력의 중심('정통政統')과는 기본적으로 거리를 유지하고 있었으며, 심지어 비판까지 가하였다(특히 이 같은 인물로는 쉬푸관이 있다). 그러나 『공맹월간』 사설의 저자는 '유가의 계통'과 '제왕의 통치'(왕부지가 이야기했음)를 완전히 혼합해버렸고, 또한 전자를 후자에게 복종하도록 요구했는데, 이는 역대 '어용 유학자'들의 일관된 주장과 같다. 홍콩·대만의 신유가와 『공맹월간』 사설의 저자는 취사선택이 달랐다. 서로 작은 차이에도 불구하고 그 잘못된 결과는 매우 큰 차이가 난다.

2) 정치적 권위의 사상 영역에 대한 지배

『공맹월간』 사설 저자들의 보수화 경향의 두 번째 근원으로는 전후 대만의 정치적 권위의 사상 영역에 대한 지도와 지배를 들 수 있다. 이 문제에 대한 구체적인 의의는 바로 1960년 4월 10일 공맹학회 창립대회와 1961년 4월 10일 제1차 대회 때 장제스 총통의 치사에서 잘 드러난다. 장총통은 창립대회 치사에서 우선 삼민주의사상의 기초가 공맹의 학설에 있다고 제시하며 다음과 같이 말했다.[33]

> 우리 국부의 혁명은 스스로 말씀하신 것처럼 이전의 성인을 계승하신 것입니다. 즉, 공자의 "큰 도道를 행함에 있어서 천하를 중심으로 해야 한다(大行之

道, 天下爲公)", 맹자의 "세상 사람들과 함께 즐거워하고, 세상 사람들과 함께 걱정한다(樂以天下, 憂以天下)"를 삼민주의의 숭고한 이상으로 삼았습니다. 본인은 또한 공자의 "격물格物, 치지致知, 성의誠意, 정심正心, 수신修身, 제가齊家, 치국治國, 평천하平天下"의 정치사상은 실로 과학의 정신으로 철학의 기반을 건립하고, 또 과학의 방법으로 윤리사상과 도덕관념을 회복하는 것이라고 생각합니다. 이 같은 윤리·민주·과학을 철학으로 하는 사상은 바로 오늘날 삼민주의사상 교육의 기초입니다.

장제스는 이어 중국공산당이 대륙에서 종종 폭정을 펼 수 있는 이유에 대해 지적하기를, "이는 우리가 이전의 우수한 민족문화 전통을 소홀히 한 것으로, 이는 곧 공맹의 학술사상을 소홀히 했기 때문입니다. 게다가 국부의 삼민주의에 대해, 모두가 이를 철저히 관철시키지 않았으며, 이로 인해 공산주의의 사술邪術과 폭정이 자행되고 도처에 침투하여 우리 민족에 해를 가하고, 동시에 민족의 근본을 망치게 되었던 것입니다. 이는 교육사상적으로 가장 가슴 아픈 일로 이 문제에 있어서 본인 역시 책임을 면하기 어렵습니다!"[34]라고 말했다. 장제스는 마지막으로 힘써 당부하기를, "여러분들은 학술사상과 교육문화계의 석학으로 공비들과의 전투에서 사상적 지도, 이념의 승리로 나라를 구하고, 국민을 구하는 스승입니다"[35]라고 말했다. 이 연설에 담긴 정신을 자세히 분석해보면, 주로 공맹학설이 '대적對敵 작전'에 발휘되기를 요구하는 것이다.

그렇다면 어떻게 공맹학설이 문화사상의 전선에서 그 기능을 발휘할 수 있을까? 장제스는 1961년 4월 10일 공맹학회 제1차 대회 치사에서 다음과 같이 이를 더욱 명확히 제시했다.[36]

삼민주의사상의 본류는 바로 공맹의 학설입니다. 공맹학설의 최대 임무는 바로 공맹의 도를 선양하여 전 국민이 삼민주의사상의 근원을 보편적으로 이해하고 절실히 깨닫게 하여 용이하게 실천하게 하는 것으로, 이것이 이루어지면 공이 배가되는 효과를 얻을 수 있습니다.

공맹학회의 향후 업무방침은, 첫 번째로 공맹학설의 이론을 연구하고, 정의를 명확하게 서술하여 우리 민족문화 전통의 지위를 회복함에 있습니다. 두 번째로 공맹학설의 정신을 선양하고, 국민의 대륙수복의 사상을 이끌며, 삼민주의를 실천하여 중화민족의 부흥을 이끄는 것입니다.

이 같은 연설이 중요한 것은 공맹학회의 임무가 공맹학설의 선양을 통한 삼민주의의 실천이라는 구체적 규정을 제시했기 때문이다.

사실상 오늘날의 정치지도자는 줄곧 공맹학회 각종 활동의 지도자이며, 공맹의 '도통'을 완전하게 오늘날의 '정통'에 봉사하게 했다. 그동안 공맹학회 회원대회에서 모두 총통 또는 부총통이 치사를 했고,[37] 그 외 교육부장관, 내무부장관 등 고위급 관료의 치사는 또한 헤아릴 수 없을 정도로 많았다. 전후 대만의 정치권력은 유학단체 활동에 대해 확실하게 영향력을 발휘해서『공맹월간』의 사설을 완전히 현실 정치체제를 변호하는 논조가 되게 하고, 유학전통 속의 항의와 비판의 정신을 완전히 소멸시켜버렸다.

중국역사에서 유학이 견지해오던 문화적 이상과 전제적 정치체제와의 관계는 매우 복잡하다. 어찌 보면 양자는 밀접한 공생관계에 놓여 있는데, 소위 공생의 관계란 중국 문화이상이 제국의 존재 이유를 제공해주고, 제국체제에서 문화이상 역시 충분한 발전의 기회를 얻었다는 뜻이다. 그러나 다른 한편으로는 양자 간에 조절할 수 없는 긴장관계도 존재했는데, 이러한 긴장관계로 인한 결과는 또한 두 종류로 분류될 수 있다. 첫째, 중국문화 가치의 계승자로, 예를 들어 제국통치 및 유가 지식인들의 '자아' 속에 내부적인 긴장성이 존재했다. 둘째, 제국체제의 기반인 '국군주체성國君主體性'과 중국 유가정치사상인 '인민주체성人民主體性' 간에 일종의 긴장관계가 형성됐다.[38]

이러한 역사의 측면에서 볼 때, 『공맹월간』 사설의 저자들은 줄곧 유가문화의 이상과 정권 간의 밀접한 관계를 강조했고, 이와 동시에 전자(유가문화의 이상)가 후자(정권)에 봉사할 것을 요구했다. 하지만 유가의 정치권력에 대한 비판의 전통을 완전히 무시했으니, 이는 이미 유가의 전통을 왜곡한 것이다. 이와 같은 보수적인 사상 경향은 실제로 정치권력이 공맹학회에 대한 침투와 지도에서 결정된 것이다.

종합적으로 말하면, 『공맹월간』 사설 저자들의 보수적인 사상 경향은 물론 개인의 정치적 배경과 일부 관계가 있으나, 이 같은 보수사상은 중국의 전통적인 일원론적 사상도식과도 깊은 관계가 있다. 일원론과 정체관整體觀의 사유방식은 5·4운동 시기 급진파 지식인들이 전통문화를 반대하는 무기로 이용되었으나 전후의 대만에 있어서는 오히려 보수파 정치인물이 요구하는 '도통'으로 '정통'에 봉사하는 사상적 근간이 되었다. 이로써 미루어보건대 함의가 유사한 사상은 다른 시대와 다른 인물을 만나 완전히 다른 맥락에서 사용될 수 있음을 알 수 있다. 특히 『공맹월간』 사설의 보수화 경향은 매우 직접적인 정치적 배경을 지녔는데, 그것은 바로 권력의 중심으로부터 나온 지도와 지배이다. 이를 통해서도 또한 전후 대만사상사의 발전과 권력구조 사이에는 사실 복잡한 관계로 얽혀있있음을 엿볼 수 있다.

5. 맺음말

본 장에서는 전후 대만유학사에서 『공맹월간』을 중심으로 관방官方 이데올로기의 역할을 다했던 유학의 일면을 탐색했다. 이를 통해 우리는 다음의 사실들을 발견할 수 있다. 『공맹월간』의 사상체계를 대변하는 사설은 강한 보수적 관점을 잘 드러내고 있다. 현실 정치인물을 찬양하고 전통의 특수성과 이를 통한 서구문명에 대한 비판을 긍정하고 있으며, 정치체제의 개혁에 저항하고 있는데, 이는 모두 보수주의의 특징이라 할 수 있다. 이와 같은 보수사상은 중국 전통사상 속의 일원론적 사유방식에 그 근간을 두고 있으나 가장 직접적인 요인은 정치권력의 간섭과 지도라고 할 수 있다. 『공맹월간』을 통해서 우리는 전후 대만사상의 발전과 권력의 침투 그리고 이에 따른 왜곡을 살펴볼 수 있었다.

그러나 진야오지(金耀基, 1935~?)가 지적하듯이, 이와 같은 '국가유학 state confucianism'은 1987년 7월 계엄령이 해제된 후, 대만 시민사회의 등장과 함께 필연적인 전환 속에서[39] 서서히 그 세력을 잃어갔다. 우리가 이러한 대만유학사의 왜곡된 발전 사실을 명확히 정리하는 목적은 이미 역사의 무대에서 퇴출된 '국가유학'에 대한 애도가를 부르기 위해서가 결코 아니다. 이러한 정리를 통해서 우리는 21세기 화인사회가 새롭게 전환되는 시점에서 어떻게 하면 유학에 새로운 활력을 불어넣고, 유학에 새로운 생명을 부여하며, 다시금 유학의 새로운 의의를 창조할 것인가라는 문제를 엄숙하게 고민해야 하기 때문이다.

제10장

역사 경험과 국가정체성
양안 간의 문화교류와 그 전망

1. 머리말

21세기 동아시아 지역에서 가장 잠재적인 폭발력을 지닌 문제 중의 하나가 양안(대만과 중국대륙)의 관계변화이다. 대만과 중국대륙은 21세기에 통일로 갈 것인가, 아니면 분열로 갈 것인가? 이 문제는 2천여만에 달하는 대만인들의 복지뿐만 아니라 중국대륙 13억인의 미래에 영향을 미친다. 뿐만 아니라 동아시아 전체의 평화와 안정 그리고 번영에 충격을 줄 수 있는 문제이다.

양안 간의 교류가 시작된 이래 양측 정부와 민간은 모두 경제교류를 강조해왔다. 대만 측은 최근 10여 년간 중국 개혁개방의 경제적 추세에 순응하면서 이러한 경제교류가 중국경제와 정치의 체질을 바꿀 수 있기를 기대했다. 중국대륙 측은 '대만의 운명은 경제에 있다'는 특징을 핵심으로 삼아 '경제로 정치를 봉쇄[以商圍政]'하고 '민간으로 정부를 압박[以民逼官]'함으로써 통일의 완성을 가속화하려는 시도를 해왔다.

양안관계에 대한 담론 중 대부분은 경제관계[1] 혹은 군사적 위기[2] 등 구체적이고 현실적인 요소들에 집중되어 있다. 비록 문화적 배경에 주의를 기울인 사람이 있으나 상세히 거론하지 못하고,[3] 또 '하나의 문화중국 속의 다원화된 정치적 정체성'[4]을 제기한 사람도 있지만, 모두 구체적으로 그 이론적 기초와 실현방법을 다루지는 못하고 있다. 이 장에서는 역사 경험의 해석이라는 시각에서 양안 국가정체성의 핵심 문제에 대해 논하고 미래전망에 대한 견해를 제시하고자 한다.

이 장에서 제시하고자 하는 중심논지는 양안 간의 교류는 문화교류를 중심으로 하고, 양측 인민들의 역사 경험의 공유를 통해 마음과 정신의 상호 이해적 기초를 다져야 한다는 것이다. 이 중심논지를 효과적으로 논술하기 위해 여기서는 두 가지 문제를 중심으로 분석할 것이다.

 ⑴ 현재 양안과 민간은 국가정체성의 문제를 어떻게 논술하는가? 각각의 국가정체성 담론의 유사점과 차이점은 무엇인가? 핵심적 문제는 어디에 있는가?

 ⑵ 양안의 미래 문화교류의 구체적 책략은 어떻게 진행되어야 하는가?

이 장 제2절에서는 첫 번째 문제에 대한 분석을 시도한다. 즉, 양안이 역사를 서술하는 데 서로 다른 버전version의 국가정체성을 세우고 있음을 보여줄 것이다. 제3절에서는 경제우선론에 대해 분석한다. 즉, 화인華 人들의 정치문화의 특수성 때문에 이들의 국가정체성 문제는 온전히 경제에만 근거한 채 역사의식을 차치하기가 어렵다는 점을 설명할 것이다. 제4절에서는 양안 문화교류의 구체적 전략과 방향에 대해 다루고 몇 가지 시각을 제시할 것이다. 제5절에서는 기존에 다뤄진 담론들을 종합적으로 정리하고 결론적 견해를 제시할 것이다.

2. 역사경험의 해석을 통한 국가정체성의 건립

1) 세 종류의 국가정체성 담론

21세기 양안 화인지역의 정치가 나아가야 할 방향에 대해, 현재 대만과 중국대륙의 정부당국 및 민간 인사들이 갖고 있는 서로 다른 몇 가지 입장들에 대해 서술한다. 그중에서 비교적 대표성을 갖는 세 종류의 담론을 소개한다.

(1) 중화민국 당국의 담론

국민당 집권기의 중화민국정부는 미래에 양안이 통일을 향해 나아가야 한다고 주장했다. 1991년 2월 23일 국가통일위원회 제3차 회의에서 통과되고 1991년 3월 14일 행정원 제2,223차 회의에서 통과된 「국가통일강령國家統一綱領」에서 중화민국정부는 다음과 같이 선언한다. "중국의 통일은 국가의 부강과 민족의 장기적 발전을 추구하기 위한 것이고, 전 세계 중국인들의 공통된 소망이기도 하다. 양안은 이성, 평화, 평등성 그리고 호혜성의 전제 하에 적당한 시기에 솔직하고 성실한 대화·교류·협력·협상을 통해, 민주·자유·균부의 컨센서스를 건립하고, 공동으로 하나의 통일된 중국을 건립한다. 통일된 중국을 건설하는 원칙에는 네 가지가 있다.[5]

첫째, 중국대륙과 대만은 모두 중국의 영토이다. 국가의 통일을 촉진하는 것

은 중국인 공동의 책무이다. 둘째, 중국의 통일은 전 국민의 복지를 위한 것이고, 당파 간 투쟁이 아니어야 한다. 셋째, 중국의 통일은 중화문화를 발양하고, 인간의 존엄을 보호하며, 기본 인권을 보장하고, 민주주의와 법치의 실천을 핵심으로 삼아야 한다. 넷째, 중국의 통일은 그 시기와 방식에 있어서 우선적으로 대만지역 인민들의 권익을 존중하고, 그들의 안전 및 복지를 지키는 것을 중시해야 하고, 이성·평화·평등·호혜란 네 가지 원칙을 단계적이고 점진적으로 달성해야 한다.

위에서 언급한 '통일중국'의 주장 중에 가장 논쟁의 소지가 많은 것은

'하나의 중국'이란 무엇인가다. 중화민국정부는 1992년 8월 1일 국가통일위원회 제8차 회의에서 「'하나의 중국'의 함의에 관하여」라는 문건에서 다음과 같이 지적하였다.[6]

첫째, 양안 모두 '하나의 중국'이란 원칙을 견지하나 쌍방이 이에 부여하는 의미는 서로 다르다. 중공당국은 '하나의 중국'을 '중화인민공화국'으로 인식하고 있고, 미래에 통일 이후의 대만은 중국 직할의 '특별행정구'가 될 것이라고 여기고 있다. 반면에 우리 대만 측은 '하나의 중국'이 1912년 건립되어 현재까지 유지되고 있는 중화민국을 가리키며, 그 주권이 전체 중국까지 미친다고 인식한다. 그러나 현재 그 통치권은 대만, 펑후澎湖, 진먼金門, 마주馬祖에만 미치고 있다는 것이다. 대만은 본래 중국의 일부분이지만, 중국대륙 역시 중국의 일부분일 뿐이다.

둘째, 민국 38년(1949년) 이후로 중국은 잠시 분열의 상태에 처해 있다. 두 개의 정치실체가 양안을 분리해서 통치하고 있다는 것은 엄연한 객관적인 사실이다. 통일을 추구하는 어떤 입장도 이러한 사실의 존재를 무시해서는 안 된다.

이러한 해석을 보면, 중화민국정부는 소위 '하나의 중국'이란 이상적이고 미래적이며 통일적인 중국이라고 주장하고 있다. 현재의 중국은 분열되고 분치分治의 상태 아래 놓여 있는 것이다.

양안 간의 분열과 분치상태의 근원과 본질을 좀 더 잘 해석하기 위해 중화민국정부는 「대만해협 양안관계 설명서臺海兩岸關係說明書」를 제시했고, 역사적 사실에 대한 해석을 시도하였다.[7] 19세기 중엽 아편전쟁 이후 중국의 지식인들은 쑨원 선생의 지도 아래 1912년 중화민국을 건립했다. 중화민국 건국 초기에 안으로는 군벌의 할거가 있었고, 밖으로는 열강으로부터 능욕을 당하고 있어 중국의 정세는 불안하기 그지없었다. 쑨원 선생은 중국을 구하고 부강한 나라로 만들기 위해 삼민주의를 제창했다. 삼민주의의 이상은 아편전쟁 이후 "중국이 어디로 가야 할 것인가?"라는 문제에 대해 정확한 방향을 제시했다고 할 수 있겠다.

1919년에 소련공산당은 제3인터내셔널을 설립하고 세계혁명을 추진하면서 인근 국가인 중국으로 하여금 앞장서게 했다. 1921년 7월에 소수의 좌파 지식인들이 중국공산당을 설립했고, 이는 제3인터내셔널의 중국

지부가 되었다. 이를 기점으로 공산주의가 중국 땅에 널리 퍼지기 시작했다. 북벌전쟁 기간 중국공산당은 군벌의 할거로 인한 국내 분쟁을 이용하여 대규모 폭동을 일으켜 무장투쟁을 수단으로 삼아 정권을 탈취하는 길로 나아갔다. 1931년 11월에 중국공산당은 '중화소비에트공화국'을 설립했다. 독자적으로 헌법을 제정하고 따로 '임시중앙정부'를 조직했다. 이러한 움직임은 중국이 다시 분열되기 시작했음을 보여준다.

1937년에 중국은 전면적으로 항일전쟁을 개시했다. 중국공산당은 이를 기회로 대대적인 근거지 확대와 군사력 확대에 나섰다. 항일전쟁에서 승리한 후, 중국공산당은 무장반란을 일으켜 대륙을 석권했다. 1949년 10월에 중국공산당은 베이핑(北平, 현재의 베이징)에서 '중화인민공화국'을 건립했고, 중화민국정부는 타이베이로 쫓겨났다. 이로부터 중국은 대만해협을 경계로 분열과 분치의 시대를 열게 되었다.

중화민국정부는 현재 양안의 분열과 분치상태의 본질을 중화문화를 기초로 하는 '삼민주의 중국'과 마르크스레닌주의를 근거로 하는 '공산주의 중국'의 대결로 인식한다. 이렇게 서로 다른 정치·경제·사회제도와 생활방식의 경쟁은 양안 분열과 분치의 본질이자 오늘날 중국의 분열을 만들어낸 진정한 원인이다. 오늘날 중국이 통일할 수 없는 것은 중국공산당이 말한 대만의 일부 주민이 중국으로부터 벗어나고 싶어서도 아니고, 일부 국제세력의 간섭 때문도 아니다. 도리어 중국대륙의 정치제도, 경제수준 및 과거 여러 차례 피로 얼룩진 대규모 권력투쟁으로 인해 중국대륙이 많은 사람들로부터 신뢰를 잃었기 때문이다. 이것이 바로 중화민국정부가 계속해서 "중국이 문제인 것이지, 대만은 문제가 없다"라고 강조하는 근본 이유이다.

중화인민공화국 수립 선포

(2) 대만독립주의 인사들의 담론

국민당 집권기 중화민국정부의 국가정체성에 대한 담론과 달리, 대만독립을 주장하는 인사들은 1993년 12월 10일에 「두 개의 국가와 두 개의 통치 그리고 평화공존: 대만인민의 대만과 중국관계에 대한 기본 주장」[8]이라는 선언문을 발표했다. 역사적 관점에서 다른 종류의 국가정체성 담론을 제기한 것이다. 이 선언의 요지는 다음과 같다.[9]

> 대만은 수백 년 동안 이민족과 동족 외래정권의 통치를 받아왔다. 대만의 근대사는 대만인민들이 생존을 도모하고 압제에 반대하며 스스로 주인이 되는 것을 쟁취하려는 투쟁의 역사였다. 최근 반세기 동안 대만은 중국국민당의 통치 아래 중국대륙 정권과의 관계에서 긴장에서 화해관계로 변해가고 있다. 하지만 기본적으로 국민당과 공산당 양당은 모두 대만이 중국의 일부라고 인식하고 있으며, 또한 대만과 중국의 통일을 이미 정해진 목표로 여기고 있다. 바꾸어 말하면, 대만은 지금까지도 여전히 중국의 병탄의 그림자 아래 놓여 있다.

이 선언은 상술한 '두 개의 국가와 두 개의 통치 그리고 평화공존'의 주장을 좀 더 심도 있게 다루기 위해 역사적 관점에서 역사상의 대만과 중국대륙의 관계를 해석하고 있다.[10]

대류 성격의 중국 역대 정권들은 대만의 존재를 무시해왔다. 17세기까지 명대의 관할권은 여전히 펑후까지만 이르고 대만에는 미치지 못했다. 때문에 『명사明史』에서는 대만을 『외국전계룡산外國傳雞籠山』에 집어넣었다. 1772년 청대의 『옹정실록雍正實錄』에 기록된 조서에 "대만은 예로부터 중국에 속하지 않았다. 나의 부친(강희제)께서 뛰어난 무용으로 멀리까지 이르러 우리의 판도에 포함시켰다"라고 한 것을 보면, 이는 중공정권이 말하는 "대만은 예로부터 중국에 속한다"라는 주장에 대한 강력한 반박이라고 볼 수 있다.

이 선언문은 이어서 다음과 같이 지적하고 있다. 정성공鄭成功은 1662년에 네덜란드인들을 쫓아내고 대만을 점령했다. 정씨 삼대가 21년 동안 대만을 점령한 것은 화인華人들이 대만에서 통치정권을 세우게 된 시작이었다. 1683년에 시랑施琅이 청병을 이끌고 정씨 일가를 물리쳤다. 청조정은 일련의 논쟁 후에 대만을 중국의 세력 범위 속에 포함시켰다. 청정부는 대만에 1부府와 3현縣을 설치하고 이를 대하병비도臺廈兵備道의 직할하에 뒀다. 이때가 대만이 처음으로 중국과 직접적인 정치관계가 발생한 시점이었다. 1683년부터 청조정이 대만을 일본에 할양한 때인 1895년까지 대만과 중국은 212년의 역사를 함께했다.

그러나 이 2백여 년의 대만역사가 지니고 있는 그 독특성에 주의를 기울일 필요가 있다. 정씨 정권은 대만을 지배하던 기간에 '반청복명反清復明'의 기치를 내걸고 청조에 대항했다. 한편으로는 청조로 하여금 대만에 대해 적대적인 태도를 취하게 했고, 해금정책海禁政策을 실시함으로써 대만이 다시 반항자들의 집결지가 되고 도망자들의 은신처가 되는 것을 방지하려 했다.

한편 대만 민간사회에서는 여전히 반항적인 의식과 태도를 유지하고 있었다. 청조 통치기간 최소한 40여 차례 청조에 항거하는 행동이 있었는데, 그중 20여 차례는 청병의 진압과 포위를 격퇴했다. 청정부는 연해지역 사람들이 대만으로 넘어가는 것을 금지하는 정책을 약 190년 동안 지속하다가 1875년이 되어서야 비로소 폐지했다. 그간 대만으로 이주한 한인漢人들 대다수는 목숨을 걸고 몰래 대만으로 넘어온 것이다. 그들은 관리들의 추적과 체포를 피하고 처자를 버리고 천신만고 끝에 대만에 와서 생존을 도모했다. 청조의 해금정책은 대만의 발전을 저해했을 뿐만 아니라 이후 대만인들의 중국대륙에 대한 태도에 영향을 미쳤다.

이 선언문은 또한 다음과 같이 회고하고 있다. 19세기 중엽 두 번째 제국주의 세력의 물결이 동아시아를 덮쳤다. 대만은 또 다시 열강이 침을 흘리는 대상이 되었다. 영국, 프랑스, 일본 등은 모두 대만에서 군사행동을 취한 적이 있다. 미국과 독일도 대만을 점령하고 싶어 한 적이 있다. 1895년 조선반도와 만주에서 청은 군사적 실패로 인해 대만을 일본에 할양했다. 1895년부터 1945년까지 50년간 일본제국은 대만에서 고압적인 식민통치를 시행했고, 심지어 대만을 자신들의 침략전쟁에 끌어들였다. 일본이 대만을 통치하는 기간 동안 대만의 무장 항일운동이나 비무장 항일운동은 간혹 중국의 대혁명이나 정권교체의 사상으로부터 영향을 받았다. 그러나 주요한 기조는 대만 자체의 땅을 보위하고 식민지의 민주와 해방을 쟁취하는 것을 목표로 삼았다.

20세기 전반기 중국의 내우외환과는 교차하는 바가 없었다. 1928년부터 1931년까지 대만공산당은 대만독립선언을 제기했다. 중국정부 입장에서는 1936년의 『오오헌초(五五憲草, 국민당 입법원을 통과하여 1936년 5월 5일에 공포된 중화민국헌법 초안―역자 주)』에 대만을 행정구역이나 적에게 함락된 지역으로 분류하지 않았다. 국민당과 공산당 양당 모두 대만의 독립을 지지한다고 발표했다.

이 선언문은 또한 다음과 같이 적시하고 있다. 일본정부가 실효적으로 대만을 통치한 지 반세기가 지났으며 대만에 대한 영향력이 매우 강했다. 일본의 통치는 대만역사상 처음으로 전면적이고 효율적인 행정체계를 세웠고, 오랜 세월의 미신을 비교적 현대화된 교육으로 대체했으며, 중국과의 유대관계를 많은 부분 단절시켰다. 생활수준도 전란에 빠져 있던 중국보다 훨씬 높았다. 이러한 요소들이 대만인들로 하여금 국가의 존재양식에 대해 실감할 수 있도록 해줬다. 이외에 국가신도國家神道의 장려와 일본어교육, 창씨개명, 지원병운동 등의 추진은 대만문화 곳곳에 영향을 미쳤다. 요컨대 일본정부가 대만인을 일본인처럼 만들려는 시도는 성공하지 못했으나, 대만인을 '중국인 같지 않은' 사람들로 바꾸는 것은 성공했다고 할 수 있겠다.

1945년에 제2차 세계대전이 끝난 후 패전국인 일본은 대만을 떠났고, 중국정부는 연합국의 명령에 따라 대만을 접수했다. 그러나 이상의 역사적 배경으로 인해 대만과 중국은 이미 여러 면에서 서로 맞지 않았으며, 마침내 1947년에 2·28사건이 일어나 사상자들이 여기저기서 발생함으로써 심각한 상처를 남겼다. 이는 대만을 억지로 중국에 병합시켰기 때문에 생긴 심각한 결과였다.

(3) 중국공산당의 공식 담론

국민당 집권기 대만정부와 대만독립을 주장하는 민간 인사들의 담론에 비하면 중국공산당 국무원이 1993년에 발표한 「대만 문제와 중국의 통일」이라는 백서에서 제시된 담론은 매우 다르다. 이 공식문서에서 중국정부는 우선 다음과 같은 기본 입장을 밝히고 있다.[11]

중국 근대사는 침략 당하고 분할·유린되고 능욕을 받은 역사이다. 또한 중국 인민들이 민족의 독립을 쟁취하고 국가의 주권을 보호하며 영토의 완전한 보존과 민족의 존엄을 쟁취하기 위해 용맹하게 분투한 역사이다. 대만 문제의 출연과 발전은 모두 이러한 역사와 긴밀한 관계가 있다. 여러 원인으로 대만은 지금까지도 중국대륙과 분리된 상태에 처해 있다. 이러한 상태가 끝나지 않으면 중화민족이 받은 상처는 치유될 수 없고 중국인민들이 추진하는 국가의 통일과 영토의 완전한 회복을 위한 투쟁도 끝나지 않을 것이다.

중국공산당 당국은 중국 근대사의 맥락에서 대만과 중국대륙의 관계를 다룬다. 이 문서는 우선 다음과 같이 해석하고 있다. 대만은 예로부터 이주夷洲, 유구流求라고 불려왔다. 많은 역사서와 문헌에 중국인들이 이른 시기부터 대만을 개발한 상황이 기록되어 있다.

지금으로부터 1,700여 년 전 삼국시대 오吳나라 사람 심영沈瑩이 『임해수상지臨海水上誌』 등에서 대만 초기의 상황에 대해 기록하고 있다. 이는 세상에서 대만에 대해 가장 오래된 문자기록이다. 서기 3세기와 7세기경, 삼국 시기 오吳나라정부와 수隋나라정부가 모두 연이어 1만여 명을 대만에 파견한 적이 있다. 17세기에 들어선 이후에는 중국인들의 대만 개척 규모가 갈수록 커졌다. 17세기 말 대륙에서 대만으로 넘어가 개척한 사람들이 10만 명을 넘어섰다. 서기 1893년에 이르러서는 그 인구가 50.7만여 호 254만여 명에 다다랐다. 2백 년간 25배가 증가한 것이다. 그들은 선진적인 생산방식을 가지고 와서, 남쪽에서 북쪽으로, 서쪽에서 동쪽으로, 어려운 환경을 극복하며 대대적으로 대만 전체의 개발에 박차를 가했다.

이러한 사실은 대만이 중국의 다른 지역과 마찬가지로 중국 각 민족의 인민들이 개척하여 정주한 곳이란 것을 설명해준다. 대만사회의 발전은 시종 중화문화의 전통을 이어가고 있었다. 설령 일제강점기 50년의 세월이 있었다 하더라도 이러한 기본 상황은 변하지 않는다. 대만의 개척과 발전사는 현지 소수민족을 포함한 중국인들의 피땀과 지혜가 응집되어 있다.

중국의 역대 정부는 대만에 연이어 행정기구를 설치하고 관할권을 행사했다. 일찍이 서기 12세기 중엽에 송나라정부는 군사들을 파병하여 팽호澎湖열도에 주둔시켰고, 팽호지역을 복건성 천주泉州시 진강晉江현의 관할권에 귀속시켰다. 원나라정부는 팽호에 행정기구인 순검사巡檢司를 설치했다. 명나라정부는 16세기 중후기에 폐지시켰던 순검사를 다시 회복시켰고, 외적의 침범을 방어하기 위해 팽호에 주둔 병력을 늘렸다.

1662년(청나라 강희康熙 원년)에는 정성공이 대만에 승천부承天府를 설치했다. 청나라정부는 점차 대만에 행정기구를 늘리고 대만에 대한 통치를 강화했다. 1684년에는 분순대만병비도分巡臺灣兵備道 및 대만부臺灣府를 설치했고, 그 아래에 대만(지금의 타이난지역), 봉산(鳳山, 지금의 까오슝지역), 제라(諸羅, 지금의 자이지역) 삼현을 설치하며, 복건성 관할에 예속시켰다. 1714년에 청나라정부가 사람을 파견하여 대만지도를 제작하고 대만 전역을 측량했다. 1721년에는 순시대만감찰어사巡視臺灣監察御使를 증설하였고, 분순대만병비도分巡臺灣兵備道를 분순대하도分巡臺廈道로 바꾸었다. 이후 다시 장화현과 담수淡水청을 증설했다. 1727년에 분순대하도를 분순대만도로 다시 바꾸고(이후 다시 분순대만병비도로 바꿈), 팽호청을 증설했으며 대만을 통일된 공식 명칭으로 정했다.

1875년(청나라 광제光緒 원년)에 청나라 조정은 대만에 대한 진일보한 경영과 통치를 위해 대북부臺北府 및 단수, 신죽新竹, 의란宜蘭 삼현과 기릉基隆청을 다시 증설했다. 1885년에 청조정은 정식으로 대만을 단일 행정구역으로 정하고 유명전劉銘傳을 첫 순무巡撫로 임명했다. 행정구역을 3부 1주로 확대하고 11현 5청을 다스리게 했다. 유명전의 재임기간에 철도를 건설하고, 광산을 개발하고, 전선을 설치하고, 상선을 만들고, 기업을 일으키고, 신식 학당을 창설했다. 그렇게 해서 대만사회의 경제문화의 발전을 대대적으로 추진했다.

또한 중국공산당의 이 공식문서에는 일본제국주의의 51년(1895~1945) 대만통치의 역사 경험에 대해 다음과 같이 기록되어 있다. 1894년에 일본은 중국을 침략한 청일전쟁을 일으켰다. 이듬해 청조정은 전쟁에서 패했고, 일본의 위협 하에 국권 상실의 수욕을 당하는 시모노세키조약[馬關條約]을 체결하면서 대만을 할양했다.

이 소식이 전해짐에 따라 온 나라가 비분에 잠겼다. 베이징 회시會試에 참여하고 있던, 대만 출신들을 포함한 18개 성省 1천여 명의 거인擧人들이 상서를 올려 대만의 할양을 반대했다. 대만성 전체가 곡성으로 진동했으며 징을 울리고 상인들이 철시했다. 대만의 군사업무에 협조하던 청나라 군대의 장성 유영복劉永福 등이 대만동포들과 함께 대만을 점령하려는 일본군과 사투를 벌였다. 중국대륙 동남부 지역 각지의 주민들도 이 전투를 지원하기 위해 군비를 기부하거나 무리를 이뤄 대만으로 건너가 일본의 침략에 저항하기도 했다.

일본이 대만을 침략하는 동안 대만동포들은 줄곧 용맹한 투쟁을 벌였다. 초기에 그들은 의용군을 조직해 무장 유격전을 벌였는데, 이는 장

講和條約

大清帝國
大皇帝陛下及
大日本帝國
大皇帝陛下為訂定和約俾兩國及其臣民重修平和
共享幸福且杜絕將來紛紜之端

大清帝國
大皇帝陛下特簡
大清帝國欽差頭等全權大臣太子太傅文華殿大學士北洋通商大臣直隷總督一等肅毅伯 李鴻章
大清帝國欽差全權大臣二品頂戴前出使大臣 李經方

大日本帝國
大皇帝陛下特簡

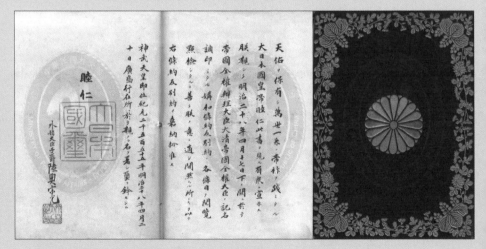

시모노세키조약 한문첨서본(漢文簽署本, 위)과 일황핵첨본(日皇核簽本, 아래)

장 7년여 간 지속되었다. 뒤이어 신해혁명으로 청조정이 전복된 후 대만인들은 대륙의 동포들과 함께 다시 10여 차례의 무장봉기를 일으켰다. 1920년대와 1930년대에 이르기까지 대만 내 일본 식민통치에 저항하는 대중운동은 더욱 거세졌고 대만 전역으로 확대됐다.

제2차 세계대전 기간 독일, 일본, 이탈리아 등 파시스트 국가들에 반항하기 위해 중국은 미국, 소련, 영국, 프랑스 등의 나라들과 연합국을 이뤘다. 1943년 12월 1일에 중국과 미국, 영국 등 3개국은 '카이로선언'에 조인했고 다음과 같이 지적했다. "삼국동맹의 취지는 일본이 1914년 제1차 세계대전 때부터 시작하여 태평양에서 빼앗거나 점령한 모든 섬들을 박탈하고, 일본의 빼앗은 중국의 토지, 즉 만주, 대만, 팽호열도 등을 중국에 귀환하도록 한다."

1945년 7월 26일에 중국과 미국, 영국 등 삼국은 '포츠담선언'에 서명 (후에 소련도 참가함)하고 다음과 같은 내용을 거듭 선언했다. "카이로선언에서 이뤄진 조건들이 반드시 실시되어야 한다"는 내용이었다. 같은 해 8월 15일에 일본은 투항했고, 「일본투항조항」은 다음과 같이 규정했다. "중·미·영 삼국이 공동으로 조인하고, 후에 소련이 참가한 1945년 7월 26일의 '포츠담선언'에 포함된 조항을 받아들인다." 10월 25일에 연합국 측의 중국 작전지휘본부는 대만성의 항복수락 의식을 타이베이에서 거행했다. 항복수락을 주관하는 대표였던 중국정부는 다음과 같이 선포했다. "당일부터 대만 및 팽호열도는 공식적으로 중국의 판도로 귀속되었다. 모든 토지와 인민, 정무는 모두 중국의 주권 하에 속하게 된다." 이때부터 대만과 팽호열도는 다시 중국의 주권적 관할 아래 귀속되었다.

2) 세 종류 담론의 공통점과 차이점

이제 이상에서 다룬 세 종류의 국가정체성 담론의 내용이 어떻게 같고 다른지 분석해볼 수 있겠다. 우선 세 가지 담론의 공통점을 살펴보자. 세 가지 국가정체성 담론이 지닌 최대의 공통점은 모두 역사 해석에서 출발하여 국가정체성의 건립을 시도하고 있다는 점이다.

역사적 경험에 대한 해석을 통해 국가정체성의 근거를 마련하는 것은 양안 화인 정치문화의 공통된 특징이다. 국민당 집권 시 대만당국은 20세기 공산주의 발흥으로 시작하여 1930년대 국공내전의 역사 경험에서 현재 양안의 분리와 분치상태의 역사적 근원을 찾는다. 대만사회 내에서 대만의 독립을 주장하는 인사들은 17세기 이후 양안관계의 흐름 속에서 대만과 중국대륙이 역사적으로 단절되었고, 대만역사에 강렬한 저항의식이 면면히 흐르고 있다는 것을 강조했다. 대만독립 담론은 또한 일제의 식민지배 경험의 중요성을 강조했다. 중국공산당당국의 담론도 근대 중국이 제국들의 침략을 받은 역사적 사실에서 출발하여 대만과 중국이 통일을 완성해야만 중화민족의 상처가 비로소 아물 수 있음을 강조했다.

결론적으로 보면 이상에서 살펴본 세 가지 국가정체성 담론이 전혀 딴판이지만, 모두 역사적 경험에서 착안하고 있다는 점은 완전히 일치하고 있다. 추가적으로 분석해볼 만한 것은 양안의 이 세 가지 국가정체성 담론이 역사 해석에서 출발하여 국가정체성 문제를 다루고 있다는 공통점 아래, 서로 중대한 차이점을 내포하고 있다는 것이다. 한마디로 말하면, 세 담론은 역사 경험을 논술하는 맥락에서 큰 차이를 보인다. 국민당 집권 시 대만당국과 중국대륙당국은 모두 중국 근대사의 맥락에서 대만과 대륙의 관계를 다루고 있다. 양자 모두 양안의 통일과 독립의 문제가 중국 근대사의 맥락에서 만들어진 것이라고 인식한다. 그러나 이 공통점에는 차이점도 있다. 국민당 집권 시 대만당국은 19세기 중엽의 아편전쟁 이후에 중국역사의 주류가 '자유·민주·균부'를 추구하는 삼민주의 이상에 있다고 강조했다. 그러나 공산당의 발흥과 이후 국공내전이 삼민주의 이상의 좌절을 가져왔고 현재의 양안을 분열과 분치상태로 만들었다는 것이다. 중국공산당 당국은 반제국과 반식민의 맥락에서 중국 근대사를 해석하고 있다. 나아가 양안관계를 이러한 맥락에 놓고 이해해야 하고, 대만과의 통일이 '국가의 통일과 영토의 완전한 회복을 위한 중국인민들의 투쟁'이라고 규정한다.

국민당 집권기 대만당국과 중국공산당당국이 중국 근대사를 해석하는 맥락은 대만 독립주의 인사들의 주장과 선명한 대비를 이뤘다. 대만 독립주의 인사들은 대만역사의 독특성이 저항의식의 강력함에 있음을 강조했다. 그들은 "대만 근대사는 대만인민이 생존을 도모하고, 압박에 반발하며, 주인으로서의 지위를 쟁취하기 위한 투쟁사"라고 인식한다. 또한 제2차 세계대전 종전 이후 50년의 역사를 "대만이 이민족에 의한 식민의 처지에서 동족에 의한 식민상태로 들어섰다"고 해석한다. 이렇게 대만 독립주의 인사들이 역사를 해석하는 맥락은 대만 및 중국당국과 분명히 다르다. 특히 그들은 어처구니 없게도 일본이 스스로 식민통치한 51년의 역사를 강조하면서 "효율적인 행정체계를 제공했고, 〔……〕 중국과 대부분의 유대관계를 단절했으며, 〔……〕 성공적으로 대만인들을 '중국인 같지 않게' 변화시켰다"고 주장한다. 이에 비해 중국공산당당국은 일본이 대만을 식민통치한 시기에 대만인들의 저항운동을 강조했다. 이렇게 세

진먼 섬 해안가에 중국대륙을 향해 서 있는 "삼민주의로 중국을 통일하자"는 표어

방면의 인사들은 모두 현재의 정치적 필요와 정치적 입장에서 출발하여 역사적 사실을 선택했고, 과거가 현재를 위해 봉사하도록 자의적인 역사 해석을 시도하고 있다.

본 절에서의 분석을 종합해보면, 다음과 같은 점을 발견할 수 있다. "양안 당국과 대만 민간 등 세 방면의 인사들은 대만과 중국대륙의 관계에 대한 논술에 있어서, 모두 역사 해석의 관점에서 출발하고 있다." 이러한 국가정체성의 논술방식은 화인 정치문화 특질의 한 표현이고, 화인들의 깊은 역사의식을 보여준다.

이러한 특징에서 출발하여 우리는 다음과 같이 주장할 수 있다. 백여 년간 양안 인민들의 역사 경험의 단절로부터 생겨난 상호 이해의 부족을 화해시키기 위해 서로 역사 경험을 함께 나누는 것은 긍정적인 상호작용을 위해 중요하다. 다만 이러한 주장에서 한 발 더 나아가 논술하기 전에 반드시 '경제우선주의'와 그 양안관계에 대한 주장을 먼저 검토할 필요가 있다.

3. 경제우선주의와 그에 대한 비판들

1) 경제우선주의와 그 주장들

이 글의 제2절에서 분석한 것처럼, 양안이 역사 해석을 통해 국가정체성을 세워가는 방식은 분명히 '경제우선주의'를 주장하는 사람들에게 의문을 일으킬 것이다. 이러한 의문의 주요 논점은 다음과 같다. 첫째, 민족국가의 시대는 21세기에 종결될 것이고, 이를 대신하는 것은 인민의 필요에 기초한 글로벌경제이다. 둘째, 따라서 현 단계의 중국대륙과 대만당국 및 대만사회의 독립주의 인사들이 민족국가의 개념을 기초로 제시한 각종 국가정체성의 담론은 이미 시대에 뒤떨어진 것이며, 21세기 초국적 경제 활동에 부합하지 않는다. 이러한 논의들에 대해 좀 더 살펴보자.

최근 국제 지식계에서 '민족국가종결론'으로 의론이 분분하다. 오마에 겐이치(大前研一, 1943~)는 이러한 담론에 가장 중요한 대변인이다. 그는 『민족국가의 종결』[12]이라는 책에서 다음과 같이 주장한다. "20세기 말에 강력한 영향력을 발휘한 경제동력은 이미 민족국가의 역할에 대해 의문을 제기했다. 민족국가는 반드시 정치하게 사고할 수 있도록 하는 개념이 아니고, 경제활동과 민족국가 사이에 더 이상 필연적 관계성은 찾아볼 수 없다. 각각의 독립된 민족국가를 기초로 하는 세계질서는 반드시 수많은 핵심 가치관의 지지에 의해서만 유지될 수 있다. 예를 들면, 서구 국가들이 실천하는 자유민주주의 제도와 정치적 주권의 개념 자체도 마찬가지다. 현재 이러한 가치관들은 다시 해석할 필요가 있다. 심지어 다른 개념으로 바꿀 필요까지 생긴다. 21세기엔 산업Industry, 투자Invest-ment, 개인Individual, 정보Information라는 '네 가지 I' 또한 국경을 넘나드는 막힘없는 유통이 강화되어 과거 19세기 폐쇄적인 모델의 지리관념은 더 이상 지속되기 어렵다. 특히 정보통신기술의 발전이 가장 중요한 요인이다."

오마에 겐이치는 이어서 다음과 같이 주장하고 있다.[13] "오래된 경제지도에서 가장 중요한 요소들은 원료의 산지, 에너지, 항행할 수 있는 하천, 심해, 부두, 철로, 도로 그리고 국가와 국가 간의 경계선이었다. 그러나 지금의 경제지도에서 가장 두드러지는 요소들은 위성TV 수신가능지역, 방송채널 수신지역, 신문잡지 발행범위 등의 정보로, 이것이 시공간의 거리와 정치적 관계를 대체해버렸으며, 경제활동에 영향을 미치는 가장 중요한 요소가 되었다."

영토와 정치적 경계선이 여전히 그 지위를 가지고 있다 하더라도, 양자(특히 정치적 경계선)는 인민의 지식, 욕구, 가치관의 중요성을 따라갈 수 없다. 때문에 오마에 겐이치는 다음과 같이 확신한다.[14] "민족국가는 현재 경제사무를 관리하는 측면에서 무기력한 상황에 처해 있다. 지역국가는 본질적으로 글로벌화의 논리를 우선 고려하는 독특한 능력을 갖고 있다. 만약 적당한 자주권을 가진다면 시대의 수요에 따른 변혁의 촉진제로 변할 수 있고 글로벌경제 하에 번영하고 부강한 환경을 추진하며 인민의 생활수준을 개선할 수 있다."

또 다른 책인『국경 없는 세계』[15]에서도 오마에 겐이치는 산업경쟁의 지도에서 국가의 경계는 거의 사라졌고, 소비자의 주권은 이미 출현했다고 강조했다. 오마에 겐이치와 독일의 허버트 헨즐러Herbert Henzler, 그리고 미국의 프레드 클럭Fred Cluck은 뉴욕에서 개최된 무역과 경쟁능력 회의에서 발표한 「2005년 세계의 상호원조 협력선언」에서 다음과 같이 지적했다. "과거 수십 년 동안 우리는 선진경제국 중에서 관념, 개인, 투자, 기업의 자유유통으로 형성된 일종의 유기적 결합을 발견했다. 〔……〕 정보능력이 지역의 커뮤니티, 학술, 전문기구, 사회기구, 회사, 개인에게 직접 접촉하는 시점에 클러스터경제의 부상은 국가의 주권을 침해할 수 있다. 하지만 이렇게 국경을 구분하지 않는 세계 덕분에 이런 새로운 형태의 경제에 참여하려는 나라는 무한한 번영과 부를 누릴 수 있게 될 것이다."[16]

상술한 '글로벌화경제'라는 관점에서 출발하여 오마에 겐이치는 미래 중국대륙과 대만의 관계에 대해 자신의 생각을 밝혔다. 그는 현재 중국대륙이 취하고 있는 내부지향 성장과 국가를 중심으로 하는 정책은 정치적으로 많은 인민들을 감동시킬 수 있을지는 몰라도 경제적으로는 지속하기 어려운 정책이라고 생각한다.[17] 그는 중국이 만약 경제와 정치에서 지속적인 발전을 원한다면 반드시 그 영토 내에 많은 지역경제 시스템을 설립해야 한다고 주장했다. 왜냐하면 21세기에는 하나의 단일한 중앙정부가 13억 인구를 가진 국가의 경제정책을 지도한다는 것은 매우 어려운 일이기 때문이다. 동시에 효과적으로 인민들을 현대사회로 이끌기 위해서 중국정부는 반드시 교육에 최선을 다해야 한다. 인민은 교육을 받은 후에야 자기 자신의 관점에서 사고할 수 있고, 외부 세계를 이해하기 위해 노력할 것이다. 그는 미래의 중국이 중화연방Commonwealth of China 혹은 중화국가연합Chinese Confederation으로 가야 한다고 생각한다.

이러한 비전 아래, 오마에 겐이치는 대만이 역사의 교차로에 서 있다고 생각한다. 그는 국민당의 원로들이 물러나면서 대만이 반드시 자신의 미래를 결정해야 한다고 주장한다. 만약 대만이 이 문제를 잘못 처리한다면 외부의 침략이나 내전이 일어날 가능성이 매우 높으며, 적절한 대응을 한다면 대만은 미래 '중화연방'이나 '중화국가연합' 중에서 지도자적 지위를 갖는 구성원이 될 가능성이 높다. 그리고 세계에서 가장 중요하고 가장 자주적인 경제강국 중의 하나가 될 것이다.[18]

이상에서 살펴본 오마에 겐이치의 관점은 사실 대만 지식계에서 전혀 생소하지 않다. 대만의 일부 지식인들도 이미 점점 강화되고 있는 글로벌화가 필연적으로 국가 간의 공간, 시간 그리고 문화의 지역적 장애를 제거할 것이며, 이와 동시에 한층 더 분화된 지역을 형성하게 될 것이고, 행동의 주체로서의 국가는 점점 곤궁한 처지가 될 것이란 점에 주목했다. 국제주의가 다시 살아날 것이지만 분화된 지역이 도래할 것이다. 글로벌 시대에 처해 있는 대만은 이 문제를 진지하게 생각해야 한다.[19]

또 다음과 같이 주장한 사람도 있다. 세계정세는 절대적인 유동성의 모습을 보이고 있다. 냉전이 끝난 후 세계는 기존의 구조가 해체되고 새로운 구조가 재건되는 과도기에 처해 있으며, 양극체제가 와해되고 19세기의 권력정치가 다시 회귀했다. 유엔은 강대국들에 의해 이용되고 있어서 작은 나라들이 의지할 바가 못 되고 있다. 진정으로 세계를 주도하는 동력은 무력이 아니라 경제력이다. 아시아의 도약은 경제에 의존한 것이고, 중국인들의 세 개의 사회(대륙, 대만, 홍콩)가 세계의 주목을 받은 것은 역시 경제 때문이다. 이 세 중국인들의 사회가 구성하고 있는 경제권의 진일보한 모습이 바로 '중화공동체'의 건설에 기대고 있다.[20]

타오바이추안陶百川도 양안이 함께 중화국가연합Chinese Commonwealth을 세울 것을 호소했다. 국내외의 중화민족의 국가 혹은 정치실체들이 연합하여 적절한 시기에 교류·협력·협상을 통해 자유·민주·균부·균권의 통일된 중국을 건립하는 것이다.[21] 오마에 겐이치의 관점은 이와 같이 대만 지식인들의 견해와 서로 상응하고 있다.

이러한 '경제우선주의'는 수많은 기업계 인사들이 양안관계에 대해 주장하는 내용 중에도 흔히 볼 수 있다. 왕융칭王永慶은 다음과 같이 주장했다.[22]

> 앞으로 대만에서 계속 노동밀집산업을 추진하는 것은 발전공간의 한계 때문에 이전 등 새로운 대책이 필요하다. [……] 그 이전의 유일한 선택은 중국대륙이 될 것이다. 이러한 정세는 쌍방의 관계를 앞으로 이와 입술의 관계처럼 만들 것이고, 서로 생사를 함께하는 수준이 될 것이다.

또 다른 기업가인 구롄쑹辜濂松도 다음과 같이 유사한 주장을 했다. "경제를 발전시키고 정치적 안정을 추구하기 위해 양안관계는 마땅히 상생win-win적이고 비제로섬non-zero-sum게임의 발전을 향해 나아가야 한다. 중국대륙이 만약 경제번영과 발전에 힘쓰고 대만을 존중한다면, 양안관계는 반드시 부드러워질 것이고 경제적 연합도 더욱 밀접해질 것이며 상생의 국면으로 접어들 것이다. 그러면 중국대륙은 더욱 진보하고 번영할 것이며, 대만은 더욱 안전해지고 양안 간의 차이도 축소될 것이며 대립상황도 결국에는 사라질 것이다."[23] 또한 최근에는 양안과 홍콩 등지에 '중화경제권'을 형성해야 한다고 제안하는 학자들도 있다.[24]

2) 경제우선주의에 대한 비판

상술한 경제우선주의와 이로부터 도출해낸 양안관계에 대한 논점은 개별적으로 보면 일리가 있는 주장들이다. 근래 수십 년간 인류가 경험한 정보혁명의 역사적 조류와 최근 십여 년간 중국대륙이 개혁개방을 통해 이끌어온 경제발전을 바라볼 때, 경제적 측면에서 양안관계를 생각하는 것은 혜안이라 할 수 있다.

그래서 리덩후이李登輝는 1996년 5월 20일 제9대 총통으로 취임할 때, 미국의 저명한 정론잡지인 『내셔널 리뷰』에 글을 발표하면서 다음과 같이 지적했다. 중국대륙은 현재 경제개혁을 실시하고 있고 계속해서 선거제도를 시행하고 있으며 대중교육도 시도하고 있다. 이러한 작업은 10억 이상의 인구로 구성된 국가에게는 상당히 큰 도전인데, 여러 방면에서 외부의 도움이 필요하다. 중화민국은 일찍이 도움의 손길을 내밀 준비가 되어 있다. 대만은 공동으로 투자할 것을 원하며, 중국대륙이 국영기업을 중건하고 현대적 시장경제의 건립에 도움을 주길 원한다고 말했다. 또한 기꺼이 중국대륙의 농업발전을 도와줄 의향이 있다고 했다.[25] '이데올로기의 황혼'에 접어든 21세기를 앞두고 이러한 제안을 한 것은 분명히 감동적이라 할 수 있겠다.

그러나 양안관계에서 경제적 요소가 과대 포장되면 안 된다. 경제 이외에 양안 화인들의 역사의식은 양안관계를 결정하는 더욱 중요한 요소이다. 사실을 말하자면, '경제우선주의'를 주장하는 사람들은 양안관계를 다룰 때 다음과 같이 세 가지 맹점에 빠지는 것을 피치 못하는 경우가 많다.

첫째, 인간을 완전히 '경제동물homo economicus'로 보고, 전 지구적 경제활동이 지역의 정치적 분쟁을 해결할 수 있다는 데 희망을 걸고 있다. 경제우선주의의 통찰은 인간이 경제활동의 네트워크 속에서 생활하는 동물이라는 특징을 정확히 파악하고 있다. 그러나 '정치영역'이 단지 '경제영역'의 확대와 연장선이고, 전 지구적 경제논리(오마에 겐이치가 말한 '글로벌 로직global logic')가 지역의 정치적 문제들을 해결할 수 있다는 식으로 과도하게 해석하면 안 된다. 예를 들면, 경영학자 피터 드러커Peter F. Drucker가 말했듯이, 전 지구적 경제의 큰 흐름에서 민족국가는 여전히 강력한 생명력을 보여주고 있다. 특히 국내의 재정과 화폐정책, 대외경제정책, 국제무역관계 및 전쟁 등을 통제하는 측면에서 국가는 여전히 절대적인 영향력을 갖고 있다.[26]

더 정확하게 말하자면, 대만과 중국대륙과 같은 화인지역에서의 '정치영역'은 단지 경제적 이익을 절충하고 협조하기만 하는 곳이 아니라 각종 이데올로기, 역사의식, 심지어 문화적 사명감이 서로 투쟁하는 경기장이라 할 수 있다. 중국대륙과 대만의 관계를 다룰 때, 우리는 화인지역의 정치영역이 경제영역으로 치환될 수는 없다는 것에 주의해야 한다. '민족적' 혹은 '민권적' 문제는 '민생적' 각도에서 완전히 해결할 수 있는 것이 아니다. 양안관계는 양쪽 인사들의 역사의식과 역사적 감정 문제와 깊이 연결되어 있다.

둘째, '경제우선주의'를 주장하는 사람들이 종종 경제의 글로벌화 추세를 과도하게 강조하기 때문에 '지역화'의 추세를 무시하게 된다. 1945년 제2차 세계대전이 끝난 이래로 세계의 역사발전은 두 가지 경향이 특히 두드러져 보인다. 하나는 첨단기술의 발전으로 도래한 '글로벌화'나 '초국가주의화' 추세에 따라 국가와 국가 및 지역과 지역 간에 있어왔던 장애가 점점 소멸되었고, 소위 '지구촌'은 점점 현실이 되었다. 다른 하나는 국제화의 큰 흐름에도 세계 각지에서 뿌리를 찾는 의식 또한 갈수록 심화되고 있다. 본토로 회귀를 주장하는 '로컬화' 추세는 그렇게 역사적 추세가 되었다. 세계(글로벌)화와 본토(로컬)화의 두 역사적 흐름은 서로를 자극하고 보완하며 변증법적인 발전관계를 형성하고 있다. 오마에 겐이치와 그의 추종자들은 종종 '세계화'를 강조한 나머지 동시에 진행되고 있는 '본토화' 추세에 충분한 주의를 기울이지 못하고 있다.

사실상 세계화와 본토화의 두 가지 흐름은 불가분하면서도 서로 경쟁적인 관계다. 이러한 변증법적인 관계는 전후 대만(특히 1987년 7월 계엄령 해제 이후)에서 극히 선명한 방식으로 나타났다. 예를 들면, 최근 대만에서 '정치정체성'과 '문화정체성'의 문제가 상기한 '세계화'와 '본토화' 간의 변증적 긴장관계를 드러내고 있다.

더욱 특이한 것은 계엄령 해제 이후 지식인들의 마음속에서 '본토화'는 사실상 서로 긴장된 두 가지 추세를 모두 포함하고 있다는 지점이다. 그 하나는 '본토화'와 '서양'의 대비적 맥락에서 '본토화'를 '탈서구화de-westernization'의 수단으로 삼는 것이고, 또 다른 하나의 추세는 '대만'과 '중국대륙'이란 대비적 맥락에서 '본토화'를 '탈중국화de-sinization'의 수단으로 삼는 것이다. 이러한 두 가지 추세는 맥락뿐만 아니라 그 함의에 있어서도 서로 다르다. 대만의 국가정체성 문제는 바로 20세기 말에 세계화와 본토화 두 가지 역사적 흐름이 서로 격돌하는 역사적 맥락에서 불러일으켜진 과제였다.

셋째, 오마에 겐이치와 그의 추종자들은 전 지구적 경제시스템을 총괄적으로 보면서 화인사회의 정치정체성과 문화정체성이 서로 겹치고 있다는 점을 소홀히 했다. 근대 서구세계의 정치적 정체성은 계약설의 기초 위에 세워졌다. 인민은 납세와 병역의 의무를 다함으로써 국가의 보호를 얻어냈다. 그러나 화인사회의 정치적 정체성은 종종 문화적 정체성과 깊이 얽혀 있고 양자는 서로를 강화해준다.

일제강점기 대만 지식인들의 조국의식 형성과 그 함의 그리고 그 변화를 살펴보면 이 점을 알 수 있다. 일제강점기에 수많은 대만의 지식인들은 중국대륙을 자신들의 조국으로 인식했다. 이는 일제 식민정책의 핍박이 야기한 면도 있지만, 다른 한편으로는 대만의 한인漢人들이 일제강점기에 상당히 강한 한문화漢文化에 대한 정체성을 갖고 있었기 때문이다. 그들은 중국대륙을 문화와 역사의 '원향原鄉'이라고 보았다. 이러한 조국의식은 대만과 중국대륙을 유기적 문화체로 보고 있는 것이지, 기계적인 대항의 대상으로 본 것이 아니었다.

일제강점기 대만 지식인들의 정신세계 속에 존재하고 있던 조국의식은 기본적으로 일종의 '집단적 기억collective memory'이었다. 일제강점기 대만 지식인들에게 조국이라는 것은 일종의 역사적 공동유업이었고, 이러한 공동유업은 한문화에 대한 정체성을 그 기초로 하고 있었다. 이러한 집단적 기억은 당대 사람들의 생활 경험(특히 일본인들의 식민통치와 압박)이 만들어낸 것이다. 집단적 기억 속의 기억이라는 것은 공동체 문화의 일부인 개인의 기억이지, 공동체와 무관한 개체의 기억이 아니다.[27] 이러한 구체적 역사 경험은 다음과 같은 것을 보여준다. 즉, 화인사회에서 '정치정체성'과 '문화정체성' 사이에는 상호작용하고 영향을 주고받는 복잡한 관계가 실존하고 있다는 것이다.

오마에 겐이치의 글로벌화 및 지역적 경제의 흥기에 대한 담론은 심오한 내용을 담고 있지만, 그가 선언한 '민족국가의 종결'이라는 판단은 화인사회를 구성하는 대륙과 대만에 대해서는 시기상조이며 어울리지 않는 면이 있다.

4. 문화교류를 통해 양안 인민의 역사경험의 공유를 촉진할 것

본 장의 제2절과 제3절의 논술을 통해 우리는 다음과 같은 견해를 제기할 수 있다. 첫째, 대만과 대륙 간에는 경제적 교류 외에 문화적 교류를 강화해야 한다. 둘째, 문화교류 중에서 특히 역사 경험의 교류를 통해 양안 인민의 상대방에 대한 역사 경험을 함께 나누고 이로써 진심에서 우러나오는 상호 이해를 실현할 수 있어야 한다. 이제 이 두 가지 문제를 좀 더 깊이 다루고자 한다.

필자가 주장하는 바는 현재 양안 당국과 민간에서 열중하고 있는 경제교류 외에 특별히 문화교류를 강화하는 것이다. 근거는 다음과 같은 두 가지 차원에서다. 첫째, 지난 백년 동안 대만과 대륙은 정치적인 이유로 문화적 연계성이 심각하게 단절되었는데, 그 시급한 재건이 필요하다. 1895년 일본이 대만을 점령한 이래로, 대만과 대륙의 연계성은 점점 약화되었다. 1949년에 국민당정부가 대만으로 옮겨온 후 양안은 서로 왕래하지 않았고, 1980년대 말에 이르러서야 다시 왕래가 시작되었다. 쌍방의 문화적 단절은 인민 간의 간격을 더욱 크게 만들었다. 둘째, 대만지역이든 대륙지역이든 최근 50년간 문화발전의 최대 문제는 비문화영역의 간섭과 지배를 받음으로써 문화영역의 자주성이 심각하게 상처를 입었으며, 문화영역 내부의 여러 문화요인 간에 충돌 및 대결관계가 형성됨으로써 문화 내부의 생기가 타격을 입은 데 있다.[28] 이러한 두 가지 측면에서의 문화적 단절을 치유하기 위해서 앞으로 양안 간의 문화교류가 강화되기를 기대한다.

그러나 문화교류라는 것은 다방면에 걸쳐 있다. 그중 가장 중요한 것은 양측 인민들의 역사 경험이 교류되어야 할 것이다. 필자는 양안의 문화교류가 정부 차원을 넘어 인민단위에서 출발해야 한다고 주장한다. 우선 1895년 이후 대만과 대륙이 정치적 분열과 대결의 와중이었기 때문에 양측 인민이 상대방의 역사 경험에 참여할 수 없었다. 자연히 역사의 단절로 인해 오해가 생겨났고, 역사의식의 오해는 권력을 장악한 정치지도자들의 왜곡과 농단으로 인해 더욱 심화되었다.

최근 백여 년 이래 대만인민과 대륙인민은 각자 서로 다른 역사를 경험했고, 서로 다른 국가관과 세계관을 형성해왔다. 그리고 이것이 양측 인민들이 국가정체성에 대해 서로 다른 이념을 갖도록 영향을 미쳤다. 따라서 이 문제에 대한 대만과 대륙 사이의 문화교류는 당연히 '인민의 입장에서 출발'하는 원칙에 근거해야 하고, 여러 가지 역사 경험의 회고와 검토활동을 통해 양측 인민들의 역사의식의 차이를 해결하기 위해 힘써야 한다. 이로써 양측 인민 간에 진정한 이해의 기초가 탄탄해질 것이다.

구체적으로 말하자면, 20세기 중국대륙은 동란과 우환이 끊이지 않았다. 서기 1900년 의화단義和團은 격렬한 배외주의에 사로잡혀 베이징의 각국 대사관을 포위했고, 청조정은 각국에 선전포고를 했다. 이어서 8개국 연합군이 베이징을 점령했다. 이듬해인 1901년에 신축조약辛丑條約을 체결하고 서구열강의 중국에 대한 침략이 최고조에 달했다. 1911년에 신해혁명이 일어났고 청조는 무너졌다. 쑨원 선생은 1912년에 난징南京에서 중화민국 임시정부 대총통에 취임했다. 그러나 중화민국이 성립된 이래 잇달아 동란의 세월이 이어졌다. 1915년에 위안스카이袁世凱가 황제를 칭하고, 일본은 21개조요구(二十一條要求, 제1차 세계대전 때인 1914년 8월 일본이 당시 독일이 권익을 누리고 있던 산둥山東반도에 출병하여 점령한 다음, 이 지역에서의 독점적 권익보장을 위해 1915년 중국에 21가지를 요구하여 관철시킨 조약―역자 주)를 제시하며 침략에 대한 야심을 드러냈다. 1917년에 장쉰張勳이 황제를 복위시켰으며 이어 군벌들의 혼전이 벌어졌다. 1922년에 제1차 직봉전쟁이 일어났고, 1924년에 제2차 직봉전쟁이 일어났으므로 연이은 전쟁은 백성들을 도탄에 빠뜨렸다. 1928년에 북벌이 완결됨으로써 중국은 비로소 형식적으로 통일을 이루게 되었다.

그러나 중국을 침략하려는 일본군벌의 야욕은 갈수록 높아졌고, 결국 1937년 7월 7일에 노구교蘆溝橋 사건(베이징 서남쪽 15km에 위치한 노구교에서 일본군이 의도적으로 도발하면서 중일전쟁의 발단이 된 사건―역자 주)을 도화선으로 중국은 전면적으로 대일항전을 벌였다. 1937년부터 1945년까지 중국은 8년간 대일항전을 벌였고 인민들은 살 곳을 찾아 헤매며 고난의 세월을 보내야 했다. 항전에서 승리한 뒤에도 국공내전은 이어졌고, 결국 중국대륙의 정권은 바뀌었다. 1949년 이후 중국인민은 공산당의 통치 아래서 다시 반우파투쟁(1957~1958), 대약진운동(1958~1960), 문화대혁명(1966~1976) 등의 재난을 겪었으며, 1989년 6월 4일의 천안문사건으로 절정에 이르렀다.

백여 년 이래 대륙의 중국인민들이 경험한 것은 일련의 비극적 운명과 민족적 좌절이었다. 그래서 이들의 민족주의 정서는 강화되었고, 이로 인해 민족주의는 현재 대륙의 정치문화 가운데 아주 중요한 부분이 되었다. 이런 중국인민들에게 현대사회에서 개인 생명의 존엄과 자유와 민주적 가치의 추구를 국가정체성 위에 두는 사고방식은 상대적으로 이해하기 어려울 수 있다.

그러나 지난 백여 년 동안 대만은 중국대륙과 다른 역사의 길을 걸어왔다. 1895년 일본이 대만을 점령한 이후 초기에는 무장 항일운동이 여기저기서 일어났지만, 1920년대 이후에는 의회설치청원운동議會設置請願運動이 있기도 했다.

역사적 관점에서 볼 때 일제강점기는 대만이 전통사회로부터 근대사회로 전환하는 중요한 시기였다. 일본 식민당국은 대만의 각종 자원을 착취했으나 다양한 건설사업을 적극적으로 벌이기도 했다. 예를 들면, 1911년 12월 1일에 지룽基隆에서 가오슝高雄까지 철도를 부설하여 야간운행까지 시행하고, 1913년 12월 20일부터는 대만의 남북을 관통하는 철도를 전 구간 개통했으며, 1930년 4월 10일에 장장 10년(1920~1930)에 걸쳐 자난嘉南댐을 건설하여 물을 공급하고, 1931년에는 가오슝에 두 번째 화력발전소를 만들어 전기를 공급하기 시작했다. 이러한 기초건설은 상당 부분 대만 현대화의 기반을 다졌다.[29] 이러한 역사 경험은 대만지역의 주민들이 근대 서구의 정치적 가치와 이념을 쉽게 받아들이도록 만들었다.

이상에서 서술한 중국대륙과 대만지역의 인민들이 갖고 있는 백여 년간의 서로 다른 역사 경험은 양측의 인민들로 하여금 서로를 오해하게 만든 중요한 역사적 근원이 되었다. 따라서 역사 경험의 교류와 공유를 통해 진행되는 문화교류는 현 단계 양안의 긴장을 누그러뜨리는 중요한 방법이 될 것이다.

5. 맺음말

본고는 역사적 관점에서 현재 대만과 대륙의 국가정체성 문제를 해석하고 분석했다. 화인사회에서 국가정체성과 역사 경험은 깊이 연결되어 있다. 대만과 대륙당국 및 민간 인사들이 서로 다른 판본의 국가정체성을 주장할 때, 그것은 각각의 중국 근대사와 대만사의 해석에서 출발하고 있었다.

이렇게 '역사 해석을 통해 국가정체성을 논증'하는 사유방식은 화인 문화전통의 중요한 특징이다. 중화문화에서 흔히 볼 수 있는 사유방식 중의 하나는 '구체성의 사유방식'이며, '역사적 사유'는 바로 구체성의 사유방식에서 가장 자주 나타나는 표현이다.[30] 중화문화에서 철학적 명제는 종종 역사적 논술을 통해 제기되는데, 국가정체성도 역사적 사실의 선택과 해석을 통해 세워진다. 본고의 논의는 이러한 견해를 충분히 인증하고 있는 셈이다.

백여 년간의 역사적 단절로 인해 양안 인민들은 서로 다른 역사 경험을 하게 되었고, 이로 인해 서로 다른 역사의식을 형성하게 되었다. 따라서 양안의 교류에서 경제적 왕래 외에도 더욱 중요한 것이 문화교류이다. 특히 양측 인민들의 역사 경험에 대한 공유와 나눔은 현재 양안 문화교류에 있어서 가장 중요한 작업이라 할 수 있겠다.

주

한국어판 서문

1 馬克思, 「農民起義與太平天國革命」, 中共中央馬恩列斯著作編譯局 역, 『馬克思恩格斯論中國』 (北京: 人民出版社, 1997), 143-144면.

2 Martin Jacques, When China Rules the World: The End of the Western World and the Birth of a New Global Order(New York: Penguin, 2009); William A. Callahan and Elena Barabantseva eds., China Orders the World: Normative Soft Power and Foreign Policy (Baltimore: Johns Hopkins University Press, 2012).

3 William A. Callhan, "Sino-speak: Chinese Exceptionalism and the Politics of History," The Journal of Asian Studies, Vol.71, Issue 1(February, 2012), pp. 33-55.

4 Charles Alexis de Tocqueville, tr. by Harvey Claflin Mansfield, Democracy in America (Chicago: University of Chicago Press, 2000).

5 溝口雄三, 『方法としての中國』(東京: 東京大學出版會, 1989년), 306면.

6 張家駒, 『兩宋經濟的南移』(武漢: 湖北人民出版社, 1957년).

7 余英時는 『發現臺灣』이라는 책의 서문에서 이러한 논점을 제기했다. 天下編輯 著, 『發現臺灣』 (上冊)(臺北: 天下雜誌, 1992년), 「序」, 1면.

8 連橫, 『臺灣詩乘』(臺北: 臺灣銀行經濟研究室, 1960년), 13-14면.

9 黃俊傑, 『東亞儒學視域中的徐復觀及其思想』(臺北: 臺大出版中心, 2009년; 2018년 增訂新版). 프랑스어 번역본은 Chun-chieh Huang, translated by Diana Arghirescu & Lin Ting-sheng, Xu Fuguan et sa pensée dans le contexte du confucianisme de l'Asie de l'Est (Quebec: Presses de l'Université Laval, 2015), 일본어 번역본은 緒形康 역, 『儒教と革命の間──東アジアにおける徐復觀』(福岡: 集廣舍, 2018년), 영어 번역은 Diana Arghirescu, Xu Fuguan in the Context of East Asian Confucianisms (Honolulu: University of Hawai'i Press, 2019).

10 楊儒賓이 최근 이러한 견해를 밝혔다. 楊儒賓, 『1949禮讚』(臺北: 聯經出版公司, 2015년) 참고.

11 黃俊傑, 『臺灣意識與臺灣文化』(臺北: 臺大出版中心, 2007년), 제1장, 4-33면; Chun-chieh Huang, Taiwan in Transformation: Retrospect and Prospect (New Brunswick, N.J. : Transaction Publishers, 2014), pp.127-152.

12 졸저 Taiwan in Transformation: Retrospect and Prospect 185면에서 이 점에 대해 논했다.

13 布伯 저, 陳維綱 역, 『我與你』(臺北: 久大文化公司·桂冠文化公司, 1996년).

14 필자는 일찍이 '海峽兩岸'의 역사적 단열과 치유'라는 관점으로 21세기 海峽兩岸 관계의 전

망을 논의한 바 있다. 이에 대해서는 졸저 Taiwan in Transformation: Retrospect and Prospect, chapter 8, 153-174면 참조.

15 『孟子·梁惠王下·3』, 인용문은 〔宋〕朱熹:『孟子集注』,『四書章句集注』(北京: 中華書局, 1983 年), 215쪽 "惟仁者爲能以大事小. …… 惟智者爲能以小事大."

제1장

1 郭水潭,「荷人據臺時期的中國移民」,『臺灣文獻』10卷 4期(1959年 10月), 20면 참조.

2 위와 같은 글, 21면.

3 이 자료는『重纂福建通志』에 보이며, 후에 臺灣銀行經濟研究室編,『福建通志臺灣府』(臺北:臺灣銀行經濟研究室, 臺灣文獻叢刊第 84種, 1960) 卷19,「風俗」, 208면에 수록되었다.

4 洪麗完,「淸代臺中地方福客關係初探-兼以淸水平原三山國王廟之興衰爲例」,『臺灣文獻』41卷 2期(1990年 6月), 63-93면; 施添福,『淸代在臺漢人的祖籍分布與原鄕生活方式』(臺北:師範大學地理學系, 1987); 連文希,「客家之南遷東移及其在臺的流佈-兼論其開8拓奮鬪精神」,『臺灣文獻』23卷 4期(1972年 12月), 1-23면 참조.

5 조사자료는 陳漢光,「日據時期臺灣漢族祖籍調查」,『臺灣文獻』23卷 1期(1972年 3月), 85-104면. 통계수치는 85면 참조.

6 陳國章,「從地名可以辨別泉·漳語群的分布-以臺灣地名爲例」,『地理敎育』第24期(臺北:臺灣師大, 1998), 1-4면 참조.

7 일제강점기 대만의 중국인 본적지에 관한 비교적 상세한 조사 문건은 1928년 대만총독부 관방 조사과가 편찬하여 간행한『臺灣在籍漢民族鄕慣別調查』라고 할 수 있다. 陳漢光은 이 조사보고서에 근거하여 당시 대만에 거주하는 중국인의 본적지를 다음과 같이 정리했다. "(1)福建:包括泉州·漳州·汀州·龍岩·福州·興化·永春等府. (2)廣東:包括潮州·嘉應·惠州等府."(陳漢光, 앞의 논문 104면 참조).

8 『臺灣采訪冊』(臺北:臺灣銀行, 1959, 臺灣文獻叢刊 第55種) 卷1 第1冊, 35-36면.

9 위와 같은 책, 37-38면.

10 『淡水廳志』(臺北:臺灣銀行經濟研究室, 1963, 臺灣文獻叢刊 172種), 417-418면.

11 『重修臺灣縣志』(臺北:臺灣銀行經濟研究室, 1961) 卷6,「祠宇志」, 179-180면.

12 許嘉明,「祭祀圈之於居臺漢人社會的獨特性」,『中華文化復興月刊』第11卷, 第6期(1978年6月), 59-68면 참조.

13 尹章義,「閩粤移民的諧和與對立-以客屬潮州人開發臺北以及新莊三山國王廟的興衰史爲中心所作的研究」,『臺北文獻』74期(1985年12月), 1-27면. 특히 23면 참조.

14 洪麗完,「淸代臺中地方福客關係初探-兼以淸水平原三山國王廟之興衰爲例」, 78면 참조.

15 陳其南,「臺灣本土意識與民族國家主義之歷史研究」,『傳統制度與社會意識的結構-歷史與人類學的探索』(臺北:允晨文化實業公司, 1998), 169-203면, 특히 172면.

16 陳其南,『臺灣的傳統中國社會』(臺北:允晨文化實業公司, 1987), 125면.

17 위와 같은 책, 95-97면.

18 吳文星,『日據時期臺灣社會領導階層之研究』(臺北:正中書局, 1992), 314-318면 참조.

19 陳昭瑛,『臺灣詩選註』(臺北:正中書局, 1996), 6면 참조.

20 陳昭瑛,「當代儒學與臺灣本土化運動」,『臺灣文學與本土化運動』(臺北:正中書局, 1998), 290~291면 참조.

21 陳昭瑛,「日帝植民地時代臺灣儒學的殖民地經驗」,『臺灣與傳統文化』(臺北:中華民國中山學術文化基金會, 1999), 31-60면.

22 吳新榮,『吳新榮書簡』(臺北:遠景出版社, 1981), 78-79면.

23 吳新榮,『吳新榮日記(戰前)』(臺北:遠景出版社, 1981), 91면.

24 吳新榮,『吳新榮日記(戰後)』(臺北:遠景出版社, 1981), 20면.

25 巫永福,「三月十一日懷念陳炘先生」,『臺灣文藝』105期(1987年 5·6月), 83면. 陳炘에 대해서는 李筱峰,『林茂生·陳炘和他們的時代』(臺北:玉山社出版事業股份有限公司, 1996) 참조.

26 楊肇嘉,『楊肇嘉回憶錄』(臺北:三民書局, 1977), 100-101면.

27 楊肇嘉,『楊肇嘉回憶錄』, 4면.

28 楊基銓,『楊基銓回憶錄』(臺北:前衛出版社, 1996), 132면.

29 『臺灣民報』第61號(大正14(1925)年 7月 19日), 8면.

30 鍾逸人,『辛酸六十年——二二八事件二七部隊長鍾逸人回憶錄』(臺北:自由時代出版社, 1988), 136-137면.

31 吳濁流,『無花果』(臺北:前衛出版社, 1988), 39면.

32 矢內原忠雄 著, 周憲文 譯,『日本帝國主義下之臺灣』(臺北:臺灣銀行經濟研究室, 1956), 48면. 矢內原忠雄의 피압박자에 대한 동정과 지지는 그의 문하에서 배운 朱昭陽에게 영향을 준 바가 매우 크다. 이에 대해서는『朱昭陽回憶錄』(臺北:前衛出版社, 1995) 30·38-39면에 보임.

33 『臺灣民報』第3卷 第6號(大正14(1925)年 2月 21日), 7면.

34 『臺灣民報』第2卷 第17號(大正13(1924)年 9月 11日), 6면.

35 『臺灣民報』第3卷 第14號(大正14(1925)年 5月 11日), 6-7면.

36 『臺灣民報』第83號(大正14(1925)年 12月 13日), 2면.

37 『中國農村復興聯合委員會工作報告』(民國37年 10月 至 39年 2月 15日), 12면. 당시 農復會를 따라 대만에 온 미국적의 위원 존 베이커John E. Baker는 대만과 중국대륙에 대해서 깊은 인상을 받았으며, 그의 회상록 중에는 대만에 대해서 많은 칭찬을 하고 있다. John EarlBaker, JCRR MEMOIRS Part Ⅱ. Formosa, Chinese-American Economic Cooperation, February 1952, Vol.1,no.2 pp.59-68에 보임. 본 내용은 수고본으로 黃俊傑 編,『中國農村復興聯合委員會史料彙編』(臺北:三民書局, 1991), 91-110면에 수록됨.

38 柯飄,「臺灣初旅」,『聯合報』(1951年 10月 25日), 第8版.

39「京滬平昆記者團臺行觀感諸家」,『臺灣月刊』第2期(1946年 11月), 25-27면.

40 蕭乾,『人生探訪』(臺北:聯經出版公司, 1990. 초판은 1948년 上海에서 출판됨), 249-260면.

41 광복 초기 대륙인의 대만 경험에 대해서는 본서 제5장을 참조.

42 張望,「我們都是中國人」,『新生報』(1946年 6月 26日), 第6版.

43 姚隼,「人與人之間及其他」,『臺灣月刊』2期(1946年 11月), 64-65면.

44 위의 주와 같은 인용문, 57면.

45 張良澤,『四十五自述』(臺北:前衛出版社, 1988), 55-56면.

46 楊基銓,『楊基銓回憶錄』, 197면.

47 蕭乾,『人生探訪』, 257면.

48 蕭乾,『人生探訪』, 259면.

49 朱昭陽,『朱昭陽回憶錄』, 92-93면. 여기에는 광복 초기의 정치에 대해 보도한 자료가 있다.

50 艾邪,「華威先生遊臺記」,『公論報』(1948年 9月 23日), 第6版.

51 姚隼, 앞에 인용한「人與人之間及其他」, 58면. 姚隼은 일찍이 당시의 '阿山'이라는 단어의 함의에 대해서 다음과 같이 네 가지로 요약했다. 1. '阿山'은 '비 현지사람'이라는 의미를 내포하고 있으며, 대만사람과의 구별을 위해 쓰인다. 2. '阿山'은 '특수계급'을 가리키는 말이다. 3. '阿山'은 또한 멸시의 내용을 포함하고 있다. 4. '阿山'은 또한 '바보', '촌놈' 등의 뜻을 지니고 있다.

52『臺灣省議會公報』第84卷 第14期(臺北:臺灣省議會, 1998年 12月 1日), 1978면.

53 1996년의 미사일 위기에 대한 학술적 연구논저는 Jaw-Ling Joanne Chang, "The Taiwan-Strait Crisis of 1995~1996: Causes and Lessons," in Chunchieh Huang et.al.eds., Postwar Taiwan in Historical Perspective (College Park: University Press of Maryland, 1998), pp.280-303; James R. Lilley and Chunk Downs eds., Crisis in the Taiwan Strait (Washington, D. C.: National Defense University Press, 1998) 참조.

54 李登輝,『臺灣的主張』(臺北:遠流出版公司, 1999), 264면.

55 위와 같은 책, 271면.

56 위와 같은 책, 263면.

57 黃呈聰,「應該著創設臺灣特種的文化」,『臺灣民報』第3卷 第1號(大正14年 1月 1日), 7-8면.

58 甘文芳,「新臺灣建設上的問題和臺灣青年的覺悟」,『臺灣民報』第67號(大正14年 8月 26日), 15-18면.

59 吳新榮,『吳新榮日記(戰前)』, 112면.

60『遠見雜誌』, 100期特輯'新臺灣人'(臺北:遠見雜誌社, 1994年 9月 15日), 19면.

61『大方廣佛華嚴經金師子章·明緣起第一』云, "謂金無自性, 隨工巧匠緣, 遂有師子相起." 본고에서 사용하고 있는 '自性'이라는 단어의 함의는 이와 같다.

62 黃麗卿,「我們都是新臺灣人」,『中央綜合月刊』, 32卷 1期(1999年 1月), 8-9면.

63 高希均, 「'新'臺灣人:改寫臺灣生命力的新劇本」, 『中央綜合月刊』 32卷 1期(1999年 1月), 36-38, 인용문은 37면.

64 『中央綜合月刊』 32卷 1期, 41-45면에는 가수, 연예인, 화가, 출판사 책임자, 광고업자, 가정 주부의 '신대만인'이라는 단어에 대한 각종 해석이 열거되어 있다.

65 葉榮鐘, 『小屋大車集』(臺中:中央書局, 1997), 24면 "忍辱包羞五十年, 今朝光復轉凄然."

66 위와 같은 책, 212면.

67 이와 관련된 토론은 졸저 Chun-chieh Huang, Taiwan in Transformation, 1895-2005(New Brunswick and London: Transaction Publishers, 2006), 153-188면 참조.

제2장

1 「全臺紳民痛罵李鴻章文」, 王曉波 編, 『臺胞抗日文獻選新編』(臺北: 海峽學術出版社, 1998), 15면.

2 청일전쟁에 관한 연구 성과가 매우 많다. 王仲孚 主編, 『甲午戰爭中文論著索引』(臺北: 國立臺灣師範大學歷史系所, 1994)을 참조.

3 吳文星, 「日本據臺前對臺灣之調査與硏究」, 『第二屆臺灣本土文化學術硏討會論文集(2)』(臺北: 國立臺灣師範大學文學院·人文敎育硏究中心, 1995) 수록, 567-576면.

4 吳文星, 「日據初期(1895~1910)西人的臺灣觀」, 『臺灣風物』, 40卷 1期(1990年 3月), 159-169면.

5 吳密察, 「福澤諭吉的臺灣論」, 저자 著, 『臺灣近代史硏究』(臺北: 稻鄕出版社, 1990), 71-112면에 수록.

6 위의 주3 참조.

7 〔光緖〕16年2月, 日本駐福州領事上野專一來臺考察, 歸著一論, 謂臺灣物産之富, 礦産之豐, 一切日用之物無所不備, 誠天與之寶庫也. 然以臺灣政治因循姑息, 貨置於地, 坐而不取, 寧不可惜, 若以東洋政策而論, 則臺灣之將來, 日本人不可不爲之注意也." 連橫, 『臺灣通史』(臺北: 中華叢書委員會, 1955), (上), 卷3, 「經營紀」, 65면에 보임.

8 上野專一, 『臺灣視察復命』(臺北: 成文出版社, 메이지(明治) 27년의 필사본을 영인. 1985, 『中國方志叢書·臺灣地區』 103호에 수록)

9 上野專一, 『臺灣視察復命』 제1호 (필사본), 21-22면.

10 福澤諭吉 著, 馬斌 譯, 『福澤諭吉自傳』(北京: 商務印書館, 1995), 89-118면, 140-148면 참조.

11 福澤諭吉, 『學問のすすめ』(東京: 岩波書店, 1978). 중국어 번역본, 群力 譯, 『勸學篇』(北京: 商務印書館, 1996), 「合訂本『勸學篇』序」, 1면.

12 福澤諭吉, 『文明論之槪略』(東京: 岩波書店, 1997). 중국어 번역본, 北京編譯社 譯, 『文明論槪略』(北京: 商務印書館, 1995).

13 『福澤諭吉自傳』, 267-8면.

14 內藤湖南의 중국여행기에 대해서는 內藤湖南, 「燕山楚水」(『內藤湖南全集』卷2, 東京: 筑摩書房, 1971. 중국어 번역본은 王青 譯, 『兩個日本漢學家的中國紀行』, 北京: 光明日報出版社, 1999) 참조. 더불어 黃俊傑, 「二十世紀初期日本漢學家眼中的文化中國與現實中國」, 『東亞儒學史的新視野』(臺北: 臺灣大學出版中心, 2004, 265-312 수록) 참조.

15 陶德民, 「內藤湖南の奉天調査における学術と政治-內藤文庫に残る1905年筆談記錄をめぐって」, 『文化交流研究』 제1호, 131-143면 참조.

16 高明士, 『戰後日本的中國研究』(臺北: 明文書局, 1996修訂版), 104-116면 참조.

17 內藤湖南, 「日本の天職と學者」, 『內藤湖南全集』 卷1, 130면 수록. 이 글은 처음에 메이지 27년(1894) 11월 9~10일자 『大阪朝日新聞』에 발표되었다.

18 內藤湖南, 『內藤湖南全集』 卷1, 132-133면.

19 '帝國主義'의 정의에 대해서는 Alan Bullock and Oliver Stallybrass, The Fontana Dictionary of Modern Thought (London: Fontana Press, 1977), 409-411면 및 David Roberstson, A Dictionary of Modern Politics(London: Europa Publication Ltd., 1985), 154-155면 참조.

20 上野專一, 『臺灣視察復命』, 37-38면.

21 위와 같은 책, 12-13면.

22 陳逸雄 譯解, 『福澤諭吉的臺灣論說』(1) (2) (3) (4), 『臺灣風物』 卷41 1期·2期 및 卷42 1期·2期(1991年 3月·6月 및 1992年 3月·6月).

23 吳密察, 앞의 인용문.

24 福澤諭吉, 「臺灣割讓を指令するの理由」, 『時事新報』(1894年 12月 5日) 「社論」. 陳逸雄 譯解, 「福澤諭吉的臺灣論說(1)」, 『臺灣風物』, 卷41 1期(1991年 3月), 88면.

25 위와 같은 글에 수록, 인용문은 91면.

26 福澤諭吉, 「臺灣永遠の方針」, 『時事新報』(1895年8月11日) 「社論」. 주24와 같은 글에 수록, 인용문은 96면.

27 福澤諭吉, 「臺灣騷動」, 『時事新報』(1896年 1月 8日) 「社論」. 「福澤諭吉的臺灣論說(2)」, 『臺灣風物』 卷41 2期(1991年6月)에 수록, 인용문은 77면.

28 福澤諭吉, 「臺灣善後方針」, 『時事新報』(1896年 1月 15日) 「社論」. 「福澤諭吉的臺灣論說(2)」에 수록, 인용문은 77-78면. '土人'은 대만에 사는 사람 혹은 개화되지 않은 사람을 지칭한다.

29 福澤諭吉, 「臺灣施政の官吏」, 『時事新報』(1896年 7月 19日) 「社論」. 「福澤諭吉的臺灣論說(3)」, 『臺灣風物』 卷42 1期(1992年 3月)에 수록, 인용문은 130면.

30 福澤諭吉, 「先づ大方針を定む可し」, 『時事新報』(1896年 7月 29日) 「社論」. 「福澤諭吉的臺灣論說(3)」에 수록, 인용문은 131-132면.

31 福澤諭吉, 「臺灣島民の處分基だ容易なり」, 『時事新報』(1896年 8月 8日) 「社論」. 「福澤諭吉的臺灣論說(3)」에 수록, 인용문은 135-136면.

32 福澤諭吉 著, 群力 譯, 『勸學篇』, 2면.

33 위와 같은 책, 9면.

34 위와 같은 책, 13면.

35 앞의 주 30과 같음.

36 福澤諭吉 著, 群力 譯, 『勸學篇』, 45면.

37 福澤諭吉, 「政令に從はざるものは退去せしむ可し」, 『時事新報』(1896年 7月 31日) 「社論」, 「福澤諭吉的臺灣論說(3)」, 『臺灣風物』 卷42 1期(1992年 3月)에 수록, 인용문은 134면.

38 앞의 주 26과 같음.

39 內藤湖南, 「燕山楚水」, 『內藤湖南全集』 卷2, 22면.

40 위와 같은 책, 39면.

41 위와 같은 책, 40-41면.

42 이에 관해서는 內藤湖南의 「支那論」·「淸國の立憲政治」·「日本の天職と學者」·「所謂日本の天職」 등의 논문이 있는데, 이중 앞의 두 편은 이미 포겔에 의해 영문으로 번역되었다. Joshua A. Fogel, ed. and tr., Chinese Studies in History, Vol. XVII, No. 1, (Fall, 1983): Naito Konan and the Development of the Concept of Modernity in Chinese History, pp. 24-87.

43 『內藤湖南全集』 卷2, 446면.

44 위의 주 43과 같음. 시제 중의 '似'자는 '擬'자의 오자인 듯함.

45 鈴木虎雄, 「奉送湖南前輩蒙命西航」, 『航歐集』(內藤湖南自印本, 현재 일본 關西大學總圖書館 內藤文庫 소장) 수록 "白首兼優才學識, 靑衿穿貫史經文", 『航歐集』은 1926년(大正15年 丙寅) 9月, 內藤虎次郎이 자비로 인쇄한 시집으로 그 중 內藤虎次郎이 필사한 「航歐十五律」과 鈴木虎雄·狩野直喜·荒木寅·長尾甲·內村資深·倉石武(四郎) 등의 지인들이 보낸 시를 수록하고 있는데 20세기 일본 한학자의 전통학문 수양을 잘 보여 주고 있다.

46 內藤湖南, 「移風易俗の一環」, 『內藤湖南全集』 卷2, 388-390면.

47 內藤湖南, 「變通なき一視同仁」, 『內藤湖南全集』 卷2, 394-396면.

48 內藤湖南, 「臺灣政治の大目的」, 『內藤湖南全集』 卷2, 401-409면.

49 福澤諭吉 著, 北京編譯社 譯, 『文明論槪略』(北京: 商務印書館, 1995), 第2章 「以西洋文明爲目標」, 9-29면.

50 福澤諭吉는 "정부가 술집이라면 나는 술을 잘 못 마시는 사람이다"라고 표현한 적이 있다 (『福澤諭吉自傳』, 261면)

51 增淵龍夫, 『歷史家の同時代史的考察について』(東京: 岩波書店, 1983), 55면 참조.

52 李春生, 『東遊六十四日隨筆』(福州: 美華書局, 1896), 9·26·31·41·45·50·53·56·60·69·72·73·80·85면; 古偉瀛, 「從棄地移民到日籍華人─試論李春生的日本經驗」(李明輝 編, 『李春生的思想與時代』, 臺北: 正中書局, 1995, 166-216면 수록) 참조.

53 福澤諭吉, 『文明論槪略』, 9면.

54 Bert James Loewenberg, "Darwinism Comes to America, 1859～1900," The Mississippi Valley Historical Review, XXVIII: 3 (Dec., 1941), 339-368면, 특히 343면 참조.

55 内藤湖南, 「日本の天職と學者」, 『內藤湖南全集』 卷1, 130면. 이 글은 처음에 메이지 27년 (1894) 11월 9~10일의 『大阪朝日新聞』에 등재되었다.

56 內藤湖南, 「槪括的唐宋時代觀」, 『歷史と地理』 第9卷 第5號(1922年 5月), 1~11면. 중국어 번역 본 「槪括的唐宋時代觀」, 劉俊文 主編, 黃約瑟 譯, 『日本學者研究中國史論著選譯』 卷1 '通論', 10~18면.

57 Hisayuki Miyakawa (宮川尚志), "An Outline of the Naito Hypothesis and Its Effects on Japanese Studies of China," Far Eastern Quarterly, XIV: 4(August, 1955), 533~552면 참조.

제3장

1 葉榮鐘, 『小屋大車集』(臺中: 中央書局, 1977), 24면.

2 위와 같은 책, 212~213면.

3 吳濁流, 『無花果』(臺北: 前衛出版社, 1988), 40면.

4 吳新榮, 『吳新榮日記(戰前)』(臺北: 遠景出版社, 1981), 68면.

5 위와 같은 책, 73면.

6 위와 같은 책, 32면.

7 楊肇嘉, 『楊肇嘉回憶錄(一)』(臺北: 三民書局, 1977), 4면.

8 위와 같은 책, 100~101면.

9 鍾逸人, 『辛酸六十年―二二八事件二七部隊長鍾逸人回憶錄』(臺北: 自由時代出版社, 1988), 37면.

10 앞의 주3과 같음.

11 吳濁流, 『無花果』, 40면.

12 위와 같은 책, 38~40면.

13 楊肇嘉, 앞의 책, 65면.

14 李春生, 『主津新集』(福州: 美華書局, 1984), 卷1, 71면.

15 앞과 같은 책, 권2, 7면.

16 葉榮鐘, 『小屋大車集』(臺中: 中央書局, 1977), 26~27면.

17 吳新榮, 『吳新榮日記(戰後)』, 30면.

18 위와 같은 책, 20면.

19 吳新榮, 『吳新榮日記(戰前)』, 91면.

20 吳新榮, 『吳新榮日記(戰後)』, 51면.

21 위와 같은 책, 주2.

22 위와 같은 책, 주3.

23 張良澤 편, 『鍾理和日記』, 『鍾理和全集』에 수록(臺北: 遠行出版社, 1976), 60면.

24 吳濁流, 『無花果』, 120-123면.

25 彭明敏, 『自由的滋味』(臺北: 前衛出版社, 1988), 28-29면.

26 葉榮鐘, 앞의 책, 26-27면.

27 「吳金川先生訪問紀錄」, 『口述歷史(五)―日據時代臺灣人赴大陸經驗』(臺北: 中央研究院近代史研究所, 1994), 130면.

28 이는 대만 광복 때에 葉榮鐘이 지은 칠언율시 「八月十五日」의 수련首聯 "忍辱包羞五十年, 今朝光復轉淒然"이다. 『小屋大車集』, 212면 참조.

29 吳三連 구술, 吳豐山 편찬, 『吳三連回憶錄』(臺北: 自立報系, 1991), 102-103면.

30 鍾逸人, 앞의 책, 277-278면.

31 吳三連, 앞의 책, 107-108면.

32 「陳正添先生訪問紀錄」, 『口述歷史(五)―日據時代臺灣人赴大陸經驗』, 85면.

33 鍾逸人, 앞의 책, 322면.

34 葉榮鐘, 앞의 책, 212-213면.

35 吳濁流, 『臺灣連翹』(臺北: 前衛出版社, 1989), 185면.

36 「許顯耀先生訪問紀錄」, 『口述歷史(六)―日據時代臺灣人赴大陸經驗』(臺北: 中央研究院近代史研究所, 1995), 90면.

37 위와 같은 책, 43면.

38 吳濁流, 『無花果』, 125면.

39 「李佛續先生訪問紀錄」, 『口述歷史(六)―日據時代臺灣人赴大陸經驗』, 56면.

40 「黃順鏗先生訪問紀錄」, 『口述歷史(六)―日據時代臺灣人赴大陸經驗』, 143면.

41 吳三連, 앞의 책, 104-105면.

42 許雪姬 방문, 曾金蘭 기록, 『藍敏先生訪問紀錄』(臺北: 中央研究院近代史研究所, 1995), 93면.

43 Maurice Halbwachs, The Collective Memory, tr. with an introduciton by Mary Douglas (New York: Harper-Colophon Books, 1950), p. 48.

제4장

1 吳三連, 蔡培火 등, 『臺灣民族運動史』(臺北: 自立晚報社文化出版部, 1971), 202-280면.

2 王曉波가 말했듯이 이때의 '중국개조론'에 관한 논쟁은 "목적이 없는 것이 아니라 '문화협회'의 노선이 민족투쟁으로 나아가야 할 것인가 아니면 계급투쟁으로 나아가야 할 것인가를 둘러싸"고 일어난 것이다. 王曉波, 「蔣渭水的思想與實踐―『蔣渭水全集』編序」, 王曉波 편, 『蔣渭水全集(上)』(臺北: 海峽學術出版社, 1998)에 수록, 인용문은 28면에 보인다.

3 중국사회사 논쟁에 관해서는 鄭學稼, 『'社會史論戰'的起因和內容』(臺北: 中華雜誌社, 1965) 참조.

4 陳逢源은 일본인 田崎仁義(1880~?)의 영향을 받아 '중국개조론'을 제기했다는 사실을 스스로 밝혔다. 陳逢源, 「最近之感想(二): 我的中國改造論」, 『臺灣民報』第120號(1926年 8月 29日), 10면. 그가 읽은 책은 아래와 같다. 田崎仁義 저, 『支那改造論: 附日支共榮と文化方策』(東京: 同文館, 1926). 사실, 田崎仁義가 1926년에 『支那改造論』이라는 책을 발표하기 전에, 內田良平(1874~?)가 이미 『支那改造論』(東京: 井上藤三郎黑龍會藏版, 1911)이라는 책을 발표했다. 佐佐木到一(1886~1955)도 1927년에 『支那陸軍改造論』(東京: 行地社出版部, 1927)이라는 책을 출간하여 중국 '개조'의 방향을 논의했다. 유명한 한학자인 內藤湖南(1866~1934)은 1914년에 「支那論」, 1924년에 「新支那論」이라는 두 편의 글을 발표하여 중국의 발전진로에 대해서 논의했다. 이 두 편의 논문은 모두 『內藤湖南全集』(東京: 筑摩書房, 1944)에 수록되었다. 20세기 초 중국의 정세가 요동치자 일본 지식인들이 중국의 앞날에 대해서 다양한 견해를 제시했다. 그들의 견해는 모두 당시 중국과 일본의 관계 및 국제정세와 관련되어 있으므로 연구할 가치가 있다.

5 '중국개조론'에 관한 논변 이후, 1927년 9월 13일 및 18일에 대만 민중당民衆黨 대남지부가 대남공회당台灣公會堂에서 '대만사회개조관台灣社會改造觀'이라는 강연회를 두 번에 걸쳐 개최했다. 이는 대만문제에서 '중국개조론' 논변의 연속적인 발전으로 간주할 수 있다. '대만사회개조관'에 등장한 강연자에는 韓石泉·王受祿·陳逢源·盧丙丁·謝春木·彭華英·蔣渭水·蔡培火 등이 포함되었다. 『臺灣民報』176호(1927.10.2), 177호(1927.10.9), 178호(1927.10.16), 179호(1927.10.23), 180호(1927.10.30), 181호(1927.11.6), 182호(1927.11.13), 183호(1927.11.20), 184호(1927.11.27) 참조.

6 이상 狹間直樹, 「國民革命の舞臺としての一九二〇年代の中國」, 狹間直樹 編, 『一九二〇年代の中國』(東京: 汲古書院, 1995) 3~32면에 수록됨.

7 蔣夢麟, 『西潮』(臺北: 世界書局, 1978), 129면.

8 實藤惠秀 저, 譚汝謙·林啟彥 역, 『中國人留學日本史』(香港: 中文大學出版社, 1981), 322면, 「中國人留學日本史前表」1928年條.

9 Y. C. Wang, Chinese Intellectuals and the West, 1872~1949 (Chapel Hill: University of North Carolina Press, 1955), 512면, Table 11.

10 위와 같은 책, 177면.

11 梁啟超, 『戊戌政變記』(臺北: 臺灣中華書局, 1965年 2月 臺2版), 1면.

12 大正시대의 중일관계에 관해서는 山根幸夫, 『大正時代における日本と中國のあいだ』(東京: 研文出版, 1998) 참조.

13 實藤惠秀, 『中國人留學日本史』, 297-301면.

14 實藤惠秀, 『中國人留學日本史』, 320면.

15 19세기 말 대만 부호 李春生(1838~1924)은 1895년에 대만이 할양된 이후 일본식민정부의 초청을 받아 일본을 방문하고 돌아온 뒤 일본방문 때의 견문과 생각을 『東遊六十四日隨筆』(福華: 美華書局, 1896)이라는 책에 서술했다. 그는 이 책에서 3번이나 '버림받은 지역과 인민

[棄地遺民]'(9, 51, 82면)으로 자기의 처지를 묘사했다. 이런 단어로 일본강점기 대만 지식인을 묘사하는 것은 아주 적절하다. 李春生에 관한 연구는 李明輝 편, 『李春生的思想與時代』(臺北: 正中書局, 1995) 참조.

16 陳逢源에 관해서 아래와 같은 책을 참조. (1)陳逢源先生治喪委員會 편, 『陳逢源先生哀榮錄』(臺北: 陳逢源先生治喪委員會, 1982); (2)張炎憲, 「陳逢源(1893~1982)浪漫之情與財經之才」, 張炎憲·李筱峰·莊永明 등 저, 『臺灣近代名人誌(第一冊)』(臺北: 自立晚報, 1987)에 수록됨; (3)王世慶, 「陳逢源先生訪問紀錄」, 黃富三·陳俐甫 편, 『近現代臺灣口述歷史』(臺北: 林本源基金會, 1991)에 수록됨; (4)龔顯宗, 「陳逢源福慧雙修」, 『臺灣文學家列傳』(臺南: 臺南市立文化中心, 1997); (5)謝國興, 『陳逢源(1893~1982): 亦儒亦商亦風流』(臺北: 允晨文化, 2002).

17 (1)陳逢源, 『臺灣經濟問題の特質と批評』(臺北: 臺灣新民報社, 1933); (2)陳逢源, 『外地米統治問題』(臺北: 臺灣經濟研究所, 1934); (3)陳逢源, 『臺灣銀行券統一論』(臺北: 臺灣經濟研究所, 1935); (4)陳逢源, 『新臺灣經濟論』(臺北: 臺灣新民報社, 1937); (5)陳逢源, 『臺灣經濟と農業問題』(臺北: 萬出版社, 1944); (6)陳逢源, 「臺灣土地制度と小作問題」, 金關丈夫 등 저, 『臺灣文化論叢(第一輯)』(臺北: 南天書局, 1995)에 수록됨.

18 (1)陳逢源, 『雨窗墨滴』(臺北: 臺灣藝術社, 1942); (2)陳逢源, 『溪山煙雨樓詩存』(臺北: 合源印刷有限公司承印, 1980); 廖一瑾, 「溪山如畫一時多少豪傑—陳逢源先生與二十世紀臺灣古典詩壇」, 『中國文化大學中文學報』(1994年 6月), 75~110면; 李貞瑤, 『陳逢源之漢詩研究』(臺南成功大學中國文學系碩士論文, 2002).

19 蔡培火 등, 『臺灣民族運動史』第五章, 특히 202-209면; 王曉波, 「治警事件的兩志士—敬悼陳逢源與蔡培火先生」, 『中華雜誌』235期(1983年 2月).

20 許乃昌의 사상에 관해서는 邱士杰, 「從'黎明期的臺灣'走向'中國改造論': 由許乃昌的思想經歷看兩岸變革運動與論爭(1923~1927)」, 『批判與再造』20期(2005年 6月), 26-38면; 21期(2005年 7月), 26-40면.

21 盧修一, 『日據時代臺灣共產黨史(1928~1932)』(臺北: 前衛出版社, 1989~1990), 43-44면.

22 蔡孝乾, 『臺灣人的長征紀錄: 江西蘇區·紅軍西竄回憶』(臺北: 海峽學術出版社, 2002), 3면.

23 芳園, 「最近之感想(一)」, 『臺灣民報』第119號(1926年 8月 22日), 11면.

24 芳園, 「最近之感想(二): 我的中國改造論」, 『臺灣民報』第120號(1926年 8月 29日), 8-9면; 또 陳逢源, 『新支那素描』(臺北: 臺灣新民報社, 1939).

25 위와 같은 글, 9면.

26 위와 같은 글, 9면.

27 許乃昌, 「駁陳逢源氏的中國改造論」, 『臺灣民報』第126號(1926年 10月 10日), 12면.

28 許乃昌, 「駁陳逢源氏的中國改造論(續)」, 『臺灣民報』第127號(1926年 10月 17日), 10면.

29 위와 같은 글, 12면.

30 蔡孝乾, 「駁芳園君的中國改造論」, 『臺灣民報』第134號(1926年 12月 5日), 10면.

31 위와 같은 글, 11면.

32 위와 같은 글, 12면.

33 羅榮渠, 「中國近百年來現代化思潮演變的反思(代序)」, 羅榮渠 편, 『從'西化'到'現代化': 五四以來有關中國的文化趨向和發展道路論爭文選』(北京: 北京大學出版社, 1990), 1-38면, 인용문은 14-15면.

34 930년대 국민당에 관해서는 Lloyd E. Eastman, "The Kuomintang in the 1930s," in Charlotte Fruth ed., The Limit of Change: Essays on Conservative Alternatives in Republican China (Cambridge: Harvard University Press, 1976), 191-212면 참조.

35 董之學, 「中國現代化的基本問題」, 원래 『申報月刊』 第2卷 第7號(1933年7月)에 등재, 羅榮渠 편, 앞의 책, 239-248면에 수록, 인용문은 246면.

36 芳園, 「答許乃昌氏的駁中國改造論(七)」, 『臺灣民報』 第137號(1926年 12月 26日), 11-12면, 인용문은 11면.

37 위 주와 같음.

38 위와 같은 글, 12면.

39 陳逢源의 용법 가운데, '國民主義'는 nationalism, 즉 민족주의를 가리킴.

40 許乃昌, 「駁陳逢源氏的中國改造論(續)」, 『臺灣民報』 第129號(1926年 10月 31日), 9면.

41 蔡孝乾, 「駁芳園君的'中國改造'論」, 『臺灣民報』 第134號(1926年 12月 5日), 10-13면, 인용문은 13면.

42 馬克思, 「黑格爾法哲學批判」, 『馬克斯恩格思選集』(北京: 人民出版社, 1972) 第1卷에 수록, 인용문은 13면.

43 矢內原忠雄 저, 周憲文 역, 『日本帝國主義下之臺灣』(臺北: 臺灣銀行經濟研究室, 1956).

44 吳文星, 『日據時期臺灣社會領導階層之研究』(臺北: 正中書局, 1992), 377면.

45 陳昭瑛, 「啓蒙·解放與傳統: 論二〇年代臺灣知識份子的文化省思」, 陳昭瑛 저, 『臺灣與傳統文化』(臺北: 臺灣書店, 1999), 123-228면에 수록.

46 예를 들면 葉榮鐘은 어릴 때부터 연장자들로부터 들어왔던 '당산(唐山, 중국대륙)'의 인상에 대해 '중국에는 산이 끝이 없다네(唐山山長長)'라고 회상했다. 葉榮鐘, 『小屋大車集』(臺中: 中央書局, 1977), 24면 참조. 일제강점기 대만인들은 일본의 식민통치 하에서 대륙 조국에 대해서 동경하게 되었다. 하지만 이러한 대륙에 대한 '상상'은 대부분 대륙을 '개념'적으로 바라보며 직접 중국대륙을 밟아보지 못한 것에 연유한 것으로 구체적인 현실감이 결여되어 있었다. 黃俊傑, 「日據時代臺灣知識份子的大陸經驗:'祖國意識'的形成·內涵及其轉變」(이 책의 제3장에 수록) 참고.

47 『臺灣民報』 第61號(1925年 7月 19日), 8면.

48 吳濁流, 『無花果』(臺北: 前衛出版社, 1988), 39면.

49 巫永福, 「三月十一日懷念陳炘先生」, 『臺灣文藝』 第105期(1987年 5~6月), 83면; 陳炘의 生平과 조우는 李筱峰, 『林茂生陳炘和他們的時代』(臺北: 玉山社出版事業股份有限公司, 1996)를 참조. 楊逵가 러시아 작가 Tolechakov(1892~1939)가 1926년에 창작한 극본을 개편하여 제

목을 '怒吼吧!中國'이라고 하였다. 이의 일본어 원래 제목은 『吼える支那』(臺北: 盛興出版部, 1944)였고, 중국어 번역본은 『大地文學』 第2期(1982年 3月), 149-197면에 등재, 彭小妍 주편, 『楊達全集』 第1卷, 戲劇卷(上)(臺北: 國立文化資産保存研究中心籌備處, 1998年) 109-216면에 수록됨.

50 巫永福, 「祖國」, 『夏潮』 第3卷, 第1期(1977年 7月), 64면.

제5장

1 「蔣中正主席巡視臺灣之感想」, 『臺灣月刊』 2期(1946年 11月), 4면.

2 蔣夢麟, 「適應中國歷史政治及社會背景之農復會工作」, 『孟鄰文存』(臺北: 正中書局, 1974) 143-158면에 수록됨. John Earl Baker, "JCRR MEMOIRS Part II. Formosa," Chinese-American Economic Cooperation, February 1952, Vol.1, No.2(원고는 등사인쇄고), 黃俊傑 편, 『中國農村復興聯合委員會史料彙編』(臺北: 三民書局, 1991), 91-110면에 수록됨.

3 任水, 「九月話臺灣」, 『臺灣月刊』 1期(1946年 10月), 76-77면.

4 陳慈玉·莫寄屏 방문, 陳南之 등 기록, 『蔣碩傑先生訪問紀錄』(臺北: 中央研究院近代史研究所, 1992), 59면.

5 「京滬平昆記者團臺行觀感」, 『臺灣月刊』 2 期(1946年 11月), 27-28면에 수록됨.

6 蕭乾, 「冷眼看臺灣」, 蕭乾 저, 『人生探訪』(臺北: 聯經出版事業公司, 1990. 초판은 1948년에 간행됨), 249-260면에 수록, 인용문은 259-260면 참조.

7 姚隼, 「人與人之間及其他」, 『臺灣月刊』 2期(1946年 11月), 62면.

8 蕭乾, 「冷眼看臺灣」, 『人生探訪』, 256-257면.

9 姚隼, 앞의 책, 63면.

10 吳三連 구술, 吳豐山 기록·편찬, 『吳三連回憶錄』(臺北: 自立報系, 1991), 107-108면; 「陳正添先生訪問紀錄」, 『口述歷史(五)―日據時代臺灣人赴大陸經驗』(臺北: 中研院近史所, 1994), 85면.

11 吳濁流, 『臺灣連翹』(臺北:前衛出版社, 1989), 185면.

12 葉榮鐘, 「八月十五日」, 『小屋大車集』(臺中: 中央書局, 1977), 212면.

13 巫永福, 「三月十一日懷念陳炘先生」, 『臺灣文藝』 105期(1987年 5-6月), 83면을 재인용.

14 張望, 「我們都是中國人」, 『新生報』(1946年 6月 26日) 第6版.

15 姚隼, 앞의 글, 64-65면.

16 嚴演存, 『早年之臺灣』(臺北: 時報出版公司, 1989), 38면.

17 吳濁流, 앞의 책, 186면.

18 臺灣總督府殘務整理事務所, 『臺灣統治終末報告書』(昭和 21〔民國35, 1946〕年 4月), 필사본, 4면.

19 臺灣總督府殘務整理事務所, 앞의 책, 15-17면.

20 矢內原忠雄, 『帝國主義下의臺灣』(東京: 岩波書局, 1929); 중국어 번역본: 周憲文 역, 『日本帝國主義下之臺灣』(臺北: 臺灣銀行經濟研究室, 1956).

21 臺灣總督府殘務整理事務所, 앞의 책, 17–19면.

22 吳濁流, 『無花果』(臺北: 前衛出版社, 1988), 40면.

23 吳濁流, 앞의 책, 40면.

24 Clifford Geertz, The Interpretation of Culture (New York: Basic Books, Inc., 1973), 260면.

25 吳三連 구술, 吳豊山 기록·편찬, 앞의 책, 107–108면.

26 「陳正添先生訪問錄」, 『口述歷史(五)―日據時代臺灣人赴大陸經驗』(臺北: 中央研究院近代史研究所, 1994), 85면; 鍾逸人, 『辛酸六十年―二二八事件二七部隊長鍾逸人回憶錄』(臺北: 自由時代出版社, 1988), 322면; 葉榮鐘, 앞의 책, 212–213면.

27 吳新榮, 『吳新榮日記(戰後)』(臺北: 遠景出版社, 1981), 31면.

28 吳新榮, 위와 같은 책, 91면.

제6장

1 Samuel P. Huntington, The Clash of Civilizations and Remaking of the World Order (NY: Simon and Schuser, 1996); 중국 번역본은 杭亭頓 저, 黃裕美 역, 『文明衝突與世界秩序的重建』(臺北: 聯經出版公司, 1997) 참고.

2 Samuel P. Huntington, "The Erosion of American National Interests," Foreign Affairs, 76:5 (Sep–Oct. 1997), 28–49면.

3 「關於'一個中國'的涵義」, 중화민국 81(1992)년 8월 1일 국가통일위원회 제8차회의에서 통과, 行政院大陸事務委員會 편, 『臺灣兩岸關係說明書』(臺北: 行政院大陸事務委員會, 1994) 참조, 인용문은 47면 참조.

4 『聯合報』(1999年5月 6日), 제2판 참조.

5 彭明敏, 『自由的滋味』(臺北: 前衛出版社, 1988), 281면.

6 Ruth Benedict 저, 黃道琳 역, 『文化模式』(臺北: 巨流圖書公司, 1976), 300–301면.

7 Clifford Geertz, The Interpretation of Cultures (New York: Basic Books, Inc., 1973), 260면.

8 Chun-chieh Huang, "Confucian Critique of Samuel P. Huntington' Clash of Civilizations," East Asian: An International Quarterly, Vol. 16, no. 1/2(Spring/summer. 1997), 147–156면.

9 Samuel P. Huntington, The Clash of Civilizations and the Remaking of the World Order, chapter 6; 중국어 번역서로 杭亭頓 저, 黃裕美 역, 『文明衝突與世界秩序的重建』, 14–15면 참조.

10 黃俊傑・古偉瀛,「新恩與舊義之間—李春生的國家認同之分析」, 李明輝 편,『李春生的思想與時代』(臺北: 正中書局, 1995), 220-256면에 수록, 특히 248-249면 참조. 리춘성의 '문화정체성' 문제는 일반 동시대의 중국 지식인보다 더 복잡하다. 李明輝가 지적했듯이 진정한 기독교인으로 중국문화권에서 살면서 리춘성은 필연적으로 '기독교와 중국 전통문화의 관계를 어떻게 해석할 것인가?'라는 문제에 직면할 수밖에 없었다. 그는 기독교신앙을 절대적인 기준으로 삼아 중국 전통문화를 바라보고 있다. 하지만 대다수의 중국 지식인들처럼 반전통주의의 길로 들어서지 않고, 오히려 선택적으로 중국 전통문화를 긍정하였다. 다른 한편 리춘성은 문화정체성에 있어서도 유사한 갈등심리를 체험했다. 그는 중국 전통문화와 기독교 전통을 동시에 직면해야 했으며 그 어느 것도 피할 수 없었기 때문이다. 그래서 그는 유가와 기독교를 융합하려고 시도하였다. 이는 하나의 전략이라기보다는 자아를 극복하는 과정이라고 할 수 있다. 그를 마테오 리치와 비교해보면, 마테오 리치에게는 어떻게 하면 중국인들이 천주교를 받아들이도록 할 수 있을지가 가장 중요한 문제이었지만, 그에게는 자아 정체성이 더 중요한 문제였다. 李明輝,「李春生與儒家思想」, 劉述先 편,『儒家思想在現代東亞 : 中國大陸與臺灣篇』(臺北: 中央研究院中國文哲研究所, 1999)에 수록됨.

11 李春生,『東遊六十四日隨筆』(福州: 美華書局, 1896), 50면.

12 陳芳明 등 편,『張深切全集』(臺北: 文經社, 1998) 卷1, 84면.

13 尹章義는 이 일에 대해서 다음과 같이 말한 바가 있다. "장선체 부자가 흘린 눈물은 대만동포가 공유하는 고아와 서자의 괴롭고 억울한 눈물과 같다. 머리를 올려 변발을 할 때는 다른 민족과 구별이 되었지만, 머리를 자르자 일본인과 큰 차이가 없어진 것이다. 만약에 변발이 중국인의 상징이라면 중국인이라는 신분을 가지는 것이 어느 정도의 자존과 자랑이다. 尹章義,『臺灣近代史論』(臺北: 自立晚報, 1986), 48면 참조.

14 吳三連・蔡培火・葉榮鐘・陳逢源・林柏壽,『臺灣民族運動史』(臺北: 自立晚報社文化出版部, 1971, 1993), 인용문은 12면 참조.

15 黃俊傑,「中國古代儒家歷史思維的方法及其運用」,『中國文哲研究集刊』第3期(1993년 3월), 361-390면, 楊儒賓・黃俊傑 편,『中國古代思維方式探索』(臺北: 正中書局, 1996), 1-34면에 수록됨: Chun-chiehHuang, "istorical Thinking in Classical Confucianism: Historical Argumentation from the Three Dynasties," in Chun-chieh Huang and Erik Zürcher eds., Time and Space in Chinese Culture (Leiden: E. J. Brill, 1995), 72-88면.

16 黃俊傑,「歷史經驗與國家認同: 海峽兩岸文化交流及其展望」,이 책 제10장에 수록됨.

17 「雙贏與和平・對等—中華民國對'特殊國與國關係'的立場」,『中國時報』(1999년 8월 2일), 제2판.

18 Chun-chieh Huang, "ome Observations and Reflections."in Chun-chieh Huang et. al.eds., Imperial Rulership and Cultural Change in Traditional China (Seattle: University of Washington Press,1994), 281-289면.

19 顧炎武,『日知錄』(臺北: 明倫出版社, 1970) 卷17, '正始'條, 379면.

20 彭明敏,『自由的滋味』, 28~29면.

21 鍾逸人, 『辛酸六十年二二八事件二七部隊長鍾逸人回憶錄』(臺北: 自由時代出版社, 1988), 207면.

22 朱昭陽, 『朱昭陽回憶錄』(臺北: 前衛出版社, 1995), 91~92면.

23 예컨대 1946년 1월 9일 쓰촨四川기자단이 대만에 방문했을 때 대만사람의 열렬한 환영을 받아 많은 감동을 받았는데, 한 기자는 다음과 같이 보도하였다. "조국에서 대만으로 온 친구들은 아마도 같은 느낌을 받은 적이 있을 것이다. 이는 대만동포의 조국에 대한 열정으로, 우리는 어느 한 지방을 갈 때마다 이러한 높은 열정에 둘러싸이게 되었다. 우리는 대만동포의 천진난만한 열광, 50년의 속박과 억압에서 이제 풀려나 앞에 전개되는 한 조각 자유의 희망을 이해할 수 있어야 한다. 대만동포의 이러한 희망을 어떻게 만족시킬 수 있겠는가? 이는 국내의 어떤 일보다도 순조롭겠지만 이러한 조국에 대한 열정을 계속 유지해 나갈 수 있을까가 문제이다." 謝爽秋, 「從四川到臺灣」(四), 『人民導報』(1946年1月9日), 제4판 참조.

24 『朱昭陽回憶錄』, 61면.

25 葉榮鐘, 『小屋大車集』, 212면.

26 『中國時報』, 1999년 3월 13일, 제4판 참조.

27 Wang Gungwu, "he Study of Chinese Identities in Southeast Asia," in Jennifer W. Gushman and Wang Gungwu, eds., Changing Identities of the Southeast Asia Chinese Since World War II (Hong Kong: Hong Kong University Press, 1998), 1~22면.

28 David Yen-ho Wu, "he Construction of Chinese and Non-Chinese Identities," in Tu Weiming ed., The Living Tree: The Changing Meaning of Being Chinese Today (Stanford: Stanford University Press, 1994), 148~167면.

29 Tu Weiming,"Cultural Identity and the Politics of Recognition in Contemporary Taiwan,"The China Quarterly (1996), 1115~1140면.

30 필자의 다른 논문에 이에 관한 분석이 있다. Chun-chieh Huang, "The Taiwanese Nostalgia for Cultural China (1895~1950)," Chun-chieh Huang, Taiwan in Transformation, 1895~2005 (New Brunswick and London: Transaction Publishers, 2006)에 수록, 3~28면 참조.

제7장

1 이 세 가지 점에 관한 더 많은 논의는 Stevan Harrell and Chun-chieh Huang, "Introduction: Change and Contention in Taiwan's Cultural Scene", Stevan Harrell and Chun-chieh Huang, eds., Cultural Change in Postwar Taiwan(Boulder, Co.: Westview Press, 1994)에 수록, 1~18면 참조.

2 Ruth Benedict 저, 黃道琳 역, 『文化模式』(臺北: 巨流圖書公司, 1976), 300~301면.

3 '집단적 기억'에 관해서는 Maurice Halbwachs, The Collective Memory, translated with an introduction by Mary Douglas (New York: Harper-Colophon Books, 1950) 참조.

4 Francis L. K. Hsü, "Dominant Kin Relationships Dominant Ideas," American Anthropologist. 68 (1996); 許烺光 저, 張瑞德 역, 『文化人類學新論』(臺北: 聯經出版事業公司, 1979, 1983), 137-138면 참조.

5 Chun-chieh Huang, et. al. eds., Postwar Taiwan Experience in Historical Perspective (College Park: University Press of Maryland, 1998), Introduction, pp. 1-14면 참조.

6 Chun-chieh Huang, Taiwan in Transformation 1895~2005(New Brunswick and London: Transaction Publishers, 2006), 221-225면 참조.

7 黃俊傑, 「光復後臺灣的農業農村與農民: 回顧與展望」, 『臺灣地區社會變遷與文化發展』(臺北: 聯經出版事業公司, 1985), 237-296면.

8 이상의 연구 성과는 廖正宏·黃俊傑, 『戰後臺灣農民價値取向的轉變』(臺北: 聯經出版事業公司, 1992), 162-163면; Huang Chun-chieh, "Transformation of Farmers' Social Consciousness", in Stevan Harrell and Huang Chun-chieh, Cultural Change in Postwar Taiwan, 67-87면; Liao Cheng-hung and Huang Chun-chieh, "Attitudinal Change of Farmers in Taiwan," in Joel D. Aberbach et. al. eds., The Role of the State in Taiwan's Development (New York: M. E. Sharp, 1994), 354-369면 참조.

9 Council for Economic Planning and Development, R. O. C., Taiwan Statistical Data Book (1996), Table 2-4b, 11면.

10 『中華民國教育統計』(臺北: 教育部, 1990), 8면.

11 Hsin-huang M. Hsiao, "The Middle Classes in Taiwan: Origins, Formation and Significance," in H. H. Hsiao et. al. eds., Taiwan: A Newly Industrialized State (Taipei: Department of Sociology, National Taiwan University, 1989), 151-165면.

12 王德睦 등, 「教育結構與教育機會均等」, 瞿海源·章英華 편, 『臺灣社會與文化變遷(上冊)』(臺北: 中央研究院民族學研究所, 1986), 353-377면에 수록됨.

13 Hei-yuan Chiu, "Education and Social Change in Taiwan," in H. H. Hsiao et. al. eds., Taiwan: A Newly Industrialized State, 187-205면.

14 朱雲漢, 「從總體社會結構的變遷看自立救濟性街頭運動的湧現」, '自立救濟與公權力行使研究論文發表會'에서의 발표논문(臺北: 1998).

15 陳師孟, 「那一夜, 我走入群眾——個新住民的臺灣經驗」, 『自立晚報』(1995年 1月 13日), 「本土副刊」.

16 「李登輝總統談話全文」, 『自立晚報』(1995년 2월 28일), 第2版.

17 『自立晚報』(1995年 2月 28日), 第2版.

18 謝長廷, 「臺灣的國會文化」, 『自立晚報』(1995年 4月 28日), 第23版, 「本土副刊」.

19 林義雄, 「迎接二十一世紀的新臺灣」, 『自立晚報』(1994年 8月 5日), 第5版.

20 林義雄, 「臺灣人價値觀的重建」, 『自立晚報』(1994年 8月 28日), 第3版.

21 黃俊傑, 「儒家傳統與二十一世紀臺灣的展望」, 黃俊傑, 『戰後臺灣的轉型及其展望』(臺北: 正中書

局, 1995, l998), 169-194면에 수록됨; Chun-chieh Huang and Kuang-ming Wu, "Taiwan and the Confucian Aspiration: Toward the Twenty-first Century," in Steven Harrell and Chun-chieh Huang eds., op. cit., 69-87면.

22 王永慶, 「掃除眼前陰影, 開展光明前程—我對當前國是的感言」, 『自由時報』(1993年 2月 21日). 다른 기업가인 辜濂松도 비슷한 말을 한 적이 있다. "경제의 발전과 정치의 안정을 추구하기 위해 양안관계는 원원의 발전이 되어야 한다. 대륙이 만약 경제번영과 발전에 힘을 기울이 고 대만을 존중하면 양안관계가 반드시 한층 더 완화되고 경제적 결합도 더욱 긴밀해지며 모두 이기는 국면에 이르게 될 것이다. 그리고 대륙이 더 진보적이고 번영이 되면 대만도 더 안정적일 것이다. 양안의 차이가 줄어들면 대립도 결국 사라질 것이다." 辜濂松, 「從經濟立 國談臺灣經濟發展」, 『中國時報』(1994年 7月 24日). 최근에 어떤 학자가 해협양안 및 홍콩에서 '중화경제권'을 이루자는 발언도 있다. Barry Naughton, ed., The China Circle: Economics and Technology in the P.R.C., Taiwan, and HongKong (Washington, D.C.: Brookings Institution, 1997) 참조.

23 Franics L. K. Hsü, "Culture Difference between East and West and Their Significance for the World Today," Tsing Hua Journal of Chinese Studies, New Series, 2:1 (May 1960), 216-237면.

제8장

1 羊億蓉, 「現代化與中國人的價値變遷—教育角度的檢視」, 『中國人的價値觀國際研討會論文集』 (臺北: 漢學研究中心, 1992), 471-494면 참조.

2 위의 주 1과 같음.

3 李麗卿, 『國中國文敎科書之政治社會化內容分析』(臺北: 國立臺灣師範大學敎育研究所碩士論 文, 1989), 259면 참조. 歐用生도 초등학교의 『생활과 윤리』와 『사회』 두 종의 교과서 속 가 치에 대해서 연구하여 유사한 결론을 도출했다. 이들 교과서에서 전달하고자 하는 가치는 '전통사상 고취', '반공제일', '국가지상', '지도자숭배', '가족중심' 및 '남성독존' 등이 있다고 했다. 歐用生, 「國民小學價値敎學的困境—從敎科書談起」, 陳伯璋 편저, 『意識形態與敎育』(臺 北: 師大書苑, 1988)수록, 241-254면 참조.

4 『高級中學中國文化基本敎材』 第1冊 (臺北: 國立編譯館, 1986), 10면. 이하 인용에서는 이를 『敎材』라고 약칭한다.

5 『敎材』第1冊, 2-4면.

6 『敎材』第6冊, 91면.

7 『敎材』第6冊, 94-95면.

8 『教材』第6冊, 99면.

9 『教材』第1冊, 8면.

10 『教材』第6冊, 102면.

11 『教材』第6冊, 95-96면.

12 『教材』第2冊, 19-20면.

13 戴震, 『孟子字義疏證』, 『戴震全集』(一)(北京: 淸華大學出版社, 1991)수록, 卷中, 性, 176면.

14 『疏證』, 卷中, 天道, 172면.

15 예를 들어 '성성'에 대한 해석은 다음과 같다. '성성'은 도덕의 원천이며, 모든 행위의 원동력이다. 물리학과 화학용어를 가지고 성성을 설명하면 곧 '능能(Energy)'이다. 이 '에너지'는 '위치에너지, 동력에너지, 열에너지, 빛에너지, 소리에너지, 자외선에너지, 전기에너지, 화학에너지' 등 다양한 형식으로 표현되며, 상호 전환이 가능하고, 각 분야에서 각양각색의 형식으로 응용되어 인류에게 도움을 준다. '성성'의 기능은 이 같은 분류와 유사하다.'(『교재』제2권, 79면) 이 같은 해석은 고대 유학의 원래 의미와는 매우 큰 차이를 보인다.

16 『教材』第2冊, 2면.

17 『教材』第3冊, 3면.

18 이와 같이 왜곡된 곳이 매우 많다. 예를 들면 『教材』第2冊, 40, 61-62, 133면과 第3冊, 81-82면 중의 '所以'는 모두 이런 종류에 속한다.

19 여기서 계산의 표준은 다음과 같다. 일반적인 기록물이나 학자의 답변 등은 비록 분류과별의 범주에 해당되더라도 포함시키지 않았다. 전문서적의 서문, 도독導讀 혹은 전언前言은 계산에 포함시켰다. 논문은 (上), (下), (一), (二), (三)과 같이 분기별로 게재한 것은 각각 단독으로 계산했다. 예를 들어「孟子的倫理思想 (上), (下)」는 두 편으로 계산했다. 이와 같이 계산하여 모두 663편이었다.

20 牟宗三, 『五十自述』(臺北: 鵝湖出版社, 1989), 129면.

21 李明輝,「儒家還有前途嗎?」, 『鵝湖』第158期(1988年 8月).

22「鵝湖精神之重建」, 『鵝湖』創刊號,「發刊辭」(1975年 7月), 1면.

23 『教材』第6冊, 95면.

24 陳昭瑛,「一個時代的開始―邀進的儒家徐復觀先生」, 徐復觀, 『徐復觀文存』(臺北: 臺灣學生書局, 1991) 수록, 361-373면 참조.

25 唐君毅, 『中國哲學原論―導論篇』(香港: 東方人文學會, 1966).

26 唐君毅, 『中國哲學原論―原性篇』(香港: 新亞書院研究所, 1968).

27 唐君毅, 『中國哲學原論―原道篇』(香港: 新亞書院研究所, 1974).

28 唐君毅, 『中國哲學原論―原教篇』(香港: 新亞書院研究所, 1975).

29 牟宗三, 『心體與性體』全三冊(臺北: 正中書局, 1968).

30 牟宗三, 『從陸象山到劉蕺山』(臺北: 臺灣學生書局, 1979).

31 牟宗三, 『中國哲學的特質』(臺北: 臺灣學生書局, 1963, 1976).

32 牟宗三, 『中國哲學十九講』(臺北: 臺灣學生書局, 1983).

33 『敎材』第6冊, 68면.

34 『敎材』第6冊, 94-95면.

35 참고: Hao Chang, "Confucianism and the Intellectual Crisis of Con-temporary China," in Charlotte Furth ed., The Limits of Change: Essays on Conservative Alternatives in Republican China (Cambridge, Mass.: Harvard University Press, 1976), pp.276-304. 張灝, 『幽暗意識與民主傳統』(臺北: 聯經出版公司, 1989), 79-116면.

36 牟宗三·徐復觀·張君勱·唐君毅 합찬, 「爲中國文化敬告世界人士宣言」, 『民主評論』9卷 1期 (1958年 1月).

37 何信全, 『儒學與現代民主—當代新儒家政治哲學硏究』(臺北: 中央硏究院中國文哲硏究所籌備處, 1996) 참조.

38 黃俊傑, 「當代儒家對中國文化的解釋及其自我定位—以徐復觀爲中心」, 劉述先 편, 『當代儒學論集: 傳統與創新』(臺北: 中央硏究院中國文哲硏究所籌備處, 1995) 참조.

39 Benjamin I. Schwartz, "Notes on Conservatism in General and in ChinainParticular" in Furthed., op cit. 중국어 번역문은 林鎭國 역, 「論保守主義」, 傅樂詩 등 저, 『近代中國思想人物論—保守主義』(臺北: 時報出版公司, 1980) 19-38면에 수록, 인용문은 36면에 보이며, 번역문을 약간 수정했다.

40 唐君毅, 「說中華民族之花果飄零」, 『說中華民族之花果飄零』(臺北: 三民書局, 1974), 1-29면. 인용문은 16면에 보임.

41 唐君毅, 『說中華民族之花果飄零』, 22면.

42 陳昭瑛, 「當代儒學與臺灣本土化運動」, 劉述先 편, 『當代儒學論集: 挑戰與回應』(臺北: 中央硏究院中國文哲硏究所, 1995)수록, 243-293면.

43 위 주 32와 같음.

44 徐復觀, 「我所了解的蔣總統的一面」, 『儒家政治思想與民主自由人權』(臺北: 臺灣學生書局, 1988), 인용문은 311면에 보임.

45 徐復觀, 「國史中人君尊嚴問題的商討」, 『學術與政治之間』(臺北: 臺灣學生書局, 1980), 인용문은 497면에 보임.

46 『陽明學學術討論會論文集』(臺北: 國立臺灣師範大學人文敎育硏究中心出版, 1989年3月), 「引言」, 4면.

47 林安梧, 「關於高級中學『中國文化基本敎材』的一些斷想」, 『鵝湖』114期(1984年 12月), 林安梧, 『現代儒學論衡』(臺北: 業強出版社, 1987), 271-280면에 수록됨; 伍壽民, 「新編『高中中國文化基本敎材』諸問題商榷」, 『鵝湖』第 118期(1985年 4月); 楊祖漢, 「高中『中國文化基本敎材』必須重新改編」, 『鵝湖』119期(1985年 5月); 袁保新, 「『中國文化基本敎材』何去何從: 談經典敎育的現代意義與作法」, 『鵝湖』156期(1988年 6月), 「鵝湖論壇」.

48 Wm. Theodore de Bary, The Trouble With Confucianism (Cambridge, Mass.: Harvard University Press, 1991), preface, pp.xi-xii 참조.

49 王夫之, 『讀通鑑論』(臺北: 河洛圖書出版社景印新校標點本, 1976), 卷13, 408-409면.

제9장

1 이 밖에 졸저 Stevan Harrell and Chun-chieh Huang, "Introduction: Change and Contention in Taiwan's Cultural Scene," in Stevan Harrell and Chun-chieh Huang, eds., Cultural Change in Postwar Taiwan (Boulder, Co.: Westview Press, 1994), 1-18면 참조.

2 위 주1과 같음.

3 남송의 대유학자 陸象山(1139~1193)은 일찍이 '公'과 '義' 두 글자를 지적하면서 "惟義惟公, 故經世, 〔……〕儒者雖至於無聲·無臭·無方·無體, 皆主於經世"(陸九淵, 『陸九淵集』, 臺北: 里仁書局, 1981, 卷二, 「與王順伯」, 인용문은 17면에 보임)라고 유가의 일반적인 해석을 했는데, 여기서 '經世' 두 글자는 유학의 기본정신에 대한 확실한 묘사이다.

4 陳昭瑛, 「當代儒學與臺灣本土化運動」, 劉述先 편, 『當代儒學論集: 挑戰與回應』(臺北: 中央研究院中國文哲研究所籌備處, 1995), 243-293면에 수록됨.

5 이 책의 제8장 참조.

6 「'達孝'·'尊親'的典範-先總統蔣公」, 『孔孟月刊·論壇』第20卷 第8期(1982年 4月), 1-7면, 인용문은 1면.

7 위와 같은 글, 인용문은 6면.

8 「新聖化承天麻」, 『孔孟月刊·論壇』第16卷 第7期(1978年 3月), 1-2면.

9 蔣經國, 「思親·勵志·報國」, 『孔孟月刊·論壇』第17卷 第4期(1978年 12月), 1-2면.

10 華仲麐, 「道統法統的堅持」-蔣總統經國先生就職詞中名言之理解」, 『孔孟月刊·論壇』第16卷 第10期(1978年 6月), 1, 2, 23면.

11 陳立夫, 「孔孟學會與文化建設」, 『孔孟月刊·論壇』第19卷 第2期(1980年 10月), 1-2면.

12 陳立夫, 「中華文化思想與人心·國本」, 『孔孟月刊·論壇』第18卷 第11期(1980年 7月), 1-3면.

13 陳立夫, 「研究國學與宏揚中華文化」, 『孔孟月刊·論壇』第17卷 第11期(1979年 7月), 1-3면.

14 陳立夫, 「哲學智慧與社會生活」, 『孔孟月刊·論壇』第20卷 第10期(1982年 6月), 1-2면.

15 「困而知之, 勉而知之-我們該走什麼路?」, 『孔孟月刊·論壇』第19卷 第9期(1981年 5月), 1-3면.

16 「認識民族倫理以戢止不當言論-增額立委選後感言」, 『孔孟月刊·論壇』第22卷 第4期(1983年 12月), 1면.

17 「解嚴之後」, 『孔孟月刊·論壇』第25卷 第11期(1987年 7月), 1-2면.

18 林毓生, 「五四時代的激烈反傳統思想與中國自由主義的前途」, 氏著, 『思想與人物』(臺北: 聯經出版公司, 1983), 139-196면에 수록, 특히 150면 참조: Yu-sheng Lin, The Crisis of Chinese

Consciousness: Radical Antitraditionalism in the May Fourth Era (Madison: University of Wisconsin Press, 1979); 중국어 번역본은 林毓生 저, 穆善培 역, 『中國意識的危機—五四時期激烈的反傳統主義』(貴陽: 貴州人民出版社, 1988).

19 『中庸章句』(四部備要本) 第28章, 20면. 『주자집주』에는 鄭氏를 인용하여 "言作禮樂者, 必聖人在天子之位"라고 했는데, 명대일통제국이 출현한 후에 문화지식활동이 정치권력의 지배를 받은 상황을 가장 잘 설명해주고 있다.

20 『毛詩』(四部叢刊本) 卷13, 「小雅·谷風之什·北山」, 6면 아래.

21 『國語』(四部叢刊本) 卷6, 「齊語」, 10면 아래.

22 Donald W. Treagold, The West in Russia and China: Religious and Secular Thought in Modern Times (Cambridge: Cambridge University Press, 1973), Vol. 1, p.xxii 참조.

23 王夫之, 『讀通鑑論』(臺北: 河洛圖書出版社, 1976, 臺景印初版) 卷15, 「宋文帝」, 497면.

24 「春秋大義」, 『孔孟月刊·論壇』第18卷 第4期(1979年 12月), 1–2면.

25 『春秋公羊經傳解詁』(十三經注疏本) 卷1, 5–8면.

26 陳立夫, 「確認中華文化的精神, 達成國學研究的目的」, 『孔孟月刊·論壇』第16卷 第12期(1978年 8月), 1–3면, 인용문은 1면에 보임.

27 위와 같은 주, 인용문은 3면에 보임.

28 王新命 등, 「中國本位的文化建設宣言」, 『文化建設』第1卷 第4期, 羅榮渠 편, 『從 '西化' 到 '現代化'—五四以來有關中國的文化趨向和發展道路論爭文選』(北京: 北京大學出版社, 1990), 399–403면, 인용문은 401면에 보임.

29 唐君毅·牟宗三·徐復觀·張君勱, 「為中國文化敬告世界人士宣言」, 『民主評論』9卷 1期(1958年 1月).

30 Hao Chang, "New Confucianism and the Intellectual Crisis of Contemporary China," in Charlotte Furth ed., The Limits of Change: Essays on Conservative Alternatives in Republican China (Cambridge, Mass.: Harvard University Press, 1976), 276–304면.

31 黃俊傑, 「戰後臺灣關於儒家思想的研究」, 黃俊傑, 『戰後臺灣的教育與思想』(臺北: 東大圖書公司, 1993), 227–344면에 수록; Chun-chieh Huang, "Confucianism in Postwar Taiwan," Chun-chieh Huang and Erik Zürcher eds., Norms and the State in China (Leiden: E. J. Brill, 1993), 141–167면에 수록.

32 위의 주 27과 같음.

33 中國文化大學·中華學術院先總統蔣公全集編纂委員會(張其昀主編): 『先總統 蔣公全集』(臺北: 中國文化大學出版部, 1984年 4月) 第二卷, 演講類, 復興時期, 2662–2663면, 인용문은 2662면.

34 위와 같은 주, 인용문은 2663면.

35 위 주 33과 같다. 인용문은 2663면.

36 蔣總統集編纂委員會 편(秦孝儀 편), 『蔣總統集』(二)(臺北: 中華大典編印會, 1960年 10月 臺初版, 1974年 10月 四版), 「對孔孟學會第一次大會致詞」, 2047면.

37 총통 혹은 부총통의 공맹학회 회원대회에서의 치사는 모두 『孔孟月刊』에 수록됨. 이를 열

거하면 다음과 같다: 1:1,1:10, 2:9, 3:8, 4:8, 5:8, 6:9, 7:9, 8:9, 9:9, 10:9, 11:9, 13:2, 14:2, 15:2, 16:2, 17:2, 23:2, 24:2, 25:2, 26:3, 27:2, 29:2, 30:1, 31:1, 31:2, 33:2, 34:2, 35:2.

38 Chun-chieh Huang, "Some Obervations and Reflections," in Frederick P. Brandauer and Chun-chieh Huang eds., Imperial Rulership and Cultural Change in Traditional China (Seattle: University of Washington Press, 1994), 281–289면 참조.

39 Ambrose Y. C. King, "State Confucianism and Its Transformation: The Restructuring of the State-Society Relation in Taiwan," in Tu, Wei-ming ed., Confucian Traditions in East Asian Modernity: Moral Education and Economic Culture in Japan and the Four Mini-Dragons (Cambridge, Mass.: Harvard University Press, 1996), 228–243면 참조.

제10장

1 양안의 경제와 무역사에 대해 가장 대표적인 연구는 林滿紅, 『四百年的兩岸分合: 一個經貿史的回顧』(臺北: 自立報系文化出版部, 1994); 1980년대 이후의 발전에 대해서는 蕭新煌·蘇耀昌, 「剖析中國三角: 中'港'臺經濟向心力和政治離心力的動態分析」, 『香港社會科學學報』第12期 (1998年 秋季), 83–100면.

2 Jaw-Ling Joanne Chang, "The Taiwan-Strait Crisis of 1995~1996:Causes and Lessons," in Chun-chieh Huang et. al., eds., Postwar Taiwan in Historical Perspective (Bethesda: University Press of Maryland, 1998), 280–303면; James R. Lilley and Chuck Downs eds., Crisis in the Taiwan Strait (Washington, D. C.: NationalDefenseUniversityPress,1998).

3 Chun-shan Shen, "Reflections on the Cross-strait Relationship," in Chun-chieh Huang et. al., eds., op.cit., 304–309면.

4 蕭欣義, 「一個'文化中國'之多元政治認同」, 『香港社會科學學報』第11期(1998年 春季), 23–40면.

5 『國家統一綱領』, 『臺海兩岸關係說明書』(臺北: 行政院大陸委員會, 1994), 43–46면에 수록됨.

6 「關於'一個中國'的涵義」, 위의 책, 47–48면.

7 『臺海兩岸關係說明書(摘要)』, 위의 책, 3–4면에 수록됨.

8 「兩國兩治, 和平共存─臺灣人民對臺灣與中國關係的基本主張」, 『自立晚報』(1993年 12月 12日), 第14版.

9 위 주8과 같다.

10 위 주8과 같다.

11 「中共國務院政策白皮書:臺灣問題與中國的統一」, 『中國時報』(1993年 9月 1日)에 전재함.

12 Kenichi Ohmae, The End of the Nation State: The Rise of Regional Economies (Mckinsey & Company, Inc., 1995); 중국어 번역본은 大前研一 저, 李宛容 역, 『民族國家的終結: 區域經

済的興起』(臺北: 立緒文化事業公司, 1996), 22면 참조.

13 위와 같은 책, 41면.

14 위와 같은 책, 231면.

15 Kenichi Ohmae, The Borderless World (Mckinsey & Company, Inc., 1990), 중국어 번역본은 黃柏棋 역, 『無國界的世界』(臺北: 聯經出版事業公司, 1993) 참조.

16 이 선언은 위의 책 『無國界的世界』, 269-271면에 수록됨.

17 위와 같은 책, 224면.

18 Kenichi Ohmae, "Putting Global Logic First," Harvard Business Review (Jan.-Feb., 1995), 119-125면, 특히 125면 참조.

19 張景森, 「如何改造臺灣的經濟地圖？」, 『中國時報』(1995年 1月 29日), 第11版.

20 金耀基, 「在世界'冷和平'中談'中華共同體'」, 『聯合報』(1995年 1月 5日), 第4版.

21 陶百川, 「兩岸和平共存互助之道—從中華共同體到中華國協」, 『中國時報』(1995年 1月 29日), 第2版.

22 王永慶, 「掃除眼前陰影, 開展光明前程—我對當前國是的感言」, 『自由時報』(1993年 2月 21日).

23 辜濂松, 「從經濟立國談臺灣經濟發展」, 『中國時報』(1994年 7月 24日).

24 Barry Naughton, ed., The China Circle: Economics and Technology in the P.R.C., Taiwan, and HongKong (Washington, D.C.: Brookings Institution, 1997) 참조.

25 李登輝, 「中國之未來」, 『中國時報』(1996年 5月 19日), 第2版.

26 Peter F. Drucker, "The Global Economy and the Nation-State," Foreign Affairs, vol.76, no.5 (September/October 1997), 159-17면.

27 이 책 제3장 참조.

28 黃俊傑, 「海峽兩岸中華文化的發展: 問題解析與未來展望」, 『兩岸中華文化學術研討會』(臺北: 二十一世紀基金會, 1996年 4月), 255-268면 참조.

29 黃俊傑, 「歷史意識與二十一世紀海峽兩岸關係的展望」 참조; 黃俊傑 著, 『戰後臺灣的轉型及其展望』(臺北: 正中書局, 1995), 212-215면에 수록됨.

30 소위 '구체성 사유방식具體性思維方式'이란 구체적인 상황에서 출발하여 사고활동을 진행하는 것으로, 순수한 논리와 추상적 추론에 의거한 것이 아니다. 이러한 사유방식은 추상명제(특히 논리학이나 도덕론의 명제)를 구체적이고 특수한 시공의 맥락에 놓고 옛 선인이나 역사 인물의 사적을 인용하여 설명함으로써 논증의 설득력을 높인다. 黃俊傑, 「中國古代儒家歷史思維的方法及其運用」, 『中國文哲研究集刊』 第3期(1993年 3月), 361-390면 참조; 楊儒賓·黃俊傑 편, 『中國古代思維方式探索』(臺北: 正中書局, 1996), 1-34면에 수록됨; Chunchieh Huang, "Historical Thinking in Classical Confucianism: Historical Argumentation from the Three Dynasties," in Chun-chieh Huang and Erik Zu_rcher eds., Time and Space in Chinese Culture (Leiden: E.J.Brill, 1995), 72-88면.

참고문헌

영문논저

Baker, John Earl, "CRR MEMOIRS Part II. Formosa,"Chinese-American Economic Cooperation, Vol.1, No.2 (February 1952, 原件係打字油印稿), 收入:黃俊傑編:『中國農村復興聯合委員會史料彙編』(臺北:三民書局, 1991).

Chang, Hao, " Confucianism and the Intellectual Crisis of Contemporary China," in Charlotte Furth ed., The Limits of Change: Essays on Conservative Alternatives in Republican China(Cambridge,Mass.: Harvard University Press,1976), pp.276-304.

Chang, Joanne Jaw-Ling, "The Taiwan-Strait Crisis of 1995-1996:Causes and Lessons," in Chun-chieh Huang et.al.eds., Postwar Taiwan in Historical Perspective (College Park: University Press of Maryland, 1998), pp.280-303.

Chiu, Hei-yuan, "ducation and Social Change in Taiwan," in H. H. Hsiao et. al. eds., Taiwan: A Newly Industrialized State (Taipei: Department of Sociology, National Taiwan University, 1989), pp. 187-205.

Council for Economic Planning and Development, R. O. C., Taiwan Statistical Data Book (1996).

de Bary, Wm. Theodore, The Trouble With Confucianism (Cambridge, Mass.: Harvard University Press, 1991).

Geertz, Clifford, The Interpretation of Culture (New York: Basic Books, Inc., 1973).

Halbwachs, Maurice, The Collective Memory, tr. with an introduciton by Mary Douglas (New York: Harper-Colophon Books, 1950).

Harrell, Stevan and Chun-chieh Huang, "ntroduction: Change and Contention in

Taiwan's Cultural Scene" in Stevan Harrell and Chun-chieh Huang, eds., Cultural Change in Postwar Taiwan (Boulder, Co.: Westview Press, 1994), pp. 1-18.

Huang, Chun-chieh, Taiwan in Transformation, 1895-2005 (New Brunswick and London: Transaction Publishers, 2006).

____, "Confucian Critique of Samuel P. Huntington's Clash of Civilizations,"in East Asian: An International Quarterly, Vol. 16, no. 1/2 (Spring/summer., 1997), pp.147-156.

____, "istorical Thinking in Classical Confucianism: Historical Argumentation from the Three Dynasties,"in Chun-chieh Huang and Erik Zürcher eds., Time and Space in

Chinese Culture (Leiden: E. J. Brill, 1995), pp.72-88.

_____, "ome Obervations and Reflections,"in Frederick P. Brandauer and Huang Chun-chieh eds., Imperial Rulership and Cultural Change in Traditional China (Seattle: University of Washington Press, 1994), pp.281-289.

_____, "ransformation of Farmers'Social Consciousness" in Stevan Harrell and Chun-chieh Huang, Cultural Change in Postwar Taiwan (Boulder, Co.: Westview Press, 1994), pp.111-134.

_____, "onfucianism in Postwar Taiwan,"in Chun-chieh Huang and Erik Zürcher eds., Norms and the State in China (Leiden: E. J. Brill, 1993), pp.141-167.

_____, et. al. eds., Postwar Taiwan Experience in Historical Perspective (College Park: University Press of Maryland, 1998).

_____ and Kuang-ming Wu, "aiwan and the Confucian Aspiration: Toward the Twenty-first Century,"in Steven Harrell and Chun-chieh Huang eds., Cultural Change in Postwar Taiwan (Boulder, Co.: Westview Press, 1994), pp. 69-88.

Huntington, Samuel P., "The Erosion of American National Interests," Foreign Affairs, 76:5 (Sep-Oct.,1997), pp.28-49.

_____, The Clash of Civilizations and Remaking of the World Order (NY: Simon and Schuser, 1996).

Hsiao, M. Hsin-huang "he Middle Classes in Taiwan: Origins, Formation and Significance," in H. H. Hsiao et. al. eds., Taiwan: A Newly Industrialized State (Taipei: Department of Sociology, National Taiwan University, 1989), pp. 151-165.

Hsü, Francis L. K., "ominant Kin Relationships Dominant Ideas,"American Anthropologist. 68 (1996).

_____, "ulture Difference between East and West and Their Significance for the World To-day,"Tsing Hua Journal of Chinese Studies, New Series, 2:1 (May 1960), pp. 216-237.

King, Ambrose Y. C. "tate Confucianism and Its Transformation: The Restructuring of the State-Society Relation in Taiwan,"in Tu, Wei-ming ed., Confucian Traditions in East Asian Modernity: Moral Education and Economic Culture in Japan and the

Four Mini-Dragons (Cambridge, Mass.: Harvard University Press, 1996), pp. 228-243.

Liao, Cheng-hung and Huang Chun-chieh, "ttitudinal Change of Farmers in Taiwan,"in Joel D. Aberbach et. al. eds., The Role of the State in Taiwan' Development (New York: M.E. Sharp, 1994), pp. 354-369.

Lilley , James R. and Chunk Downs eds., Crisis in the Taiwan Strait (Washington. D. C.: National Defense University Press, 1998).

Lin, Yu-sheng The Crisis of Chinese Consciousness: Radical Antitraditionalism in the May Fourth Era (Madison: University of Wisconsin Press, 1979).

Loewenberg, Bert James, "arwinism Comes to America, 1859-1900" The Mississippi Valley Historical Review, XXVIII: 3(Dec.,1941), pp.339-368.

Miyakawa, Hisayuki (宮川尚志), "in Outline of the Naito Hypothesis and Its Effects on Japanese Studies of China" Far Eastern Quarterly, XIV:4(August, 1955), pp.533-552.

Naughton, Barry, ed., The China Circle: Economics and Technology in the P.R.C., Taiwan, and Hong Kong (Washington, D.C.: Brookings Institution, 1997).

Ohmae, Kenichi, The End of the Nation State : The Rise of Regional Economies (Mckinsey & Company, Inc., 1995).

_____, "utting Global Logic First,"Harvard Business Review, (Jan.-Feb.,1995), pp.119-125.

_____, The Borderless World (Mckinsey & Company, Inc., 1990).

Treagold, Donald W., The West in Russia and China: Religious and Secular Thought in Modern Times (Cambridge: Cambridge University Press, 1973).

Wang, Gungwu, "he Study of Chinese Identities in Southeast Asia,"in Jennifer W. Gushman and Wang Gungwu, eds., Changing Identities of the Southeast Asia Chinese Since World War II (Hong Kong: Hong Kong University Press, 1998), pp. 1-22.

Wang, Y. C., Chinese Intellectuals and the West, 1872-1949 (Chapel Hill: University of North Carolina Press, 1955).

Wu, David Yen-ho, "he Construction of Chinese and Non-Chinese Identities," in Tu Wei-ming ed., The Living Tree: The Changing Meaning of Being Chinese Today (Stanford: Stanford University Press, 1994), pp. 148-167.

일문논저

上野專一:『臺灣視察復命』(臺北:成文出版社據明治27年抄本景印, 1985, 列入『中國方志叢書·臺灣
　　地區』103 號).

山根幸夫:『大正時代における日本と中國のあいだ』(東京:研文出版, 1998).

內藤湖南:「槪括的唐宋時代觀」,『歷史と地理』第9 卷第5號(1922年5月).

_____:「燕山楚水」, 收入『內藤湖南全集』(東京:筑摩書房, 1971), 第2 卷. 狹間直樹:「國民革命の
　　舞臺としての一九二〇年代の中國」, 收入狹間直樹編:『一九二〇年代の中國』(東京:汲古書
　　院, 1995).

陳逢源:「臺灣土地制度と小作問題」, 收入金關丈夫等著:『臺灣文化論叢(第一輯)』(臺北:南天書
　　局, 1995).

_____:『臺灣經濟問題の特質と批評』(臺北:臺灣新民報社, 1933).

陶德民:「內藤湖南の奉天調査における学術と政治―內藤文庫に残る1905年筆談記録をめぐって」,
　　『文化交流研究』第1 號.

福澤諭吉:『學問のすすめ』(東京:岩波書店, 1978).

_____:『文明論の槪略』(東京:岩波書店, 1997).

鈴木虎雄:「奉送湖南前輩蒙命西航」詩, 收入:『航歐集』(內藤湖南自印, 1926).

增淵龍夫:『歷史家の同時代史的考察について』(東京:岩波書店, 1983).

臺灣總督府殘務整理事務所:『臺灣統治終末報告書』(昭和21〔民國35, 1946〕年4月), 手抄本.

중문논저

저서

Ruth Benedict 著, 黃道琳譯:『文化模式』(臺北:巨流圖書公司, 1976).

Samuel P. Huntington 著, 黃裕美譯:『文明衝突與世界秩序的重建』(臺北:聯經出版公司, 1997).

大前研一著, 黃柏棋譯:『無國界的世界』(臺北:聯經出版事業公司, 1993).

_____著, 李宛容譯:『民族國家的終結:區域經濟的興起』(臺北:立緒文化事業公司, 1996).

『中國農村復興聯合委員會工作報告』(民國37年 10月 至 39年 2月 15日).

『中華民國教育統計』(臺北:教育部, 1990).

『中庸章句』(四部備要本).

中國文化大學·中華學術院先總統 蔣公全集編纂委員會(張其昀主編):『先總統 蔣公全集』(臺北:中
　　　國文化大學出版部, 1984年4月)第二卷, 演講類, 復興時期.

尹章義:『臺灣近代史論』(臺北:自立晚報, 1986).

王仲孚主編:『甲午戰爭中文論著索引』(臺北:國立臺灣師範大學歷史系所, 1994).

王夫之:『讀通鑑論』(臺北:河洛圖書出版社景印新校標點本, 1976).

王曉波編:『臺胞抗日文獻選新編』(臺北:海峽學術出版社, 1998).

_____編:『蔣渭水全集』(上)(臺北:海峽學術出版社, 1998).

『毛詩』(四部叢刊本).

矢內原忠雄著, 周憲文譯,『日本帝國主義下之臺灣』(臺北:臺灣銀行經濟研究室, 1956).

行政院大陸事務委員會編:『臺灣兩岸關係說明書』(臺北:行政院大陸事務委員會, 1994).

朱昭陽:『朱昭陽回憶錄』, (臺北:前衛出版社, 1995).

吳三連·蔡培火等:『臺灣民族運動史』(臺北:自立晚報社文化出版部, 1971).

吳三連口述, 吳豐山撰記:『吳三連回憶錄』(臺北:自立報系, 1991).

吳文星:『日據時期臺灣社會領導階層之研究』(臺北:正中書局, 1992).

吳新榮:『吳新榮日記(戰前)』(臺北:遠景出版社, 1981).

_____:『吳新榮日記(戰後)』(臺北:遠景出版社, 1981).

_____:『吳新榮書簡』(臺北:遠景出版社, 1981).

吳濁流:『無花果』(臺北:前衛出版社, 1988).

_____:『臺灣連翹』(臺北:前衛出版社, 1989).

李明輝:『當代儒學之自我轉化』(臺北:中研院中國文哲研究所, 1994).

_____編:『李春生的思想與時代』(臺北:正中書局, 1995).

李春生:『主津新集』(福州:美華書局, 1984).

＿＿＿：『東遊六十四日隨筆』(福州：美華書局, 1896).

李貞瑤：『陳逢源之漢詩研究』(臺南：成功大學中國文學系碩士論文, 2002).

李登輝：『臺灣農業經濟論文集』(臺北：作者自印, 1983 年).

＿＿＿：『臺灣的主張』(臺北：遠流出版公司, 1999).

李筱峰：『林茂生陳炘和他們的時代』(臺北：玉山社出版事業股份有限公司, 1996).

牟宗三：『五十自述』(臺北：鵝湖出版社, 1989).

＿＿＿：『心體與性體』全三冊(臺北：正中書局, 1968).

＿＿＿：『中國哲學的特質』(臺北：學生書局, 1963, 1976).

＿＿＿：『從陸象山到劉蕺山』(臺北：學生書局, 1979).

＿＿＿：『中國哲學十九講』(臺北：學生書局, 1983).

何信全：『儒學與現代民主—當代新儒家政治哲學研究』(臺北：中央研究院中國文哲研究所籌備處, 1996).

林滿紅：『四百年的兩岸分合：一個經貿史的回顧』(臺北：自立報系文化出版部, 1994).

＿＿＿：『茶‧糖‧樟腦業與臺灣之社會經濟變遷(1860-1895)』(臺北：聯經出版事業公司, 1997).

林毓生著, 穆善培譯：『中國意識的危機—五四時期激烈的反傳統主義』(貴陽：貴州人民出版社, 1988).

『春秋公羊經傳解詁』(十三經注疏本).

『重修臺灣縣志』卷6,「祠宇志」.

『重纂福建通志』卷58,「嘉義縣」.

『福建通志臺灣府志』, 上冊(臺北：臺灣銀行, 1960, 臺灣文獻叢刊 第84種).

彭小妍主編：『楊逵全集』(臺北：國立文化資產保存研究中心籌備處, 1998年) 第1卷,「戲劇卷(上)」.

彭明敏：『自由的滋味』(臺北：前衛出版社, 1988).

施添福：『清代在臺漢人的祖籍分布與原鄉生活方式』(臺北：師範大學地理學系, 1987).

『高級中學中國文化基本教材』(臺北：國立編譯館, 1986).

高明士：『戰後日本的中國研究』(臺北：明文書局, 1996 修訂版).

唐君毅：『中國哲學原論—導論篇』(香港：東方人文學會, 1966).

＿＿＿：『中國哲學原論—原性篇』(香港：新亞書院研究所, 1968).

＿＿＿：『中國哲學原論—原道篇』(香港：新亞書院研究所, 1974).

＿＿＿：『中國哲學原論—原教篇』(香港：新亞書院研究所, 1975).

『國語』(四部叢刊本).

『國家統一綱領』, 收入 : 『臺海兩岸關係說明書』(臺北 : 行政院大陸委員會, 1994).

『淡水廳志』, 卷19(上).

連橫 : 『臺灣通史』(臺北 : 中華叢書委員會, 1955).

梁啟超 : 『戊戌政變記』(臺北 : 臺灣中華書局, 1965年2月臺2版)

陸九淵 : 『陸九淵集』(臺北 : 里仁書局, 1981).

許琅光著, 張瑞德譯 : 『文化人類學新論』(臺北 : 聯經出版事業公司, 1979 · 1983).

許-雪姬訪問, 曾金蘭紀錄 : 『藍敏先生訪問紀錄』(臺北 : 中央研究院近代史研究所, 1995).

張良澤 : 『四十五自述』(臺北 : 前衛出版社, 1988).

＿＿＿＿＿ 編 : 『鍾理和日記』, 收入 : 『鍾理和全集』(臺北 : 遠行出版社, 1976).

實藤惠秀著, 譚汝謙 · 林啟彥譯 : 『中國人留學日本史』(香港 : 中文大學出版社, 1981).

陳芳明等編 : 『張深切全集』(臺北 : 文經社, 1998), 卷1.

陳伯璋編著 : 『意識形態與教育』(臺北 : 師大書苑, 1988).

陳其南 : 『臺灣的傳統中國社會』(臺北 : 允晨文化實業公司, 1987).

陳昭瑛 : 『臺灣詩選註』(臺北 : 正中書局, 1996).

陳慈玉 · 莫寄屏訪問, 陳南之等紀錄 : 『蔣碩傑先生訪問紀錄』(臺北 : 中央研究院近代史研究所, 1992).

陳逢源先生治喪委員會編 : 『陳逢源先生哀榮錄』(臺北市 : 陳逢源先生治喪委員會, 1982).

陳逢源 : 『新支那素描』(臺北 : 臺灣新民報社, 1939).

＿＿＿＿＿ : 『外地米統治問題』(臺北 : 臺灣經濟研究所, 1934).

＿＿＿＿＿ : 『臺灣銀行券統一論』(臺北 : 臺灣經濟研究所, 1935).

＿＿＿＿＿ : 『新臺灣經濟論』(臺北 : 臺灣新民報社, 1937).

＿＿＿＿＿ : 『雨窗墨滴』(臺北 : 臺灣藝術社, 1942).

＿＿＿＿＿ : 『溪山煙雨樓詩存』(臺北 : 合源印刷有限公司承印, 1980).

黃俊傑編, 『中國農村復興聯合委員會史料彙編』(臺北 : 三民書局, 1991).

『陽明學學術討論會論文集』(臺北 : 國立臺灣師範大學人文教育研究中心出版, 1989年3月).

楊基銓 : 『楊基銓回憶錄』(臺北 : 前衛出版社, 1996).

楊肇嘉 : 『楊肇嘉回憶錄』(臺北 : 三民書局, 1977).

蔡孝乾：『臺灣人的長征紀錄：江西蘇區‧紅軍西竄回憶』(臺北：海峽學術出版社, 2002).

廖正宏‧黃俊傑：『戰後臺灣農民價值取向的轉變』(臺北：聯經出版事業公司, 1992).

『臺灣在籍漢民族鄉慣別調查』(臺灣總督府官房調查課編印1928).

『臺灣采訪冊』(臺北：臺灣銀行, 1959, 臺灣文獻叢刊第55種), 卷1, 第1冊.

福澤諭吉著, 馬斌譯：『福澤諭吉自傳』(北京：商務印書館, 1995).

_____ 著, 群力譯：『勸學篇』(北京：商務印書館, 1996).

_____ 著, 北京編譯社譯：『文明論概略』(北京：商務印書館, 1995).

鄭學稼：『「社會史論戰」的起因和內容』(臺北：中華雜誌社, 1965).

蔣夢麟：『西潮』(臺北：世界書局, 1978).

蔣總統集編纂委員會編(秦孝儀主編)：『蔣總統集(二)』(臺北：中華大典編印會, 1960年10月臺初版, 1974年10月4版).

盧修一：『日據時代臺灣共產黨史(1928-1932)』(臺北：前衛出版社, 1989-1990).

蕭乾：『人生採訪』(臺北：聯經出版公司, 1990, 初版於1948年在上海出版).

謝國興：『陳逢源(1893-1982)：亦儒亦商亦風流』(臺北：允晨文化, 2002).

鍾逸人：『辛酸六十年─二二八事件二七部隊長鍾逸人回憶錄』(臺北：自由時代出版社, 1988).

戴震：『孟子字義疏證』, 收入：『戴震全集』(北京：清華大學出版社, 1991).

嚴演存：『早年之臺灣』(臺北：時報出版公司, 1989).

논문

Charlotte Furth 著, 林鎮國譯：「論保守主義」, 收入：傅樂詩等著：『近代中國思想人物論─保守主義』(臺北：時報出版公司, 1980).

內藤湖南著, 王青譯：『兩個日本漢學家的中國紀行』(北京：光明日報出版社, 1999).

王新命等：「中國本位的文化建設宣言」, 收入羅榮渠主編：『從「西化」到現代化─五四以來有關中國的文化趨向和發展道路論爭文選』(北京：北京大學出版社, 1990).

王曉波：「治警事件的兩志士─敬悼陳逢源與蔡培火先生」, 『中華雜誌』第235期(1983年2月).

王德睦等：「教育結構與教育機會均等」, 收入：瞿海源‧章英華編：『臺灣社會與文化變遷』(上冊)(臺北:中央研究院民族學研究所, 1986).

古偉瀛:「從棄地移民到日籍華人—試論李春生的日本經驗」, 收入李明輝編:『李春生的思想與時代』(臺北:正中書局, 1995).

任水:「九月話臺灣」, 『臺灣月刊』創刊號(1946年10月)

尹章義:「閩粵移民的諧和與對立—以客屬潮州人開發臺北以及新莊三山國王廟的興衰史為中心所作的研究」, 『臺北文獻』74期(1985年12月).

朱雲漢:「從總體社會結構的變遷看自立救濟性街頭運動的湧現」, 「自立救濟與公權力行使研究論文發表會」宣讀論文(臺北:1998).

牟宗三·徐復觀·張君勱·唐君毅合撰:「為中國文化敬告世界人士宣言」, 『民主評論』9卷 1期(1958年1月).

羊億蓉:「現代化與中國人的價值變遷—教育角度的檢視」, 收入:『中國人的價值觀國際研討會論文集』(臺北:漢學研究中心, 1992).

伍壽民:「新編「高中中國文化基本教材」諸問題商榷」, 『鵝湖』第118期(1985年4月).

李明輝:「李春生與儒家思想」, 收入:劉述先編:『儒家思想在現代東亞:中國大陸與臺灣篇』(臺北:中央研究院中國文哲研究所, 1999).

李麗卿:『國中國文教科書之政治社會化內容分析』(臺北:國立臺灣師範大學教育研究所碩士論文, 1989).

吳文星:「日本據臺前對臺灣之調查與研究」, 收入:『第二屆臺灣本土文化學術研討會論文集(二)』(臺北:國立臺灣師範大學文學院·人文教育研究中心, 1995).

_____:「日據初期(1895-1910)西人的臺灣觀」, 『臺灣風物』40卷 1期(1990年3月).

吳密察:「福澤諭吉的臺灣論」, 收入氏著:『臺灣近代史研究』(臺北:稻鄉出版社, 1990).

巫永福:「祖國」, 『夏潮』第3卷 第1期(1977年7月).

_____:「三月十一日懷念陳炘先生」, 『臺灣文藝』105期(1987年 5-6月).

「困而知之, 勉而知之—我們該走什麼路?」, 『孔孟月刊·論壇』第19卷 第9期(1981年5月).

林安梧:「關於高級中學「中國文化基本教材」的一些斷想」, 『鵝湖』114期(1984年12月).

林毓生:「五四時代的激烈反傳統思想與中國自由主義的前途」, 收入:氏著:『思想與人物』(臺北:聯經出版公司, 1983).

「京滬平昆記者團臺行觀感諸家」, 『臺灣月刊』第2期(1946年11月).

邱士杰：「從「黎明期的臺灣」走向「中國改造論」：由許乃昌的思想經歷看兩岸變革運動與論爭(1923-1927)」，

『批判與再造』，20期(2005年6月)；21期(2005年7月)．

洪麗完：「清代臺中地方福客關係初探——兼以清水平原三山國王廟之興衰為例」，『臺灣文獻』41卷 2期(1990年6月)．

「達孝"尊親"的典範—先總統 蔣公」，『孔孟月刊・論壇』第20卷 第8期(1982年4月)．

「春秋大義」，『孔孟月刊・論壇』第18卷 第4期(1979年12月)．

姚隼：「人與人之間及其他」，『臺灣月刊』2期(1946年11月)．

袁保新：「「中國文化基本教材」何去何從：談經典教育的現代意義與作法」，『鵝湖』156期(1988年6月)．

馬克思：「黑格爾法哲學批判」，收入『馬克斯恩格思選集』(北京：人民出版社，1972)，第一卷．

唐君毅：「說中華民族之花果飄零」，收入：氏著：『說中華民族之花果飄零』(臺北：三民書局，1974)

徐復觀：「我所了解的蔣總統的一面」，收入：氏著：『儒家政治思想與民主自由人權』(臺北：臺灣學生書局，1988)

_____：「國史中人君尊嚴問題的商討」，收入：氏著：『學術與政治之間』(臺北：臺灣學生書局，1980)．

郭水潭：「荷人據臺時期的中國移民」，『臺灣文獻』10卷 4期(1959年10月)．

連文希：「客家之南遷東移及其在臺的流佈—兼論其開拓奮鬥精神」，『臺灣文獻』23卷 4期(1972年12月)．

許嘉明：「祭祀圈之於居臺漢人社會的獨特性」，『中華文化復興月刊』第11卷 第6期(1978年6月)．

張炎憲：「陳逢源(1893-1982)浪漫之情與財經之才」，載於張炎憲・李筱峯・莊永明等著：『臺灣近代名人誌(第一冊)』(臺北：自立晚報，1987)．

陳立夫：「孔孟學會與文化建設」，『孔孟月刊・論壇』第19卷 第2期(1980年10月)．

_____：「中華文化思想與人心・國本」，『孔孟月刊・論壇』第18卷 第11期(1980年7月)．

_____：「研究國學與宏揚中華文化」，『孔孟月刊・論壇』第17卷 第11期(1979年7月)．

_____：「哲學智慧與社會生活」，『孔孟月刊・論壇』第20卷 第10期(1982年6月)．

_____：「確認中華文化的精神，達成國學研究的目的」，『孔孟月刊・論壇』第16卷 第12期(1978年8月)

陳昭瑛：「一個時代的開始—邀進的儒家徐復觀先生」，收入：徐復觀：『徐復觀文存』(臺北：臺灣學生書局，1991)．

_____：「當代儒學與臺灣本土化運動」，收入：劉述先編：『當代儒學論集：挑戰與回應』(臺北：中央研究院中國文哲研究所, 1995).

_____ :「啟蒙・解放與傳統：論二〇年代臺灣知識份子的文化省思」, 收入氏著：『臺灣與傳統文化』(臺北：臺灣書店, 1999).

_____ :「日據時代臺灣儒學的殖民地經驗」, 收入：氏著：『臺灣與傳統文化』(臺北：中華民國中山學術文化基金會, 1999).

陳其南：「臺灣本土意識與民族國家主義之歷史研究」, 收入：氏著, 『傳統制度與社會意識的結構──歷史與人類學的探索』(臺北：允晨文化實業公司, 1998).

陳逸雄譯解：「福澤諭吉的臺灣論說」(一)(二)(三)(四), 『臺灣風物』41卷 1期 及 2期, 42卷 1期 及 2期(1991年3月 及 6月, 1992年3月 及 6月).

陳漢光：「日據時期臺灣漢族祖籍調查」, 『臺灣文獻』23卷 1期(1972年3月).

陳國章：「從地名可以辨別泉・漳語群的分布──以臺灣地名為例」, 『地理教育』第24期(臺北：臺灣師大, 1998).

黃麗卿：「我們都是新臺灣人」, 『中央綜合月刊』, 32卷 1期(1999年1月).

黃俊傑：「光復後臺灣的農業農村與農民：回顧與展望」, 『臺灣地區社會變遷與文化發展』(臺北：聯經出版事業公司, 1985).

_____ :「戰後臺灣關於儒家思想的研究」, 收入：黃俊傑：『戰後臺灣的教育與思想』(臺北：東大圖書公司, 1993).

_____ :「中國古代儒家歷史思維的方法及其運用」, 『中國文哲研究集刊』, 第3期(1993年3月).

_____ :「歷史意識與二十一世紀海峽兩岸關係的展望」, 收入：氏著：『戰後臺灣的轉型及其展望』(臺北：正中書局, 1995).

_____ :「當代儒家對中國文化的解釋及其自我定位─以徐復觀為中心」, 收入：劉述先編：『當代儒學論集：傳統與創新』(臺北：中央研究院中國文哲研究所籌備處, 1995).

_____ :「海峽兩岸中華文化的發展：問題解析與未來展望」, 收入：『兩岸中華文化學術研討會』(臺北：二十一世紀基金會, 1996年4月).

_____ :「儒家傳統與二十一世紀臺灣的展望」, 收入：黃俊傑：『戰後臺灣的轉型及其展望』(臺北：正中書局, 1995, 1998).

_____ :「二十世紀初期日本漢學家眼中的文化中國與現實中國」, 收入氏著：『東亞儒學史的新視野』(臺北：臺灣大學出版中心, 2004).

黃俊傑・古偉瀛：「新恩與舊義之間—李春生的國家認同之分析」, 收入：李明輝編：『李春生的思想
　　與時代』(臺北：正中書局, 1995).

華仲麐：「「道統法統的堅持」—蔣總統經國先生就職詞中名言之理解」,『孔孟月刊・論壇』第16 卷第
　　10 期(1978年6 月).

楊祖漢：「高中「中國文化基本教材」必須重新改編」,『鵝湖』119期(1985年5月).

「解嚴之後」,『孔孟月刊・論壇』第25卷 第11期(1987年7月).

「新聖化承天庥」,『孔孟月刊・論壇』第16卷 第7期(1978年3月).

「認識民族倫理以戢止不當言論—增額立委選後感言」,『孔孟月刊・論壇』第22卷 第4期(1983年12月).

廖一瑾：「溪山如畫一時多少豪傑—陳逢源先生與二十世紀臺灣古典詩壇」:『中國文化大學中文學報』
　　(1994年6月).

「蔣中正主席巡視臺灣之感想」,『臺灣月刊』2期(1946年11月).

蔣夢麟：「適應中國歷史政治及社會背景之農復會工作」, 收入：『孟鄰文存』(臺北：正中書局, 1974).

蔣經國：「思親・勵志・報國」,『孔孟月刊・論壇』第17卷 第4期(1978年12月).

蕭欣義：「一個「文化中國」之多元政治認同」,『香港社會科學學報』第11期(1998年 春季).

蕭新煌・蘇耀昌：「剖析中國三角：中・港・臺經濟向心力和政治離心力的動態分析」,『香港社會科學
　　學報』第12期(1998年 秋季).

羅榮渠：「中國近百年來現代化思潮演變的反思(代序)」, 收入羅榮渠編：『從「西化」到「現代化」：
　　五四以來有關中國國的文化趨向和發展道路論爭文選』(北京：北京大學出版社, 1990).

신문·잡지·방문기록 등

『臺灣民報』, 第1號(1925年 1月 1日), 第6號(1925年 2月 21日), 第14號(1925年 5月 11日), 第17號(1924年 9月 11日), 第61號(1925年 7月 19日), 第67號(1925年 8月 26日), 第83號(1925年 12月 13日), 第119號(1926年 8月 22日), 第120號(1926年 8月 29日), 第126號(1926年 10月 10日), 第127號(1926年 10月 17日), 第129號(1926年 10月 31日), 第134號(1926年 12月 5日), 第137號(1926年 12月 26日), 第176號(1927年 10月 2日), 177號(1927年 10月 9日), 178號(1927年 10月 16日), 179號(1927年 10月 23日), 180號(1927年 10月 30日), 181號(1927年 11月 6日), 182號(1927年 11月 13日), 183號(1927年 11月 20日), 184號(1927年 11月 27日).

「中共國務院政策白皮書 : 臺灣問題與中國的統一」, 轉載於 : 『中國時報』(1993年 9月 1日).

王永慶 : 「掃除眼前陰影, 開展光明前程—我對當前國是的感言」, 『自由時報』(1993年 2月 21日).

艾那 : 「華威先生遊臺記」, 『公論報』(1948年 9月 23日), 第6 版.

李登輝 : 「中國之未來」, 刊於 『中國時報』(1996年 5月 19日), 第2 版.

林義雄 : 「迎接二十一世紀的新臺灣」, 『自立晚報』(1994年 8月 5日), 第5 版.

＿＿＿ : 「臺灣人價値觀的重建」, 『自立晚報』(1994年 8月 28日), 第3 版.

金耀基 : 「在世界'冷和平'中談'中華共同體'」, 『聯合報』(1995年 1月 5日), 第4 版.

「兩國兩治, 和平共存—臺灣人民對臺灣與中國關係的基本主張」, 『自立晚報』(1993年 12月 12日), 第14 版.

柯飄 : 「臺灣初旅」, 『聯合報』, (1951年 10月 25日), 第8版.

陳師孟 : 「那一夜, 我走入群眾—一個新住民的臺灣經驗」, 『自立晚報』(1995年 1月 13日), 「本土副刊」.

張景森 : 「如何改造臺灣的經濟地圖?」, 『中國時報』(1995年 1月 29日), 第11 版.

張望 : 「我們都是中國人」, 『新生報』(1946年 6月 26日), 第6 版.

謝長廷 : 「臺灣的國會文化」, 『自立晚報』(1995年 4月 28日), 第23 版, 「本土副刊」.

謝爽秋 : 「從四川到臺灣」(四), 『人民導報』(1946年 1月 9日), 4 版.

辜濂松 : 「從經濟立國談臺灣經濟發展」, 『中國時報』(1994年 7月 24日)

『臺灣省議會公報』第84 卷, 第14 期(臺北 : 臺灣省議會, 1998年 12月 1日).

『臺灣前途決議文』, 『聯合報』(1999年 5月 6日), 2 版.

「雙贏與和平·對等—中華民國對「特殊國與國關係」的立場」, 『中國時報』(1999年 8月 2日), 2 版.

王世慶 : 「陳逢□源先生訪問紀錄」, 載於黃富三·陳俐甫編 : 『近現代臺灣口述歷史』(臺北 : 林本源基金會, 1991).

「李佛續先生訪問紀錄」,『口述歷史(六)－日據時代臺灣人赴大陸經驗』(臺北：中央研究院近代史研究所, 1995).

「吳金川先生訪問紀錄」,『口述歷史(五)－日據時代臺灣人赴大陸經驗』(臺北：中央研究院近代史研究所, 1994).

「許顯耀先生訪問紀錄」,『口述歷史(六)－日據時代臺灣人赴大陸經驗』(臺北：中央研究院近代史研究所, 1995).

「陳正添先生訪問紀錄」,『口述歷史(五)－日據時代臺灣人赴大陸經驗』(臺北：中央研究院近代史研究所, 1994).

「黃順鏗先生訪問紀錄」,『口述歷史(六)－日據時代臺灣人赴大陸經驗』(臺北：中央研究院近代史研究所, 1995).

『遠見雜誌』, 100期特輯「新臺灣人」(臺北：遠見雜誌社, 1994年9月15日).

龔顯宗：「陳逢源福慧雙修」,『臺灣文學家列傳』(臺南：臺南市立文化中心, 1997).

논문 출처

1장

1999년 7월 13~14일에 마카오에서 열린 '중국의식과 대만의식 학술대회中國意識與臺灣意識 學術研討會'에서 초고를 발표하고, 본서에 수록하면서 약간의 수정을 가했다.

2장

2003년 2월 2일에 대만에서 개최된 '제2회 대만사 학술세미나'에서 발표했다.

3장

1996년 11월 21일에 작성되고, 같은 해 12월 7일 '제5회 가오슝문화발전사 학술회의高雄文化 發展史學術研討會'에서 발표했다.

4장

賴澤涵·朱德蘭 편, 『歷史視野中的兩岸關係(1895~1945)』, 臺北: 海峽學術出版社, 2004에 수록 된 글이다.

6장

1999년 8월 2일에 발표되었고, 초고는 『瞭望公元2000年焦點研究: 人文價值組』, 國家展望文教 基金會, 2000에 수록되어 있다.

9장

본문의 초고는 1997년 4월 11일~13일, 성공대학成功大學 중문과에서 주최한 '제1회 대만유 학연구 국제학술세미나'에서 발표했다

10장

초고는 黃俊傑 외 편, 『臺灣的文化發展: 世紀之交的省思』, 臺北: 國立臺灣大學出版, 1999에 수록 되어 있다.

역자 후기

'이 책의 저자 황준걸(黃俊傑, 황쥔지에) 선생은 현재 대만대학 역사학과 석좌교수로 재직하고 있으며, 중국사상사 및 동아시아 유학연구의 권위자다. 그는 1990년대 후반부터 대만의 우수한 연구자들과 함께 '동아시아 경전과 문화[東亞經典與文化]'라는 연구프로젝트를 추진하면서 100여 권이 넘는 동아문명연구총서 시리즈를 출판하여 학계로부터 많은 주목을 받았다. 또한 2005년 대만대학에 설립된 인문사회고등연구원 초대 원장으로 취임하여 다양한 연구자들이 공동으로 참여하는 프로젝트를 추진하면서 10여 년간 동아시아학 전문 연구서를 집중적으로 출판하는 등 대만 인문학연구를 선도해오고 있다.

저자는 대만이 직면하고 있는 여러 문제들을 동아시아 전체의 역사 속에서 새롭게 조명해보고자 이 책을 엮어냈다. 때마다 발표한 논문들이 뼈대를 이룬 이 책은 동아문명연구총서의 하나로 2000년 대만대학출판사에서 처음 출판되었다. 저자는 17세기부터 현재까지 '대만의식'의 역사적 변천과정을 다양한 각도에서 심도 있게 논의하면서 역사적 상황에 따라 다변하는 '대만인의 정체성'과 '양안관계(兩岸關係, 대만해협을 사이에 두고 서쪽 연안의 중국과 동쪽 연안의 대만의 관계)'의 문제를 각 시기의 역사적 맥락 속에서 구체적인 사료를 들어 명료하게 분석해나간다. 이를 바탕으로 전개되는 냉철한 미래 전망 또한 중국사상사 연구자로서 저자의 특장을 잘 드러내 보여준다.

역자가 이 책을 처음 접한 것은 일본 교토대학에서 박사학위를 취득한 뒤 저자의 초청을 받아 2008년 7월부터 1년간 방문학자 자격으로 대만 대학 인문사회고등연구원에서 연구활동을 하던 시기다. 당시 역자는 주로 동아시아 유학연구의 방법론에 관심을 가지고 있었다. 대만 연구자들의 한국·중국·일본유학에 대한 연구성과를 학습하는 과정에서 '대만유학'의 존재를 알게 된 것도 이 즈음이다. 당시 역자는 이 한 권의 책을 통해 대만의 역사와 문화는 물론, 최근의 양안관계를 재인식하게 되었을 뿐만 아니라 새로운 시각으로 역동하는 동아시아를 다시 바라볼 수 있게 되었다.

사실 역자가 처음 대만이라는 존재를 인식한 것은 1970~80년대 중고등학교 교육과정에서였다. 당시는 미소냉전의 시대로 국내에서는 아직 군사정권에 의한 반공교육이 한창인 때였다. 적대국 북한과 이를 지원하는 소련과 중공(중국대륙) 및 동유럽 사회주의 국가, 이에 맞서 싸우는 대한민국과 미국 그리고 미국의 지원을 받는 민주진영 국가로 양분해 세계를 인식하도록 교육받았다. 그런데 당시 민주진영 국가 가운데 정치적·문화적·심리적으로 우리와 가장 가까운 나라는 다름 아닌 중화민국(대만)이었다. 이러한 인식이 비단 반공교육의 영향만은 아니었을 것이다. 대만은 일제강점기라는 고통스러운 역사적 체험을 우리와 함께했으며, 더욱이 광복 후에도 우리처럼 곧장 이념분쟁과 전쟁을 피할 수 없었던 분단국가로서 공산진영과 대치하고 있다는 현실, 다시 말해 근대에서 현대까지 우리 민족이 겪고 있는 고통을 똑같이 공유하고 있다는 사실이 자연스럽게 동병상련의 정감을 연출했던 것이다. 따라서 대만과 대만인의 시각에서 중국과 중화민족을 바라보고, 또한 대만을 중심으로 중화세계를 인식했던 당시 사정은 전혀 어색하지 않았다.

그러던 1992년 8월, 우리 정부가 갑작스레 대만과 단교하고 중국과 수교하면서부터 대만과 중국에 대한 우리네 인식은 크게 변한다. 이후 우리의 관심은 '세계의 공장' 중국대륙으로 향했고, 대국의 경제발전과 더불어 한국은 '특수'를 누리게 되면서 '작은 섬나라' 대만의 존재는 시야에서 점차 사라져갔다. 이러한 시대적 흐름 속에서 역자 또한 대만의 역사와 문화 그리고 대만인들의 정체성 문제에 대한 제대로 된 인식도 없이 대만에서 연구활동을 시작한 셈이다.

대만대학에서 많은 학자들과 교류하면서도 '나'와 '타자'의 정체성 문제에 대해 제대로 인지하지 못해 많은 괴리감을 느끼곤 했다. 그러던 중 『대만의식과 대만문화』를 접하면서 비로소 대만인의 역사와 문화 그리고 대만인의 다변하는 정체성 문제를 쉽게 이해할 수 있게 되었다. 뿐만 아니라 우리 민족이 걸어온 길 그리고 현재 우리 대한민국이 직면하고 있는 많은 문제들도 되돌아볼 수 있게 되었다. 이렇게 개안開眼의 계기가 되어준 이 책을 번역하고자 마음먹은 건 이미 오래전이었다. 하지만 그 사이 역자의 중국생활이 순탄치 못했고, 여기에 역자의 기대와는 다르게 양안관계가 점차 악화일로로 치달으면서 번역서 출간은 차일피일 미뤄져만 갔다.

그런데 최근 남북한 문제를 비롯하여 미중 및 한일 간 무역전쟁 그리고 홍콩사태 등 동아시아 지역질서에 많은 변화가 일어나고 있다. 이 와중에 황준걸 선생은 동아시아에서 미중의 패권경쟁과 양안관계를 우려의 눈길로 바라보면서, 이 책을 통해 한국의 독자들이 대만의 문제를 좀 더 잘 이해해주기를 바란다며 새롭게 한국어판 서문을 작성해 보내주셨다. 역자 또한 이에 십분 동감하면서 이 책을 통해 대만에 대한 이해가 깊어지는 동시에 동아시아의 미래를 전망하는 데에도 도움이 되었으면 한다.

중국 난징대학에서
정선모

대만 주요 역사사건 연표

시기	주요 역사사건
1652년 9월	17세기 초반에 네덜란드인이 대만을 점령한 이후, 복건성 남부 연안지역의 많은 한인漢人을 대만으로 이주시켜 개간사업에 종사하도록 했다. 그러나 네덜란드당국의 통제와 압박이 나날이 심해지고 가혹한 조세징수와 착취에 많은 한인들이 불만을 품게 되었다. 그중 농민의 수령으로 있었던 곽회일郭懷一은 많은 한인동포를 불러 모아 네덜란드정권을 타도하려는 계획을 세웠다. 그러나 이 계획이 사전에 노출되는 바람에 네덜란드당국에 진압되고 말았다. 이를 '곽회일의 난'이라고 한다.
1661년 3월	정성공鄭成功이 금문金門에서 출발하여 대만공략에 나섰다. 그의 군대는 녹이문鹿耳門에 상륙한 이후, 네덜란드군의 수비가 허술한 프로방시아 성(Provintia, 현재 대남시의 적감루赤嵌樓)을 먼저 함락시켰고, 그 다음에 젤란디아 성(Zeelandia, 지금 대남시의 안평고보安平古堡)을 포위했다.
1661년 2월	정성공이 젤란디아 성을 함락시키고 네덜란드군을 항복시켰다. 정성공이 승천부承天府를 설치하고 천흥天興과 만년萬年 두 개 현을 관할했다. 이와 동시에 대남을 '동도東都'로 개칭하여 명나라 영력제永曆帝의 동천을 기다린다는 의지를 표명했다.
6월	정성공이 사망했다. 향년 39세. 하문廈門에서 이 부고를 들은 정성공의 아들 정경鄭經이 자주독립을 선언했다. 이에 따라 정씨 내부에 계승권을 둘러싸고 분쟁이 일어났다.
11월	정경이 후계자가 되었고, 정씨 내부에 계승권 분쟁이 종결되었다.
1664년 3월	정경이 동도東都를 동녕東寧으로 개칭하고, 천흥天興, 만년萬年을 주州로 하고, 팽호澎湖에 안무사安撫司를 설치하여 독립국을 세웠다.
1666년 1월	정경이 명신인 진영화陳永華의 제안을 받아들여 승천부에 훗날 대만 전도의 학문 발상지로 불리는 최초의 공자묘를 설립했다. 또한 명조의 제도를 도입하고 관학을 설치해 3년에 한 번 과거시험을 실시했다.

시기	주요 역사사건
1674년 4월	청나라에서 '삼번三藩의 난'이 발발했다. 정경이 이에 호응해 대만에서 출병하여 삼번과 함께 청나라에 대항했다.
5월	정경이 대만에서 출병해서 하문廈門에 도착했다. 삼번의 청조에 대한 반항에 가세하는 준비를 진행했지만, 이해관계에 충돌이 생겨 이후 관계가 악화되었다.
1676년 11월	경정충耿精忠이 청에 투항함에 따라 정경과 경정충과의 동맹은 와해됐다. 정경은 청나라 공격에 실패하자 병사들을 끌고 하문으로 물러났다.
1680년 4월	정경이 중국 동남연안지역의 모든 거점을 포기하고 완전히 대만으로 후퇴했다. 그의 아들 정극장鄭克臧이 국정을 거행했다.
1680년 4월	정경이 사망했다. 향년 40세. 두 번째 아들 정극상鄭克塽이 12세의 나이로 후계자가 되었다.
10월	청나라가 삼번의 난을 평정했다.
1683년 7월	청조에 기용된 시랑施琅이 수군을 이끌고 복건성 해역에 출정했는데 대만공략의 전초전으로 팽호열도澎湖列島에서 정씨의 군대와 싸웠다. 정씨의 군대가 참패하고 정극상은 사신을 파견해 투항을 요청했다.
8월	청군이 대만에 도착해 정극상의 항복을 받아들였고, 시랑이 정해후靖海侯로 책봉되었다. 대만을 판도에 편입해야 할지 말아야 할지에 대해 청조의 관원 사이에서 의견이 일치하지 않았다. 그러나 시랑은「공진대만기류소恭陳台灣棄留疏」를 제출하여 대만을 포기한다는 생각을 강하게 부정했다.
1684년 4월	강희제康熙帝가 대만을 판도에 편입하기로 결정했다. 대만을 복건성 대만부台灣府로 하고 대만, 제라諸羅, 봉산鳳山 삼현을 그 아래에 두었다. 청조는 시랑의 의견에 따라「대만편사류예칙례台灣編查流預則例」를 반포했는데, 그중에는 대만주민을 엄하게 다스릴 것 그리고 한인이 대만으로 건너가지 못하도록 하는 세 가지 금령을 제시했다.
1686년 8월	청조는 시랑의 견해에 따라 대만에서 '반병班兵'제도를 실시했는데, "대만 주둔 병사는 3년 안에 한 번 교체한다"는 내용이다.

시기	주요 역사사건
1721년 4월	주일귀朱一貴가 대만민중을 이끌고 청조에 반항하는 깃발을 들었고, 중흥왕中興王으로 자칭했다. 이 사건은 대만 민중봉기에서 유일하게 대만 전도를 점령한 예이다.
6월	청조에서 파견된 시세표(施世驃, 시랑의 아들)가 병사를 이끌고 대만의 민중봉기를 평정하기 위해 팽호에서 남정진藍廷珍이 이끈 군대와 합류했다.
1722년 2월	주일귀가 전쟁에서 패배하고 청조에 의해 처형을 당했다. 친족도 같이 처형을 당했다. 향년 32세.
1760년 5월	청조는 한인이 대만으로 건너가는 금지령을 완화했고, 대만에서 정주하기를 원한 자에게는 가족과 동반자가 대만으로 건너가도록 허락했다.
1784년 3월	청조는 중국대륙에서의 이주민이 녹항鹿港을 통해 밀항하는 경우가 나날이 증가하고 심각해지는 상황을 감안해서 녹항과 복건의 천주泉州 사이에 서로 통행하도록 공인했다. 따라서 녹항이 정식으로 개항되었고, 이후에 대만 중부의 정치적·문화적·경제적 요충지가 되었다.
1786년 11월	임상문林爽文의 난이 일어났다. 임상문이 창화彰化 대리大里에서 봉기하자 남부의 장대전莊大田이 이에 호응했다. 겨우 반 달만에 창화, 담수淡水(지금의 新竹), 봉산鳳山(지금의 高雄)이 공격당했으며, 단번에 제라諸羅(지금의 嘉義)가 함락되었고 부성府城(지금의 台南)이 포위되었다. 이러한 군세가 대만 전도를 뒤흔들었다.
12월	임상문은 창화성彰化城에서의 '맹주'로 추선되었고, 연호를 '순천順天'으로 바꾸었다.
1787년 8월	청조는 임상문의 난을 평정하기 위해 군대를 조직하여 대만에 추가로 파견했다. 건륭제乾隆帝는 장군 복강안福康安을 대만으로 파견하여 토벌에 협력하도록 했다.
10월	복강안은 먼저 제라諸羅의 포위망을 돌파하고 이어서 군대를 북상시켰다. 청조는 복강안을 군대의 총사령관으로 임명하고 청조의 가장 정예부대를 대만에 파견했다.
12월	임상문의 군단은 복강안이 이끈 청군과 팔괘산八卦山에서 격돌했다.

시기	주요 역사사건
1788년 2월	청조가 임상문을 사로잡아 반란이 진압되었다.
1810년 8월	청조는 갈마란청噶瑪蘭庁 설치를 인정하고, 청의 행정기관 소재지를 오위(五圍, 지금의 宜蘭市)로 하여 처음으로 대만 동북쪽을 직접 통치했다.
1862년 4월	창화지역의 지도자인 대조춘戴潮春이 팔괘회八卦会를 통솔하여 반청운동을 일으켰다. '대조춘의 난'이라고 부른 이 사건은 강희시대 '주일귀의 난', 건륭시대 '임상문의 난'과 함께 삼대 민중봉기 중의 하나이다.
6월	담수淡水가 개항되었다. 통상의 길이 개통되고 세관이 설치되어 관세의 징수가 시작했다. 영국이 여기서 영사관을 설치해 무역을 추진했다.
1863년 8월	계롱(雞籠, 지금의 基隆)이 개항되었다.
11월	청조가 대조춘의 난을 평정하기 위해 대만 무봉霧峰의 임씨 일적 출신으로 복건성 육로 도독으로 있었던 임문찰林文察을 파견하였다. 임문찰은 대만 수비군 정일건丁日健과 같이 청군을 이끌고 대만으로 건너갔다. 청군은 죽참(竹塹, 지금의 新竹)에서 유력자인 임점매林占梅가 이끈 지방 무장세력과 합류해 창화현彰化縣을 탈환했다.
1865년 1월	안평安平, 고웅高雄이 개항되고 통상이 시작되었다. 외국 상인들이 잇따라 여기에 상점을 설립하였다. 정일건이 육두문六斗門을 공격했다. 대조춘이 항복했지만 살해를 당했다. 그러나 그 잔당이 여전히 각지에서 반청운동을 계속하고 있었다.
5월	대조춘의 잔당이 전부 평정되었고, 4년에 걸친 반란이 종결되었다. 이 반란은 대만역사에서 가장 장시간에 걸친 농민봉기였다. 또 무봉의 임씨 일적은 반란의 평정에 공헌한 공적으로 대만 중부에서 가장 유력한 일적이 되었다.
1871년 12월	유구琉球의 선원 66명이 태풍을 만나 대만 항춘恒春의 팔요만八瑤灣에 표착하여 산간부로 들어가는 바람에 모단사牡丹社의 원주민에게 살해를 당했는데, 그중 12명이 부근의 한족에게 도움을 청했다. 이것은 이른바 '모단사 사건牡丹社事件'의 발단이다.

시기	주요 역사사건
1874년 5월	일본정부가 사이고 쥬도西鄉從道를 대만번지 사물도독으로 임명하고 대만에 파견했다. 사이고는 군대를 이끌고 나가사키長崎로부터 대만에 건너가 항춘恒春 사료射寮에 상륙했다. 그는 석문石門을 함락하고 모단사를 공격하면서 촌락을 태워버리고 고산족高山族을 투항시켜 장기적인 주둔을 시도했다. 청조는 곧바로 선정대신 심보정沈葆楨을 순찰 명목으로 대만으로 이동시키고, 대만의 해방 및 대외적 외교업무를 맡도록 했다.
10월	청조는 모단사 사건을 해결하기 위해 일본과 베이징에서 조약을 체결하였다. 조약에서 청조는 대만 원주민이 일본국 신민에게 피해를 입힌 사실을 인정할 것, 일본의 출병은 민중들을 보호하기 위한 의거임을 인정할 것, 청조는 피해자에게 보상할 것, 일본군이 건물이나 도로를 건설하는 데 사용한 비용 40만 량을 부담할 것, 일본군은 대만에서 철퇴할 것 등이 결정되었다.
1875년 2월	심보정의 견해에 따라 청조는 내륙(대륙 본토) 인민들에 대한 대만 입식入植 금지령을 해제하고 대만을 전면적으로 개방하며 하문, 복건, 홍콩에 초간국招墾局을 설치하였다. 입식자는 무료로 대만으로 건너갈 수 있게 되었고, 식료품, 경우耕牛, 농기구 그리고 종자種子를 지급받았다.
6월	심보정은 대북부台北府를 설치하고 담수淡水, 신죽新竹, 의란宜蘭을 그 아래 부속시켰다.
9월	심보정이 양강총독兩江總督으로 임명되어 대륙으로 되돌아갔다. 정일창丁日昌이 복건성 순무 및 선정대신의 직을 인계했다.
1876년 11월	정일창이 대만으로 건너가 복건성 순무의 명분으로 대만을 다스렸다.
1877년 10월	정일창의 지시 하에 대만台南으로부터 안평安平과 기후旗後까지 전보용電報用 전선의 가설이 완성되었다.
1884년 7월	베트남을 둘러싼 청불전쟁이 발발했다. 청조는 유명전劉銘傳을 대만에 파견해 군무를 관리하도록 했다.
10월	남양수군南洋水軍을 소멸시킨 후 프랑스의 함선이 대만으로 행진해 기융基隆과 담수淡水에 침입했다. 유명전이 이끈 청군이 담수에 침입한 프랑스군을 격퇴했다.

시기	주요 역사사건
1885년	대만은 복건성에서 독립하고 대만성이 되었다. 청조는 유명전을 대만의 첫 번째 순무에 임명했다. 유명전은 대만에서 지속적으로 서구화된 새로운 정치를 추진했다.
1891년 6월	유명전이 대만 순무의 자리에서 물러났다. 그 다음에 임명된 소우렴邵友濂은 재정난에 따르는 경비절감을 이유로 각종 건설사업을 잇따라 중지시켰다.
1895년 4월	청조는 청일전쟁에 패해 일본과 시모노세키조약을 체결하고 대만과 팽호제도澎湖諸島를 일본에 할양했다.
5월	대만총독부가 성립된다. 가바야마 스게노리樺山資紀가 첫 번째 총독으로 임명되었다. 대만에 있던 일부 청조관원은 대만의 할양에 반대하고 대만의 유력자들과 협력해 '대만민주국'을 건립하고 독립을 선언했다. 당경숭唐景崧이 총통으로 추천되고, 유영복劉永福은 대장군, 구봉갑丘逢甲은 의용군의 지휘관이 되었다.
6월	대만총독부가 타이베이에서 시정식始政式을 열었다. 대만민주국의 대장군 유영복이 샤먼으로 도망하고 대만민주국은 붕괴된다.
1896년 2월	하라 다카시原敬는 대만사무소에 '대만문제이안台灣問題二案(동화와 비동화 정책)'을 제안했다. 프랑스의 식민지인 알제리의 통지를 배워 '내지연장주의'를 주장하고 대만통치의 기본정책으로 삼았다.
3월	'육삼법六三法'이 실행된다. 육삼법은 대만총독부에 그의 관할 범위 내에 법적인 구속력을 가진 명령을 반포하는 권리를 부여하는 것인데, 이에 따라 대만총독의 절대적 권력자의 기반이 형성된다.
1898년 3월	고다마 겐타로児玉源太郎가 총독의 직을 인계하여 고토 신페이後藤新平를 민정장관에 임명했다.
11월	'비도형벌령匪徒刑罰令'이 실시되어 '토도土徒'와 '비도匪徒'를 엄중히 처벌했다.
1899년 3월	대만총독부의학교(지금의 대만의학교)가 창립되었다.
9월	대만은행이 영업하기 시작했다. 일본 통치시대가 끝날 때까지 대만은행은 공식통화 '대만은행권'을 발행하는 중요한 역할을 담당했다.

시기	주요 역사사건
1900년 2월	한방의사인 황옥계黃玉階는 대만의 대도정大稻埕에서 대북천연족회台北天然足会를 발족하고 대만에서 전족纏足의 폐지운동을 추진했다.
12월	미쓰이三井의 투자로 대만제탕台灣製糖주식회사가 성립되었다. 이는 대만 최초로 운영된 신식 제당공장이다.
1906년 4월	일본정부가 법률 제31호를 공포했다. 명칭은 '대만에 실행된 법령에 관한 법률'인데, 약칭은 '삼일법三一法'이다. 총독의 법령이 본국 또한 대만에 실행된 법률과 충돌하면 안 된다고 명시한 것으로, 이에 따라 육삼법은 삼일법으로 대체되었다.
1912년 12월	쑨원孫文이 동맹회 회원인 뤄푸싱羅福星 등의 동지를 비밀리에 대만으로 도항시켜 항일을 선전하도록 했다.
1913년 3월	총독부에서 항일분자를 수사하고 체포했다. 뤄푸싱은 체포를 당했고, 천 명 이상의 사람이 처벌을 받았다. 이를 '묘율사건苗栗事件'이라고 한다.
1914년 3월	뤄푸싱이 타이베이에서 사형을 당했다. 향년 29세.
12월	일본의 민권운동가인 이타가키 다이스케板垣退助가 대만으로 건너가 린셴탕林獻堂, 차이바이휘蔡培火, 차이훼이루蔡惠如 등과 같이 타이베이에서 대만동화회台灣同化會를 결성하고 일본인의 대만인에 대한 차별대우를 해소하고자 했다. 이타가키 다이스케의 명성과 린셴탕의 호소에 힘입어 대만동화회의 회원수가 삼천 명 이상이었다.
1915년 2월	총독부가 치안방해라는 이유로 대만동화회의 해산을 명령했다.
8월	서래암사건西來庵事件이 일어났다. 위칭팡余清芳 등이 체포되어 처형을 당했으며, 천 명을 넘는 사람들이 재판에 넘겨졌다. 이 사건은 일본통치시대의 대만인에 의한 무장 항일사건 중에서 규모가 가장 크고, 또한 희생자의 수가 가장 많은 사건이다.
1918년 5월	대만인의 본토 유학생이 도쿄에서 '육삼법철폐기성동맹회六三法撤廢期成同盟会'를 결성하고 린셴탕林獻堂을 회장으로 모셨다. 이를 통해 육삼법(실제로는 삼일법)을 철폐하며, 대만인도 일본 본토의 국민과 같은 일본의 헌법을 적용받을 것을 요구했다.

시기	주요 역사사건
1919년 1월	대만교육령이 반포되었다. 이에 따라 대만에서 일본의 교육제도가 확립되었다.
8월	일본의 하라 다카시原敬 내각이 대만총독부의 관제를 수정했다. 이에 따라 육·해군대장 또한 중장에 제한되었던 총독 임용자격이 완화되고 문관의 총독 취임이 가능해졌다.
11월	첫 번째 문관총독 덴 겐지로田健治郎가 취임했다.
1920년 1월	대만의 본토 유학생이 도쿄에서 '신민회新民会'를 결성했으며 린셴탕林獻堂, 차이훼이루蔡惠如를 회장으로 하여 정치개혁운동을 추진했다.
7월	대만 지방행정제도가 개정되었다. 대만의 지명이 대폭 변경되고, 대만의 행정구역이 확립되었다. 대만의 본토 유학생이 도쿄에서 월간지『대만청년台灣靑年』을 창간했다.
11월	롄헝連橫이 『대만통사台灣通史』를 출판했다.
1921년 1월	신민회가 일본국회에 청원서를 제출하여 대만에서 의회 설립을 요구했다. 이것이 대만의회설치청원운동의 효시가 되었다.
4월	일본정부가 일본 본토의 법률을 대만에 적용시키기 위해 '법삼호法三号'를 만들어 '삼일법三一法'을 대신하여 실행하도록 했다. 이에 따라 총독의 입법권이 약해지게 되었다. 한편 이 법규는 종전 때까지 계속 실행되었다.
10월	대만문화협회가 성립되었다. 린셴탕林獻堂이 총리에, 양지천楊吉臣이 총리보조에 취임하고, 장웨이수이蔣渭水가 전무이사가 되었다. 이 협회는 문화적 계몽과 민족운동의 추진을 목적으로 한 사회단체로, 1920년대의 대만 도내에서 비무장운동의 선도자가 되었다.
1922년 4월	『대만청년』이 『대만민보』로 개칭되었고 도쿄에서 반월간으로 발행하게 되었다.
12월	'치안경찰법治安警察法'이 대만에서 실행되었다.
1923년 4월	섭정 황태자(쇼와昭和 천황)가 대만을 시찰했다.

시기	주요 역사사건
12월	일본당국이 '치안경찰법'으로 대만의회기성동맹회 회원을 고발했는데, 이를 치경사건治警事件이라고 한다.
1927년 7월	대만문화협회가 분열되었는데, 그중의 일부 사람들은 새로운 지방자치를 요구하면서 대만인 최초의 정치단체인 '대만민중당'을 결성했다.
8월	대만에서 『대만민보』의 발행이 허락되어 주간으로 발간됐다.
1928년 4월	총독부가 대만대학 전신인 타이베이제국대학을 창설했다. '대만공산당(일본공산당 민족지부)'이 상하이의 프랑스 조계에서 설립되었다.
1930년 4월	가남대수嘉南大圳가 정식으로 가동되었다. 이는 당시 동남아시아에서 가장 큰 수리시설로 윈린雲林, 자이嘉義, 타이난台南 3개 현의 관개에 영향을 미쳤다.
8월	대만민중당이 분열되고, '대만지방자치연맹'이 설립되었다.
10월	무사霧社의 원주민 타이야泰雅족이 총독부와 지방정부의 정치적 억압에 대한 불만으로 항일운동을 일으켰다. 일본당국이 군대를 파견해 이를 진압했는데, 사건의 주모자인 모나莫那·루다오魯道는 자살하고, 이 부족의 대부분 사람이 살해되었으며, 천 명에 가까운 사람이 희생을 당했다. 이 무사사건霧社事件은 서래암사건西來庵事件 다음으로 규모가 큰 무장 항일사건이다.
1931년 8월	대만민족운동의 지도자인 장웨이수이蔣渭水가 사망했다.
1934년 6월	일원담日月潭 수력발전소가 완공되었다.
9월	대만의회설립청원운동이 종료되었다. 14년에 걸친 이 운동에서 15번 청원했다.
1935년 10월	일본에 의한 대만통치 40주년을 맞아, 시정 40주년 대만박람회가 열렸다.
11월	제1회 식민지 지방의원 선거가 진행되었다.
1937년 4월	대만총독부가 신문의 한문판을 금지했다.
7월	중일전쟁이 발발했다. 일본정부가 다시 무관의 총독을 파견했다. 대만지방자치연맹이 해산되고, 이후로 공개적으로 활동하는 정치단체가 보이지 않게 되었다.

시기	주요 역사사건
1941년 2월	'대만혁명동맹회台灣革命同盟會'가 충칭重慶에서 설립됐다.
4월	황민화를 추진하는 '황민봉공회皇民奉公會'가 활동을 시작했다.
1943년 11월	중화민국·미국·영국 삼국의 정상이 카이로에서 회담하고 카이로 선언을 발표했다. 종전 이후에 일본이 대만, 펑호열도를 중화민국에 반환하지 않으면 안 된다고 표명했다. 연합군이 대만을 공습하기 시작했다.
1944년 9월	일본정부가 대만인에게 징병제도를 실시했다.
1945년 8월	제2차 세계대전이 종료되었다. 국민당 정부가 천이陳儀를 대만성의 행정장관으로 임명했다.
9월	국민당정부가 천이陳儀에게 대만경부총사령 겸임 명령을 내렸다.
10월	대만 투항 수락식이 타이베이공회당에서 열렸다. 천이陳儀가 중국 전쟁지역의 최고 원수로 일본측 대표 안도 요시토시安藤吉利의 투항을 받아들였다. 대만행정장관 기구가 정식으로 시동되었다. 이후 중화민국정부는 10월 25일을 대만의 광복절로 정했다.
1947년 2월	2.28사건이 발발했다.
4월	행정원(내각)은 회의를 통해 대만성 행정장관 기구를 폐지하고 대만성 정부로 개편할 것을 결정했다.
5월	대만성정부가 정식으로 성립되었다. 웨이다오밍魏道明이 첫 번째 대만성정부의 주석에 임명되었다.
1948년 4월	'삼칠오감조三七五減租'가 실행되어 토지개혁이 시작되었다.
5월	장제스가 첫 번째 총통에 취임했다. 중화민국이 '동원감란시기임시조관動員戡乱時期臨時條款('戡乱'이란 적을 이겨내고 난을 평정한다는 뜻)'을 반포하여 실행했다. 헌법을 전면 동결시키고, 총통의 임기에 기한을 설정하지 않아 계속해서 연임할 수 있게 되었다. 이로부터 장제스의 군사적 강압정치가 시작되었다.
1949년 4월	군대·경찰·헌병이 국립대만대학 및 대만성립사법학원의 남학생 기숙사에 들어가서 백여 명의 학생을 체포했다. 이를 '사육사건四六事件'이라고 한다.

시기	주요 역사사건
5월	국민당정부가 계엄령을 실시했다.
6월	신대만 화폐가 발행되었다. 4만 대만원을 1신대만 달러로 정했다.
10월	진먼金門에서 구닝투우전역古寧頭戰役이 일어났다. 국민당군대가 공산당군을 전멸시켰다.
11월	한 달에 두 번 간행하는 잡지 『자유중국自由中國』이 타이베이에서 발간되었다. 미국에 살고 있었던 후스胡適의 이름을 발행인으로 했으나 실질적인 책임자는 레이전雷震이고, 레이전이 경비·원고 모집·원고 선정·교정·편집원회의 사회 등 일을 혼자서 떠맡았다.
12월	중화민국정부가 대만으로 철퇴하고 타이베이로 천도했다.
1950년 4월	행정원에서 『대만성각현시실시자치강요台灣省各縣市實施自治綱要』를 가결했다. 이는 1950년대에 대만에서 실시된 지방자치의 행정명령의 근거이다.
6월	한국전쟁이 일어났다. 미국이 제7함대를 대만해협에 파병하여 경비에 임하도록 했다.
1951년 4월	미국이 한국전쟁에 대응하기 위해 대만의 중화민국정부에 다시 경제적 지원을 실시하기로 결정하고, '미국군사지원기술단(Military Assistance and Advisory Group)'을 대만으로 보냈다.
6월	'공지방령公地放領(공유지를 현재 경작하고 있는 농민에게 부여한다는 명령)'을 통해 토지개혁을 실시했다.
9월	미국 등 48개 국가와 일본 사이에 샌프란시스코조약이 체결되었다. 일본은 대만, 팽호열도에 대한 주권의 포기를 표명했다.
1952년 4월	중화민국이 일본과 '화일華日평화조약'을 체결했다.
1953년 1월	'경자유기전耕者有其田(농민의 수입을 보장하기 위해 농사를 짓는 사람이 경작지를 보유하도록 하는 정책)'에 의한 토지개혁을 실시했다.
1954년 12월	중화민국이 미국과 워싱턴에서 '공동방어조약Sino-American Mutual Defense Treaty'을 체결했다. 이는 군사동맹을 기반으로 정치·경제·사회 각 방면에서 협력할 것을 목표로 한 조약이다. 1979년에 미국이 중화인민공화국과 국교를 수립할 때까지 시속되었다.

시기	주요 역사사건
1958년 8월	진먼金門에서 8.23포격전이 발발했고, 44일간 지속되었다.
1960년 9월	레이전사건雷震事件이 일어났다. 정보기관경비본부가 잡지『지유중국自由中國』의 발행인 레이전雷震을 비롯한 잡지 출판 관련자들을 모두 체포했다. 그들이 준비하고 있었던 '중국민주당中國民主黨' 설립이 실패로 끝났다.
1964년 9월	대만대학 교수 펑밍밍彭明敏이 학생들과 「대만인민자구선언台灣人民自救宣言」을 기초하고 장제스 타도와 독립을 주장하다가 경비사령부에 체포되었다.
1971년 10월	연합국총회에서 제2759호 결의안이 가결되었다. 중화인민공화국정부가 연합국에서 중국의 대표권을 획득하자 국민당정부는 연합국에서의 탈퇴를 선언했다.
1972년 9월	일본과 대만의 국교가 단절되었다.
1975년 4월	중화민국 총통 장제스가 사망했다. 부총통인 옌자간嚴家淦이 후임자가 되었다.
1977년 11월	타오위안桃園현의 지사 선거에서 부정행위로 인해 중력사건中壢事件이 일어났다.
1978년 10월	남북고속도로 전선이 개통되었다.
12월	미국이 1979년부터 대만과 국교를 단절하고 중화인민공화국과 국교를 수립한다고 발표했다.
1979년 2월	타오위안桃園 중정中正 국제공항이 정식으로 운영을 시작했다.
7월	가오슝高雄시가 직할시로 승격되었다.
12월	가오슝高雄시에서 메이리다오사건美麗島事件이 일어났다.
1980년 2월	대만 북쪽을 순환하는 철도노선이 전선 개통되었다.
12월	신주新竹과학공업지구가 정식으로 설립되었다.
1986년 9월	타이베이 위안산圓山호텔에서 국민당 이외의 사람들이 모여 민주진보당을 창립했다.

시기	주요 역사사건
1987년 7월	계엄령이 해제되었다. 38년에 걸친 계엄시대가 종료되면서 동시에 각 당파에 대한 정치활동 금지령이 해제되었으며, 신문사의 설립 및 언론의 자유가 보장되었다.
1988년 7월	장징궈蔣經國가 사망했다. 후임 총통에 리덩후이李登輝가 취임했다.
5월	4천여 명의 농민이 입법원(국회) 앞에 집결하여 미국의 과일 및 칠면조 고기 수입중지를 요구했다. 전후로 국회 그리고 시내에 있는 군대 및 경찰과의 충돌로 유혈사태가 벌어졌다. 이를 '5.20사건'이라고 한다.
1990년 3월	3월학생운동이 일어났다. 중화프로야구 원년 개막전이 행해졌다.
7월	사우디아라비아와 국교를 단절했다.
1991년 5월	'동원감란시기임시조관動員戡乱時期臨時條款'이 폐지되고, 이에 따라 동원감란시기가 종료되었다. 천정란陳正然 등 4명이 체포되면서 대만 독립회사건(대만독립파에 대한 부당하고 폭력적인 체포구속)의 발단이 되었다.
1992년 8월	한국과 국교를 단절했다.
1993년 4월	구전푸辜振甫와 왕다오한汪道涵이 싱가포르에서 제1차 회담을 진행했다.
8월	신당이 성립되었다.
1994년 12월	첫 번째 성장, 직할시 시장의 직접선거가 실시되어 쑹추위宋楚瑜, 천수이벤陳水扁, 우둔이吳敦義가 당선되었다.
1995년 2월	리덩후이李登輝 총통이 정부를 대표해 2.28사건에 대해 정식 사죄했다.
3월	국민건강보험제도가 실행되었다.
1996년 3월	최초의 총통 직접선거가 실시되어 리덩후이李登輝가 선출되었다.
1998년 1월	남아프리카공화국이 대만과의 국교단절을 선언하고, 중화인민공화국과 국교를 수립했다.
1999년 9월	난토우南投현에서 강한 지진이 일어났다. 사망자가 2415명, 부상자는 8천 명 이상이었다.

시기	주요 역사사건
2000년 3월	제10대 정·부총통의 선거가 행해졌다. 투표에 참가한 유권자수는 1,200 만 명을 초과했고, 투표율은 82.69%에 달했다. 민주진보당의 총통후보 자 천수이볜陳水扁과 부총통후보자 뤼슈롄呂秀蓮이 당선되었다.
5월	신임 정·부총통의 취임식이 열렸다. 이는 대만역사에서 첫 번째 정당 교체라고 평가된다.
10월	행정원이 제4원자력발전소 건설의 중지를 발표했다.
2001년 2월	행정원이 제4원자력발전소 건설공사의 재개를 발표했다.
11월	중국과 대만이 2002년 세계무역기구(WTO) 동시가입을 인정받았다.
2002년 1월	대만이 '대만台灣·펑호澎湖·금문金門·마조馬祖 관세영역'이라는 명 칭으로 세계무역기구에 정식 가입했다.
2003년 10월	리베리아가 대만과의 국교단절을 선언하고, 중화인민공화국과 국교를 수립했다.
2004년 1월	국도3호고속도로(별명 제2고속도로)가 전선 개통되었다.
3월	총통 후보자인 천수이볜陳水扁이 선거활동 마지막 날에 타이난台南에 서 총격을 당해 부상했다. 이는 '3.19총격사건'이라고 통칭한다. 이후 천수이볜은 근소한 차이로 총통 유임에 성공했으나, 국민당 등이 이를 반대하고 선거와 당선무효를 요구하는 소송을 제기했다.
5월	천수이볜陳水扁이 중화민국 제11대 총통에 취임했다.
11월	2004년 중화민국총통선거의 당선무효를 요청한 재판에서 롄잔連戰, 쑹추위宋楚瑜 등 원고 측이 패소했다.
12월	세계에서 가장 높은 빌딩 '타이베이台北101'이 완공됐다.
2005년 6월	국민대회에서 헌법수정안이 가결되었다. 대만최고법원이 국민당이 제 출한 2004년 대만총통선거에서의 천수이볜陳水扁과 뤼슈롄呂秀蓮의 당선무효 요구를 기각했다.
7월	중국국민당 주석 선거에서 타이베이 시장 마잉주馬英九가 당선되었다.

시기	주요 역사사건
12월	삼종합동선거(현 지사 및 시장, 향진 시장, 현시의회 의원)가 실시되어 중국국민당은 14개 현·시에서 승리했고, 민주진보당은 6개 현·시를 얻었으며 신민당, 신당 및 무소속 당파가 각각 1개의 의석을 획득했다.
2006년 2월	중화민국총통 천수이볜陳水扁이 '국가통일위원회'와 '국가통일강령'의 적용 종료를 선언했다.
5월	세계보건총회에서 미국, 캐나다, 몽골, 일본 및 오스트레일리아 등은 대만이 '세계보건규칙(IHR)'을 앞당겨 실시하는 것을 높이 평가했고, 세계보건기구(WHO)는 대만을 세계적인 섬 인플루엔자 예방시스템 편입에의 지지를 표명했다.
8월	대만 외교부가 차드와의 외교관계를 단절하고 모든 지원계획을 중지하겠다고 발표하면서 동시에 중국이 대만의 외교공간에 대해 압력을 가한 사실을 강하게 비난했다. 전 민진당 주석이었던 시밍더施明德가 타이베이시 2.28기념공원에서 '백만시민 반오직부패운동百万人民反污職腐敗運動'을 제창했다.
9월	시밍더施明德가 백만시민의 천수이볜陳水扁 타도운동을 추진하고, 오직과 부패에 반대하는 30만 시민을 이끌고 총통부 앞의 카이다거란대도凱達格蘭大道에서 며칠 동안 밤낮으로 농성을 벌이면서 천수이볜의 사임 및 보편적 민주와 도덕적 가치관의 회복을 요구했다.
11월	국무기밀비사건의 수사가 종료되었다. 검찰은 천수이볜陳水扁과 그의 아내 우수전吳淑珍이 오직과 공문서 위조에 관련되었다고 보고, 우수전 등 관련자 4명을 기소했다.
12월	타이베이台北 시장, 가오슝高雄 시장 그리고 각 시의 의회 의원선거가 실시되었다. 타이베이 시장에는 중국국민당 후보자인 하오룽빈郝龍斌이, 가오슝 시장에는 민주진보당 후보자인 천쥐陳菊가 각각 당선되었다.
2007년 1월	내정부출입국 및 이민서가 정식으로 구성되었다. 대만고속철도가 개통되어 운영되기 시작하면서 대만의 서부는 하루에서 오갈 수 있는 생활권으로 변모했다.

시기	주요 역사사건
2월	중국국민당 주석인 마잉주馬英九 및 전 타이베이 시장 비서 유웬余文이 특별비사건으로 기소되었다. 마잉주는 곧바로 당 주석직의 사임을 표명하는 동시에 2008년의 총통선거 출마를 표명했다.
4월	정부고관의 부패를 전문적으로 조사하는 최고법원검찰 특별수사팀이 정식으로 출범했다.
5월	중국국민당이 전 주석이었던 마잉주馬英九를 2008년의 총통선거 출마 후보로 확정했다. 중정기념당中正紀念堂의 명칭이 대만민주기념관으로 개칭되었다.
8월	타이베이시장 특별비사건에 관한 타이베이 지방법원의 1심에서 전 마잉쥬馬英九는 무죄로, 전시장실 비서 유웬余文은 공문서 위조로 1년 2개월의 유죄를 받았다.
10월	타이베이현台北縣이 직할시로 승격되었다.
12월	대만민주기념관의 '대중지정大中至正'이란 현판이 '자유광장自由廣場'으로 변경되었다.
2008년 5월	마잉주馬英九가 중화민국의 제12대 총통에 취임했다.

찾아보기

지은이 **황준걸**黃俊傑

대만대학 역사학과와 미국 워싱턴대학에서 수학했다. 대만대학 역사학과 특임교수와 인문사
회고등연구원 원장을 역임하였고, 현재는 대만대학 석좌교수(台大特聘講座教授)와 유럽지역연
구원 원사院士로 재직하고 있다. 대만의 저명한 유학사상가이자 대만사 연구자이며, 대학 교
양교육 분야의 권위자다.

옮긴이 **정선모**鄭墡謨

성균관대학교 한문교육과와 일본 교토대학 중어중문학과에서 수학하고, 대만대학 인문사회
고등연구원 방문학자와 성균관대학교 동아시아학술원 선임연구원을 거쳐 현재 중국 난징대
학 한국어문학과에 재직하고 있다.

:: 다시보는 동아시아 04

대만의 역사와 정체성을 찾아서
대만의식과 대만문화

────────────────

1판 1쇄 인쇄 2021년 01월 20일
1판 1쇄 발행 2021년 01월 30일

지 은 이 | 황준걸
옮 긴 이 | 정선모
펴 낸 이 | 신동렬
책임편집 | 현상철
편   집 | 신철호·구남희
마 케 팅 | 박정수·김지현
펴 낸 곳 | 성균관대학교 출판부
등   록 | 1975년 5월 21일 제1975-9호
주   소 | 03063 서울특별시 종로구 성균관로 25-2
전   화 | 02) 760-1253~4
팩   스 | 02) 762-7452
홈페이지 | http://press.skku.edu

ⓒ 2020, 정선모
ISBN 979-11-5550-311-9 93910

정가 30,000원